Möglichkeiten und Grenzen der Testanwendung in der Schule

Veröffentlichung des Pädagogischen Zentrums, Berlin

Die 1. Auflage 1968 enthielt den vollständigen Bericht über die erste Internationale Arbeitstagung über Testanwendung in der Schule vom 16.–24. 5. 1967 in der Kongreßhalle Berlin. Sie wurde herausgegeben von Karlheinz Ingenkamp und Theresia Marsolek in der Reihe Veröffentlichungen des Pädagogischen Zentrums, Berlin, Reihe C: Berichte, Bd. 15.

Möglichkeiten und Grenzen der Testanwendung in der Schule

Kurzfassung des Berichts über die erste Internationale Arbeitstagung über Testanwendung in der Schule

2. Auflage, neu zusammengestellt und herausgegeben von Karlheinz Ingenkamp

Beltz Verlag · Weinheim und Basel

1. Auflage 1968
2., neu zusammengestellte Auflage 1973

© 1968 Beltz Verlag · Weinheim und Basel
Gesamtherstellung: Beltz, Offsetdruck, 6944 Hemsbach über Weinheim
Printed in Germany

ISBN 3 407 54006 X

Inhaltsverzeichnis

1. Einleitung

1.1 Ingenkamp, K.:
Schultests im internationalen Rahmen 9

1.2 Dunn, S.:
Verschiedene Perspektiven zu den Zielen der Testanwendung 21

2. Konstruktion, Anwendung, Interpretation von Tests

2.1 Rosner, B.:
Kurzmythen, Mimikry, Plagiate und andere Itemarten . . 33

2.2 Torrance, E.P.:
Neue Item-Arten zur Erfassung kreativer Denkfähigkeiten 59

2.3 Henrysson, S.:
Methoden der Konstruktion und Analyse von Testaufgaben 79

2.4 Wantman, M.J.:
Die Anwendung von Testergebnissen zur Verbesserung des Unterrichts 85

2.5 Henrysson, S.:
Pädagogische Testanwendung in Schweden 99

2.6 Rosner, B.:
Die Auffassungen der Lehrer über ihre notwendige Qualifikation im Bereich des Testens und Messens 107

2.7 Tittle, C.:
Tests, Leistungsfeststellung und Unterrichtsforschung . . 127

3. Lernzielorientierung von Tests

3.1 Dave, R.:
Eine Taxonomie pädagogischer Ziele und ihre Beziehung
zur Leistungsmessung 149

3.2 Dave, R.:
Lehrzielbezogene Testanwendung in den einzelnen
Unterrichtsfächern 163

3.3 Ayers, J.B.:
Die Entwicklung von Lehrzielbeschreibungen und
Testaufgaben 177

3.4 Kulkarni, S.:
Kriterium-Tests und Programmiertes Lernen 199

4. Tests als Beratungs- und Forschungsinstrumente

4.1 Reid, L.H.E.:
Vorschultests zur Prüfung der Begriffsentwicklung bei
Kindern aus sozial benachteiligtem Milieu 213

4.2 Messik, S.:
Die Erfassung kognitiver Stile und Persönlichkeitsmerkmale und ihr Wert für die pädagogische Praxis... 225

4.3 Kogan, N.:
Entscheidungsstrategien: Folgerungen für die Erfassung
von Fähigkeiten 241

4.4 Bacher, F.:
Validitätsvergleich und Struktur von Schulnoten und
Leistungstests 253

4.5 Torrance, E.P.:
Einfluß und Wirkung der verschiedenen Testarten auf den
nachfolgenden Lernprozeß 269

4.6 Tittle, C.:
Auswirkungen eines Scholastic-Aptitude Tests (Schuleignungstest) auf das Ausbildungssystem 283

Anhang 1:
Testinstitute in verschiedenen Ländern 305

Anhang 2:
Inhaltsverzeichnis des Konferenzberichts 311

1. Einleitung

1.1 Karlheinz Ingenkamp:
Schultests im internationalen Rahmen

1. Die Rolle der Berliner Arbeitstagung

In diesem Buch werden wichtige Beiträge der ersten internationalen Arbeitstagung über Testanwendung in der Schule als Kurzfassung des Konferenzberichtes zusammengestellt. Die Übersicht auf Seite 311 ff. zeigt, welche Beiträge des vollständigen Konferenzberichtes ausgewählt wurden und welche nicht.
Bei der Auswahl waren verschiedene Gesichtspunkte zu berücksichtigen. Die Berliner Konferenz war als erste ihrer Art im thematischen Rahmen sehr breit angelegt. [1] Sie diente stärker der ersten Information über die Aktivitäten in verschiedenen Ländern und der Kontaktaufnahme der Testexperten aus verschiedenen Kontinenten als dem auf bestimmte Fragestellungen konzentrierten Fachgespräch einander schon bekannter Experten. Die Berichte aus verschiedenen Ländern über den Stand der Testentwicklung und -anwendung, auf die später noch einzugehen ist, stellten das umfangreichste und detaillierteste Bild dar, das bis heute in der Literatur vorliegt. Aber dieser internationale Überblick hat seine orientierende und kontaktstiftende Aufgabe erfüllt. [2] Viele Konferenzteilnehmer arbeiteten bereits wieder beim World Year Book of Education 1969 zusammen. [3]

Die Berliner Konferenz hatte jedoch neben internationalen Zielsetzungen eine noch viel wichtigere Funktion für Deutschland. In einer Zeit, in der das Unbehagen über die bisherigen Verfahrensweisen der Schülerbeurteilung sich neu zu akzentuieren begann und

---

1 Ich verweise auf das Vorwort zur 1. Auflage und den Dank, den ich James B. Conant, den Mitarbeitern des Educational Testing Service, besonders Moray J. Wantman, der Ford-Stiftung und Theresia Marsolek, meiner damaligen Assistentin, für Rat und Unterstützung bei der Vorbereitung und Durchführung der Konferenz aussprechen durfte.
2 In englischer Sprache ist der Konferenzbericht unter dem Titel veröffentlicht worden: Developments in Educational Testing, Vol. I und II, ed. by K. Ingenkamp. London: University of London Press 1969.
3 The World Yearbook of Education 1969: Examinations. Ed. by J. A. Lauwerys und D. G. Scanlon. London: Evans Brothers Ltd. 1969.

die Testanwendung in deutschen Schulen über den Bereich der Einschulungstests hinaus zunahm, sollten internationale Erfahrungen, Anregungen und Ideen in Deutschland verbreitet werden und die Testpraxis bei uns verstärken und ihr Impulse für neue Ansätze geben. Diese Aufgabe hat die Konferenz außerordentlich erfolgreich erfüllt, wofür auch das Verlangen nach dieser neuen Zusammenstellung der wichtigsten Beiträge spricht. Es gibt praktisch keine Publikation über Schultests nach 1968, in der nicht auf den Konferenzbericht Bezug genommen wurde. Das Konzept lernzielorientierter Tests wurde seitdem bei uns in zunehmendem Maße diskutiert. Die Beiträge von Dave, Ayers und Kulkarni, die für diese Diskussion von erheblicher Bedeutung sind, wurden daher auch in diese Zusammenfassung aufgenommen. Die Entwicklung informeller Tests erhielt ähnliche Impulse. Auf einen erneuten Abdruck darauf bezogener Beiträge und besonders auf S. B. Andersons Vorstellung einer dreiteiligen amerikanischen Tonbildreihe zur Planung, Konstruktion und Auswertung informeller Tests konnte jedoch verzichtet werden, da - hierdurch angeregt - inzwischen eine deutsche Tonbildreihe mit gleicher Zielsetzung entwickelt wurde. 4) Die Beiträge aber, die sich mit neuen Aufgabentypen beschäftigen und die daher nicht nur für informelle Tests, sondern für alle Testarten wichtig sind, wurden aufgenommen, da es nach wie vor wenig Literatur über das Schreiben von Aufgaben in deutscher Sprache gibt.

Die Berliner Konferenz hat außerdem eine direkte Nachwirkung im Bereich der elektronischen Testauswertung gehabt, die seit 1971 auch für deutsche Tests zur Verfügung gestellt wird, wenn auch die Schulverwaltungen die darin liegenden Möglichkeiten noch nicht erkannt haben. Der Beitrag von Lindquist, der Erfahrungen und Perspektiven der elektronischen Testdatenverarbeitung schilderte, ist bereits an anderer Stelle abgedruckt. 5) Es ist zu erwarten, daß seine Anregung weiterwirkt und daß wir in den nächsten Jahren den Anschluß an jenen Stand der elektronischen Hilfsmittel gewinnen, der die Ausschöpfung aller diagnostischen Möglichkeiten durch Tests verschiedenster Art ermöglicht.

Anläßlich der Konferenz wurden auch viele Beiträge vorgelegt, in denen über vorliegende Verfahren und ihre möglichen Weiterentwicklungen in verschiedenen Schularten und -stufen berichtet wurde. Diese Beiträge haben damals unseren Erfahrungshorizont sehr bereichert, aber es liegt in der Natur der Sache, daß sie aktuelleren

---

4 Objektivierte Leistungsprüfungen. Tonbildreihe 9, 10 und 11 im Fachbereich Pädagogik, Institut für Film und Bild, 8 München, Museumsinsel 1. Text: G. F. Seelig.
5 In: Tests in der Schulpraxis, Hrsg. von K. Ingenkamp, Weinheim: Beltz 1971.

Bezug hatten und heute in mancher Hinsicht revidiert werden müßten. Auf ihren Abdruck konnte daher verzichtet werden.

Dagegen sind jene Beiträge, die sich mit Tests für neuere Forschungsansätze, mit der Bedeutung von Tests für Unterrichtsverbesserung und pädagogische Planung beschäftigen, aufgenommen worden, da ihre Bedeutung für gegenwärtige Überlegungen unverändert groß ist.

2. Die Testanwendung in verschiedenen Ländern

Der kurze Überblick über den Inhalt der in dieser Zusammenfassung nicht mehr enthaltenen Tagungsbeiträge beginnt wie der Konferenzbericht mit dem Überblick über die Testanwendung in verschiedenen Ländern. Über die Praxis in den Vereinigten Staaten, dem Land mit der längsten und umfangreichsten Erfahrung, berichteten drei Experten. E. F. Gardner zeigte, daß in der Zielsetzung die Förderung des Lernens, die Verbesserung des Unterrichts und die Schülerberatung stärker betont wurden als Auslese und Leistungskontrolle, daß aber die am häufigsten benutzten und technisch am meisten fortentwickelten Tests den Gebieten „Leistung" und „Eignung" zugeordnet werden mußten. H. Chauncey beschrieb zunächst die Arbeitsschritte bei Testprogrammen von den Planungen der interessierten Schulen oder Behörden über die Konstruktions- und Durchführungsarbeiten der Institute bis zur Ergebnismitteilung und Überprüfung des Programms. In einer annotierten Liste wurden die verschiedenen Programme vom Übergang zur High school über College-Zulassung bis zu Forschungsvorhaben, wie z. B. National Assessment, zusammengefaßt. In seinem bereits erwähnten Beitrag betonte E. F. Lindquist besonders, wie durch elektronische Testauswertung mehr Daten und mehr Zeit für ihre Interpretation verfügbar wurden.

Für Frankreich referierte F. Bacher über die Schwerpunkte der Testanwendung durch die damals etwa 1000 Bildungs- und Berufsberater sowie die ca. 300 Schulpsychologen. In der Grundschule dienten die Tests vor allem zur Identifikation jener Kinder, die ihrer Lernschwierigkeiten wegen besonderer Förderung bedurften. Am Ende der Volksschulzeit wurden 1965 bereits mehr als ein Drittel aller französischer Schüler mit Gruppentests untersucht, um sie über Berufs- und Fortbildungsmöglichkeiten besser zu beraten. Die Schüler der Orientierungsstufe wurden 1967 im 5. Schuljahr fast alle mit Leistungs- und Begabungstests untersucht. In allen Stufen des französischen Schulsystems kam die Anwendung von Individualtests bei Schülern mit Problemen verschiedenster Art hinzu. O. Blaškovič berichtete, daß in der ČSSR nach Jahren der Vernachlässigung jetzt vor allem in der Berufsberatung und in der Erziehungsberatung für Jugendliche mit Entwicklungs- und Erziehungsschwierigkeiten mit Tests gearbeitet werde. Neben den Universitäten in Prag und Bratislava, die traditionell eine wichtige Rolle in der Testentwicklung spielten, wurde in letzter Zeit auch das neue Testinstitut in Bratislava aktiv. Henryssons Darstellung der Testanwendung in Schweden ist in diese Zusammenfassung aufgenommen worden, weil er sich vorwiegend mit der Relativierung von Zensuren durch Tests beschäftigt, eine Frage, die unverändert aktuell ist. Die Darstellung des Verfassers über die Situation in Deutschland ist in erweiterter und aktualisierter Form an anderer Stelle publiziert worden. [6] Für Großbritannien verwiesen D. Penfold und H. Macintosh auf Erfahrung und Probleme bei der extensiven Testanwendung im Rahmen des 11+-Examens. Nachdem die punktuelle Auslese des 11+-Examens aus bildungspolitischen Gründen zugunsten der Errichtung von Gesamtschulen mehr und mehr in den Hintergrund trat, nimmt die Anwendung von Tests bei den externen Sekundarschul-Abschlußprüfungen zu. In Belgien waren die etwa 200 Zentralstellen für schulische und berufliche Beratung die Hauptbenutzer für Schultests, wie J. Stinissen hervorhob. Zeitpunkte der Testanwendung waren vor allem das letzte Primarschuljahr, das 9. und 12. Schuljahr. Etwa die Hälfte aller Schüler aus diesen Klassen wurde getestet, wobei die Beratungsstellen meist eine Gruppentest-Batterie von Intelligenz-, Interessen- und Persönlichkeitstests einsetzten. Individualtests ergänzen bei Kindern mit Lernschwierigkeiten die diagnostischen Bemühungen. Die Schweiz bietet nach U. Triers Darstellung ein recht uneinheitliches Bild, da die einzelnen Kantone die Schulhoheit besitzen. Individualtests zur Diagnose von Lernstörungen wurden häufig eingesetzt, aber Gruppentests fanden wenig Anwendung und wurden nicht von Verlagen, sondern für den Dienstgebrauch von Instituten herausgegeben. In der französischen Schweiz war die Aufgeschlossenheit für Schultests größer als in der deutschen Schweiz.

Für viele Konferenzteilnehmer boten Berichte aus Ländern der dritten Welt die überraschendsten Informationen. Es war weitgehend unbekannt, wie umfangreich und methodisch fortgeschritten die Testanwendung in einer Reihe dieser Staaten ist. Ch. Modu vom Westafrikanischen Prüfungsrat berichtete über die Tests, die dieser Rat in Nigeria, Ghana, Sierra Leone und Gambia durchführt. Aufbauend auf der Tradition britischer Prüfungssysteme und in engem fachlichen Kontakt mit amerikanischen Testinstitutionen werden objektive Tests auf allen Stufen des Bildungswesens angewandt. Seit

---

6 Ingenkamp, K.: Die Aufgaben der pädagogischen Diagnostik und die Testanwendung in Deutschland. In: Ingenkamp, K. (Hrsg.): Tests in der Schulpraxis. Weinheim: Beltz 1971.

1966 wurden auch bei den traditionellen General Certificate of Education-Prüfungen in der Hälfte der Fächer Tests durchgeführt. Umfangreiche Ausbildungsprogramme machen Lehrer mit Fragen der objektivierten Leistungsprüfung vertraut. Der Prüfungsrat organisiert jährlich mehr Testprüfungen, als in der BRD mit allen Tests vorgenommen werden.

Nach E. Grassau stand Chile dagegen erst „an der Schwelle einer neuen Ära." Die seit etwa 1946 eingerichtete zentrale Beratungsstelle beim Erziehungsministerium hat die bisherigen Beurteilungspraktiken zwar problematisiert und Tests eingesetzt, aber es fehlt an Fachleuten, um eine Testkonstruktion auf breiterer Basis zu realisieren. Viele ausländische Verfahren sind zwar übersetzt, aber methodisch unzureichend adaptiert. Bezeichnenderweise ist zuerst ein Eignungstest für die Universitätszulassung obligatorisch geworden.

In Argentinien waren die Anfänge der Testanwendung mit dem Beginn der maschinellen Testauswertung gekoppelt, wie N.C. de Kohan berichtete. Man arbeitete an Testbatterien für Primar- und Sekundarstufe sowie Universität. Daß die ersten Tests gleich maschinell ausgewertet wurden, scheint das Vorurteil verstärkt zu haben, daß mit Tests nur Wissen geprüft werden könne. Ebenfalls zur maschinellen Testauswertung ging man nach einem Kurzbericht von L.H. Reid auf den Westindischen Inseln über; Auslesetests für höhere Schulen wurden am häufigsten angewandt.

K. Nakayama wies darauf hin, daß in Japan anwendungsreife Tests bereits vor Beginn des 2. Weltkrieges vorlagen und daß 1966 an standardisierten Tests 83 Intelligenztests, 59 Persönlichkeitstests, 12 Tests für Berufsberatung und 483 Schulleistungstests zur Verfügung standen, von denen allerdings nur etwa die Hälfte den notwendigen Qualitätskriterien genügte. Daneben werden von Instituten Tests konstruiert, die nicht gekauft werden können, und häufig informelle Tests eingesetzt.

Das japanische Erziehungsministerium hat seit 1952 Testuntersuchungen auf nationaler Ebene durchführen lassen, um den Schulleistungsstand zu analysieren und Unterlagen für die Lehrplangestaltung zu gewinnen. 1961-1966 wurden z.B. jährlich vier Millionen Sekundarschüler für dieses Programm getestet. Die Lehrergewerkschaft hatte folgende Einwände gegen das Programm:

1. Kontrolle der Lehrer
2. Mitteilung der Differenzen zwischen Schulen verschärfe den Wettstreit und fördere Prüfungslernen
3. Einheitliche Tests bedeuteten staatliche Kontrolle des Bildungswesens
4. Die Aufgabenformen objektiver Tests seien pädagogisch unerwünscht

5. Die Untersuchungen nützten weder dem Lehrer noch dem Unterricht oder der Schülerberatung

Vernünftige Einwände und Vorurteile sind in dieser Stellungnahme vermengt, die keineswegs nur für die Situation in Japan typisch ist.

In Malaysia war durch in den USA ausgebildete Experten und mit Hilfe der Ford-Stiftung angekaufte Belegleser und Computer eine Testanwendung mit hohem Niveau möglich, wie R. Wongs Referat, das auch Singapur, Südvietnam, Burma und Thailand einschloß, entnommen werden konnte. In Singapur und Malaysia waren auch am meisten Tests entwickelt und angewandt worden.

Staatliche Abschlußprüfungen standen in Pakistan ganz im Vordergrund der Diskussion. Durch Eignungs-, Leistungs- und Interessentests soll, wie S. A. Alvi betonte, eine kontinuierliche Beratung ermöglicht werden. Ein Programm zur Fortbildung der Lehrkräfte und zur Forschung im Bereich pädagogischen Testens ergänzte die Aktivitäten, die seit 1963 forciert wurden, und bei deren Realisierung die Universitäten in Jahore und Dacca eine bedeutsame Rolle spielten.

Im Iran begann die Entwicklung von Tests bereits 1933. Psychologen, die in den USA oder Deutschland studiert hatten, errichteten Laboratorien und Institute und entwickelten Testverfahren.

Bis 1959 waren bereits über 100 Tests entwickelt worden und mehr als eine halbe Million Individuen am Zentrum für Personalführung und Forschung der Universität Teheran getestet worden. Zum Konferenztermin bestanden etwa acht Testinstitute, wenn auch die Entwicklung nicht im erhofften Tempo fortgeschritten war.

In Israel entwickelte das Ministerium für Erziehung Gruppentests, die u. a. im 6. Schuljahr für die innere Differenzierung in den Fächern Hebräisch, Rechnen und Englisch, im 8. Schuljahr zur Beratung für die weiterführende Schulbildung eingesetzt wurden. Das Hadassah-Vocational-Guidance-Institut, dessen Direktor Z. Sardi berichtete, entwickelt dagegen vorwiegend die Verfahren, die im 8. Schuljahr für Auslesezwecke und im 9. und 10. Schuljahr für die Wahl verschiedener Zweige angewandt wurden.

R. Adams Bericht über Australien ließ eine Tendenz erkennen, die in Ländern mit dem englischen System externer Abschlußprüfungen relativ häufig zu beobachten ist. Die Ablösung der ausgedehnten formalen Prüfungen durch schulintern angewandte objektive Tests führte zu „freieren Unterrichtsprogrammen und flexibleren Lehrmethoden". Auf der Sekundarstufe hatte sich diese Änderung noch nicht durchgesetzt.

3. Neuere Aufgabentypen zur Untersuchung von Fähigkeiten

Zu diesem Konferenzthema referierte zunächst E. P. Torrance über „Neue Item-Arten zur Erfassung kreativer Denkfähigkeiten".

Nach Erörterung definitorischer Probleme benutzte Torrance den Begriff „kreative Denkfähigkeiten" in bezug auf eine allgemeine Konstellation geistiger Fähigkeiten, die viele Wissenschaftler der Gegenwart als ‚divergentes Denken', ‚produktives Denken' oder Fähigkeiten zum ‚Problemlösen' zu bezeichnen vorziehen und die von Forschern um die Jahrhundertwende ‚schöpferisch-produktives Vorstellungsvermögen', ‚Vorstellungsvermögen und Erfindungsgabe' und ‚schöpferisches oder erfinderisches Denken' genannt wurde."

Frühere Versuche zur Erfassung kreativer Denkfähigkeiten wurden in Anlehnung an das Handbuch von Whipple von 1915 referiert, während Torrance in der Gegenwart vier Ansätze zur Untersuchung der Kreativität bei Kindern unterschied:

1. Die Arbeiten von Guilford und Mitarbeitern, an Erwachsenen entwickelte Testreihen für Kinder zu adaptieren.
2. Die Tests von E. K. Starkweather, die als intellektuelle Charakteristika Originalität und Neugier und als Persönlichkeitscharakteristika Konformität-Nichtkonformität und die Bereitschaft, das Schwierige zu versuchen, auswählte.
3. Den Ansatz von Wallach und Kogan, über den noch zu sprechen sein wird, und
4. den eigenen Versuch, Testsätze zu entwickeln, „die sich in allen Kulturen und vom Kindergarten bis zur Hochschule anwenden lassen."

Ausführlicher ging Torrance auf einige Tests ein, z. B. den „Frage und vermute-Test", den „Produktverbessern"-Test, den Test „Ungebräuchliche Verwendung", den Test „Einfallsreiche Geschichten", den Test „Klänge und Bilder" sowie eine Testreihe für das Vorschulalter, die an Probleme aus den bekannten Mutter-Gans-Reimen anknüpften. Er fügte einige Ergebnisse an, die für die Übereinstimmungsgültigkeit dieser Tests sprachen.

Kogan berichtete über die inzwischen bekannten Untersuchungen, die zur Überprüfung der Hypothese von Wallach und Kogan unternommen wurden, wonach bei testähnlichen Prüfungen ein Zusammenhang zwischen Kreativität und Intelligenz auftritt, in spielähnlichen Untersuchungssituationen nicht. Bei Untersuchungen an Kindern des 5. Schuljahres standen mehr Ergebnisse im Einklang zu dieser Hypothese als im Gegensatz zu ihr.

Über eine faktorenanalytische Studie, die er gemeinsam mit Messick durchgeführt hatte, referierte French. Es wurde versucht, die Existenz eines kognitiven Gestaltschließungsfaktors nachzuweisen. Die Grundhypothese wurde in gewissem Sinne bestätigt, wenn auch diese Tests mehr Geschwindigkeit als Flexibilität der Gestaltsschließung zu messen schienen.

Obwohl er während der Konferenz zu einem anderen Themenbereich gehörte, soll der Bericht von Todt über „Probleme der Interessenmessung" hier erwähnt werden, der einen umfangreichen Literaturüberblick gab. Auch Irvines Untersuchung „Gibt es kulturunabhängige Tests?" wird hier erwähnt, da die Referate von Messick und Kogan, mit denen sie zu einem Thema gehörte, hier wieder abgedruckt sind. Irvine hat durch Untersuchungen mit dem Test „Progressive Matrices" von Raven nachgewiesen, daß die Kulturabhängigkeit von Tests nicht auf sprachliche Tests und auf bestimmte Umwelteinflüsse beschränkt ist, sondern daß sie Faktoren der Wahrnehmung, des individuellen Vorgehens und des formalen Denkens einschließt. Wahrnehmen, Lernen und Denken sind nur innerhalb bestimmter kultureller Bezugssysteme zu begreifen, von denen sie geprägt werden.

4. Methodische Fragen

Unter dieser Überschrift lassen sich Referate vereinen, die während der Tagung zu verschiedenen Teilthemen erstattet wurden. Von ihnen ist der Beitrag von Henrysson „Methoden der Konstruktion und Analyse von Testaufgaben" hier wieder abgedruckt worden.

Während Henrysson zur Aufgabenanalyse auf neue Möglichkeiten verwies, erläuterte Schrader in seinem Beitrag „Aufgaben- und Testanalyse als Methoden der Testkonstruktion" die konventionellen Methoden, wie sie in der Praxis des Educational Testing Service benutzt werden. Van Naearssen referierte unter dem Titel „Ein signal/noise ratio - Index zur Aufgabenanalyse bei informellen Tests" über einen f-Index, der für die Aufgabenauswahl einen bedeutsamen Nullpunkt hat, dem Utilitätswert der Aufgaben proportional und von der Testlänge unabhängig ist. In seiner mehr grundsätzlichen „Kritik an der theoretischen Konzeption der Leistungstests: die faktische Inkonsistenz der Testtheorie" wollte Sixtl zeigen, daß die auf 0-1 verteilte Variablen begrenzte faktische Inkonsistenz bei der Interpretation aller Ausdrücke zutagetritt, in denen der Phi-Koeffizient vorkommt. Er empfahl die Entwicklung maximal homogener Tests, weil dadurch Tests entstehen, die faktoriell einheitlich und zusätzlich in hohem Grade zuverlässig sind. Lindquist gab in seinem Beitrag „Automatisierte Testauswertung und elektronische Testdatenverarbeitung" detaillierte Informationen, wie elektronische Markierungsleser Testbogen auswerten und dabei - gesteuert vom Computer - ein ausgeklügeltes Programm abläuft, um fehlerhafte Markierungen zu erkennen und einzuordnen. Dabei ging Lindquist auch auf die wichtigsten Gesichtspunkte ein, die vor Anschaffung dieser Anlagen berücksichtigt werden müssen.

Zum Thema „Validierungsuntersuchungen und Normen als Hilfsmittel bei der Interpretation von Testwerten" diskutierte Schrader die verschiedenen Möglichkeiten, ermittelte Koeffizienten für die Vorhersagegültigkeit zu veranschaulichen, u. a. durch Erwartungstabellen. Er ging außerdem auf das für Tests des College Entrance Examination Board durchgeführte Equating ein, die Schaffung von Vergleichsnormen für unterschiedliche Stichproben, und forderte die Einarbeitung des Standardmeßfehlers in ein Normenband. Über die Ergebnisse „empirischer Untersuchungen zum Problem der Homoskedastizität" berichtete Groner, der nachwies, daß die Vorstellung, der Meßfehler sei unabhängig von der Höhe der Testwerte und der Test messe im ganzen Meßbereich gleich gut, nicht haltbar ist.

Lehrer und Testverfahren

E. F. Gardner leitete die Diskussion zu diesem Themenkreis mit einem Vergleich der Prüfungen in Aufsatzform mit objektiven Tests ein, der Lehrer immer wieder beschäftigt. [7]
Ausgehend von der Entwicklung des objektiven Testens wies er auf Vorteile und Grenzen objektiver Verfahren hin, zeigte, daß Tests und Aufsätze ihre Bedeutung bei der Leistungsfeststellung haben, und gab Hinweise zur Objektivierung der Aufsatzbewertung. Der darauf folgende Beitrag von Rosner zu den Auffassungen der Lehrer über ihre notwendige Qualifikation im Bereich des Testens und Messens ist in diesem Band wieder abgedruckt. S. B. Anderson ging in ihrem Referat „Lehrer und Testverfahren" ebenfalls von den Aufsatzprüfungen aus und sah einen Grund für ihre Bevorzugung durch Lehrer darin, daß Lehrer in der pädagogischen Diagnostik unzureichend ausgebildet sind, daß sie wenig Zeit zur Entwicklung von Prüfverfahren haben und angesichts der komplizierten Formeln professioneller Testkonstrukteure leicht resignieren. Sie stellte dann die Tonbild-Reihe vor, durch die Lehrer in verständliche und sachgerechte Methoden zur Entwicklung informeller Tests eingeführt werden.

Auch S. Dunn wies in seinem Beitrag „Hilfen für den Lehrer zum besseren Gebrauch von Testergebnissen" auf mangelnde Informationen und Interessen der Lehrer hin. Er sah die Möglichkeit zur Abhilfe jedoch weniger in verstärkter testmethodischer Schulung der Lehrer, sondern darin, daß die diagnostischen und unterrichtlichen Möglichkeiten von Tests demonstriert werden und daß Tests entwickelt werden, die den Bedürfnissen der Lehrer mehr entspre-

---

7 Einen ausführlichen Literaturbericht zu diesem Thema findet man jetzt unter dem Titel: „Erfassen Testaufgaben andere Leistungen als traditionelle Prüfungsaufgaben?" in: Ingenkamp, K. (Hrsg.): Tests in der Schulpraxis. Beltz: Weinheim 1971.

chen. Die Anregungen, die M. J. Wantman den Lehrern gab, wie sie den Unterricht durch die Anwendung von Testergebnissen verbessern könnten, sind hier wieder abgedruckt worden. „Englische Erfahrungen bei der Darstellung und Interpretation der Testergebnisse für Lehrer, mit besonderer Berücksichtigung von Problemen der Einstufung und Notengebung" teilte D. M. Penfold mit. Dabei erwähnte sie verschiedene Teilgebiete, wie Untersuchungen zur Zuverlässigkeit von Aufsätzen, die Wirkung von Übung und Einpauken auf Testergebnisse, die Berechtigung von Ratekorrekturen, Fragen der Stichprobenziehung für Testeichungen und lokale Differenzen in der Notengebung.

In den Vorträgen und der Diskussion wurde deutlich, daß in allen Ländern die Lehrer durchschnittlich noch zu wenig ausgebildet sind, um Testergebnisse angemessen zu interpretieren, daß die Testkonstrukteure andererseits in ihren Tests und Informationen aber auch zu wenig auf die Bedürfnisse der Lehrer eingehen.

Unterricht und Prüfung

Unter diesem Thema können Beiträge zusammengefaßt werden, die während der Konferenz zur Wirkung von Prüfungen auf den Lernprozeß, zur Beurteilung und Verbesserung neuer Unterrichtsmethoden durch Tests sowie zur Bedeutung von Tests für die Lehrplanforschung vorgetragen wurden. Torrances Bericht über „Einfluß und Wirkung der verschiedenen Testarten auf den nachfolgenden Lernprozeß" ist hier wieder abgedruckt worden.

J. W. French beschäftigte sich mit der unterschiedlichen Motivation bei der Vorbereitung auf verschiedene Prüfungsarten und mit dem Einfluß des Testtrainings. Er referierte Untersuchungsergebnisse, nach denen sich nur 14% der Sekundarschüler anders auf einen Aufsatz als auf Tests vorbereiteten. Die Lehrer schienen in ihrer Wahl von Unterrichtsthemen stärker durch die Art der Zulassungsprüfungen zur Universität beeinflußt zu sein. Verschiedene Untersuchungen zur Wirkung eines Testtrainings zeigten, daß die Einflüsse auf die Testergebnisse bei Eignungstests im Bereich des Meßfehlers bleiben, bei Schulleistungstests größer sind, aber nicht lange anhalten. French folgerte, daß sachorientiertes Lernen wesentlich wirkungsvoller für das Bestehen von Prüfungen sei als Testdrill. Kohan berichtete über „Änderungen in der Einstellung zur Statistik nach der Anwendung objektiver Tests" bei argentinischen Psychologiestudenten. Der Test wurde von vielen Studenten als ausgesprochene Lernhilfe angesehen, und 42% gaben im Fragebogen an, daß sich durch den Test Interesse und Einstellung gegenüber Statistik positiv geändert hätten. Der Beitrag von C. Tittle „Tests. Leistungsfeststellung und Unterrichtsforschung" und der von S. S. Kulkarni „Kriterium- Tests und Programmiertes Lernen", die beide zu diesem Themenbereich gehörten, sind auch in diesem Band enthalten. Zwei andere Beiträge, beide von R. L. Ebel, konnten aus Raumgründen nicht aufgenommen werden, obwohl der zweite für Enthusiasten der Lernzieloperationalisierung eine recht heilsame Lektüre ist. Im ersten Beitrag zeigte Ebel an einem unkonventionellen Beispiel, wie er Tests direkt zum Lernen einsetzt. Die Studenten behalten nicht nur die Vortests, um ihren Lernerfolg während des Kurses zu überprüfen, sie können auch den Zwischentest, nachdem er angewandt wurde, ein zweites Mal mit allen Hilfsmitteln und in Gruppen bearbeiten und erneut abgeben. Je überlegter die Aufgaben konstruiert und ausgewählt sind, desto größer ist der Lernerfolg. Im zweiten Beitrag wendet sich Ebel der „Beziehung zwischen Tests und pädagogischen Zielen" zu und stellt fest, daß viele gegenwärtige Formulierungen pädagogischer Ziele nur darauf angelegt sind, mit Zustimmung aufgenommen zu werden, nicht aber, um als Hilfsmittel für den pädagogischen Fortschritt zu dienen. Ebel bezweifelt, daß es möglich und sinnvoll sei, die Komplexität erzieherischen Geschehens in operationalisierten Feinzielen auszuformulieren. Er weist auf die gegenseitige Bedingtheit von Definition eines Merkmals und der Methode zu seiner Meßbarkeit hin und sieht die gegenwärtigen Grenzen des Messens als überwindbar an.

S. S. Dunn leitete in seinem Vortrag über „Die Rolle des Testens für Lehrplanentwicklung und Lehrplanbewertung" aus der Erfahrung der angloamerikanischen Länder die Feststellung ab: „Bedeutende Summen für Lehrplanentwicklungsprojekte auszugeben, ohne externe Prüfungen und Testprogramme angemessen zu berücksichtigen ist wahrscheinlich eine große Geldverschwendung und daher nicht zu empfehlen."

Er folgerte, daß die Anwendung der folgenden zwei Testarten gefördert werden solle:

1. Eignungstest, die nur geringfügigen Einfluß auf die Unterrichtspraxis haben und
2. inhaltsbezogene Tests, die direkt die Hauptgegenstände des Lehrplans erfassen.

Dunn legte besonderes Gewicht auf Tests, die eine ständige Revision der Lehrpläne ermöglichen.

R. Wong berichtete über „Pädagogische Testanwendung zur Bewertung und Verbesserung des Unterrichts: Probleme einer Gesellschaft im Übergang?" Übergangsgesellschaften sind nach ihrer Definition in den Ländern der dritten Welt zu finden, wo der Bildungsprozeß die Bildungsziele noch einzuholen hat. „Der pädagogischen Testanwendung fällt in diesem Zusammenhang eine zentrale Rolle zu, eine Rolle, die, während sie die normalen Ziele der Leistungsfeststellung erfüllt, vorwiegend der Bewertung dienen und zu Änderungen anregen sollte." Dazu gehören nach Wongs Meinung auch die Selbstüberprüfung der Lernenden durch Tests, die Auflockerung des Rollenverhältnisses von Prüfer und Prüfling und die pädagogische Analyse von Testergebnissen.

In diesen Kurzüberblick über den Inhalt der nicht mehr abgedruckten Beiträge sind, wie oben bereits erwähnt, die Referate zum Themenkreis „Tests in verschiedenen Schularten und -stufen" nicht aufgenommen worden. Wer den einen oder anderen Beitrag unter mehr systematischen Gesichtspunkten lesen will, dem genügt bei diesen Themen der bibliographische Hinweis auf den Titel, wie er auf Seite 315 f. zu finden ist.

1.2 Sidney S. Dunn: Verschiedene Perspektiven zu den Zielen der Testanwendung

Immer wenn ein Test oder eine Prüfung durchgeführt wird, kann man sicher sein, daß irgend jemand Informationen zu gewinnen sucht. Aber verschiedene Personen innerhalb des Schulsystems wollen verschiedene Informationen für verschiedene Zwecke gewinnen.

Das Studium des Tests selbst kann Informationen über die Person vermitteln, die für den Test verantwortlich ist, und über den Zweck, den sie mit dem Test verfolgt. Die Betrachtung der Ergebnisse hingegen kann Informationen über die Schüler liefern, an denen der Test durchgeführt wurde, und über die Wirksamkeit der Instruktionen, die sie erhielten. Ein Schüler kann zum Beispiel aus dem Test Informationen über das Vorgehen des Lehrers zu gewinnen suchen, während der Lehrer normalerweise die Testergebnisse benutzt, um Informationen über die Leistungen des Schülers zu erhalten und möglicherweise auch über seinen eigenen Unterrichtserfolg. Es scheint daher angebracht, die Testanwendung in der Schule von verschiedenen Perspektiven her zu betrachten, nämlich von der des Schülers, des Lehrers, des Schulleiters, des Schulamtes und der Gesellschaft allgemein, um herauszufinden, welche Informationen jeder aus schulischen Tests zu gewinnen sucht.

Obgleich die vielen hier vertretenen Länder verschiedene Schulsysteme haben und den einzelnen Bildungszielen unterschiedliches Gewicht beimessen, glaube ich, daß die von mir erwähnten pädagogischen Funktionen in allen Systemen existieren und daß die Personen in diesen Funktionen Tests zu ähnlichen Zwecken benutzen, wenn sich auch die Systeme in den zur Verfügung stehenden Mitteln und der Ausbildung des Personals stark unterscheiden.

Die Perspektive des Schülers

Wir müssen selbstverständlich unterscheiden zwischen dem, was ein Schüler beim Testen erhält, und dem, was er gern erhalten würde.

Es können kaum Zweifel darüber bestehen, daß der Schüler Informationen über denjenigen erhält, der den Test anwendet, sei es der Lehrer oder ein externer Untersuchungsleiter, aber es ist nicht sicher, daß er Informationen über seine eigenen Stärken und spezifischen Schwächen erhält. Das hängt gewöhnlich vom Verhalten des Lehrers ab. Ich schlage vor, daß wir uns in die Rolle des Schülers versetzen und fragen: "Welche Informationen hätte ich gern?" Die Differenziertheit der Fragestellung wird vom Alter des Schülers abhängen, nicht aber ihr Kern.

Ebel [1] erklärt bei der Diskussion der "sozialen Auswirkungen des Testens": "Wenn Fachleute auf dem Gebiet der pädagogischen Meßverfahren in der rechten Weise verstanden werden wollen und das Vertrauen der Menschen, für die sie arbeiten, erwerben möchten, tun sie gut daran, Heimlichkeiten zu vermeiden und den Menschen alles mitzuteilen, woran diese interessiert sind: die Methoden, die sie benutzen, die Kenntnisse, die sie gewinnen, und die Interpretationen, die sie vornehmen." Nun sind die Menschen, für die sie in erster Linie arbeiten, die Schüler. Nehmen wir uns die Mühe, unseren Schülern den Zweck der informellen Tests oder der einzelnen Prüfungen zu erklären, oder geben wir häufig unsere Tests ohne den Versuch, ihnen klarzumachen, warum wir prüfen, wonach wir suchen und wie wir dem Schüler damit helfen wollen? Wenn es sich um einen Kenntnistest handelt, der in der Klasse durchgeführt wird, kann es für den Schüler nützlich sein, die Auswertung selbst vorzunehmen und so unverzüglich herauszufinden, wo er Fehler gemacht hat.

Der Schüler stellt Vermutungen über die Ziele des Prüfenden an und richtet sich in seinen Studien danach, wenn er gute Leistungen zu erzielen wünscht. Wenn es uns gelingt, dem Schüler klarzumachen, was er lernen soll und warum, ist er wahrscheinlich nicht nur eher zur Mitarbeit bereit, sondern wird dazu auch besser in der Lage sein. Um es noch einmal zu wiederholen: Wenn der Schüler glaubt, daß ihm das Testen die Informationen vermittelt, die er sich davon verspricht, wird er wahrscheinlich nicht so große Angst davor haben.

Die meisten Schüler haben ein Interesse daran, Informationen über ihren Fortschritt oder ihre Entwicklung zu erhalten. Sie können die Zunahme ihrer Größe oder ihres Gewichtes messen, oder sie können kontrollieren, ob sie schneller laufen können. Doch trotz jahrelanger Arbeit waren die Versuche, Änderungen in der schulischen Entwicklung zu erfassen und den Schülern in sinnvoller Weise mitzuteilen, nicht gleichermaßen erfolgreich. Unsere differenzierten Ansätze werden von Lehrern noch wenig genutzt und von Schülern nicht verstanden. Man braucht ein Auditorium, das sich mit pädagogischen Meßverfahren beschäftigt, nicht an die Grenzen unserer Ska-

---

1) Ebel, R. L.: The social consequences of educational testing. In: Anastasi, A. (Hrsg.). Testing problems in perspective, American Council on Education, Washington, 1966

lierungsmethoden zu erinnern, die die Vorstellung eines absoluten Wachstums zu vermitteln suchen - Altersnormen, Schuljahrsnormen -, oder an die Schwierigkeiten, die mit Skalen verbunden sind, die sich auf relative Positionen beziehen - Perzentile, Leistungsquotienten und Standardwerte. Mir scheinen der Grad, in dem diese Begriffe von Lehrern verstanden werden, und deren Fähigkeit, sie den Schülern zu erklären, ausgesprochen unzureichend. Sogar in den Vereinigten Staaten, in denen man am weitesten vorangekommen sein dürfte, die Lehrer zur Interpretation von standardisierten Tests anzuleiten, sieht man hier ein ernsthaftes Problem. Ich möchte das Thema hier nicht weiter ausführen. In meinem zweiten Referat auf diesem Kongreß werde ich das Problem der Interpretation von Testergebnissen eingehender diskutieren. Im Moment genügt es festzustellen, daß Schüler gern sinnvolle Informationen über ihre schulische Entwicklung erhalten würden, daß wir aber bestenfalls in der Lage sind, einige sehr grobe Hinweise zu geben, wobei die typische Art der Informierung in Form von Zensuren oder Prozentsätzen geradewegs irreführend sein kann. Ich brauche wohl kaum auf die Schwierigkeiten näher einzugehen, Zensuren eines Jahres mit denen des Vorjahres oder Zensuren in einem Fach mit denen anderer Fächer zu vergleichen.

Wahrscheinlich ist es das größte Bedürfnis der Schüler, spezifische Informationen über ihre Schwächen zu erhalten und gleichzeitig beraten zu werden, wie diese zu beheben sind. In dem folgenden Modell des pädagogischen Prozesses neigen wir dazu, Testanwendung der 'Bewertung' zuzuordnen; bestimmte Aspekte des Testens lassen sich jedoch als Teil des 'Lerngeschehens' denken.

$$\text{Bewertung} \leftrightarrow \text{Lerngeschehen} \nearrow^{\text{Lernziele}} \nwarrow$$

Man kann das einleuchtend am Beispiel des programmierten Lernens sehen, das sich leicht als eine Form des Testens mit unmittelbarem feedback auffassen läßt. Im Australia Council for Educational Research wurde der Versuch unternommen, diagnostische Tests für die 'Viktorianische Version' des P.S.S.C. - (Physik-) Kurses zu entwickeln. Der Schüler wertet seinen Testbogen selbst aus und wird nach der Art seiner Fehler durch den Auswertungsschlüssel zu geeignetem Lernmaterial geführt.

Die meisten Schüler sind, zumindest bis in ein ziemlich spätes Stadium ihrer Schullaufbahn, bereit, die Ziele der Schule zu akzeptieren. Sie kümmern sich vielleicht nicht allzu sehr darum, wie schnell ihre schulische Ausbildung voranschreitet, solange sie das Gefühl haben, Fortschritte zu machen. Dieses Bewußtsein, Fortschritte zu machen, kann man einem Schüler dadurch vermitteln, daß man ihn über die fortschreitende Bewältigung der gestellten Aufgaben informiert. Jedoch wird das gewöhnliche Verfahren, einem Schüler niedrige Zensuren zu geben, wenn er bei der Bewältigung eines für ihn zu schwierigen Stoffes versagt, sicherlich kein Gefühl des Vorankommens erzeugen.

Für jeden Schüler taucht irgendwann das Problem auf, sich für bestimmte Kurse und Schwierigkeitsniveaus zu entscheiden. In einigen Ländern werden die Schüler ziemlich spät vor solche Entscheidungen gestellt, in allen Ländern aber gibt es irgendwelche Beschränkungen. (Nicht jeder, der gern nach Harvard gehen möchte, wird auch zugelassen.) Hier stehen wir einem Problem gegenüber. Je mehr wir Gelegenheit zu Entscheidungen geben, desto schwieriger wird es für den Schüler, seine Wahlen auf Grund angemessener Informationen zu treffen. Ich bezweifle, daß man in irgendeinem Land mit Zufriedenheit feststellen könnte, daß die Schüler (und ihre Eltern) für die im Zusammenhang mit ihrem Bildungsweg zu treffenden Entscheidungen in angemessener Weise informiert werden. Die Verfügbarkeit von Testprofilen und das Anwachsen der Schullaufbahn-Beratungsdienste bieten dem Schüler eine gewisse Hilfe.

Viele unserer Schüler benötigen am Ende ihrer Ausbildung eine Art Zeugnis, das sie zur praktischen Tätigkeit auf einem bestimmten Gebiet berechtigt, z. B. Medizin, Recht, Psychologie (in einigen Ländern), oder zur Ausübung von Berufen wie Elektriker, Klempner usw. Hier sind die Bedürfnisse des Individuums und die der Gesellschaft in Einklang zu bringen. In den früheren Beispielen könnten Tests dem Schüler zumindest als potentielle Hilfe erscheinen. In den anderen Fällen stellen Tests eindeutig eine Barriere oder Hürde dar und werden als solche empfunden. Für den, der die Hürde nimmt, besteht kein Problem mehr. Versagen kann jedoch, mitbeeinflußt von kulturellen und sozialen Faktoren, für das Individuum eine sehr reale Bedrohung darstellen, und unter diesen Umständen kann es zu Versuchen kommen, das System mit unlauteren Mitteln zu besiegen, z. B. durch Betrügen, oder es können sich Praktiken von zweifelhaftem pädagogischen Wert, wie das 'Pauken', herausbilden.

Aus der Sicht des Schülers kann demnach ein großer Teil des Testens als hilfreich angesehen werden, und wir, die wir uns mit pädagogischer Testanwendung befassen, müssen alles tun, um Tests und Interpretationsmethoden bereitzustellen, die dem Schüler helfen. Von Zeit zu Zeit wird sich jedoch der Schüler Tests unterziehen müssen, die den Charakter von Hürden oder Barrieren haben, und in diesen Fällen ist es für den Schüler wichtig, sich darauf verlassen zu können, daß diese Tests valide sind und unparteiisch durchgeführt werden. Diese Tests müssen alle wichtigen Lernziele erfassen, da sie sonst die entsprechenden Lernprozesse der Schüler stark beeinträchtigen werden.

Die Perspektive des Lehrers

Ich hatte kürzlich Gelegenheit, eine Gruppe von Geschichtslehrern der Sekundarschule nach Gründen für die Anwendung von Tests zu fragen und anschließend mit ihnen darüber zu diskutieren. Der meistgenannte Grund war das Bedürfnis, Informationen über den Leistungsstand der Schüler zu erlangen. In der Diskussion jedoch gewann man den Eindruck, daß die Testdurchführung zu diesem Zweck größtenteils nur eine reine Formalität darstellte und kaum dazu beitrug, das Verhalten der Lehrer zu modifizieren. Sie nahmen das Testergebnis häufig nur als Bestätigung dessen, was sie über den relativen Stand der Schüler in der Klasse bereits zu wissen glaubten.

Heute gibt es wahrscheinlich in den meisten Bildungssystemen gesetzliche Bestimmungen über die periodische Anwendung von Tests, und sicher erwarten in den meisten der industrialisierten Ländern die Eltern regelmäßige Berichte. Ich kann mich des Gefühls nicht erwehren, daß für viele australische Lehrer diese Form des Testens eigentlich ein bedeutungsloses Ritual darstellt. Es werden Tests durchgeführt und ausgewertet, Zahlen in Register und Berichtsbücher eingetragen und an Eltern inhaltlose Mitteilungen geschrieben, die aus Furcht, die Eltern zu verletzen, keine echten Aussagen enthalten. Vielleicht ist es in Ihrem Lande besser. Wie bereits gesagt, ist es wichtig, Schülern (und Eltern) sinnvolle Informationen zu übermitteln, aber die Informationen müssen verstanden und als nützlich empfunden werden.

Einige der erwähnten Geschichtslehrer gaben offen zu, daß sie Tests als Mittel zur Erhöhung der extrinsischen Motivation benutzen. Ich beziehe mich nicht darauf, daß den Schülern mit Tests Lernziele klargemacht werden und dem Schüler geholfen wird, die Erreichung dieser Ziele zu kontrollieren, sondern darauf, daß Tests und Testergebnisse bewußt benutzt werden, um die extrinsische Motivation zu erhöhen, wie die folgenden Bemerkungen zeigen: "Wenn du in deinen Tests keine guten Leistungen erzielst, wirst du in dem Kurs durchfallen;" "Wenn du gut bist, wirst du auch eine gute Anstellung bekommen"; "Ich habe ihnen zu Anfang niedrige Zensuren gegeben, um sie bange zu machen". Daß Tests von Lehrern auf diese Weise verwendet werden, ist verständlich, aber pädagogisch gefährlich. Es ist hier jedoch nicht der Ort, die Vorzüge und Nachteile extrinsischer Motivation gegenüber intrinsischer abzuwägen.

Wenn der Lehrer seine Aufgabe darin sieht, seinen Schülern geeignete Lernerfahrungen zu ermöglichen, wird er sicher danach trachten, Tests in folgender Weise zu verwenden:
(1) Er wird bestrebt sein, mit Hilfe von Tests für den Schüler und für sich selbst Informationen über die spezifischen Schwächen des Schülers zu gewinnen. Nun kann der Lehrer, und er sollte es auch tun, einige dieser Tests selbst herstellen, aber Fachleute auf dem

Gebiet der pädagogischen Meßverfahren können den Lehrern mehr
Hilfe bieten, als dies bisher der Fall war. Das Verhältnis zwischen
den standardisierten Leistungstests und den diagnostischen Tests
in den Katalogen der Herausgeber läßt erkennen, worauf die Betonung gelegt wird. Die vorhandenen diagnostischen Tests betonen
häufig das Versagen am Schluß eines Lösungsprozesses, wo es für
den Lehrer nützlicher wäre, Informationen über den Prozeß oder
über das spezifische Element, an dem die Strukturierung der Vorstellung scheiterte, zu erhalten. Auf die Notwendigkeit, die Entwicklung diagnostischer Tests in die Lehrplanbildung mit einzubeziehen, möchte ich am letzten Tag des Kongresses noch einmal zurückkommen.

(2) Der Lehrer wird Tests benutzen, um zu prüfen, ob die von ihm
geschaffenen Lernbedingungen erfolgreich waren. Er leistet sozusagen Forschungsarbeit über seine eigenen Methoden, wobei frühere
Erfahrungen eine Art Kontrollmechanismus bilden.

Die gleichen Tests können durchaus beiden Funktionen dienen,
der Schülerdiagnose und der Beurteilung des Lerngeschehens.

Schüler und Eltern wenden sich gelegentlich an die Lehrer, um
sich von ihnen bei Entscheidungen beraten zu lassen, aber da diese
Aufgabe im allgemeinen eher vom Schulleiter oder vom Beratungsfachmann wahrgenommen wird, wird hier nicht näher darauf eingegangen.

Die Perspektive des Schulleiters

Das Maß der Verantwortung und Entscheidungsbefugnis, das der
Leiter einer Schule hat, wird in den einzelnen Ländern und innerhalb eines Landes in den einzelnen Bildungssystemen verschieden
sein. Seine Funktion als Leiter einer Gemeinschaft, die mehrere
Gruppen von Schülern und Lehrern umfaßt, bedingt jedenfalls, daß
er von Tests in anderer Weise Gebrauch macht als der Lehrer. (In
kleinen Schulen, in denen der Schulleiter zugleich Lehrer ist, lassen sich die beiden Rollen nicht immer leicht trennen.)

Sowohl die Aufsichtsbehörde als auch die Eltern der Schüler
werden geneigt sein, den Schulleiter für die Leistung der Schüler
an der Schule verantwortlich zu machen. Wir sind daher der Ansicht, daß der Schulleiter Tests als Hilfsmittel bei der Durchführung
seiner Schulaufsichtspflichten verwenden muß. Wenn es gesetzliche
Bestimmungen für turnusmäßige Prüfungen gibt, muß er für deren
Durchführung Sorge tragen. In Schulen, die aus mehreren Zügen
bestehen, muß er die endgültige Verantwortung für die Zuweisung
der Kinder übernehmen. Ob er die Klassen nach Fähigkeiten gruppiert oder nach anderen Methoden zusammenstellt, er wird wahrscheinlich bei der Zuweisung irgendeine Form des Testens als Orientierungshilfe benutzen. Er mag standardisierte Tests verwenden, um

einen Maßstab für die Leistung der Schüler zu gewinnen und um den
Leistungsstand von einem Jahr mit dem nächsten zu vergleichen.
Der große Wert, den standardisierte Tests für diesen Zweck haben,
ist offensichtlich. Man ist versucht anzunehmen, daß das gewaltige
Ausmaß, in dem in den U.S.A. von standardisierten Tests Gebrauch
gemacht wird, nicht unabhängig ist von dem hohen Grad der Dezentralisierung des amerikanischen Bildungswesens. In Australien
wird diesem Erfordernis zumindest teilweise durch Inspektionsbesuche und durch staatliche Prüfungen Rechnung getragen. Dieses
Zusammenspiel der Funktionen des Schulleiters und der Schulaufsichtsbehörde (auf den sich der nächste Abschnitt bezieht) ist wichtig für das Verständnis der Motive der Testanwendung in einzelnen
Ländern.

Da der Schulleiter ein Interesse an den Leistungen der Schüler
seiner Schule hat, kümmert er sich naturgemäß auch um die Fachkenntnisse seiner Lehrer, und dabei wird er sich auch auf Testinformationen stützen. Ich meine nicht, daß er die Lehrer testen
wird, sondern daß er sich die von ihnen erstellten Tests und deren
Ergebnisse ansehen wird, wie auch die Ergebnisse, die ihre Klassen in standardisierten Tests erzielen, um diese Informationen zur
Beurteilung der Qualifikation der Lehrer heranzuziehen.

Der Schulleiter befaßt sich auch mit Diagnose, aber für ihn ist
der Gegenstand im allgemeinen nicht der einzelne Schüler, sondern
die Klasse oder sogar die Schule als Ganzes, und er wird wahrscheinlich von den durch Tests erhaltenen Informationen Entscheidungen abhängig machen. Er mag beispielsweise Förderklassen für
den Leseunterricht einrichten, wenn er den Eindruck gewinnt, daß
viele Schüler im Lesen schwach sind, oder er mag sich zur Anschaffung neuer Geräte entschließen, wenn er glaubt, mit ihrer Hilfe
Schwächen beheben zu können. Er mag sogar Stärken herausstellen,
wenn damit seiner Ansicht nach der Öffentlichkeitsarbeit gedient
wird.

Die Perspektive der Schulaufsichtsbehörde

Die Schulaufsicht ist in diesem Zusammenhang die Stelle, die mit
der Aufsicht über ein schulisches System betraut ist - der 'Superintendent' eines Systems von Schulen in den U.S.A., der Direktor
eines L.E.A. in Großbritannien, der Direktor des Schulsystems
eines Staates in Australien oder der Direktor des Schulsystems eines
Landes wie in Neuseeland. (Die Position wird häufig von dem Leiter
einer unabhängigen Schule eingenommen.) Der Vertreter der Aufsichtsbehörde ist der Ausführungsbeamte, der letztlich den Steuerzahlern oder ihren Vertretern verantwortlich ist.

Der Gebrauch, den er von Tests macht, wird je nach dem Entwicklungsstand des Systems und der fachlichen Qualifikation der

Lehrer recht verschieden sein. Der Direktor des Schulwesens in Neuguinea befindet sich in einer Position, die sehr verschieden ist von der entsprechenden Position in einem Staat Australiens; und ich bezweifle, daß sich der Schul-Superintendent in Princeton (U.S.A.) den gleichen Problemen gegenübersieht wie sein Kollege in Little Rock. Dessen ungeachtet werden diejenigen, die die Mittel zur Verfügung stellen, Rechenschaft darüber fordern, ob ihr Geld die rechte Verwendung findet. Bisweilen versucht man das durch periodische Erhebungen mit Hilfe von Stichprobenverfahren zu erreichen, manchmal auch durch externe Prüfungen.

In Entwicklungsländern, in denen die formale Bildung der Lehrkräfte verhältnismäßig gering und die Lehrausbildung begrenzt ist, haben die Vertreter der Aufsichtsbehörde die Möglichkeit, externe Tests zur Lehrerberatung und zur Kontrolle des Leistungsniveaus zu benutzen. Dieser Weg wird planvoll in Neuguinea beschritten.

In vielen Ländern reicht auch die Zahl der Ausbildungsstätten nicht aus, um alle Bewerber aufzunehmen, und die Aufsichtsbehörde sucht dieses Problem gewöhnlich mit Hilfe von Tests zu lösen, wobei sie die Rückwirkungen ihrer Politik auf das Bildungswesen nicht immer erkennt.

Überall, wo für ein Schulsystem ein einheitlicher Lehrplan besteht oder wo Lernmaterial und Lehrhilfen zentral beschafft werden, wird der Aufsichtsbehörde daran gelegen sein, Testinformationen zur Beurteilung des Lehrplans und schulischer Veränderungen heranzuziehen.

Oben war die Verwendung von Tests zur Bescheinigung der Qualifikation von Schülern und Studenten erwähnt worden; die dazu notwendige Organisation wird oft in den Händen der Aufsichtsbehörde liegen. Es sei noch einmal festgestellt, daß die Aufsichtsbehörde durch ihre Funktionsanforderungen dazu veranlaßt wird, Tests zu verwenden, um die zur Ausübung der Aufsichtspflichten benötigten Informationen zu erhalten. Der einzelne Schüler wird für sie nur selten Gegenstand der Untersuchung sein.

Die Perspektive der Gesellschaft

Im Unterschied zu manchen Eltern sieht die Gesellschaft auf die Effektivität des Schulsystems, das sie unterhält. Ihr dürfte daran gelegen sein, von Zeit zu Zeit die Versicherung zu erhalten, daß ihr Geld nutzbringend verwendet wird. Die Gesellschaft mag sich mit Berichten der Obersten Schulverwaltung zufriedengeben oder externe Prüfungen als Kontrollmöglichkeit vorziehen oder sich damit begnügen, eine Stichprobe von Schülern in irgendeiner Weise zu testen. Die jüngste Entwicklung in den U.S.A., den Bildungsfortschritt auf nationaler Ebene zu erfassen [2]), gehört in diese Kategorie. Eine Erziehungswissenschaftliche Kommission in Neuseeland [3]) riet zur Entwicklung von "Kontroll-Tests". Es ist hier nicht der Ort zu diskutieren, welche Art von Tests sich für diesen Zweck eignet oder welche Vorzüge und Mängel bestimmte Vorschläge haben. Der amerikanische Vorschlag wird zur Zeit lebhaft diskutiert.

Die Gesellschaft erhebt zu ihrem eigenen Schutz auch die Forderung, daß die Betätigung auf bestimmten Gebieten, z. B. dem der Medizin, von Qualifikationsnachweisen abhängig gemacht wird.

Die Gesellschaft macht außerdem von Tests Gebrauch, um nationale Ziele zu fördern. Beabsichtigen fähige Schüler aus finanziellen Gründen die Schule zu verlassen, so können besondere Regelungen über die Vergabe von Stipendien eingeführt werden. Wenn mehr Fachkräfte einer bestimmten Richtung benötigt werden, können diese in besonderer Form unterstützt werden, und es kann deren Auslese auf Grund von Tests erfolgen. Hier läßt sich beispielsweise an die Auslese und Zuweisung im Heeresdienst denken. In den in ihren Mitteln beschränkten Entwicklungsländern wird Bildungsplanung häufig mit Arbeitsplanung verknüpft, und Tests werden zur Erreichung der nationalen Ziele eingesetzt. Der Einfluß, den Regierungsentscheidungen auf die Ausweitung von Testprogrammen haben, läßt sich in hochentwickelten Ländern wie den U.S.A. und Großbritannien ebenso leicht verfolgen wie in Entwicklungsländern (z. B. Neuguinea). Es besteht immer die Gefahr, daß die Testanwendung in den Dienst rein politischer Ziele gestellt wird, losgelöst von pädagogischen Zielen.

Zusammenfassend kann also gesagt werden, daß die Art der Tests, die eine Person benötigt, wie auch die Art, in der sie die Ergebnisse verwendet, zu einem guten Teil von ihrer pädagogischen Funktion abhängt, die in einem gewissen Grad von dem jeweiligen System modifiziert wird. Zum gegenwärtigen Zeitpunkt haben Testprogramme in vielen Ländern insoweit ihren Zweck erfüllt, als den Bedürfnissen der Schulaufsichtsbehörde gedient wurde. Sie haben in mehr oder minder hohem Maße der Gesellschaft die Versicherung gegeben, daß ihr System mit hinreichender Effektivität funktioniert und daß Leistungen und nicht Begünstigung über die Vergabe von Stipendien entscheiden. Sie waren jedoch dem Schüler und dem Lehrer nicht in dem Grade eine Hilfe, in dem sie es hätten sein können, und gerade hier ist die spezifische Diagnose, zusammen mit der Angabe der therapeutischen Folgerungen, am notwendigsten und nicht einmal allzu schwer zu verwirklichen.

---

2) Tyler, R.W.; Merwin, J.C. and Ebel, R.L.: Symposium: A National Assessment of Educational Progress. In: Journal of Educational Measurement, Vol. 3, No. 1, 1966

3) Report of the Commission on Education in New Zealand; Sir George Currie (Ch.), Wellington, Juli 1962

2. Konstruktion, Anwendung, Interpretation von Tests

2.1 Benjamin Rosner:
Kurzmythen, Mimikry, Plagiate und andere Itemarten

Diese Darbietung wurde von Mitarbeitern der Abteilung für Testentwicklung des Educational Testing Service vorbereitet. Sie schließt Beispiele für Testfragen aus den Bereichen der Kunst, Mathematik, Gemeinschaftskunde, Naturwissenschaft, Literatur und der Fremdsprachen ein. Diese Fragen orientieren sich an neueren Bemühungen in der Lehrplangestaltung und Didaktik und veranschaulichen u. E., auf welche Weise höhere kognitive Prozesse als mechanisches Reproduzieren durch Tests erfaßt werden können.

Bildende Kunst

Da bildende Kunst hauptsächlich eine visuelle Erfahrung ist, zeigt sich in neueren Richtungen der Testentwicklung im Bereich der Kunst das Prinzip, in Tests die visuelle Darbietung des Materials gegenüber der sprachlichen mehr zu betonen. Dieses Prinzip wurde sogar auf den Antwortbogen, auf dem der Schüler seine Antworten einträgt, ausgedehnt. Zu jeder Frage wird ein Diapositiv mit vier Wahlmöglichkeiten, die mit den Buchstaben A, B, C und D bezeichnet sind, auf einen Bildschirm projiziert; eine auf Tonband aufgenommene und mit dem Diapositiv synchronisierte Stimme stellt das Problem oder die Frage. Der Schüler hat einen Antwortbogen vor sich, der zu jeder Frage entsprechend den Wahlmöglichkeiten auf dem Bildschirm vier Antwortmöglichkeiten enthält. Diese Art der Darbietung, die von der Lichtbild-Tonband-Synchronisation Gebrauch macht, betont das Erfassen der visuellen Fähigkeiten des Schülers und reduziert den Anteil seiner sprachlichen Fähigkeiten des Lesens und Schreibens auf ein Minimum. (Vgl. Abbildung 1)

(Abb. 1)

Die erste Frage bezieht sich auf das Mischen von Farben. Dem Schüler wird das obige Diapositiv gezeigt, und es wird ihm gesagt, daß jedes der vier Felder eine visuelle "Feststellung" trifft über die Ergebnisse, die man aus dem Mischen gleicher Anteile zweier Farbpigmente erhält. Ihm wird dann die Instruktion gegeben herauszufinden, welches Feld eine <u>falsche</u> Feststellung enthält. Der Schüler müßte die Möglichkeit D auf seinem Antwortbogen ankreuzen, denn die Mischung aus Gelb und Grün ergibt nicht Blau. Grün und Blau wurden in der in Wahl D dargebotenen Gleichung vertauscht, weil die Mischung aus Gelb und Blau Grün ergibt. Da die Gleichungen visuell statt verbal dargeboten werden, ist einige Erfahrung im Mischen von Farben erforderlich, um diese Frage richtig zu beantworten. Der Schüler, der sich lediglich die verschiedenen Formeln für das Zustandekommen sekundärer und tertiärer Farben eingeprägt hat, würde wahrscheinlich seine Mühe haben, die Frage richtig zu beantworten.

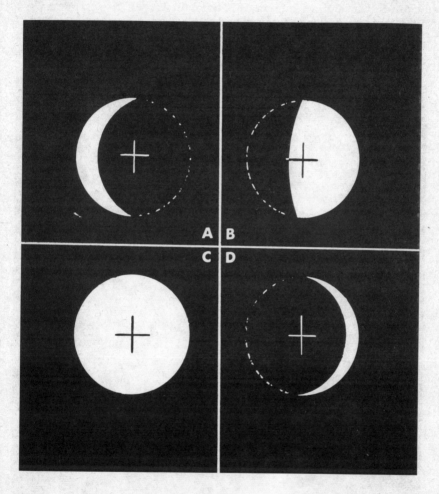

(Abb. 2)

Die zweite Frage bezieht sich auf die Kunst des Fotografierens. Dem Schüler wird das obige Diapositiv dargeboten, und es wird ihm gesagt, daß jedes der vier Felder ein durch Kreuze markiertes "Zielgebiet" zeigt, auf das das Objektiv einer Kamera, die in einem Satelliten eingebaut ist, gerichtet werden kann. Er wird dann gefragt, welches dieser Zielgebiete er wählen würde, wenn er eine Aufnahme erhalten wollte, die das meiste über die Beschaffenheit der Mondoberfläche offenbart. Wahl B ist die richtige Antwort, weil das Zielgebiet nahe dem dunklen Teil des Mondes liegt und die Schatten einen Kontrast herstellen, der die Konturen hervortreten läßt und damit ein Höchstmaß an Information über die Beschaffenheit der Oberfläche liefert. In den Wahlen A und D sind die Zielgebiete zu dunkel, um irgendetwas über die Oberfläche zu offenbaren, während in Wahl C das Zielgebiet so hell ist, daß alles, was dort fotografiert würde, leicht flach und weich erschiene.

(Abb. 3)

Die Frage zum dritten Diapositiv lautet: Welches dieser Felder veranschaulicht am besten eine nach dem Wert fortschreitende Sequenz? Um diese Frage richtig zu beantworten, muß der Schüler zunächst wissen, daß sich in der Kunst der Begriff "Wert" (Valeurs) auf den Grad der Helligkeit oder Dunkelheit einer Farbe bezieht. Als nächstes muß er in der Lage sein, dieses sprachliche Wissen auf die dargebotenen visuellen Beispiele anzuwenden. Die Farbserien, die in den Wahlen A und D gezeigt werden, bilden eher fortschreitende Sequenzen nach Farbtönen als nach dem Helligkeitsgrad. Wahl B ist der attraktivste Distraktor, weil er eine fortschreitende Sequenz nach verschiedenen Intensitätsgraden derselben Farbe zeigt. Wichtig ist jedoch, daß die Farben in diesem Feld alle gleich hell sind; sie unterscheiden sich nur im Grad der relativen Grauabstufung oder Intensität. Nur Wahl C zeigt daher eine fortschreitende Sequenz nach dem Wert. Die Farbe Blau, die im unteren rechten Teil mit einem hellen Wert gezeigt wird, wird zum oberen linken Teil des Feldes hin zunehmend dunkler. Hier wechselt der Schüler weniger von einer kognitiven Ebene zu einer anderen als vielmehr von einem sprachlichen zu einem visuellen Bereich.

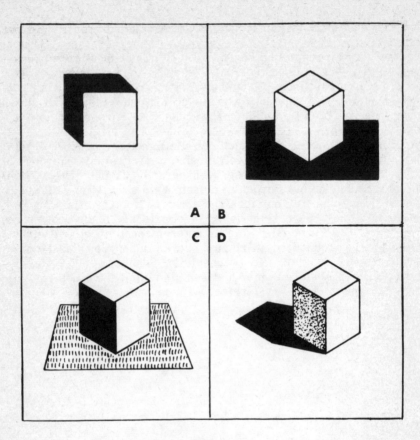

(Abb. 4)

Die vierte Frage bezieht sich darauf, visuell eine dritte Dimension in die zweidimensionalen Zeichnungen einzuführen. Dem Schüler wird das obige Diapositiv gezeigt und folgende Frage gestellt: "Wenn Sie einem Menschen, der noch nie einen Würfel gesehen hat, die Form eines Würfels beschreiben wollten, welche dieser Zeichnungen würde dann Ihre Beschreibung am besten veranschaulichen?"

Obwohl ein Würfel sechs Seiten hat, zeigt jedes dieser Felder höchstens die obere und zwei weitere Seiten eines Würfels. Wenn die schwarzen Flächen in den Feldern A und C visuell interpretiert werden als beschattete Flächen, die den hohlen Innenraum eines kastenartigen Gegenstandes andeuten, dann zeigen diese Felder sogar weniger als die drei erwähnten Seiten. Wegen dieser visuellen Mehrdeutigkeit müssen diese beiden Wahlen als mögliche Antworten ausgeschlossen werden. Eine genaue Betrachtung der beiden verbleibenden Felder B und D offenbart, daß D die richtige Antwort ist. Obwohl weder B noch D irgendetwas über die Art der Unterseite des Würfels enthüllen, wird die Art der zwei verbleibenden Seiten durch den Schatten in D angedeutet, während die Zeichnung B in keiner Weise erkennen läßt, daß diese Seiten gleich sind. Da D drei Seiten direkt zeigt und indirekt zwei weitere Seiten impliziert, wäre sie unter den abgebildeten Zeichnungen diejenige, die am besten zur Veranschaulichung der Form eines Würfels zu verwenden wäre.

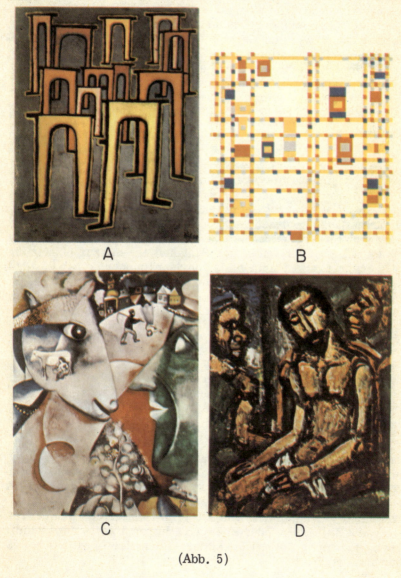

(Abb. 5)

Die fünfte Frage veranschaulicht, wie die von uns verwendete Form
der Diapositivdarbietung sich auch für Tests im Gebiet der Kunstgeschichte eignet. Es werden die Reproduktionen von vier Gemälden
dargeboten, und der Schüler wird gefragt, welches am wahrscheinlichsten ein Mann gemalt hat, der als Restaurateur mittelalterlicher
Buntglasfenster gearbeitet hat. Es ist hier nicht wichtig, daß der
Schüler mit den Gemälden vertraut ist oder die Namen der Maler
kennt oder irgendwelche biographischen Informationen über sie besitzt. Stattdessen muß der Schüler, um die Frage richtig zu beantworten, wissen, wie Buntglasfenster aussehen, und in der Lage sein,
diese visuelle Information auf die ihm gezeigten Gemälde anzuwenden. Einem solchen Schüler wäre es möglich, eine Ähnlichkeit zu
erkennen zwischen Buntglasfenstern und der Verwendung leuchtender Farben, die von breiten, schwergefügten, dunklen Linien umschlossen sind, wie im Gemälde D, der richtigen Antwort.

Mathematik

In Übereinstimmung mit gegenwärtigen Richtungen der Didaktik sind
die folgenden mathematischen Fragen dazu bestimmt, die Fähigkeit
des Schülers zu erfassen, in neuen Situationen unabhängig zu denken.
Jede Frage verlangt daher von dem Schüler, vertraute Begriffe in
unbekannten Situationen anzuwenden. Ob er bei einer Frage erfolgreich ist, hängt mehr von seiner Fähigkeit ab, die zur Lösung führenden Schritte zu entwickeln, als von dem Erinnern einer im Unterricht gefundenen Lösung - mehr von der Denkfähigkeit als vom mechanischen Reproduzieren.

Ein Pappstreifen kann, wie oben dargestellt, auf zweierlei Weise in gleiche Teile gefaltet werden. Wenn die Länge jedes Teiles eine ganze Zahl von Zoll beträgt, wie lang muß der Streifen dann mindestens sein?
(A) 2 Zoll (B) 3 Zoll (C) 5 Zoll (D) 6 Zoll (E) 12 Zoll

Diese Frage verwendet die physikalische Analogie zu dem wichtigen
arithmetischen Prinzip, das als das "kleinste gemeinsame Vielfache" bekannt ist. Das ist das Prinzip, das bei der Addition von Brüchen mit ungleichem Nenner angewendet wird. In bezug auf diese
Frage kann, wie man sieht, ein sechs Zoll langer Streifen in drei
Teile von 2 Zoll Länge oder in zwei Teile von 3 Zoll Länge gefaltet
werden, und sechs Zoll ist die kleinste derartige Länge. Daher ist
D die Antwort.

Für welche Werte von x ist $\frac{x^2 + 2x + 3}{2}$ eine ganze Zahl?

(A) Alle ganzen Zahlen außer Null.
(B) Alle ganzen Zahlen größer als 2.
(C) Alle geraden ganzen Zahlen außer Null.
(D) Alle ungeraden ganzen Zahlen.
(E) Keine von diesen.

Die Frage erfordert, daß der Schüler die Art der Aufgabe versteht und in einer geordneten Folge von Schritten vorgeht. Damit der Bruch eine ganze Zahl sein kann, muß der Zähler durch 2 teilbar sein, das heißt, der Zähler muß geradzahlig sein. Damit der Zähler geradzahlig sein kann, muß ($x^2 + 2x$) ungeradzahlig sein, weil 3 ungeradzahlig ist. Da 2x immer geradzahlig ist, muß x^2 ungeradzahlig sein, so daß ($x^2 + 2x$) ungeradzahlig wird. Da jede ungerade ganze Zahl, ins Quadrat erhoben, ungerade ist, folgt, daß x eine ungerade ganze Zahl sein muß. Daher ist die Antwort D. Diese Frage spiegelt die neue Betonung wider, die auf Eigenschaften von Zahlen, wie die der Geradzahligkeit oder Ungeradzahligkeit, gelegt wird.

$$1 \quad 1 \quad 2 \quad 3 \quad 5 \quad 8 \quad 13 \quad ...$$

In der obigen Fibonacci-Reihe stellt jede Zahl nach den ersten zwei Zahlen die Summe der jeweils vorangehenden zwei Zahlen dar. Welches Verhältnis besteht zwischen der Anzahl der geraden und der Anzahl der ungeraden Zahlen in den ersten 90 Zahlen?

(A) $\frac{20}{70}$ (B) $\frac{30}{90}$ (C) $\frac{30}{60}$ (D) $\frac{40}{50}$ (E) $\frac{45}{45}$

In dieser Frage ist keine vorherige Kenntnis der Fibonacci-Reihe erforderlich, und es ist zu bezweifeln, daß derartiges Wissen besonders hilfreich wäre. Die Frage verlangt von dem Schüler, die sich wiederholenden Folgen von ungeraden und geraden Zahlen im Anfangsteil der Reihe zu erkennen und auf 90 Zahlen zu verallgemeinern:

1	1	2	3	5	8	13
ungerade	ungerade	gerade	ungerade	ungerade	gerade	ungerade

Wie ersichtlich, ist in dieser Folge eine von jeweils drei Zahlen gerade. Da das Verhältnis der geraden zu den ungeraden Zahlen 1 zu 2 sein muß, ist die Antwort C richtig.

Angenommen, □, △ und ◇ sind positive ganze Zahlen.

Wenn $\frac{□}{□} = ◇$ und △ − □ = ◇, was ist der Rest von $\frac{△}{□}$?

(A) 0 (B) 1 (C) 2 (D) 3
(E) Es ist aus den angegebenen Informationen nicht zu bestimmen.

Diese Frage macht von "Zahlengefügen" Gebrauch, die gegenwärtig allgemein einen Teil des mathematischen Elementarunterrichts bilden. Die Gefüge aus Quadrat, Dreieck und Fünfeck werden in derselben Weise verwendet, wie die Buchstaben x, y und z als Veränderliche in der Algebra benutzt werden. Einige neue Mathematikprogramme nennen sie "Pronumeri", um anzudeuten, daß sie eine numerische Funktion analog zu der grammatischen Funktion des Pronomens besitzen.

Diese Frage verlangt von dem Schüler, bestimmte quantitative Beziehungen in der Frage zu erkennen und bestimmte numerische Schlußfolgerungen aus diesen Beziehungen zu ziehen. So sollte "Quadrat geteilt durch Quadrat gleich Fünfeck" ihm sagen, daß Fünfeck = 1 ist. Der Ausdruck "Dreieck minus Quadrat gleich Fünfeck" sollte ihm sagen, daß Dreieck um 1 größer ist als Quadrat. Daher ergibt "Dreieck geteilt durch Quadrat" einen Rest von 1, und die Antwort ist B.

Eine Operation θ wird für alle reellen Zahlen x und y so definiert, daß x θ y = y θ x ist. Durch welche der folgenden Möglichkeiten könnte θ <u>nicht</u> definiert werden?

(A) $x \, \theta \, y = \frac{x+y}{2}$

(B) $x \, \theta \, y = x + y$

(C) $x \, \theta \, y = x \cdot y$

(D) $x \, \theta \, y = x^3 y^3$

(E) $x \, \theta \, y = x - y$

Die Aufgabe zeigt, wie es möglich ist, das Verstehen einer mathematischen Operation zu erfassen, ohne den eigentlichen Namen dieser Operation tatsächlich zu verwenden. Aufgaben, die technische Namen verwenden, sind häufig kaum mehr als Fragen des Vokabulars. In der obigen Aufgabe erscheint der technische Begriff "Austauschbarkeit" nicht, und doch wird dieser Begriff geprüft. Die einzige Definition, bei der die Austauschbarkeit nicht gegeben ist, ist E, weil wenn x = 8 und y = 6, dann 8-6 = 6-8.

Gemeinschaftskunde

Die im folgenden beschriebene Fragenart ist besonders geeignet, die Fähigkeit des Schülers zu erfassen, weil er Kenntnisse in der Gemeinschaftskunde anwenden kann. Die Aufgabenart benutzt, was man als "Kurzauszug" oder "Plagiat" bezeichnen könnte. Eine Frage dieser Art geht von einer kurzen Darstellung aus, die ein historisches Ereignis, eine Bewegung oder einen Zeitraum beschreibt oder einen für die Anhänger einer bestimmten Weltanschauung typischen Standpunkt zusammenfaßt. Die Darstellung stützt sich häufig auf ein echtes Dokument, eine Rede oder anderes veröffentlichtes Material. Aber auch in den Fällen, in denen ein echtes Zitat verwendet wird, wird von dem Schüler nicht erwartet, daß er die Quelle, der es entnommen wurde, aus dem Gedächtnis erkennt. Vielmehr wird von ihm erwartet, daß er die Darstellung sorgfältig liest, sie seinem Wissen entsprechend bewertet und dieses Wissen bei der Beantwortung der spezifischen Frage über die Darstellung anwendet. Im ersten Beispiel wird der folgende Ausspruch gegeben:

"Wir sind um fünfzig bis hundert Jahre hinter den fortgeschrittenen Ländern zurück. Wir müssen diesen Zeitabschnitt in zehn Jahren bewältigen. Entweder wir schaffen das, oder sie werden uns zermalmen. Wir müssen umschalten von den Geleisen des Mittelalters und der Dunkelheit auf die Geleise der modernen Industrie und der maschinell ausgerüsteten Landwirtschaft."

Bei welchem der folgenden Staatsmänner besteht die größte Wahrscheinlichkeit, daß er diesen Ausspruch getan hat?

(A) Nehru
(B) de Gaulle
(C) Mussolini
(D) Stalin
(E) Perón

In der Beantwortung der Frage muß der Schüler zunächst die Schlüsselpunkte des Abschnitts identifizieren: (1) die Notwendigkeit, einen ziemlichen industriellen Rückstand schnell aufzuholen, (2) die ebenso dringende Notwendigkeit, die Landwirtschaft zu modernisieren und (3) die Furcht vor einer Bedrohung von außen. Als nächstes muß der Schüler bestimmen, welcher der fünf Männer einen Staat leitete, auf den sich alle Schlüsseltatsachen anwenden lassen. Von den Wahlantworten können folgende ausgeschlossen werden: Nehru, weil er nicht erwartete, daß Indien ein schnelles industrielles und landwirtschaftliches Wachstum erreichen könnte. De Gaulle, weil Frankreich bereits ein führender Industriestaat war, bevor es die gegenwärtige politische Bedeutung erlangte. Mussolini und Perón, weil keiner von ihnen seine Innenpolitik ganz oder teilweise auf die Furcht vor äußerer Aggression gründete. Es kann jedoch kein Grund gefunden werden, Stalin auszuschließen. Über den angegebenen Wahlen war nur in bezug auf Stalin die Voraussetzung erfüllt, daß alle Kriterien zutrafen, die als Schlüsselgesichtspunkte des Abschnitts identifiziert worden waren: der industrielle Rückstand des Landes und die Notwendigkeit einer schnellen Industrialisierung und landwirtschaftlichen

Mechanisierung angesichts der Verwundbarkeit des Landes. Stalin, Wahl D, hebt sich daher als der wahrscheinlichste Verfasser des Ausspruches heraus.

In der zweiten Frage wird dem Schüler das folgende Zitat gegeben:

"Die Hauptmächte Europas kamen - wie Fischer nach dem Walfischspeck - und nahmen hier eine Stadt und dort einen Hafen und waren unempfindlich für die Tatsache, daß ihr Opfer nicht tot war."
Wer war das Opfer in diesem Zitat?
(A) Südamerika
(B) Der Nahe Osten
(C) Japan
(D) China
(E) Iran

Wieder wird der Schüler nicht aufgefordert, das Zitat zu erkennen, sondern zu bestimmen, auf welche der fünf Wahlmöglichkeiten die Darstellung am besten anwendbar ist. Die spezifische Frage an den Schüler geht dahin, das Opfer, auf das sich das Zitat bezieht, zu identifizieren. Da jedes der Gebiete in höherem oder geringerem Maße zu irgendeiner Zeit Gegenstand europäischer imperialistischer Bestrebungen war, sind die Schlüsselworte des Zitats diejenigen, die die Art des europäischen Übergriffs in bezug auf das Opfer beschreiben: "... nahmen hier eine Stadt und dort einen Hafen." Unter den Wahlmöglichkeiten treffen die Worte nur auf eine zu. Sie beschreiben klar, wie von den europäischen Mächten im China des ausgehenden 19. Jahrhunderts Einflußsphären geschaffen wurden. Wahl D ist die richtige Antwort.

Die dritte Frage gründet sich auf einen Auszug aus einer buddhistischen Regel:

"Leben bedeutet Schmerz, Schmerz, der durch selbstsüchtiges Verlangen verursacht wird, Schmerz, der nur gelindert werden kann, indem wir unserem Verlangen entsagen und völlige Vergessenheit unserer selbst erreichen. Dieses der Menschheit gemeinsame Schicksal macht Brüder aus allen Lebenden."
Das Wesen welcher Lehre wird in diesen Worten ausgedrückt?
(A) Buddhismus
(B) Konfuzianismus
(C) Islam
(D) Schintoismus
(E) Hinduismus

Hier sind die Leitgedanken: Schmerz, Verlangen, Selbstvergessenheit und Brüderlichkeit, und der Schüler muß bestimmen, welche der fünf Möglichkeiten durch sie charakterisiert wird. Der Schüler der irgendetwas über den Buddhismus weiß, erkennt, daß das Zitat das Wesen der Lehre Buddhas enthält, und findet die Antwort sofort. Diejenigen, die sich weniger sicher sind, könnten die Wahl wegen der passiven Natur des Hinduismus in Erwägung ziehen, aber weitere Überlegung zeigt, daß das Kastensystem, ein Ergebnis des Hinduismus, kaum dazu angetan ist, die Idee der Brüderlichkeit zu erfüllen. Unter den drei übrigen Wahlen wird kaum eine den besser informierten Schüler zu mehr als flüchtiger Betrachtung veranlassen.

Eine Variation dieser Aufgabenart stellt die Diskussion am runden Tisch dar. Hier vertreten mehrere Sprecher verschiedene Standpunkte zum gleichen Thema. Im folgenden werden vier Standpunkte über die Verwendung von Eigentum angeführt:

Sprecher I: Diese Nation wurde auf den Prinzipien der Freiheit gegründet, und das bedeutet die Freiheit, ohne künstliche Beschränkungen zu kaufen und zu verkaufen. Wenn man einem Menschen sagt, was er mit seinem Eigentum tun oder nicht tun soll, hat man damit die Saat des Totalitarismus gesät.
Sprecher II: Freiheit bedeutet nicht die Freiheit zu verhungern. Wenn die unbeschränkte Verwendung des Eigentums zu wirtschaftlicher Unruhe und Arbeitslosigkeit führt, ergibt sich eine Notwendigkeit zur Regulation und zu künstlichen Anreizen, um die wirtschaftliche Gesundung der Nation wieder herbeizuführen.
Sprecher III: Freiheit ist ein Begriff, den die Schwachen verwenden, um ihre Torheiten zu entschuldigen. Die Rechte der einzelnen auf die Verwendung des Eigentums müssen hinter dem Bemühen zurücktreten, die Bestimmung des Staates, der Nation und der Rasse zu erfüllen.
Sprecher IV: Freiheit bezieht sich in jeder Gesellschaft auf das Recht zum Besitz von Eigentum, insbesondere an den Produktionsmitteln. Die Arbeiter können niemals frei sein, bis sie die gegenwärtigen Besitzer von den Produktionsmitteln ausschließen und sich der Kontrolle des Staates und der Wirtschaft bemächtigen.

1. Welcher Sprecher würde sich stark gegen eine Planwirtschaft wenden?
(A) I (B) II (C) III (D) IV
2. Welcher Sprecher würde am meisten mit der bolschewistischen Revolution von 1917 sympathisieren?
(A) I (B) II (C) III (D) IV

In dem gegebenen Beispiel ist das Thema: Eigentum und die Freiheit des einzelnen. Sprecher I vertritt die kapitalistische Laissez-faire-Position, Sprecher II präsentiert den Standpunkt von Keynes, Sprecher III nimmt die faschistische Haltung ein, und Sprecher IV kann als Kommunist eingestuft werden.

Die Diskussion am runden Tisch führt normalerweise von selbst dazu, auf Grund des Stimulusmaterials eine Anzahl von Fragen zu entwickeln. Aus zeitlichen Gründen werden hier nur zwei Fragen, die auf der Reihe der Stellungnahmen aufbauen, betrachtet. Die erste Frage richtet sich darauf, welcher Sprecher sich stark gegen eine Planwirtschaft wenden würde. Da Sprecher I, der klassische Kapitalist, jeder Art von Planung entgegentreten würde, ist Wahl A die richtige Antwort. In der zweiten Frage ist der Sprecher zu bestimmen, der am meisten mit der bolschewistischen Revolution von 1917 sympathisieren würde. Hier soll daher die marxistische Argumentation des Sprechers IV erkannt werden. In dieser Frage ist demnach Wahl D die Antwort.

Naturwissenschaften

Die folgenden fünf Fragen sind dazu bestimmt, die Fähigkeit des Schülers zu erfassen, Urteile im Bereich der Naturwissenschaften abzugeben. Jede Frage beinhaltet ein naturwissenschaftliches Problem. Zwei, drei oder vier von fünf Antworten zu jeder Frage stellen annehmbare Lösungen des Problems dar. Der Schüler muß die annehmbaren Lösungen identifizieren und diese dann nach einem bestimmten Kriterium bewerten und diejenige Lösung auswählen, die das Kriterium am besten trifft.

Mögliche Kriterien, zu deren Beobachtung der Schüler aufgefordert werden kann, sind Kosten, Genauigkeit, Wirkungsgrad oder Effektivität. Das zu verwendende Kriterium wird gewöhnlich in der Frage angeführt, kann aber auch implizit enthalten sein.
Die erste Frage lautet:

Welche der folgenden Methoden der Nahrungsmittelaufbewahrung tötet bei sachgemäßer Durchführung alle Bakterien in den Nahrungsmitteln und ist in der Anwendung die billigste?
(A) Konservierung
(B) Bestrahlung
(C) Einfrieren
(D) Trocknen
(E) Pasteurisierung

Der Schüler muß zunächst die annehmbaren Lösungen hinsichtlich des Problems des Abtötens von Bakterien identifizieren. Sowohl Konservierung wie Bestrahlung sind Methoden, die alle Bakterien abtöten. Die übrigen drei Methoden, Einfrieren, Trocknen und Pasteurisierung, töten, auch wenn sie sachgemäß durchgeführt werden, nicht alle Bakterien. Jetzt muß der Schüler Konservierung und Bestrahlung nach dem Kriterium der Kosten beurteilen. Konservierung kann im Heimbetrieb mit Geräten erfolgen, die ohne weiteres verfügbar und relativ billig sind. Bestrahlung hingegen erfordert sorgfältige Sicherheitsvorkehrungen und geschultes technisches Personal; beides ist mit Kostenaufwand verbunden. Daher ist die Antwort auf diese Frage: (A) Konservierung.

Man könnte die durch die Schwerkraft g bedingte Beschleunigung nach der Formel $g = \frac{2d}{t^2}$, in der d die Strecke und t die Zeit ist, am genauesten bestimmen, indem man die Zeit mißt, in der

(A) ein Tischtennisball die Strecke von 1 Fuß fällt.
(B) eine Stahlkugel die Strecke von 1 Fuß fällt.
(C) ein Tischtennisball die Strecke von 30 Fuß fällt.
(D) eine Stahlkugel die Strecke von 30 Fuß fällt.
(E) ein Pendelgewicht über die Strecke von 1 Fuß Bogenlänge schwingt.

Die Antworten A, B, C und D stellen annehmbare Lösungen für das Problem dar, die durch die Schwerkraft bedingte Beschleunigung zu bestimmen. Die ersten vier Möglichkeiten müssen nach der Genauigkeit der Ergebnisse, die sich durch sie erzielen lassen, beurteilt werden. Weil der prozentuale Fehler in der Zeitmessung kleiner ist, wenn der Ball (Kugel) eine größere Strecke in längerer Zeit zurücklegt, wären die Antworten C und D den Antworten A und B vorzuziehen. Da die Stahlkugel vom äußeren Luftwiderstand sehr viel weniger als der Tischtennisball beeinflußt wird, wäre die Antwort D, das ist die Zeit, die eine Stahlkugel benötigt, um eine Strecke von 30 Fuß zu fallen, als die Methode auszuwählen, die die genauesten Ergebnisse liefern würde.

In welcher Hinsicht haben Vögel für die Menschheit wirtschaftlich den größten Wert?
(A) In der Erzeugung von Düngemitteln.
(B) In der Vertilgung von Insekten.
(C) In der Vertilgung von Nagetieren.
(D) In der Vertilgung von Schlangen.
(E) In der Bindung von Stickstoff.

Die ersten vier Antworten stellen annehmbare Lösungen für das Problem dar, um herauszufinden, in welcher Hinsicht Vögel für die Menschheit von wirtschaftlichem Wert sind. Vögel haben keinen wirtschaftlichen Wert für die Menschheit in bezug auf die Bindung von Stickstoff. Vögel sind für die Menschheit von größtem Wert als Insektenvertilger. Daher ist die Antwort B richtig.

Bestimmte der unten angeführten Veränderungen erhöhen die Geschwindigkeit, mit der sich die folgende Reaktion vollzieht.
$4\ NH_3(g) + 5\ O_2(g) - 4\ NO(g) + 6\ H_2O(g) + $ Wärme
Welche Veränderung läßt eine Beschleunigung des Vorganges <u>am wenigsten</u> erwarten?
(A) Verdopplung der Ammoniakkonzentration in dem Reaktionsgemisch
(B) Verdreifachung der Sauerstoffkonzentration in dem Reaktionsgemisch
(C) Herabsetzung des Druckes der Reagentien von 5 auf 4 Atmosphären
(D) Erhöhung des Druckes der Reagentien von 4 auf 5 Atmosphären
(E) Erniedrigung der Temperatur der Reagentien von $200°\ C$ auf $198°\ C$.

Die in den Antworten A, B, C und E angeführten Veränderungen würden die Geschwindigkeit der Reaktion erhöhen. D würde die Geschwindigkeit herabsetzen. Die nähere Betrachtung der vier annehmbaren Lösungen führt zu E als der Veränderung, die die geringste Wirkung auf die Beschleunigung der Reaktion hätte.

Der Schüler ist sich vielleicht nicht immer bewußt, daß er bei jeder Frage eine Zwei-Stufen-Analyse vornimmt: erstens die Identifizierung der annehmbaren Lösungen und zweitens die Beurteilung dieser Lösungen und die Auswahl derjenigen, die ein Kriterium am besten trifft. Jedoch zeichnen sich alle diese Bewertungsfragen dadurch aus, daß sie einer solchen Zwei-Stufen-Analyse unterworfen werden können.

Literatur

Auf dem Gebiet der Literatur wurde eine besondere Fragenart, der "Kurzmythos", entwickelt, um die Fähigkeit des Schülers zu erfassen, sein Wissen über literarische Themen und Motive auf neue Situationen anzuwenden. Jede Frage gründet sich auf eine Synopse, auf eine kurze moderne Umschreibung, die die Grundzüge der Handlung und der thematischen Inhalte eines allgemein bekannten Mythos oder Motivs enthält. Um diese Fragenart erfolgreich zu beantworten, muß der Schüler in der Lage sein, über die bloße Identifizierung oder Wiedererkennung der Geschichte hinaus sein Wissen über den Mythos oder das Motiv so anzuwenden, daß er sie als beherrschende Themen in neuen literarischen Situationen wirken sieht.

Die erste Geschichte ist eine typische Erfolgsgeschichte, nicht unähnlich denen, wie man sie in vielen populären Zeitschriften oder in Filmen findet.

Miriam hatte immer mit dem Zirkus gelebt. Ihr Vater war der Zirkusdirektor gewesen, und nachdem ihre Mutter gestorben war, hatte er die Trapezkünstlerin geheiratet, die mit ihren beiden Töchtern auftrat. Diese hatten Miriam niemals erlaubt, mehr zu tun, als auf die Pferde achtzugeben. Ihre Stiefschwestern hatten ihr gesagt, sie würde niemals wie sie eine Attraktion werden. Aber ihre Tante unterwies sie heimlich, und eines Abends, als der Löwendompteur krank war, legte sie eine Verkleidung an und sagte zu dem gutaussehenden Impresario: "Ich kann einen ungesattelten Reitakt vorführen." Er ließ sie probieren, und sie wurde ein sofortiger Erfolg - die größte Attraktion des Zirkus.
(A) Das Aschenbrödel
(B) Die Schöne und das Biest
(C) Das häßliche Entlein
(D) Dornröschen

Die Heldin ist hier ein Mädchen, das vernachlässigt wurde und dahingewelkt wäre, wäre es ihr nicht durch einen Zufall möglich geworden, die Aufmerksamkeit des Publikums zu erringen. Sie wird auf diesen Augenblick vorbereitet durch die guten Dienste eines Menschen, der Vertrauen in sie setzte, und es wird angedeutet, daß sie nicht nur Erfolg, sondern auch einen Ehemann finden wird. Dieses bekannte Motiv der Wandlung hat in der volkstümlichen Literatur viele Gegenstücke. Unter den verschiedenen Wandlungsgeschichten kommt im 'häßlichen Entlein' (Wahl C) die Wandlung durch Anerkennung zustande. Die Geschichte entspricht jedoch nur in wenigen anderen Zügen der obigen Synopse. 'Die Schöne und das Biest' (Wahl B) ist die Geschichte einer Wandlung, die durch Liebe erfolgt, und kommt damit der Synopse wiederum nicht nahe genug. Das gilt auch für die Geschichte von Dornröschen, in der sich zwei Wandlungen vollziehen, die eine durch böse Gewalt, die andere durch die Ausdauer eines Liebhabers. Von den vier Geschichten findet sich nur im "Aschenbrödel" der größte Teil der Handlung und der thematischen Züge wieder, die in der Synopse enthalten sind, auch wenn die Episode des gläsernen Schuhs fehlt.

Die zweite Synopse handelt von einer Heimkehr und einer Familie, von dem Kontrast zwischen Versagen und Erfolg.

Es war sehr lange her, daß er dort gewesen war. Er hatte seine Familie verlassen und war in die Stadt gegangen. Er hatte niemals geschrieben in all den Jahren. Er hatte all das Geld verbraucht, das der Vater ihm gegeben hatte, und mal hier und mal dort gearbeitet, schließlich war er als Dieb im Zuchthaus gelandet. Er war nicht wie seine beiden Brüder - der Arzt und der Richter der Stadt. Nein, er war ganz einfach ein Versager. Auf seinem Weg nach Hause hatte er sich gefragt, wie seine Fami-

lie ihn behandeln würde. Weil er gefürchtet hatte, daß sein Vater ihn zurückweisen und fortschicken würde, wurde er überwältigt von der Wärme, mit der er empfangen wurde.
(A) Abraham und Isaak
(B) Jonas und der Wal
(C) David und Absalom
(D) Der verlorene Sohn

Von der zur Wahl stehenden Geschichten handeln A und C - "Abraham und Isaak" und "David und Absalom" - von Vätern und Söhnen, aber in der ersten ist das Thema, daß der Vater seinen Sohn opfert, und in der zweiten der Machtkampf des Sohnes gegen den Vater. Die Geschichte von Jonas ist die eines rebellischen Mannes, aber Jonas kommt nicht soweit herunter wie der Mann in der Synopse. Nur der "verlorene Sohn" enthält die Züge, die diese Geschichte wiedergibt.
Die dritte Synopse ist ähnlich den beiden ersten.

Er sieht aus wie ein einfacher Bursche vom Lande, dachte der alte Spieler. Ich werde ihn dazu bringen können, daß er in das verlassene Bergwerk geht und holt, was Jake dort gelassen hat. Der Knabe wird nicht wissen, wie gefährlich das Bergwerk ist. So überredete er Dan, in den dunklen Schacht hinunterzusteigen und die Kiste herauszuholen, in der sich die Maschine befand. Dan holte sie, aber er hatte irgendeinen Verdacht geschöpft, weil der alte Mann so viel Aufhebens von der schmutzigen alten Kiste gemacht hatte. Als Dan den Eingang erreicht, stellte er die Kiste nieder und stöhnte. Der alte Spieler kam hastig herbei, aber er lief zu weit und strauchelte über einen Balken. Er stürzte hinab! Dan zog die Kiste heraus, nahm sie mit nach Hause und ahnte kaum, welche Macht sie enthielt.
(A) Rolands Horn
(B) Die Büchse der Pandora
(C) Aladin und die Wunderlampe
(D) Josephs Mantel

Es ist eine Geschichte von Gier und Einfalt, in der der Einfältige in den Besitz von etwas Geheimnisvollem und Mächtigem gelangt, so wie Aladin zu der Wunderlampe kam.
Analog ist die vierte Geschichte, eine Geschichte vom ehrgeizigen Streben, das den Tod nach sich zieht.

Der Junge war sicher, daß er das Raumschiff des Vaters steuern könnte. Schließlich hatte er seinen Vater das Raumschiff bauen sehen, und er war viele Male als Passagier mitgeflogen. Eines Morgens ging er früh zur Startrampe, stieg in das Raumschiff und hob von der Erde ab. "Ich weiß, was ich tun werde," sagte er zu sich selbst, "ich werde zum Gürtel der Asteroiden fliegen.

Noch nie war jemand so hoch." Die Raumkontrollstreife fand das
Schiff ziellos im Raum treiben. Der Junge war tot.
(A) Ödipus
(B) Ikarus
(C) Joseph
(D) Jonas

So wie für Ikarus der Wunsch, höher als irgendein anderer zu fliegen, den Absturz herbeiführte, brachte der Wunsch, zum Gürtel der Asteroiden zu fliegen, dem Jungen den Tod.

Fremdsprachen

In der Umwälzung, die sich auf dem Gebiet des Fremdsprachenunterrichts und der entsprechenden Methodenlehre vollzog, begann die als ein Hauptgegenstand des Unterrichts lange vernachlässigte gesprochene Sprache eine angemessene Betonung zu finden. Das grundlegende Prinzip, daß alle der vier sprachlichen Grundfertigkeiten gelehrt werden müssen, gewann allmählich weithin Anerkennung. Diesem Prinzip folgend, wurden für jeden der vier Bereiche der Sprachbeherrschung - Hören, Sprechen, Lesen und Schreiben - besondere Tests entwickelt. Die größte Schwierigkeit bereitete dabei die Entwicklung von gültigen und zuverlässigen Verfahren für die Fertigkeit des Sprechens. Um Ihnen einen Eindruck von den auf diesem Gebiet entwickelten Verfahrensweisen zu geben, werden Ihnen jetzt repräsentative Teile eines Tests für die Aussprache des Französischen vorgeführt. Nach Beispielen von Schüleraufnahmen erläutern wir jeweils kurz die Prinzipien, die der Bewertung zugrunde lagen.
    In einem "Mimikry"-Teil hört der Schüler eine Reihe kurzer Mustersätze, die als Vorbild auf Tonband gesprochen wurden. Der Schüler hat die Aufgabe, jeden Satz so genau wie möglich nachzuahmen. Jeder Satz enthält einen oder mehrere "kritische Laute", deren Aussprache nach dem Schema "richtig - falsch" bewertet wird. In bestimmten Fällen wird die Wiedergabe der Satzmelodie als richtig oder falsch gewertet.
    Es folgen jetzt Muster und Schülerantwort aus dem Mimikrybeispiel Nr. 1.

Nachzuahmendes Sprechmuster	Auswertungsschlüssel (Richtig-Falsch-Schema)
Qu'il fait beau!	/o/

Intonation

Modellstimme	Stimme des Schülers
Qu'il fait beau!	Qu'il fait beau!

Der "kritische Laut" für diesen Satz ist das /o/ in 'beau'. Da der Schüler den geschlossenen /o/-Laut der Modellstimme mehr als offenes /ɔ/ aussprach, wurde dieses Item als falsch gewertet. Auch die fallende Intonation in der Schülerantwort unterscheidet sich von der steigenden exklamatorischen Modulierung der Modellstimme. Deshalb wurde auch dieses als falsch gewertet.
Es folgt das zweite Mimikrybeispiel:

Nachzuahmendes Sprechmuster	Auswertungsschlüssel (Richtig-Falsch-Schema)
Allons chez eux	/ø/

In diesem Fall imitierte der Schüler den kritischen Laut /o/ richtig. Wenn auch das nasale /õ/ in 'allons' nicht richtig wiedergegeben wurde, so wurde die Antwort doch voll gewertet, weil jeweils nur die kritischen Laute bei der Bewertung eine Rolle spielen. Die Wertung im Mimikryteil wird auf diese Weise eingeschränkt, um es dem Hörer zu ermöglichen, einige charakteristische Laute schnell und objektiv zu erfassen, anstatt eine größere Zahl von Lauten innerhalb einer sehr kurzen Zeitspanne hören und beurteilen zu müssen. Für die Bewertung sind die Laute ausgewählt worden, die bei der vergleichenden linguistischen Analyse als besonders schwierig für den englisch sprechenden Schüler festgestellt wurden.

Eine andere Gruppe von Fragen zur Prüfung des Sprechens gründet sich auf das Vorlesen. Hier imitiert der Schüler nicht ein vorgesprochenes Muster, sondern liest stattdessen einen kurzen Abschnitt in der zu prüfenden Sprache vor. Wie im Mimikryteil wird seine Aussprache bestimmter Laute, Worte oder Sätze nach einem Richtig-Falsch-Schema bewertet.

Schülerheft

(1) Armand vient annoncer à son ami malade qu'il
(2) lui a pris son poste.
(3) - Je serais venu te voir plus tôt, mais j'ai
(4) tellement à faire! Si j'étais sûr de ne point
(5) fatiguer tes oreilles, je te ferais le récit de
(6) mon entrevue avec ton patron.
(7) - Je n'ai rien de mieux à faire qu'à t'écouter.
(8) - La fumée ne te gêne pas?
(9) - Je fumerai moi-même pour te rassurer.
(10) - Il faut te dire que ton départ le laisse dans
(11) l'embarras. Et j'ajoute que j'ai accepté ta place.
(12) - Oh! ça par exemple! Je te trouve stupide.

Zur Überprüfung werden hierbei besonders die Laute ausgewählt, die der amerikanische Schüler leicht wegen der Interferenz seiner englischen orthographischen Gewohnheiten falsch auszusprechen geneigt ist. Zum Beispiel könnte in Zeile 11 das Wort 'embarras' vom Schüler deswegen falsch als /ȃbaras/ ausgesprochen werden, weil er durch den verwandten englischen Ausdruck "embarrass" beeinflußt wird. Ähnlich könnte ein schwacher Schüler in Zeile 8 'La fumée ne te ĝene pas?' versucht sein, /dʒen/ zu sprechen statt /ʒen/.

Außer der Richtig-Falsch-Auswertung bestimmter kritischer Laute wird die Gesamtleistung des Schülers im Leseteil nach einer Beurteilungsskala eingestuft.

Beurteilungsskala für lautes Lesen

Erfüllte Bedingungen	Punkte
Hoher Grad der Annäherung an die Charakteristika der fremden Sprache; durchgehend gut in jeder Hinsicht.	5
Durchgehend gute Annäherung an die Charakteristika der fremden Sprache, gelegentliche Abweichungen.	4
Hinreichende Annäherung an die Charakteristika der fremden Sprache, verständlich, etwas stockend.	3
Schwache Annäherung an die Charakteristika der fremden Sprache. Mit Mühe verständlich.	2
Kaum verständlich.	1
Nicht versucht.	0

Bei anderen erfolgreich verwendeten Verfahren zur Bewertung der Sprechfertigkeit werden Bilder benutzt. So kann der Schüler z. B. ein einzelnes Bild anschauen und auf eine dazu gesprochene Frage antworten:

(Abb. 6)

Gesprochene Frage	Antwort des Schülers
Que fait la jeune fille?	Elle se lave les mains.

Die Antwort des Schülers wird auf einer Vier-Punkt-Skala eingestuft auf Grund der nachstehend angeführten Kriterien.

Beurteilungsskala für Fragen zu einzelnen Bildern	
Erfüllte Bedingungen	Punkte
Natürliche und sinnvolle Antwort ohne Fehler in Wortwahl, Grammatik und Aussprache (Die Antwort kann, aber muß nicht ein vollständiger Satz sein.)	3
Sinnvolle Antwort mit unbedeutendem (n) Aussprachefehler (n)	2
Antwort mit gröberem (n) Fehler (n).	1
Nicht zutreffende oder unverständliche Antwort. Nicht versucht.	0

Die Antwort des Schülers im gezeigten Beispiel enthielt zwar einen leichten Aussprachefehler (der nasale Vokal in 'mains' wurde nicht gut wiedergegeben), sie war jedoch inhaltlich richtig und sinnvoll sowie fehlerfrei in Wortwahl und Grammatik. Die Antwort wurde demnach mit 2 Punkten bewertet. Wenn der Schüler den typischen Fehler gemacht hätte, das Reflexivpronomen auszulassen (Elle lave les mains), wäre die Antwort mit einem Punkt bewertet worden.

In einer Variation der gerade besprochenen Fragenart schaut der Schüler eine Serie von vier Bildern an und wird aufgefordert, "eine Geschichte dazu zu erzählen".

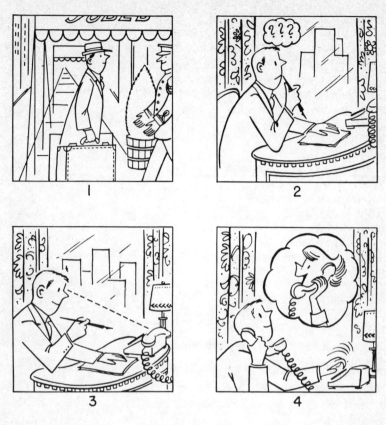

(Abb. 7)

Hier ist eine der Schülerreaktionen auf die gezeigte Bilderserie:

Un homme d'affaires est descendu à un hotel dans une grande ville. Le portier le reçoit, l'amène à sa chambre, et il s'assied à son bureau. Il tache d'écrire une lettre mais il a de la peine à écrire. Puis il voit le téléphone et décide de téléphoner au lieu d'écrire la lettre. Il donne un coup de téléphone à une femme qui est très heureuse d'entendre sa voix.

Die Leistung des Schülers wird nach vier Aspekten der Sprechfertigkeit beurteilt, und zwar nach: Wortwahl, Aussprache, Satzbau und Flüssigkeit.

Wortwahl: Erfüllte Bedingungen	Punkte
Ausgezeichnet. Durchgehend geeignete Worte verwendet.	5
Gut. Im allgemeinen richtige Wortwahl. Gelegentliches Versehen oder Ungenauigkeit.	4
Befriedigend. Angemessene Wortwahl.	3
Schwach. Geringer Wortschatz.	2
Unzureichend.	1
Nicht versucht.	0

Aussprache: Erfüllte Bedingungen	Punkte
Hoher Grad der Annäherung an fremdsprachliche Vorbilder	5
Ziemlich hohe Annäherung an	4
Hinreichende Annäherung an	3
Schwache Annäherung an ...	2
Keine Annäherung an ...	1
Nicht versucht.	0

Satzbau: Erfüllte Bedingungen	Punkte
Beherrschung vielfältiger sprachlicher Strukturen, ohne Fehler.	5
Gute Beherrschung der Grundstrukturen mit vereinzelten Fehlern.	4
Hinreichende Beherrschung der Grundstrukturen mit wenigen Fehlern oder Anwendung vieler verschiedener Strukturen, allerdings auch mit zahlreichen Fehlern.	3
Schwache Beherrschung der Grundstrukturen; wörtliche Übersetzungen aus der Muttersprache.	2
Nicht fähig, sprachliche Strukturen angemessen zu verwenden.	1
Nicht versucht.	0

Flüssigkeit: Erfüllte Bedingungen	Punkte
Vollständige sinnvolle Sätze, mühelos, ohne Stocken.	5
Vollständige sinnvolle Sätze, fast ohne Anstrengung oder Stocken.	4
Hinreichende Kontinuität mit gelegentlichem Stocken.	3
Nur teilweise fließend. Häufiges Stocken.	2
Keinerlei Wahrung des Zusammenhangs.	1
Nicht versucht.	0

Bei der Bewertung der Reaktion des Schülers auf diese Bilderfragen bemühen sich die geschulten Auswerter, die verschiedenen Aspekte sorgfältig zu trennen, um einen sogenannten "Halo-Effekt" zu vermeiden, d. h. zu verhindern, daß die besonders hohe oder niedrige Leistung eines Schülers in einem Bereich auf die Beurteilung der anderen einen verzerrenden Einfluß hat.

In dem obigen Beispiel erhielt der Schüler den höchsten Punktwert von 5 in der "Wortwahl", da die verwendeten Ausdrücke der durch die Bilder vermittelten Geschichte durchweg angemessen waren.

Andererseits werden bestimmte Aussprachefehler festgestellt: "ville" wird mit einem englischen /i/ gesprochen; "puis" wird /pui/ ausgesprochen; "très heureuse" wird ohne die obligatorische Bindung gesprochen. Der Schüler erhielt bei seiner Bildbeschreibung nach den Kriterien für die Aussprache den Punktwert 3. Hinsichtlich des Satzbaus scheint der Schüler über eine gute Beherrschung der sprachlichen Grundstrukturen zu verfügen, und er macht nur kleine Fehler, wie zum Beispiel "Il est descendu à un hotel" statt "Il est descendu dans un hotel". Für den Satzbau wurde der Punktwert 4 gegeben.

Mit 4 Punkten wurde auch die Flüssigkeit der Wiedergabe im Ganzen beurteilt, da die Beschreibung durch den Schüler kontinuierlich erfolgte und nur gelegentliches Zögern aufwies.

Ein wichtiger Vorteil bei der Verwendung von Bildern als Stimulusmaterial liegt darin, daß es möglich wird, geeignete sprachliche Reaktionen auf lebensechte Situationen hervorzurufen, ohne daß man im Hinblick auf die inhaltliche Kontrolle der Reaktion zu längeren sprachlichen Erklärungen und Beschreibungen Zuflucht nehmen muß.

Die ersten ernsthaften Versuche, objektive Verfahren zur Erfassung der Sprechfertigkeit zu entwickeln, ließen die Vielfalt der damit verbundenen Probleme erkennen und sollten zu weiteren Untersuchungen in diesem wichtigen Bereich anregen. Obwohl die Tests, die die beschriebenen Fragenarten und Verfahrensweisen verwenden, eine hohe innere Konsistenz aufweisen, wird das Vertrauen in die Reliabilität der Tests insgesamt etwas gemindert durch enttäuschende vorläufige Daten über die Reliabilität im Hinblick auf verschiedene Auswerter. In dieser Hinsicht sind weitere Verbesserungen anzustreben, und es wird auch wünschenswert sein, in objektiverer Weise zu bestimmen, welche Bedeutung man den einzelnen Komponenten der Sprechfertigkeit beimessen möchte.

2.2 E. Paul Torrance:
Neue Item-Arten zur Erfassung kreativer Denkfähigkeiten

In diesem Referat werde ich versuchen, den gegenwärtigen Stand jüngster Bemühungen, neue Items zur Erfassung kreativer Denkfähigkeiten zu entwickeln, in historischer Perspektive darzustellen und zu beschreiben. Der Begriff "kreative Denkfähigkeiten" wird in bezug auf jene geistigen Fähigkeiten verwendet werden, von denen allgemein angenommen wird, daß sie kreative Leistungen aktualisieren. Ich bin mir wohl bewußt, daß viele Pädagogen und Psychologen es vorziehen würden, diese Fähigkeiten "divergentes Denken", "produktives Denken" oder "Vorstellungsfähigkeit" zu nennen. Ich gebrauche den Begriff "kreatives Denken", weil keine der vorgeschlagenen Alternativen die gemessenen Fähigkeiten zufriedenstellend beschreibt, und weil der Begriff "kreative Denkfähigkeiten" eine bedeutsame Vorgeschichte hat.

Einige Wissenschaftler wenden wie Ausubel [1] gegen die Verwendung des Begriffs "kreativ" in der hier gebrauchten Bedeutung ein, daß "eine allgemeine Konstellation von intellektuellen Fähigkeiten, Persönlichkeitsvariablen und Dispositionen zum Problemlösen" nicht das Wesen der Kreativität ausmacht. Die Testitems, die ich beschreiben werde, erfassen vielleicht nicht das "Wesen der Kreativität", aber ich glaube, die Ansicht stützen zu können, daß derjenige, der einen hohen Grad der durch sie gemessenen Fähigkeiten besitzt, kreatives Verhalten erwarten läßt. Ich würde niemals behaupten, daß der Besitz dieser Fähigkeiten kreatives Verhalten garantiert. Ich würde auch darauf hinweisen, daß ein hoher Grad der gemessenen Intelligenz nicht gewährleistet, daß die betreffende Person sich intelligent verhält.

Ausubel und andere ziehen es vor, den Begriff "kreativ" ausschließlich in bezug auf eine seltene, spezifische und selbständige Fähigkeit zu verwenden anstatt auf "eine Konstellation von allgemeinen Fähigkeiten, Persönlichkeitsvariablen und Dispositionen zum

---
[1] Ausubel, D. P.: The Psychology of Meaningful Verbal Learning. New York: Grune & Stratton, 1963.

Problemlösen". Es gibt eine bedeutsame Vorgeschichte für die Annahme allgemeiner kreativer Fähigkeiten. In der Vergangenheit haben Wissenschaftler unter Kreativität eine Konstellation allgemeiner Fähigkeiten verstanden, die sich in besonderer Weise manifestieren können, abhängig vom Interesse, einer geschwächten oder geschärften Sinnestüchtigkeit und besonderen Gegebenheiten. Zum Beispiel wies Burnham [2] im Jahre 1892, zu einer Zeit, da ein beträchtliches Interesse an "dem schöpferisch-produktiven Vorstellungsvermögen" bestand, darauf hin, daß es seit Kants "Kritik der reinen Vernunft" üblich geworden sei, zwischen reproduktivem und schöpferisch-produktivem Vorstellungsvermögen zu unterscheiden. Man hatte erkannt, daß beim Erinnern und Reproduzieren von Information andere geistige Fähigkeiten involviert sind als diejenigen, die da wirksam werden, wo durch die Neukombination ursprünglicher Eindrücke neue Ganzheiten entstehen. Es ist besonders interessant, daß Burnham meinte, das schöpferische Vorstellungsvermögen sei durch das reproduktive Vorstellungsvermögen begrenzt, daß es aber eher dem Grad als der Qualität nach variiere. Nach Burnham war vielmehr das reproduktive Vorstellungsvermögen oder das Gedächtnis die spezifische Fähigkeit. Er vertrat auch den Standpunkt, daß "alle Kinder, sofern sie nicht Idioten sind, das produktive, schöpferische Vorstellungsvermögen in einem gewissen Maße besitzen".

Im ersten Teil des zwanzigsten Jahrhunderts befürworteten die Forscher allgemein die Konzeption einer allgemeinen, nicht-spezifischen, inhaltsfreien geistigen Kreativität. Spearman [3] z. B. vertrat die Ansicht, daß "die Fähigkeit des menschlichen Verstandes, neue Inhalte zu schaffen - indem Beziehungen übertragen und dadurch neue Zusammenhänge hergestellt werden - sich nicht nur auf den Bereich der Ideen erstreckt, sondern auch auf rein wahrnehmungsmäßige Vorstellungen, wie sie im gewöhnlichen Sehen, Hören, Fühlen und dergleichen in jedem Menschen gegeben sind".

Simpson [4] argumentierte ähnlich im Hinblick auf die Grundlagen seines Tests der kreativen Vorstellungsfähigkeit. Er definierte kreative Fähigkeit als die Initiative, die in der Fähigkeit, gewöhnliche Denkabläufe zu durchbrechen, zum Ausdruck kommt. Er meinte, daß wir uns mit der Feststellung der suchenden, kombinierenden und synthetisierenden Funktion des Verstandes befassen sollten, und forderte, daß wir neben den traditionellen Intelligenztests Tests der

---

2) Burnham, W. H.: Individual Differences in the Imagination of Children. In: Pedagogical Seminary, 1892, 2, 204-255.

3) Spearman, C. E.: Creative Mind. New York: Cambridge University Press, 1930.

4) Simpson, R. M.: Creative Imagination. In: American Journal of Psychology, 1922, 33, 234-243.

kreativen Denkfähigkeiten verwenden sollten. Er wies darauf hin, daß Intelligenztests auf die reproduktiven Fähigkeitsarten ausgerichtet seien und das unberücksichtigt lassen, was er als "eine vitale Kraft" bezeichnete. Während Simpson ausdrücklich bemerkte, daß sein Test hauptsächlich einen bildhaft-visuellen Stimulus für kreatives Handeln bietet, räumte er ein, daß manche Menschen auf einen auditiven Stimulus wahrscheinlich in höherem Maße kreativ reagieren würden. Er hob jedoch hervor, daß sich bei diesem Test die Vorstellung von einem Objekt bilde, das man zu zeichnen wünscht, daß aber an der Bildung dieser Vorstellung der gesamte Denkvorgang beteiligt sei. Er war der Ansicht, daß die visuelle Vorstellung sich gewöhnlich auch auf Teilbereiche der Kinästhesie, der auditiven Vorstellung und auf personale, organische und verbale Bezüge erstreckt.

Einige Kritiker machen geltend, daß, wenn man solche Fähigkeiten wie Sensitivität gegenüber Unzulänglichkeiten, Flüssigkeit, Flexibilität, Originalität, Sorgfalt (elaboration) und Neudefinition als "kreativ" bezeichnet, man damit Kreativität mit dem Denken schlechthin gleichsetzt. Da Denken ein komplexer geistiger Prozeß ist, sollte es nicht verwundern, daß diese Fähigkeiten bisweilen in gewissem Maße in jede Art von Denken eingehen. Diese Fähigkeiten sind jedoch für das kreative Denken bestimmender und entscheidender als für andere Arten des Problemlösens. Newell, Shaw und Simon [5] z. B. sagen, daß Problemlösen in dem Maße kreativ genannt werden kann, "indem eine oder mehrere der folgenden Bedingungen erfüllt sind:
1. Das Denkergebnis besitzt Neuartigkeit und Bedeutsamkeit (entweder für den Denkenden oder für seine Kultur).
2. Das Denken ist unkonventionell in dem Sinne, daß es die Modifizierung oder Zurückweisung vorher akzeptierter Vorstellungen erfordert.
3. Das Denken erfordert hohe Motivation und Beharrlichkeit und vollzieht sich entweder über einen beträchtlichen Zeitraum (fortdauernd oder mit Unterbrechungen) oder mit hoher Intensität.
4. Das Problem war in seiner ursprünglichen Form vage und undefiniert, so daß ein Teil der Aufgabe darin bestand, das Problem selbst zu formulieren".

Ich werde also den Begriff "kreative Denkfähigkeiten" verwenden in bezug auf eine allgemeine Konstellation geistiger Fähigkeiten, die viele Wissenschaftler der Gegenwart als "divergentes Denken", "produktives Denken" oder Fähigkeiten zum "Problemlösen" zu bezeichnen vorziehen und die von Forschern um die Jahrhundert-

---

5) Newell, Shaw and Simon: The process of creative thinking. In: H. E. Gruber, G. Terrell & M. Wertheimer (Eds.) Contemporary approaches to creative thinking. New York: Atherton 1962.

wende "schöpferisch-produktives Vorstellungsvermögen", "Vorstellungsvermögen und Erfindungsgabe" und "schöpferisches oder erfinderisches Denken" genannt wurden.

Frühe Tests der kreativen Denkfähigkeit

Obgleich bis zum Jahre 1966 keine standardisierten Tests der kreativen Denkfähigkeit für Kinder im Handel waren, enthielt das berühmte, von Whipple [6] 1915 veröffentlichte Handbuch der Tests zur Prüfung komplexer geistiger Prozesse Angaben über sieben Tests, die dazu bestimmt waren, "Anzeichen über den Reichtum spontaner Vorstellungsfähigkeit in der Phantasie zu erfassen und die Fähigkeit zum schöpferischen und erfinderischen Denken zu messen". [7] Eines dieser Verfahren ging von dem von Binet 1895 gegebenen Hinweis aus, daß individuelle Unterschiede im Reichtum der visuellen Vorstellungsfähigkeit mit Hilfe von Tintenklecksen erfaßt werden könnten. Inzwischen verfolgten Dearborn 1838, Kirkpatrick 1900, Sharp 1899 und Pyle 1913 den Vorschlag Binets und veröffentlichten mit Tintenklecksen gewonnene Ergebnisse, ähnlich den Resultaten, die ich neuerdings mit ganz anderen eigenen Tests erhalten habe. So fand zum Beispiel Kirkpatrick [8] ebenso wie ich (Torrance [9]) einen starken Abfall der Produktivität im vierten Schuljahr. Pyle hatte gefunden, ebenso wie in einigen Fällen gegenwärtige Forscher (Torrance [10], Smith [11]), daß die Leistungen von Farbigen denen von Weißen nahezu gleichen.

Ein zweiter von Whipple beschriebener Test bezieht sich auf sprachlichen Erfindungsreichtum. Es wird in ihm eine Anzahl von Wörtern dargeboten, die zu Sätzen zu vereinigen sind. Fünf verschiedene Versionen wurden beschrieben:
1. Fünf jeweils aus drei Wörtern bestehende Folgen wurden dargeboten und die Probanden aufgefordert, zu jeder so viele Sätze wie möglich zu schreiben.

---

6) Whipple, G. M.: Manual of Mental and Physical Tests. Part II: Complex Processes. Baltimore: Warwick & York, Inc., 1915.

7) Whipple, a. a. O., S. 253. siehe Anmerkung 6

8) Kirkpatrick, E. A.: Individual Tests of School Children. In: Psychological Review, 1900, 5(7), 274.

9) Torrance, E. P.: Guiding Creative Talent. Englewood Cliffs, N. J.: Prentice-Hall, Inc., 1962.

10) Torrance, E. P.: Education and the Creative Potential. Minneapolis: University of Minnesota Press, 1963.

11) Smith, R. M.: The Relationship of Creativity to Social Class. (Cooperative Research Project 2250). Pittsburgh, Pa.: University of Pittsburgh, 1965.

2. Zwei Wörter wurden gegeben, und den Probanden wurden in einem Beispiel zwei Sätze gezeigt, die daraus gebildet werden konnten - einer alltäglich, banal und einer mehr "pointiert" oder originell. Die Probanden wurden aufgefordert, zu jedem in der Testaufgabe dargebotenen Wortpaar einen Satz der zweiten Art zu schreiben.
3. Wörter wurden gegeben und die Probanden aufgefordert, dazu eine möglichst lange Geschichte zu verfassen.
4. Fünfundzwanzig Satzanfänge wurden dargeboten und die Probanden gebeten, diese zu beenden.
5. Die Probanden wurden aufgefordert, in der Art eines Aufsatzes ein Thema zu entwickeln.

Ein dritter Test des kreativen oder erfinderischen Denkens, der in Whipples Handbuch enthalten ist, ist ein Wortbildungs- oder Anagrammtest. Der vierte Test bezieht die Ebbinghaussche Ergänzungsmethode ein, bei der ein Textabschnitt mit ausgelassenen Wörtern dargeboten wird. Der Proband hat die fehlenden Wörter einzusetzen. In einem fünften Test wurde dem Probanden eine Fabel vorgelesen, die zu interpretieren war. Der sechste Test, "Unkontrollierte Assoziationen", erforderte vom Probanden, auf Reizwörter nach der Methode der fortlaufenden Assoziation so schnell wie möglich Wörter zu bilden. Der siebente Test dieser Art, den Whipples Handbuch enthält, ist der Kent-Rosanoff-Test, der schnelle Assoziationen zu jedem von 100 Wörtern verlangt und der auf der Grundlage der Geläufigkeit von Assoziationen ausgewertet wird.

Obwohl das Handbuch von Whipple eine Vielzahl von Interkorrelationen und an Vergleichsgruppen gewonnene Daten für jedes dieser Verfahren enthält, hat augenscheinlich keines von ihnen jemals Zugang zur allgemeinen Anwendung in schulischen und klinischen Untersuchungsvorhaben gefunden. Das gleiche könnte man von der Vielzahl der Testverfahren sagen, die nach der Veröffentlichung von Whipples Handbuch ersonnen wurden, wie denen, die von Andrews [12], Chassell [13], Grippen [14], Hargreaves [15], Harms [16],

---

12) Andrews, Elizabeth G.: The Development of Imagination in the Pre-School Child. In: University of Iowa Studies of Character Education, 1930, 3 (4).

13) Chassell, Laura M.: Tests of Originality. In: Journal of Education, 1916, 4 (7), 317-328.

14) Grippen, V. B.: A Study of Creative Artistic Imagination in Children by the Constant Contact Procedure. In: Psychological Monographs, 1933, 45 (1), 63-81.

15) Hargreaves, H. L.: The 'Faculty' of Imagination. In: British Journal of Psychology, 1927, 3, Monograph Supplement, No. 10.

16) Harms, E.: A Test for Types of Formal Creativity. In: Psychological Bulletin, 1939, 36, 526-527.

McCarty [17], Markey [18], Simpson [19] und vielen anderen beschrieben worden sind. Obgleich viele Ideen hervorgebracht wurden, gab es offensichtlich in keinem Fall eine fundierte Forschung und Entwicklung, und keine von ihnen hat zu dem geführt, was der allgemeinen Anwendung im schulischen und klinischen Bereich nahekäme.

Der Stand neuer Testreihen des kreativen Denkens

Es haben sich jetzt vier voneinander relativ unabhängige und ziemlich fundierte Ansätze herausgebildet, Testreihen zur Erfassung der kreativen Denkfähigkeiten von Kindern zu entwickeln. Guilford und seine Mitarbeiter (Guilford, Merrifield & Cox [20], Merrifield, Guilford & Gershon [21]) sind der Möglichkeit nachgegangen, für die Verwendung an Kindern Verfahren zu adaptieren, die ursprünglich für die Anwendung an überragenden Erwachsenen entwickelt worden waren. Über diese Verfahren liegen in reichem Maße Untersuchungen vor, die jedoch mit Erwachsenen, nicht aber mit Kindern durchgeführt wurden. Elizabeth Starkweather [22] war über mehrere Jahre damit beschäftigt, Verfahren zur Bestimmung der Kreativität von Kindern im Vorschulalter zu entwerfen und zu standardisieren. Wallach und Kogan [23] haben einige vielversprechende Verfahren entwickelt, die an Kindern des fünften Schuljahres angewendet wurden.

---

17) McCarty, S. A.: Children's Drawings: A Study of Interest and Abilities. Baltimore: Williams & Wilkins, 1924.

18) Markey, F. V.: Imaginative Behavior in Pre-School Children. New York: Bureau of Publications, Teachers College, Columbia University, 1935.

19) siehe Anmerkung 4

20) Guilford, J. P., P. R. Merrifield and Anna B. Cox: Creative Thinking in Children at the Junior High School Level. Los Angeles: Psychological Laboratory, University of Southern California, 1961.

21) Merrifield, P. R., J. P. Guilford and A. Gershon: The Differentiation of Divergent-Production Abilities at the Sixth-Grade Level. Los Angeles: Psychological Laboratory, University of Southern California, 1963.

22) Starkweather, Elizabeth K.: Problems in the Measurement of Creativity in Pre-School Children. Paper presented at annual meetings of the American Psychological Association, Los Angeles, September 1964.

23) Wallach, M. A. and N. Kogan: A New Look at the Creativity-Intelligence Distinction. In: Research Memorandum 64-11, 1964.

Meine Mitarbeiter und ich (Torrance [24] [25]) haben über eine Zeit
von etwa zehn Jahren mehrere Testaufgabenreihen zur Anwendung
vom Kindergartenalter bis zur Hochschule entwickelt. Zusätzlich
sind diese Aufgabenreihen oder einzelne Testitems in mindestens
300 Untersuchungen von graduierten Studenten und älteren Wissenschaftlern verwendet worden. Zwei weitere Testreihen sind in einer
Forschungsausgabe publiziert worden. Da meine eigene Arbeit nur
die Tests von Starkweather und meine eigenen einbezieht, werde ich
meine Darlegungen auf diese beiden Entwicklungsrichtungen beschränken.

Die Tests von Starkweather für Kinder im Vorschulalter

Über mehrere Jahre haben Elizabeth K. Starkweather [26] und ihre
Mitarbeiter an der Oklahoma State University viele Aspekte des
kreativen Verhaltens an Kindern im Vorschulalter untersucht. Die
zur Bearbeitung ausgewählten intellektuellen Charakteristika waren
Originalität und Neugier; als Persönlichkeits- oder dispositionelle
Faktoren wurden Konformität-Nichtkonformität und die Bereitschaft,
das Schwierige zu versuchen, in den Vordergrund gestellt. Alle von
Starkweather und ihren Mitarbeitern entworfenen Verfahren werden
entweder in der Einzelsituation dargeboten oder in kleinen Gruppen,
bei denen die psychologische Beobachtung wesentlich ist. Der Testablauf bezieht eine Vielfalt geistreich ersonnener Untersuchungstechniken ein, die fortlaufender Standardisierung unterlagen.

Bei der Entwicklung von Verfahren zur Erfassung der Originalität fand Starkweather, daß Strichzeichenaufgaben, wie sie für ältere Kinder verwendet werden, für Kinder im Vorschulalter nicht
geeignet sind, und daß dreidimensionales Material benötigt wurde.
Dreidimensionale Figuren wurden aus Styropor geschnitten und bemalt oder mit verschiedenem Material überzogen. Das gegenwärtige Instrument besteht aus weißem Styropor zur Anwendung in der
Vorbereitungsperiode und einer Serie von roten, grünen, gelben
und blauen Figuren, die jedem Kind zweimal dargeboten werden.
Der Proband wird aufgefordert zu sagen, was diese Figuren seiner
Ansicht nach darstellen. Statt das statistische Seltenheitskriterium
bei der Skalierung von Testantworten hinsichtlich der Originalität
in der üblichen Weise zu verwenden, benutzt Starkweather das statistische Seltenheitsprinzip mehr zu einem Vergleich des Kindes

---

[24] siehe Anmerkung 9

[25] Torrance, E. P.: Different Ways of Learning for Different Children.
In: E. P. Torrance and R. D. Strom (Eds.): Mental Health and
Achievement. New York: John Wiley & Sons, 1965, S. 253-261.

[26] siehe Anmerkung 22

mit sich selbst als mit anderen Kindern. Es wird also jede Antwort des Kindes mit allen anderen Antworten, die das Kind gegeben hat, verglichen. Diese Art der Auswertung ist dadurch möglich, daß das Kind viermal Gelegenheit hat, auf das Stimulusmaterial zu antworten. Im wesentlichen wird gewöhnlich dasjenige Kind, dessen Antworten die größte Vielfalt aufweisen, als das mit der höchsten Originalität bezeichnet.

Zur Prüfung der Neugier hat Starkweather eine Aufgabenart ersonnen, die den Grad der Bevorzugung des Neuartigen erfassen soll. Sie nimmt an, daß der Ausdruck einer Bevorzugung des Neuartigen oder die Wahl des Nichtbekannten oder Nichtvertrauten eine Art des auf den Erwerb von Information ausgerichteten Explorationsverhaltens darstellt. Bei der Darbietung der Testaufgabe wird das Kind mit einer Serie von Mustern vertraut gemacht, indem sich der Untersuchende mit dem Kind darüber unterhält. Dem Kind wird dann in einer Serie von Musterpaaren die Wahl geboten zwischen dem inzwischen vertraut gewordenen und einem anderen, neuartigen. Die Muster werden in Umschläge gesteckt, und das Kind trifft seine Wahl zwischen zwei Umschlägen, von denen der eine deutlich mit dem vertrauten Muster markiert ist, während von dem anderen gesagt wird, daß er ein "Überraschungsmuster" enthält.

Die Anwendung von Konformitäts-Nichtkonformitätstests wird auf die Theorie gegründet, daß der kreative Mensch in der Lage ist, sowohl konforme wie nicht-konforme Verhaltensweisen zu benutzen, je nachdem, welche am effektivsten sind. Zuerst untersuchte Starkweather die Freiheit in der Verwendung von konformen oder nichtkonformen Verhaltensweisen mit Hilfe von Platzkarten an den Frühstückstischen im Schulkindergarten. An jedem Tag verteilte ein Kind gleichartige Platzkarten an die anderen Kinder seines Tisches und wählte dann eine Karte für sich selbst, die entweder den anderen glich oder eine andere Farbe hatte. Sie fand heraus, daß diese Aufgabe zwischen zwanghaft konformem Verhalten und zwanghaft nichtkonformem Verhalten differenzierte. Das Verfahren war jedoch zu zeitraubend, und die Aufgabe war verschieden für Kinder, die mit ihren Freunden und denen, die nicht mit ihren Freunden zusammensaßen. Sie ging dann zur Herstellung von Bilderheften über. In dieser Aufgabe wird konformes Verhalten ermöglicht, indem für drei Freunde jedes Kindes, die das Kind einzeln benennt, Bilderhefte hergestellt werden. Die für die Seiten der Hefte benutzten Farben wurden für jedes Kind individuell ausgewählt und reichten von der Lieblingsfarbe bis zu derjenigen, die das Kind am wenigsten mochte. Zuerst wird das Kind aufgefordert, drei Freunde zu benennen. Dann werden drei gleiche Seiten vor dem Kind hingelegt, und es wird ihm gesagt, daß diese für seine Freunde bestimmt seien. Dem Kind wird dann die Wahl gegeben zwischen einer Seite, die der seiner Freunde gleicht und einer Seite von verschiedener Farbe. Insgesamt werden für jedes Kind 20 Paare dargeboten, und der Testwert ergibt sich durch einfaches Zählen der Anzahl konformer und nicht-konformer Wahlen. Die zugrundeliegende Annahme ist, daß das Kind, das wirklich eine der beiden Farben bevorzugt, die Farbe in beiden Fällen wählen wird, wenn es die Freiheit besitzt, sowohl konformes wie nicht-konformes Verhalten zu zeigen. Das konformistische Kind wird hingegen die bevorzugte Farbe nur wählen, wenn auch seine Freunde sie erhielten. Das nicht-konformistische Kind wird die bevorzugte Farbe nur wählen, wenn seine Freunde sie nicht erhielten.

Das Messen von Konformität und Nichtkonformität (Starkweather & Cowling [27]) in einer unpersönlichen Situation wird mit Hilfe eines Satzes von vier Formbrettern versucht. Auf den Formbrettern sind ein Baum, ein Haus, ein Spielplatz und ein Scheunenhof abgebildet. Jedes Formbrett hat fünf Löcher, und für jedes Loch stehen vier verschiedene Stücke zur Auswahl, die zur Vervollständigung des Bildes benutzt werden können. Die Bildstücke für die Formbretter sind paarweise angeordnet, und das Kind wählt die Stücke, die es benutzen möchte. Die Möglichkeit zu konformem Verhalten wird durch eine hinter dem Formbrett angebrachte Strichzeichnung gegeben. Zum Beispiel wird eine Strichzeichnung von Blumen im ersten Formbrett gezeigt, und das Kind hat zwischen einem Stück mit einem Kaninchen und einem mit Blumen zu wählen. Beim nächsten Mal wird eine Strichzeichnung des Kaninchens gezeigt, und das Kind muß wieder zwischen dem Kaninchen und den Blumen wählen. Es wird angenommen, daß das Kind, das wirklich das Kaninchen bevorzugt, es beide Male wählen wird, wenn es die Freiheit besitzt, sowohl konformes wie nicht-konformes Verhalten zu zeigen. Das konformistische Kind wird das Kaninchen nur wählen, wenn die Strichzeichnung des Kaninchens gezeigt wird, und das nicht-konformistische Kind wählt das Kaninchen nur, wenn die Strichzeichnung der Blumen gezeigt wurde.

Eine Vielfalt von Anordnungen wird benutzt, um die Bereitschaft des Kindes, das Schwierige zu versuchen, zu prüfen: Mosaikspiele von unterschiedlicher Differenziertheit oder Schwierigkeit, Knöpfe und Knopflöcher sowie ein Zielscheibenspiel. Zuerst versucht der Untersuchende herauszufinden, was für jedes einzelne Kind schwierig ist. Die Bereitschaft des Kindes, sich an etwas zu versuchen, das ihm schwerfällt, kann dann von seiner Motivation abhängen. Für ein kreatives Kind muß das Bedürfnis nach Anerkennung durch andere Kinder und durch die Eltern sekundär sein gegenüber der Bereitschaft, ein Risiko einzugehen und schwierige Aufgaben in Angriff zu nehmen.

---

[27] Starkweather, Elizabeth K. and Freida G. Cowling: The Measurement of Conforming and Nonconforming Behavior in Pre-School Children. Department of Family Relations and Child Development, Oklahoma State University, Stillwater, 1964.

Die Tests von Torrance für das Vorschulalter bis zur Hochschule

Meine Arbeit ist bestimmt worden durch den Versuch, Testsätze zu entwickeln, die sich in allen Kulturen und vom Kindergarten bis zur Hochschule anwenden lassen. Ich beschäftige mich zur Zeit mit einer neuen Arbeit an Kindern im Alter von drei bis fünf Jahren, die meiste Aufmerksamkeit aber habe ich auf die Elementar- und auf die Sekundarschule gerichtet. Diese Tests stellen eine ziemlich starke Abweichung dar von den nach Faktoren aufgebauten Tests, die von Guilford und seinen Mitarbeitern entwickelt wurden. Sie unterscheiden sich auch von dem Versuch von Wallach und Kogan [28], eine Verfahrensreihe in bezug auf ähnliche kreative Tendenzen zu entwickeln, indem ich mich bewußt bemüht habe, Testitems oder Aufgaben einzubeziehen, die völlig andere kreative Tendenzen erfassen. Dennoch habe ich versucht, in den Testinstruktionen und in der Gestaltung etwas von dem Anreiz zur freien spielerischen Betätigung beizubehalten, auf die Wallach und Kogan so großen Wert gelegt haben, und es sind sowohl Methoden zur Einzel- wie zur Gruppendarbietung verwendet worden.

Ich habe bewußt versucht, Items zu konstruieren, die Modellfälle des kreativen Denkprozesses darstellen, wobei jedes Item verschiedene Arten des Denkens involviert und jedes etwas einzigartiges zu den in der Entwicklung stehenden Aufgabenreihen beiträgt. Einer der klarsten und direktesten Modellfälle findet sich in dem Test 'Frage und vermute' (Ask-and-Guess Test), von dem es mehrere verschiedene Formen gibt. In allen Formen wird den Probanden ein Bild gezeigt und diese Folge von Instruktionen gegeben:
"Die nächsten drei Aufgaben werden dir Gelegenheit geben zu sehen, wie gut du Fragen stellen kannst, um Dinge herauszufinden, die du nicht kennst, und wie gut du Vermutungen anstellen kannst über mögliche Ursachen und Auswirkungen von Ereignissen. Schau auf das Bild. Was geschieht? Was kannst du mit Sicherheit sagen? Was mußt du wissen, um zu verstehen, was geschieht, was das Geschehen verursachte und was das Ergebnis sein wird?"

Jüngere Kinder werden aufgefordert, ihre Antworten einem Erwachsenen zu diktieren, und ältere Kinder und Erwachsene werden gebeten, ihre Antworten niederzuschreiben. In der schriftlichen Version werden für die erste der drei Aufgaben die folgenden Instruktionen gegeben:
"Schreibe auf diese Seite alle Fragen, die dir zu dem Bild auf der Seite davor einfallen. Stelle alle Fragen, die du stellen müßtest, um mit Sicherheit zu wissen, was geschieht. Stelle keine Fragen, die schon durch das Anschauen des Bildes beantwortet werden können."

---

28) siehe Anmerkung 23

Nach fünf Minuten werden den Probanden die folgenden Instruktionen für die zweite Aufgabe "Vermuten von Ursachen" (Guessing Causes) gegeben:
"Führe weiter unten auf der Seite so viele mögliche Ursachen der Handlung auf dem Bild an, wie du kannst. Du kannst daran denken, was sich unmittelbar vor dem Geschehen auf dem Bild ereignet haben könnte, oder an etwas, das sich lange Zeit vorher ereignete und zu dem Geschehen auf dem Bilde führte. Stelle so viele Vermutungen wie möglich an. Sei nicht ängstlich dabei!"

Nach weiteren fünf Minuten werden die folgenden Instruktionen für die dritte Aufgabe "Vermuten von Auswirkungen" (Guessing Consequences) gegeben:
"Führe weiter unten auf der Seite so viele Möglichkeiten wie du kannst darüber an, was sich als Ergebnis des Geschehens auf dem Bild ereignen könnte. Du kannst daran denken, was sich unmittelbar danach oder was sich viel später in der Zukunft aus dem Geschehen ergeben könnte. Stelle so viele Vermutungen wie möglich an. Sei nicht ängstlich dabei!"

Die erste Aufgabe soll Aufschluß darüber geben, inwieweit der Proband in der Lage ist, das, was er durch das Betrachten des Bildes nicht herausfinden kann, sich vorzustellen, und inwieweit er Fragen stellen kann, die ihm dazu verhelfen, die Lücken in seinem Wissen zu schließen. Die zweite und dritte Aufgabe sollen Aufschluß darüber geben, inwieweit der Proband in der Lage ist, Hypothesen über Ursachen und Wirkungen zu formulieren. Die Zahl der entsprechenden Antworten des Probanden ergibt ein Maß für die Vorstellungsflüssigkeit. Die Zahl der Änderungen im Denken oder die Zahl verschiedener Kategorien von Fragen, Ursachen oder Auswirkungen ergibt ein Maß für die Flexibilität. Die statistische Seltenheit dieser Fragen, Ursachen oder Auswirkungen oder der Grad, in dem die Antwort einen geistigen Sprung darstellt oder ein Abweichen vom Offensichtlichen und Alltäglichen, ergibt ein Maß für die Originalität. Die in den Fragen und Hypothesen enthaltene Detaillierung und Spezifizierung stellen ein Maß dar für die Fähigkeit, eine Aufgabe sorgfältig auszuarbeiten.

In einer anderen Aufgabe werden die Probanden aufgefordert, ungewöhnliche oder provozierende Fragen zu stellen über alltägliche Gegenstände wie Konservenbüchsen, Pappkartons oder Eis. Die Probanden werden ermutigt, Fragen zu stellen, die zu einer Vielfalt verschiedener Antworten führen und die in anderen Interesse und Neugier hinsichtlich des Gegenstandes wecken könnten.

Die Aufgabe "Produktverbessern" (Product Improvement Task) verlangt, auf gescheite, interessante und ungewöhnliche Weise ein Spielzeugstofftier (zum Beispiel einen Spielzeughund, -affen, -elephanten oder -känguruh) so zu verändern, daß das Spielen damit für Kinder interessanter wird. Der Test "Ungebräuchliche Verwendung"

(Unusual Uses Test) verlangt die interessante und ungewöhnliche Verwendung alltäglicher Gegenstände wie Konservenbüchsen, Pappkartons und Bücher. Der Test "Nimm einmal an" (Just Suppose Test) stellt den Probanden einer unwahrscheinlichen Situation gegenüber und fordert ihn auf, "einfach einmal anzunehmen", daß diese Situation sich ereignet hat, und an alles zu denken, was sich daraus ergeben könnte. Die unwahrscheinlichen Situationen sind zum Beispiel folgender Art:

"Nimm einmal an, daß während eines Regens alle Regentropfen in der Luft stillstanden und sich nicht mehr bewegten - und daß sie aus festem Stoff waren."

"Nimm einmal an, daß jemand in einer großen Seifenblase gefangen war und nicht heraus konnte."

Zu jedem 'Nimm einmal an' gehört eine entsprechende Zeichnung, die die unwahrscheinliche Situation schildert.

Der Test "Einfallsreiche Geschichten" (Imaginative Stories Test) verlangt das Schreiben einfallsreicher Geschichten über Tiere und Menschen, die einige ungewöhnliche Eigenschaften besitzen. Die Probanden werden aufgefordert, aus einer Reihe von zehn Überschriften folgender Art eine auszuwählen:

Der fliegende Affe.
Der Löwe, der nicht brüllt.
Der weinende Mann.
Die Frau, die nicht sprechen will.

Der Test "Klänge und Bilder" (Sounds and Images Test) fordert den Probanden auf, einfallsreiche und originelle Bilder zu jedem aus einer Folge von vier Klangeindrücken zu entwerfen, die von einer vertrauten und zusammenhängenden Klangwirkung bis zu einer Kombination aus sechs einigermaßen fremdartigen und beziehungslosen Klängen reichen. Diese Serie wird dreimal dargeboten und der Proband jedesmal aufgefordert, seine Vorstellungsfähigkeit weiter anzustrengen.

Meine neueste Testreihe für das Vorschulalter besteht aus fünf Problemen, die von den weltberühmten Mutter-Gans-Reimen (Mother Goose rhymes) ausgehen. Den vier- und fünfjährigen Kindern werden Hefte mit Zeichnungen der fünf Situationen gegeben, und sie werden ermuntert, diese farbig auszumalen, während sie die Probleme mit dem Untersuchenden besprechen. Die Hauptfragen dieser fünf Probleme sind die folgenden:

1. Was hätte Mutter Hubbard alles tun können, als sie feststellte, daß es dort nichts zu essen gab?
2. Was hätte der Kuh alles geschehen können, als sie über den Mond gesprungen war?
3. Was hätten die Schafe von Bo Peep alles tun können, wenn sie verlorengegangen wären?

4. Was könnte alles dazu geführt haben, daß Jack und Jill den Hügel hinunterfielen?

5. Wenn Boy Blue sein Horn verloren hätte, was hätte er dann alles tun können, um die Kühe von seinem Getreide fernzuhalten?

Die Anweisung für den Untersuchenden enthält neben den Hauptfragen eine Reihe von standardisierten Fragen zur Anregung des Kindes. Die Hefte werden nur verwendet, um die Kinder psychologisch einzustimmen, und sie dürfen diese behalten.

Jeder Aufgabenart liegt ein Bezugsrahmen zugrunde, der aus einigen Forschungsergebnissen über das Wesen des kreativen Prozesses, der kreativen Persönlichkeit oder über Bedingungen, die für das Zustandekommen kreativer Leistungen notwendig sind, hervorgegangen ist. Die Aufgaben sind so angelegt, daß sie möglichst viele verschiedene Aspekte der sprachlichen kreativen Abläufe einschließen. Die meisten Aufgaben werden ausgewertet nach Flüssigkeit, (Zahl verschiedener relevanter Einfälle), Flexibilität (Zahl der Änderungen im Denken oder der verschiedenen Antwortkategorien), Originalität (Zahl statistisch seltener Antworten, die kreativ-intellektuelle Fähigkeit erkennen lassen) und Sorgfalt in der Ausarbeitung (Zahl verschiedener Einfälle bei der Ausarbeitung der Einzelheiten eines Einfalls).

Obgleich eine Vielzahl von bildhaften Testaufgaben entwickelt worden ist, bestehen die standardisierten Testreihen nur aus drei Aufgabenarten, von denen jede einen etwas anderen Aspekt der kreativen Vollzüge berührt. Der Test 'Bildkonstruktion' (Picture Construction Test) wird mit folgenden Instruktionen gegeben: "Unten auf der Seite findet sich ein Stück buntes Papier mit kurvenartigem Umriß. Denke dir das Bild eines Gegenstandes, in dem diese Form einen wichtigen Teil darstellt. Dann nimm das bunte Stück Papier hoch und hefte es, wo du willst, auf die nächste Seite, so, wie du eine Briefmarke aufkleben würdest. Dann ziehe mit einem Bleistift oder Pastellstift Linien, um dein Bild herzustellen.

Versuche an ein Bild zu denken, an das niemand sonst denken wird. Füge zu deinem ersten Einfall neue Einfälle hinzu, so daß die Geschichte des Bildes so interessant und aufregend wie möglich wird.

Wenn du dein Bild fertig hast, denke dir dafür einen Namen oder eine Überschrift aus und schreibe ihn unten auf der Seite in den freigelassenen Teil. Laß deine Überschrift so gescheit und ungewöhnlich wie möglich werden. Mache sie so, daß sie die Geschichte deines Bildes erzählen hilft."

Diese Aufgabe kann, wie auch die beiden anderen Bildaufgaben, auf allen Bildungsstufen vom Kindergarten bis zur Hochschule und an verschiedene Berufsgruppen gegeben werden. Es ist eine Aufgabe, die bei Kindergartenkindern an Gruppen dargeboten werden kann, und zugleich eine, die spielerische Betätigung so weit ermutigt, um auch für die Anwendung bei graduierten Studenten und anderen Erwachsenen brauchbar zu sein. In jeder Testreihe wird eine andere Form (wie etwa eine Träne oder eine Bohne) als Stimulusobjekt verwendet.

Das Stimulusmaterial des Tests "Figuren ergänzen" (Figure Completion Test) besteht aus zehn unvollständigen Figuren und wird mit folgenden Instruktionen gegeben:
"Indem du Linien zu den Figuren auf dieser und der nächsten Seite hinzufügst, kannst du einige interessante Gegenstände oder Bilder entwerfen. Denke wieder an ein Bild oder einen Gegenstand, an die niemand sonst denken wird. Versuche, es eine so vollständige und interessante Geschichte wie möglich erzählen zu lassen, indem du deinen ersten Einfall ergänzt und ausbaust. Erfinde eine Überschrift für jede deiner Zeichnungen und schreibe sie unter jeden Entwurf in die Nähe der Nummer der Figur."

Im Test "Wiederholung von geschlossenen Figuren" (Repeated Closed Figures Test) sind auf zwei Seiten geschlossene Figuren (Kreise, Quadrate, Dreiecke usw.) abgebildet. Die Instruktionen für die Kreis-Version dieses Tests sind die folgenden:
"Sieh zu, wie viele Gegenstände oder Bilder du in zehn Minuten aus den Kreisen unten und auf der nächsten Seite machen kannst. Die Kreise sollen immer der hauptsächliche Teil sein von dem, was du machst. Füge mit Bleistift oder Pastellstift Linien zu den Kreisen hinzu, um dein Bild zu vervollständigen. Du kannst Zeichen in, auf und um die Kreise herum setzen - wo du gerade möchtest, um dein Bild herzustellen. Versuche, an Dinge zu denken, an die niemand sonst denken wird. Mache so viele verschiedene Bilder oder Gegenstände wie du kannst und lege in jedes so viele Einfälle wie möglich hinein. Laß sie eine so vollständige und interessante Geschichte erzählen, wie du kannst. Setze Namen oder Überschriften in die freigelassenen Räume."

Diese Triade von Testaufgaben stellt in einem gewissen Sinn drei verschiedene kreative Tendenzen dar. Die Aufgabe mit den unvollständigen Bildern ruft die Tendenz zur Strukturierung und Integrierung hervor. Die unvollständigen Figuren lassen im Betrachter eine Spannung entstehen, die von ihm lange genug kontrolliert werden muß, um den geistigen Sprung zu vollziehen, der notwendig ist, um vom Offensichtlichen und Alltäglichen loszukommen. Das Versagen, die Spannungslösung hinauszuschieben, führt zur vorzeitigen Schließung der unvollständigen Figuren und zu einer offensichtlichen und alltäglichen Antwort. Die Anregung, die "Zeichnungen eine Geschichte erzählen zu lassen", ist dazu bestimmt, zur sorgfältigen Ausarbeitung und zum weiteren Ausfüllen der Lücken zu motivieren. Der Test mit den Kreisen und den anderen geschlossenen Figuren ruft die Tendenz zur Aufbrechung von Strukturen hervor, der es bedarf, um etwas Neues zu schaffen. Die Wiederholung eines einzigen Stimulus erfordert die Fähigkeit, immer wieder zu dem gleichen Stimulus zurückzukehren und ihn auf eine andere Weise wahrzunehmen. Der Bildkonstruktionstest ruft die Tendenz hervor, einen Zweck für etwas zu finden, das keinen bestimmten Zweck hat, und in der Ausarbeitung so vorzugehen, daß der Zweck erreicht wird. Zu Entdeckungen und ihren Anwendungen kann es im wesentlichen auf zweierlei Weise kommen: (1) es kann bewußt versucht werden, eine kreative Lösung für ein Problem zu entdecken, oder es kann (2) eine Entdeckung eintreten und der Entdecker sich daranmachen herauszufinden, welche Probleme sich mit dieser Entdeckung lösen lassen. Theoretisch steht der Bildkonstruktionstest für den zweiten Weg. Diese Aufgaben scheinen diejenigen Probanden, die zur sorgfältigen Ausarbeitung neigen, von denen zu trennen, die produktiv und originell denken. Einige Probanden produzieren eine große Zahl sehr origineller Einfälle, arbeiten aber keinen davon besonders sorgfältig aus; einige produzieren sehr wenige Einfälle irgendwelcher Art, bearbeiten diese aber sehr sorgfältig oder "versponnen"; wieder andere produzieren eine große Zahl sehr alltäglicher Einfälle und sind bei der Ausarbeitung ziemlich sorglos.

Es ist also bewußt der Versuch unternommen worden, den Teststimuli, Testaufgaben, Instruktionen und Auswertungsverfahren das beste Wissen zugrunde zu legen, über das wir aus der Forschung im Bereich der Kreativität verfügen. Es sind in den meisten Fällen die gleichen Testaufgaben auf allen Bildungsstufen verwendet worden. Dadurch ist es möglich geworden anzugeben, ob Kinder und Jugendliche, die als "kreativ" identifiziert wurden, in ihrem Verhalten ähnliche Züge zeigen wie die außergewöhnlich schöpferischen Persönlichkeiten der Vergangenheit, als sie Kinder und junge Menschen waren. Dadurch sind wir auch in der Lage festzustellen, ob Erwachsene, die heute auf Grund von Außenkriterien als relativ schöpferisch bestimmt werden, auch ihrem Testverhalten zufolge als "kreativ" zu bezeichnen sind. Im allgemeinen sind die Ergebnisse recht positiv trotz der komplexen Gegebenheiten, die durch Probleme der Motivation, ungünstige Bedingungen und die Schwierigkeiten, gut kontrollierte Untersuchungen durchzuführen, auftreten. Ein großer Teil der Ergebnisse wird in der Handanweisung für die grundlegenden oder allgemeinen Testreihen wiedergegeben oder zusammengefaßt (Torrance [29]).

In Erkundungsexperimenten wurde gefunden, daß Kinder mit einem hohen Testwert im kreativen Denken eine größere Zahl von Einfällen entwickelten, originellere Einfälle hervorbrachten und mehr Erklärungen über das Funktionieren von unbekanntem technischen

---

[29] Torrance, E. P.: Torrance Tests of Creative Thinking: Norms-Technical Manual (Research Edition). Princeton, N. J.: Personnel Press, Inc., 1966.

Spielzeug abgaben als ihre weniger kreativen Altersgenossen, wenn sie mit diesen in Fünfergruppen zusammengebracht wurden. Wenn im Vergleich mit anderen Intelligenz, Geschlecht, Rasse und Lehrer gleichgehalten wurden, zeigte sich, daß die kreativsten Kinder aus sechsundvierzig Klassen vom ersten bis zum sechsten Schuljahr häufiger in dem Ansehen standen, wilde und phantastische Einfälle zu haben, daß sie Zeichnungen und andere Erzeugnisse hervorbrachten, die als originell beurteilt wurden, und daß ihre Arbeiten durch Humor, Spielfreude und ein relatives Fehlen von Rigidität und Erlahmung gekennzeichnet waren. Weisberg und Springer [30] untersuchten eine Stichprobe begabter Kinder (hoher IQ) des vierten Schuljahres. Im Vergleich zu den Kindern, die niedrigere Testwerte erzielten, wurden die mit den höheren Testwerten signifikant höher eingestuft nach folgenden Kriterien: Stärke des Selbstbildes, Grad der Leichtigkeit, mit dem frühere Erlebnisse erinnert wurden, Humor, Vorhandensein ödipaler Angst und sogar nach der Ego-Entwicklung. Im Rorschach zeigten sie eine Tendenz zu Originalantworten, wirklichkeitsfremden Wahrnehmungen und zur phantasievollen und einfallsreichen Behandlung der Kleckse. Ihre Leistung wurde sowohl als sensitiver wie auch als eigenständiger als die ihrer weniger kreativen Altersgenossen beschrieben. An Kindern des sechsten Schuljahres fanden Fleming und Weintraub [31] signifikante negative Beziehungen zwischen den Verfahren der Originalität, Flüssigkeit und Flexibilität und den Verfahren der Rigidität. Yamamoto [32] fand Korrelationen um 0,50 zwischen Kreativitätstestwerten und einem kombinierten Verfahren zur Messung der Originalität, das auf Grund kreativer Schriften entwickelt worden war.

Ermutigende Ergebnisse zur Übereinstimmungsvalidität der Torrance-Tests des kreativen Denkens haben sich in Untersuchungen an Erwachsenen ergeben, in denen die gleichen Testaufgaben wie für Kinder verwendet wurden. Der Autor hat bei seinen graduierten Studenten ziemlich durchgehend gefunden, daß diejenigen, die hohe Werte in den Tests des kreativen Denkens erzielen, im inhaltlichen Bereich des Unterrichts originelle Ideen entwickeln und ihr Wissen öfter in kreativer Weise anwenden als ihre weniger kreativen

---

30) Weisberg, P. S. and K. J. Springer: Environmental Factors in Creative Function. In: Archives of General Psychiatry, 1961, S. 554-564.
31) Fleming, E. S. and S. Weintraub: Attitudinal Rigidity as a Measure of Creativity in Gifted Children. Journal of Educational Psychology, 1962, 53, 81-85.
32) Yamamoto, K.: Creative Writing and School Achievement. In: School and Society, October 19, 1963, 91, 307-308.

Kommilitonen. Torrance und Hansen [33] fanden, daß kreativere Handelsschullehrer häufiger provozierende, selbstbeteiligte und ungewöhnliche Fragen stellten als ihre weniger kreativen Kollegen. Hansen fand eine Reihe weiterer signifikanter Unterschiede zwischen ihren Lehrern mit hohen und niedrigen Kreativitätswerten, aus denen hervorging, daß die nach den Tests kreativeren Lehrer sich auch im Klassenzimmer - nach der Beurteilung auf Grund eingehender Beobachtung - kreativer verhielten. Blockhus [34] fand, daß die Schüler bei den kreativeren Handelsschullehrern während eines Semesters einen höheren Zuwachs an Originalität zeigten als die Schüler der weniger kreativen Lehrer. Sommers [35] stellte fest, daß Studenten, die am College von Kunstgewerbelehrern nach sorgfältiger Auswahl als kreativ identifiziert wurden, in den Tests für kreatives Denken signifikant höhere Werte erzielten als ihre weniger kreativen Mitschüler. Wallace [36] ermittelte, daß Verkäuferinnen, die in einem großen Warenhaus ihrem Umsatz nach im oberen Drittel lagen, signifikant höhere Werte in den Tests des kreativen Denkens erzielten als ihre zum unteren Drittel gehörenden Kolleginnen. Er fand auch, daß die kreativeren Frauen eher zu jenen Abteilungen hingezogen wurden, die nach dem Urteil von Personalchefs mehr Kreativität erforderten. Wallace [37] fand auch, daß Verfahren zur Messung der Originalität und Flüssigkeit zwischen den verschiedenen Staffelungen des Personals einer großen Handelsorganisation differenzierten. Die Verfahren zur Erfassung der Flexibilität und Sorgfalt differenzierten zwar nicht zwischen der Gruppe der obersten Geschäftsführer und den unteren Gruppen, jedoch innerhalb der verschiedenen unteren Ebenen.

Einige Arbeiten erbrachten, daß die hier beschriebenen Verfahren positiv mit verschiedenen Arten der Schulleistung korrelie-

---

33) Torrance, E. P. and Ethel Hansen: The Question-Asking Behavior of Highly Creative and Less Creative Basic Business Teachers Identified by a Paper-and-Pencil Test. In: Psychological Reports, 1965, 17, 815-818.

34) Blockhus, Wanda A.: Creativity and Money Management Understanding. Doctoral dissertation, University of Minnesota, Minneapolis 1963.

35) Sommers, W. S.: The Influence of Selected Teaching Methods on the Development of Creative Thinking. Doctoral dissertation, University of Minnesota, Minneapolis 1961.

36) Wallace, H. R.: Creative Thinking: A Factor in the Performance of Industrial Salesmen. Doctoral dissertation, University of Minnesota, Minneapolis 1964.

37) Wallace, H. R.: Creative Thinking: A Factor in Sales Productivity. In: Vocational Guidance Quarterly, 1961, 9, 223-226.

ren, während in anderen Arbeiten keine oder eine negative Beziehung zu Kriterien der Schulleistung gefunden wurde. Eine sorgfältige Prüfung dieser Arbeiten legt nahe, daß sowohl die Methoden der Erfassung der Schulleistung als auch die Lehrmethoden wichtige Faktoren für den Grad der Ausprägung der Kreativität darstellen können.

Bentley [38] fand an 110 graduierten Studenten in pädagogischer Psychologie eine Reihe von Korrelationskoeffizienten zwischen vier verschiedenen Leistungsverfahren und (1) einem kombinierten Verfahren zur Erfassung der kreativen Denkfähigkeit, das sich auf die Torrance-Testreihe gründete, und (2) dem Analogietest von Miller, einem allgemein bei der Zulassung zur 'graduate school' verwendeten Verfahren:

Leistungsverfahren	Kreativität	Millers Analogien
Wiedererkennen (Auswahlantwort)	0,03	0,47
Gedächtnis (Ergänzen und Kurzantwort)	0,11	0,41
Produktives Denken (kreative Anwendungen)	0,53	0,37
Bewertung und Beurteilung (Entscheidungen treffen)	0,38	0,27

Wenn man die Untersuchungsergebnisse hinsichtlich der Interaktion von verschiedenen Arten von Fähigkeiten und verschiedenen Lehrmethoden näher betrachtet, ergibt sich ein interessantes Bild. Wird das Wissen durch eine Lehrerautorität vermittelt, haben Verfahren zur Bestimmung des Intelligenzalters oder der Intelligenz einen höheren Vorhersagewert für die Leistung als Verfahren zur Bestimmung der Originalität, Flüssigkeit und dergleichen. Wird das Wissen in kreativer Weise erworben, zum Beispiel durch Entdecken oder Experimentieren, scheinen die Verfahren zur Bestimmung der Originalität, Flüssigkeit und dergleichen gegenüber Intelligenztests den höheren Vorhersagewert zu besitzen (Torrance [39]).

Meine Mitarbeiter und ich haben ihr Augenmerk nicht auf die bisher beschriebenen Arten von Verfahren zur Erfassung von Fähigkeiten beschränkt. Wir haben ein beträchtliches Maß an Aufmerksamkeit auch auf folgendes gerichtet: Listen von kreativen Tätigkeiten, aus denen die Kinder selbst wählen, Listen zur Beurteilung kreativer Leistungen, biographische und Erlebnisfragebogen, einen Fragebogen zur Erfassung personal-sozialer Motive sowie eine Viel-

---

[38] Bentley, J. C.: Creativity and Academic Achievement. In: Journal of Educational Research, 1966, 59, 269-272.

[39] Torrance, E. P.: Rewarding Creative Behavior: Experiments in Classroom Creativity. Englewood Cliffs, N. J.: Prentice-Hall, Inc. 1965.

falt anderer Verfahren, die sich nicht auf die Eignung beziehen. Ich habe auch zu zeigen versucht, daß Lehrer und Kliniker sich bei der Feststellung von kreativ leistungsfähigen Kindern nicht ausschließlich auf Tests zu verlassen brauchen, obwohl Testleistungen sie auf latente Fähigkeiten aufmerksam machen können, die sonst übersehen würden. Von Tests unabhängige Indikatoren können auch im normalen Unterricht gewonnen werden, wie auch dadurch, daß im Unterricht Situationen geschaffen werden, die im besonderen dazu bestimmt sind, kreatives Verhalten hervorzurufen. Eine Vielzahl von Hinweisen, die sich auf testunabhängige Indikatoren beziehen, haben Taylor [40], Torrance [41] und andere gegeben.

Man kann nicht einmal eine hervorragende Fähigkeit zum Springen feststellen, wenn man allein von der Beobachtung ausgeht, wie hoch Menschen gewöhnlich in ihrem Alltag springen. Um Menschen mit hervorragender Fähigkeit zum Springen herauszufinden, muß man Situationen schaffen, die zum Springen motivieren und/oder es erfordern. Diese Analogie scheint im Hinblick auf die Feststellung kreativen Talents nicht unangebracht.

---

[40] Taylor, C. W.: Developing Creative Characteristics. In: The Instructor, May 1964, 73, No. 9, 5, 99-100.

[41] Torrance, E. P.: Non-Test Ways of Identifying the Creatively Gifted. In: Gifted Child Quarterly, 1962, 6, 71-75.

2.3 Sten Henrysson:
Methoden der Konstruktion und Analyse von Testaufgaben

Aufgabenkonstruktion in Schweden

Zuerst werde ich das Verfahren der Aufgabenkonstruktion beschreiben, das in Schweden bei der Entwicklung von Leistungstests angewendet wird. Nach diesem Verfahren wurden über eine lange Zeit die Leistungstests für das schwedische Schulsystem konstruiert. Es ähnelt dem in den meisten Ländern benutzten Verfahren.
    Unsere Aufgabe in Schweden wird durch die Tatsache erleichtert, daß das schwedische Schulsystem stark zentralisiert ist. Für alle Schulen sind die gleichen Richtlinien, wie sie in dem Lehrplan für die schwedischen Schulen festgelegt sind, verbindlich.
1) Der erste Schritt bei der Entwicklung eines neuen Tests besteht in einer <u>Analyse des gültigen Lehrplans,</u> der Unterrichtsmethoden, der Lehrbücher und der durchgeführten Prüfungen.
Die weiteren Schritte sind:
2) Eine <u>Zusammenkunft von Fachleuten,</u> darunter Lehrplanexperten, Lehrer, Spezialisten des jeweiligen Fachgebietes und Testexperten, um den Testinhalt und die zu verwendenden Aufgabenarten in Umrissen festzulegen.
3) <u>Das Schreiben von Aufgaben</u> durch eine Gruppe von Lehrern in Zusammenarbeit mit Testexperten.
4) <u>Vorerprobung</u> an einigen wenigen Fällen und erste Revision.
5) <u>Erste Erprobung</u> an einer Stichprobe von ungefähr 50-100 Schülern.
6) Eine <u>statistische Analyse,</u> um vorläufige Informationen über Aufgaben-Schwierigkeiten und Distraktoren zu erhalten.
7) Eine <u>Revision</u> auf Grund der statistischen Analyse und auf Grund der Kommentare von Lehrern oder Schülern.
8) <u>Zweite Erprobung</u> an 300-400 Schülern.
9) Eine <u>statistische Analyse,</u> wie sie gewöhnlich im Rahmen des unten beschriebenen Programms der Aufgabenanalyse durchgeführt wird.

10) <u>Revision</u> und Auslese der Aufgaben für die endgültige Testform.
11) <u>Erneute Zusammenkunft der Fachleute</u>, um den Test in der nun vorliegenden Form zu bestätigen.
12) <u>Aufstellung von Normen</u>. Dies erfolgt gewöhnlich, wenn der Test zum ersten Mal an der gesamten Population der Schüler des betreffenden Schuljahres durchgeführt wird. Eine systematische Stichprobe wird gewonnen, indem zum Beispiel die Testwerte aller Schüler, die am Zehnten jedes Monats eines bestimmten Jahres geboren wurden, ermittelt werden.

Unser routinemäßig durchgeführtes Programm der Aufgabenanalyse liefert zu jeder Aufgabe folgende Daten:
1) Häufigkeit der Wahl jedes Distraktors.
2) Mittlerer Kriterium-Wert für jeden Distraktor.
3) Aufgaben-Häufigkeit.
4) Schwierigkeits-Index Delta.
5) Biseriale Korrelation.
6) Korrektur der biserialen Korrelation für unechte Überlappung.

In weiteren Programmen können außerdem Korrelationen der Aufgaben untereinander, eine Faktorenanalyse der Aufgaben und die Berechnung von KR 20 (Formel 20 nach Kuder und Richardson) durchgeführt werden.

<u>Korrektur der Korrelationen zwischen Aufgaben und dem Gesamttestwert</u>

Wenn der Gesamtwert eines Tests als Kriterium-Variable benutzt wird, sind die berechneten Trennschärfe-Indices in unechter Weise erhöht, und zwar deshalb, weil jede Aufgabe zu dem Gesamtwert beiträgt, mit dem sie korreliert oder verglichen wird. Ein Weg, diesen Einfluß der Überlappung auszuschalten, besteht darin, den Test so oft auszuwerten, wie er Aufgaben enthält, und als Kriterium einen Gesamtwert zu verwenden, in dem die Aufgabe nicht enthalten ist. Dieses Verfahren ist jedoch unpraktisch, selbst wenn ein Computer zur Verfügung steht, da die Programmierung ziemlich zeitraubend wäre.

Je kleiner die Zahl der Aufgaben in dem als Kriterium-Variable verwendeten Gesamttestwert ist, in desto höherem Maße ist die Aufgaben-Kriterium-Beziehung eine Scheinkorrelation. Haben in einem Satz von Aufgaben alle den gleichen Schwierigkeitsgrad, so läßt sich zeigen - wenn alle Korrelationen der Aufgaben untereinander Null sind -, daß die unechte (biseriale) Korrelation zwischen Aufgabe und Kriterium den Wert $r = \frac{1}{\sqrt{n}}$ erhält, wobei n gleich der Anzahl der Aufgaben ist. Für einen Test mit 25 Aufgaben ergibt sich demnach eine unechte Korrelation von r = 0.20. Folglich sollten Aufgaben in großen Gruppen erprobt werden, damit man Trennschärfe-Indices erhält, die nicht in bezug auf die Unechtheit korrigiert werden müssen.

Scheinkorrelationen lassen sich andererseits mit Hilfe von Korrekturformeln vermeiden. Derartige Formeln wurden für die biseriale und für die punkt-biseriale Korrelation entwickelt. Man kann folgendermaßen vorgehen, indem man Formeln verwendet, die die Korrelation zwischen einer Aufgabe und dem Gesamttestwert angeben auf Grund der Summe der verbleibenden n - 1 Aufgaben in dem aus n Aufgaben bestehenden Test. Derartige Formeln wurden für die punkt-biseriale Korrelation von Guilford [1]) und für die biseriale Korrelation von Henrysson [2]) entwickelt:

$$r_{pbc} = \frac{r_{pb} S_t - \sqrt{p(1-p)}}{\sqrt{S_t^2 + p(1-p) - 2r_{pb} S_t \sqrt{p(1-p)}}} \quad (1)$$

$$r_{bc} = \frac{r_b S_t^2 - p(1-p)/y}{\sqrt{S_t^2 + p(1-p) - 2r_b S_t y}} \quad (2)$$

Dabei ist:
n = die Anzahl der Aufgaben des Tests, i variiert von 1 bis n.
r_{pb} = die punktbiseriale Korrelation zwischen der Aufgabe und der Summe aller n Aufgaben.
p = Anteil der richtigen Lösungen bei der betreffenden Aufgabe.
S_t = Standardabweichung des gesamten Tests.
r_b = biseriale Korrelation zwischen der Aufgabe und der Summe aller n Aufgaben.
y = die Ordinate der standardisierten Normalverteilung, die die von der Kurve eingeschlossene Fläche in die Abschnitte p und 1-p teilt.

Gegen diesen Ansatz kann eingewendet werden, daß die einzelnen Aufgaben eines Tests jeweils mit etwas unterschiedlichen Hauptinhalten der verbleibenden Aufgaben korreliert würden. Die Gesamtwerte wären demnach auch inhaltlich verschieden, d. h. sie würden

---

1) Guilford, Y.P.: Psychometric methods.
New York: Mc Graw-Hill, 2nd edit., 1954

2) Henrysson, S.: Conection of item-total correlations in item analysis.
In: Psychometrica 1963, 2. S. 211-218

etwas unterschiedliche Dimensionen erfassen. Es wäre sinnvoller, für die einzelnen Aufgaben Schätzungen der Korrelationen zu erhalten, denen der gleiche "wahre Wert" der Aufgabenpopulation zugrunde liegt, aus der die Testaufgaben eine Stichprobe darstellen. Ein solcher Koeffizient erfüllte die Bedingung, unabhängig von der Testlänge zu sein. Formeln dieser Art wurden von Henrysson [3] entwickelt. Für die korrigierte punkt-biseriale Korrelation ist die Formel:

$$r'_{pb} = \sqrt{\frac{n}{n-1}} \cdot \frac{r_{pb} S_t - \sqrt{p(1-p)}}{\sqrt{S_t^2 - \Sigma_i p_i (1-p_i)}} \qquad (3)$$

wobei: p_i = Anteil der richtigen Lösungen der Aufgabe i, wenn i Werte von 1 bis n annimmt.

Für die korrigierte biseriale Korrelation lautet die Formel:

$$r'_{bc} = \sqrt{\frac{n}{n-1}} \cdot \frac{r_b S_t - p(1-p)/y}{\sqrt{S_t^2 - \Sigma_i p_i (1-p_i)}} \qquad (4)$$

Der Einfluß der Unechtheit ist bei einer großen Anzahl von Testaufgaben und/oder hohen Korrelationen nicht sehr bedeutend. Die Wirkung der unechten Überlappung ist unter diesen Bedingungen der Höhe der nichtkorrigierten Korrelationen einigermaßen proportional, so daß ein relativer Vergleich ohne Korrektur vorgenommen werden kann. Wenn jedoch für die Aufgabenanalyse ein Computer-Programm vorgesehen ist, gibt es gute Gründe, die Korrekturformel in das Programm einzubeziehen.

Die Faktorenanalyse als ein Verfahren zur Aufgabenanalyse

Es wurde häufig vorgeschlagen, die Faktorenanalyse heranzuziehen, um die Aufgabenstruktur eines Tests genauer zu analysieren, als es in herkömmlichen Aufgabenanalysen geschieht. Früher hat sich das vielfach von selbst verboten wegen des Arbeitsumfanges, der mit der Berechnung einer Matrix von Inter-Item-Korrelationen und einer Faktorenanalyse dieser Matrix verbunden ist. Jetzt, da diese Arbeit mit Hilfe eines Computers schnell erledigt werden kann, wird dieses Verfahren häufig in routinemäßig durchgeführte Programme der Aufgabenanalyse aufgenommen.

---

[3] siehe Anmerkung 1

Aber auch wenn Computer zur Verfügung stehen, bleiben einige Schwierigkeiten, die die Anwendung der Faktorenanalyse in diesem Bereich verzögerten. Einige dieser Schwierigkeiten hängen mit der Wahl der Korrelationsmethode zusammen, andere beziehen sich auf das Verfahren der Faktorenanalyse selbst.

Eine Faktorenanalyse der Inter-Item-Korrelationen bedeutet einen weiteren Schritt auf dem Weg der Analyse von Testaufgaben.

Richardson [4] zeigte, daß die erste Reihe der Faktorenladungen, die man erhält, wenn man die Matrix der Phi-Koeffizienten zwischen den Aufgaben eines Tests nach der Zentroidmethode faktorisiert, den punkt-biserialen Korrelationen zwischen jeder der Aufgaben und den Gesamttestwerten annähernd gleicht. Wenn statt der Matrix der Phi-Koeffizienten die Kovarianzmatrix mit den Aufgabenvarianzen in der Diagonale analysiert wird, erhält man andere Faktorenladungen. Dividiert man die erste Reihe dieser Faktorenladungen durch die entsprechenden Standardabweichungen der Aufgaben $\sqrt{p_i(1-p_i)}$, sind die erhaltenen Werte mit den punkt-biserialen Korrelationen zwischen jeder Aufgabe und den Gesamttestwerten identisch. Werden die Ladungen stattdessen durch die Ordinaten y_i der standardisierten Normalverteilung dividiert, ergeben sich die biserialen Korrelationen (Henrysson [5]). Damit ist im Hinblick auf die Aufgabenanalyse eine genaue Beziehung zwischen der Anwendung der Faktorenanalyse und der biserialen Korrelationen hergestellt.

Eine Faktorenanalyse der Korrelationen zwischen den Aufgaben liefert mehr Informationen als die gebräuchlichen biserialen und punkt-biserialen Korrelationen oder ähnliche Methoden. Das gilt in folgender Hinsicht:

1) Die Faktorenanalyse stellt eine Prüfung der Dimensionalität des Tests dar. Wird nur <u>ein</u> wesentlicher allgemeiner Faktor gefunden, abgesehen vielleicht von einigen anderen sehr geringen Ladungen, erfaßt der Test nur eine Hauptdimension.

2) Lassen sich mehrere bedeutsame Faktoren isolieren, weist die Faktorenstruktur darauf hin, daß bestimmte Aufgabengruppen etwas haben, das andere Aufgaben nicht erfassen.

3) Bisweilen wird ein Test konstruiert, um verschiedene inhaltliche Bereiche zu erfassen. In diesem Fall wird eine bestimmte Faktorenstruktur erwartet. Entsprechende Hypothesen können mit Hilfe der Faktorenanalyse geprüft werden.

---

[4] Richardson, M.W.: Notes on the rational of item analysis.
In: Psychometrica 1936, 1. S. 69-76

[5] Henrysson, S.: The relation between factor loadings and biserial correlations in item analysis. In: Psychometrica 1962, 4.
S. 419-424

4) Durch Einbeziehung eines Bezugstests mit bekanntem Inhalt läßt sich die Aufgabenstruktur genauer beschreiben.

Ein schwieriges Problem ist die Wahl des faktorenanalytischen Modells bzw. des Rotationsverfahrens. Die bisher verwendeten Verfahren der Faktorenanalyse (Hauptkomponentenanalyse "maximum-likelyhood" oder Zentroidmethoden) erbringen gewöhnlich einen allgemeinen Faktor plus bipolare Faktoren. Das ist im allgemeinen keine sehr sinnvolle Lösung. Eine Rotation, die zu einer besser interpretierbaren Struktur führt, ist erforderlich; welche hierfür besonders geeignet ist, hängt von der Art des Tests ab.

Vielfach sind folgende Modelle möglich:
1) Ein allgemeiner Faktor und Gruppenfaktoren. Dieses Modell ist häufig für Leistungstests optimal. Man erwartet, daß eine Hauptdimension, zum Beispiel die Leistung in Gemeinschaftskunde, erfaßt wird; man möchte jedoch wissen, ob der Test noch andere Dimensionen oder Clusters von Aufgaben enthält.
2) Eine Analyse nach Gruppenfaktoren ist durchzuführen, wenn es sich um einen heterogenen Test handelt, der eigentlich in mehrere Untertests aufgegliedert werden sollte.
3) Dem Modell können Hypothesen über die Aufgabenstruktur zugrunde liegen; es wird dann geprüft, ob sich durch Rotation eine entsprechende Struktur finden läßt.

Wenn die methodologischen Probleme besser gelöst sind und mehr Erfahrungen vorliegen, wird die Faktorenanalyse zu den Verfahren gehören, auf die man bei der Aufgabenanalyse nur selten verzichten wird.

2.4 Moray J. Wantmann:
Die Anwendung von Testergebnissen zur Verbesserung des Unterrichts

Gleich zu Beginn möchte ich zwei Hinweise geben: 1. Mit dem Begriff "Test" bezeichne ich in diesem Bericht alle Arten von Tests, einschließlich der Prüfungen in Aufsatzform. 2. Ich bin mir bewußt, daß man mir auf Grund meiner Ausführungen vorwerfen kann, die Anforderungen bezüglich der Tests zu senken, aber ich behaupte, daß auf lange Sicht gesehen meine Empfehlungen zu einer Erhöhung der Anforderungen führen werden.

Um ihren Unterricht verbessern zu können und damit den Lernerfolg ihrer Studenten, müssen die Lehrer die Grundgedanken der Testanwendung verstehen, ebenso wie sie über ihre Kompetenz als Fachlehrer hinaus mit der Entwicklungspsychologie des Kindes und den Lernprinzipien vertraut sein sollten. Aber es ist nicht notwendig, daß sie alle statistischen Verfahren beherrschen und mit Testdaten umgehen können wie ein Fachmann. Biseriale Korrelationskoeffizienten, Normen-Stichproben und Formeln für Standardfehler usw. sind für das eigentliche Verständnis der Grundgedanken der Testanwendung unerheblich.

Aber es gibt einige Gebiete im Bereich des Testens, die der Lehrer beherrschen muß. Er sollte den Begriff der Reliabilität verstehen, um sich der Ursachen für die Unzuverlässigkeit eines Tests bewußt zu sein, ferner den Begriff der Validität, um die Bedeutung des Kriteriums zu verstehen, das darüber entscheidet, ob ein Test für einen bestimmten Zweck geeignet ist oder nicht. Dazu muß er wissen, zu welchem Zweck Tests angewandt werden können: zur Aufstellung einer Rangordnung, Motivierung, Ermutigung, Leistungsfeststellung, Beratung usw. Er sollte wissen, wie man Normen gebraucht, wie man eine Aufgabenanalyse in einer für den Lehrer praktikablen Weise durchführt und wie man einen informellen Klassentest konstruiert.

Die Lehrer weisen im allgemeinen diese Kenntnisse nicht auf, und ich bezweifele, ob wir die Lehrer heute auch nur etwas besser ausbilden als eine Generation zuvor. Wir haben die zukünftigen Lehrer bereits im Anfangskurs ihrer Ausbildung entmutigt, indem wir versuchten, ihnen Theorie und Prinzipien der Testanwendung in der Weise beizubringen, wie wir damit vertraut sind. Wir gebrauchen Begriffe wie biserialer Korrelationskoeffizient, randomisierte Stichprobe, Parameter, Standardfehler, Regression usw. im Zusammenhang mit den entsprechenden Formeln. Die meisten der zukünftigen Lehrer lehnen statistische Begriffe und Operationen ab, und das Verständnis, das wir wecken wollten, bleibt aus. Vielleicht wäre es besser, von genauen statistischen Methoden abzusehen und die Lehrer "Faustregeln" anwenden zu lassen, die wirksam zu sein versprechen, als auf den Techniken zu bestehen, die wir als Fachmann anwenden würden. Z. B. habe ich bei meinen jahrelangen Versuchen, an der Universität die Begriffe Standardabweichung und Standardfehler zu erklären, festgestellt, daß der Gebrauch des Summenzeichens Σ, des Wortes "Standard" und des Buchstabens σ für Standardabweichung und Standardfehler Verwirrung, Frustration und Resignation zur Folge hatten. Wenn ich auf eintägigen Kursen spreche und daher keine Zeit habe, um die statistischen Formeln und den Gebrauch mathematischer Ausdrücke zu erklären, erziele ich ein besseres Verständnis, wenn ich das Wort "Standard" durch das Wort "Durchschnitt" ersetze, wenn ich weder Symbole noch Formeln benutze und die Fehlerquellen beim Testen sowie die möglichen Gründe für die unterschiedliche Leistung verschiedener Individuen in einem Test und die Folgerungen daraus verbal erkläre. Ohne Statistik anzuwenden, habe ich mit Lehrern andere für sie wichtige Begriffe besprochen, so z. B. Schulnormen im Gegensatz zu individuellen Normen, den Standardfehler der Differenz zwischen zwei Testwerten im Vergleich zum Standardfehler eines einzelnen Testwerts, das Phänomen der Regression, wenn bei einem Studenten der Gesamt-IQ-Wert in einem Intelligenztest [1] einen höheren Prozentrang erhält als die beiden Teil-IQ-Werte für den verbalen und den quantitativen Teil des Tests.

Alle diese Begriffe können erklärt werden, ohne statistische Symbole und Formeln zu benutzen, gegen die Lehrer eine Abneigung haben. Gewöhnlich dauert es allerdings etwas länger, diese Begriffe ohne Formeln und Symbole zu erklären. Die Formeln für die Pearson Produkt-Moment-Korrelation und die lineare Regressionsgleichung sind sehr nützlich, wenn man über Regression und

---

[1] Die Notwendigkeit, das Wort "Wert" an den IQ zu fügen, um den Lehrer an die Ähnlichkeit zwischen den Grenzen des IQ und eines Testwertes zu erinnern, ist auch heute noch nicht sehr weit anerkannt, obwohl mir dies bereits vor über 30 Jahren von Professor Dr. J. Rulon an der Harvard University eingeprägt wurde.

Vorhersage spricht, aber lohnen sich nicht die vermehrte Anstrengung und der größere Zeitaufwand, um die Begriffe verbal zu erklären, wenn der Lehrer dann mitgeht und versucht, uns zu verstehen?

In der mir zur Verfügung stehenden Zeit will ich versuchen, vier spezielle Möglichkeiten bei der Interpretation von Tests (es gibt sehr viel mehr) zu diskutieren, die den Lehrern erklärt werden können, ohne Bezug auf mathematische Formeln nehmen zu müssen, die über die Primarschulkenntnisse hinausgehen:
Die vier Möglichkeiten sind:
A. Die Benutzung von Vertrauensbereichen bei der Interpretation von Testwerten.
B. Die Zusammenfassung von Meßdaten zu einem Gesamt-Meßwert, um eine Rangreihe der Schüler aufzustellen.
C. Die Zuordnung von Schulnoten zu objektiven Testergebnissen.
D. Die Diagnose von Lernschwierigkeiten mit Hilfe der Daten einer Aufgabenanalyse.

A. Vertrauensbereiche

Nachdem die Begriffe Reliabilität, Standardmeßfehler, wahrer Testwert und Vertrauensbereiche verbal hinreichend erklärt wurden, können die Lehrer die Werte des Standardmeßfehlers, wie sie in der folgenden Tabelle [2] wiedergegeben sind, für die von ihnen konstruierten objektiven Tests benutzen.

Tabelle 1

Anzahl der Fragen im Test	Standardmeßfehler eines Testwertes
< 24	2
24 - 47	3
48 - 89	4
90 - 109	5
110 - 129	6
130 - 150	7

---

[2] Diederich, Paul B., Short-cut Statistics for Teacher-made Tests, 2. Aufl., Evaluation and Advisory Service Series No. 5. Princeton, New Jersey: Educational Testing Service, 1964, S. 16.
Dieses Büchlein, das einige einfache statistische Berechnungen und Formeln enthält, hat sich als unschätzbar erwiesen für Tausende von Lehrern, weil es "Faustregeln" bietet. Siehe auch: Lord, Frederic M., "Tests of the Same Length Do Have the Same Error of Measurement", Educational and Psychological Measurement, XIX, 2 (Summer, 1959), S. 233-239.

Wenn also ein Lehrer einen Test mit 115 Fragen aufstellt, entnimmt er der Tabelle, daß der Standardmeßfehler eines Testwertes in seinem Test 6 beträgt. Wenn der Schüler Karl z. B. einen Testwert von 83 erhält, muß der Lehrer den Vertrauensbereich wie folgt angeben:

83 ± 6	68 %	Vertrauensbereich für Karl ist	77 - 89
$83 \pm 2(6)$	95 %	" " "	71 - 95
$83 \pm 2,5(6)$	99 %	" " "	68 - 98

Obwohl der Lehrer die Mutungsgrenzen hier in einer Weise erhält, die dazu führen kann, daß er die Wahrscheinlichkeitsaussage mit Prozentzahlen verwechselt, wird dies doch wenig Unheil anrichten, solange er sich der Grenzen bewußt ist, welche Schlüsse man aus einem einzelnen Testwert ziehen kann. In ähnlicher Weise kann der Gebrauch von $2\sigma_e$ statt $1,96\sigma_e$, und $2,5\sigma_e$ anstelle von $2,58\sigma_e$ gerechtfertigt werden, wenn man den Erfolg darin sieht, daß der Lehrer die Vertrauensbereiche überhaupt bestimmt, während er dies sicher nicht getan hätte, wenn er die exakten Zahlen benutzen müßte.

B. Die Zusammenfassung von Meßdaten zu einem Gesamt-Meßwert, um eine Rangreihe der Schüler aufzustellen

Ich bin sicher, daß alle mit mir darin übereinstimmen, daß die Testwerte aus einem einzelnen, von einem Lehrer konstruierten Test mit zu großen Meßfehlern behaftet sind, um irgendwelche wichtigen pädagogischen Entscheidungen daraus ableiten zu können. Deshalb verlassen wir uns mehr auf Gesamt-Meßwerte, die der Lehrer aus einer Anzahl von Meßdaten, die in einem langen Zeitraum über den Schüler gesammelt wurden, erhält. Die Lehrer müssen lernen, die verschiedenen Meßdaten bei der Aufstellung eines Gesamt-Meßwertes zu wichten, wenn dies nicht schon durch die Art der Werte geschieht. In Tabelle II werden an einfachen Beispielen Hinweise zur Wichtung der einzelnen Tests gegeben.
    Um den Gesamtmeßwert C_1 zu erhalten, werden die Ergebnisse in den einzelnen Tests mit dem gleichen Wert, nämlich 1, gewichtet. So ergibt sich für Heinz ein Gesamtmeßwert von 27 und bei Samuel bei einem Gesamtmeßwert von 33 der Rangplatz 1, 5. (Eine Methode, wie man Schülern mit gleichem Gesamtmeßwert Ränge zuordnet, wird aus dieser Darstellung ebenfalls ersichtlich.) Der Lehrer soll nun die Bedeutungen der Einzeldaten, die "Gewichte", für den Gesamt-Meßwert C_2 benutzen. Wieder sind alle "Gewichte" einheitlich, außer für Test II, dem ein "Gewicht" von 0 zugeordnet ist, d. h. er wird vernachlässigt. Der Gesamt-Meß-

Tabelle II

Bildung eines Gesamt-Meßwertes durch Gewichtung der Einzelergebnisse
Aufstellung einer Rangordnung der Schüler nach ihrem Gesamt-Meßwert

Name des Schülers	Test I X_1	Test II X_2	Test III X_3	Hausaufgaben X_4	Rang C_1 R_1		Rang C_2 R_2		Rang C_3 R_3		Rang C_4 R_4	
Peter	2	9	6	8								
Heinz	4	9	6	8	27		16					
Robert	5	9	5	8					77			
Samuel	8	9	6	10		1.5		3.5				
Thomas	10	9	5	9							87	

Gesamt-Meßwert

$C = W_1 X_1 + W_2 X_2 + W_3 X_3 + W_4 X_4$
$C_1 = (1)X_I + (1)X_{II} + (\ 1)X_{III} + (1)X_{IV}$
$C_2 = (1)X_I + (0)X_{II} + (\ 1)X_{III} + (1)X_{IV}$
$C_3 = (1)X_I + (0)X_{II} + (\ 8)X_{III} + (4)X_{IV}$
$C_4 = (1)X_I + (1)X_{II} + (10)X_{III} + (1)X_{IV}$

wert aus diesen "Gewichten" ist bereits für Peter eingetragen sowie der Rang für Heinz. Ein Vergleich der Ränge R_1 und R_2 sollte dem Lehrer zeigen, daß die Testwerte in Test II keine Wirkung auf die Rangordnung der Schüler haben, unabhängig davon, welches Gewicht diesen Testwerten gegeben wird, da sie keine Variabilität aufweisen.

Als nächstes werden die "Gewichte" für C_3 angewandt, und die Gesamt-Meßwerte werden wieder in eine Rangreihe gebracht. Bei dem Versuch, den 4 Meßverfahren ein "gleiches Gewicht" zu geben, werden die "Gewichte" für C_3 umgekehrt proportional zu dem Wert für die "Variationsbreite" jedes Meßverfahrens gewählt. Mit "Variationsbreite" ist die Differenz zwischen dem höchsten und dem niedrigsten auftretenden Testwert gemeint, ohne Rücksicht auf die tatsächlichen Grenzen eines Testwerts, und diese "Variationsbreite" wird als Maß für die Variabilität genommen, um dem Lehrer die Mühe zu ersparen, die Standardabweichung zu berechnen. Nur ganzzahlige Werte werden für die "Gewichte" benutzt, so daß sie nicht exakt umgekehrt proportional zu den Werten der "Variationsbreite" sind. Nachdem die Lehrer die Ränge R_3 erhalten haben, die folgendermaßen aussehen:

	R_2	R_3
Peter	5	4
Heinz	3.5	3
Robert	3.5	5
Samuel	1.5	1
Thomas	1.5	2

sehen sie sofort, daß das Verfahren der Gewichtung eine Verschiebung der Ränge zur Folge hat.

Zum Schluß werden die "Gewichte" für C_4 angewandt. Eine Diskussion über die Wahl der "Gewichte" und die daraus sich ergebenden Ränge der Schüler wirft eine Menge Fragen auf, von denen die folgenden kennzeichnend sind:
a) Es kann entmutigend auf die Studenten wirken, wenn Test II nicht berücksichtigt wird, so daß es besser ist, ihn mit zu verwerten.
b) Einem Test, wie dem Test III, könnte ein größeres Gewicht gegeben werden, als es in C_3 geschehen ist, wenn die mit diesem Test gemessene Leistung sehr bedeutend erscheint.
c) Hausarbeit spiegelt keine völlig selbständige Arbeit der Schüler wider, so daß hier ein kleineres "Gewicht" angebracht wäre.
d) Die Ränge des Gesamt-Meßwertes C_4 gleichen nicht denen, die aus vorangegangenen Verfahren ermittelt wurden. Subjektive Überlegung hat die Wahl der Gewichte mitbestimmt.

Nun kann über die relative Größe der Gesamt-Meßwerte für jede der vier Anordnungen diskutiert werden. Obwohl der Gesamt-

Meßwert C_4 Zahlen aufweist, die den Noten, die die Lehrer - zumindest in den U.S.A. - im allgemeinen ihren Schülern geben, eher entsprechen, besagt dies nicht, daß diese Noten die "besten" sind. Die anderen Gesamt-Meßwerte können leicht jedem System der Notengebung, das von einem Lehrer bevorzugt wird, angepaßt werden, ohne die Rangordnung der Schüler umzustürzen. Die Anwendung dieses Schemas ist nicht abhängig von der benutzten Skala, sei es 1-20 oder 40-55, wie es in manchen Ländern üblich ist.

C. Die Zuordnung von Schulnoten zu objektiven Testdaten

Die Lehrer haben keine Bedenken, den Studenten auf Grund mündlicher Prüfungen oder schriftlicher Aufsätze Zensuren zu erteilen. Auf Grund von objektiven Testergebnissen sind sie sich jedoch bei der Notengebung keineswegs so sicher. Meist benutzen sie daher 100 Fragen in einem Test, so daß die Anzahl der richtigen Antworten automatisch den Prozentwert angibt, oder sie berechnen den Prozentwert als

$$\left(\frac{\text{Anzahl der richtigen Antworten}}{\text{Anzahl der Fragen}} \right) \times 100$$

oder sie geben Zensuren auf der Grundlage der Normalverteilung. Auf die Fehler des Prozentwert-Verfahrens brauche ich hier nicht einzugehen, aber über die Zensierung mit Hilfe der Normalverteilung möchte ich ein paar Worte sagen, da einige Bücher über Meßverfahren diese Methode nahelegen. Es gibt keinen einheitlichen Weg, wie man Noten nach der Normalverteilungskurve geben soll. Es gibt unendlich viele Möglichkeiten, die Verteilung der Testwerte zu zerlegen. Es gibt keine mathematischen Grundlagen, auf der z. B. eine gleiche Anzahl von guten und schlechten Noten gerechtfertigt wäre. Je höher die Ausbildungsstufe ist und je mehr man es mit ausgewählten Gruppen zu tun hat, um so weniger läßt sich ein fester Prozentsatz von Versagern vertreten. Das subjektive Urteil des Lehrers, das ständig in die Zensierung von Prüfungsaufsätzen eingeht, spielt auch in die Notengebung auf Grund von objektiven Testergebnissen hinein. Die Zuordnung, soundso viele Sigma über dem Mittelwert ergeben eine gute Note, soundso viele Sigma unter dem Mittelwert eine schlechte Note, ist willkürlich und kann in einer bestimmten Situation völlig ungerechtfertigt sein.

Ebenso wie der Lehrer die Qualität eines Prüfungsaufsatzes subjektiv beurteilt, geht er in ähnlicher Weise bei objektiven Testergebnissen vor. Der objektive Test ermöglicht es dem Lehrer aber, systematischer zu urteilen, wenn er nach dem Schema vorgeht, das ich nun beschreiben möchte.

Angenommen, der Lehrer habe einen objektiven Test konstruiert, der aus 105 Fragen besteht. Im Idealfall sind es Fragen, mit denen er bereits Erfahrungen bei früheren Schülern gesammelt hat. Wenn dies nicht der Fall ist, muß er die Fragen hinsichtlich ihrer Schwierigkeit beurteilen. (Ich gebrauche die übliche Definition für Schwierigkeit, nämlich Prozentsatz der richtigen Antworten.) Da er seine Schüler zuverlässig einstufen will, wird die Mehrzahl der Fragen in dem Bereich von 30 % bis 70 % liegen und davon eine große Anzahl bei einer Schwierigkeit von 50 %. Eine günstige Einteilung der Fragen nach ihrem Schwierigkeitsgrad ist die folgende:

Schwierigkeitsgrad	Prozentsatz richtiger Antworten
sehr leicht	90
leicht	70
mittelmäßig	50
schwierig	30
sehr schwer	10

Nehmen wir an, wir hätten die Absicht, die Studenten auf einer 5-Punkte Skala einzuordnen, nämlich

sehr gut	- A
gut	- B
bestanden	- C
gerade noch bestanden	- D
durchgefallen	- E

Wenn der Schwierigkeitsgrad für alle 105 Aufgaben bekannt ist oder bei einer Gruppe von Schülern, die in bezug auf Vorkenntnisse und Übung der Testgruppe entsprechen, vom Lehrer bestimmt wurde, sollte der Schwierigkeitsgrad jeder Aufgabe für den schlechtesten Schüler in jeder der vier Gruppen beurteilt werden. Auf diese Weise erhält jede Aufgabe zusätzlich zu dem bekannten oder geschätzten Schwierigkeitsgrad für alle Studenten noch je vier weitere Schätzwerte des Schwierigkeitsgrades.

Wir können nun vier Häufigkeitsverteilungen aufstellen, die in folgender Tabelle zusammengefaßt werden:

Tabelle III

Geschätzter Schwierigkeitsgrad		Anzahl der Aufgaben			
		Gruppe A	B	C	D
sehr leicht	90 %	70	30	8	2
leicht	70 %	20	20	25	10
mittelmäßig	50 %	10	45	55	19
schwierig	30 %	5	10	13	59
sehr schwer	10 %			4	15
Summe		105	105	105	105

Wir berechnen nun einen vorläufigen kritischen Punktwert für einen
A Studenten wie folgt:

70 x 0,90 + 20 x 0,70 + 10 x 0,50 + 5 x 0,30 = 83,5 oder 84

Die entsprechende Berechnung wird für die anderen Gruppen durchgeführt, und man erhält eine Tabelle mit der vorläufigen Noteneinteilung:

Tabelle IV

Vorläufige Noteneinteilung

Testwert	Note
84 und höher	A
67 - 83	B
57 - 66	C
38 - 56	D
37 und niedriger	E

Der Lehrer führt den Test mit den 105 Fragen durch und erhält die Ergebnisse wie folgt, wobei jedes x für einen Studenten steht:

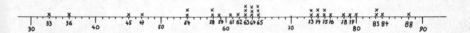

Wir markieren nun auf der Skala den cut-off-Punkt für die fünf Benotungsstufen, wie sie versuchsweise in Tabelle IV festgelegt wurden. Wir sehen sofort, daß zwei Studenten, die den Testwert 83 erreicht haben, auf Grund der versuchsweisen Noten-Einteilung ein B bekommen würden, während der Student mit dem Testwert 84 ein A erhält. Auf Grund der Unzuverlässigkeit der Testwerte ist es nicht vertretbar, diesen drei Studenten verschiedene Zensuren zu geben. Andererseits folgt als nächstniedriger Testwert der Wert 80, also 3 Punkte niedriger. Wir verschieben daher unseren cut-off-Punkt für eine A-Bewertung von 84 nach 83. Der niedrigste Testwert für die B-Bewertung ist vernünftig, da der Schritt zum nächstniedrigen Testwert 65 recht groß ist, nämlich 8 Punkte. Der angenommene cut-off-Punkt für die C-Bewertung ist 57, wir stellen aber fest, daß zwei Studenten einen Testwert von 54 erreichten und der nächstniedrige Testwert 47 beträgt. Wir geben also diesen drei Studenten nicht die gleiche Note, sondern verschieben den cut-off-Punkt für C auf 54. Der Trennungspunkt zwischen D und E liegt wieder so, daß ein großer Unterschied zwischen dem nächsthöheren und dem nächstniedrigeren Testwert besteht. Wir behalten also den angenommenen cut-off-Punkt bei. Daraus ergibt sich nun die folgende Tabelle für die endgültige Noten-Einteilung:

Tabelle V
Endgültige Noteneinteilung

Testwert	Note
83 und höher	A
67 - 82	B
54 - 66	C
38 - 53	D
37 und niedriger	E

Im allgemeinen sind von Lehrern konstruierte Tests nicht so lang, daß sie aus 105 Aufgaben bestehen. Viele Klassentests bestehen nur aus 10 Fragen. Den Lehrern sollte eingeprägt werden, daß Testwerte fehlerhaft sind und daß sie nach Sprüngen in der Verteilung suchen müssen, an denen ein cut-off-Punkt angesetzt werden könnte.

Der Lehrer mag die Einteilung in Tabelle V als endgültig ansehen. Wenn durch diese Einteilung aber eine ungewöhnliche oder anomale Zensurenverteilung im Vergleich zu früheren Klassen zustande kommt, sollte er den jetzigen Schwierigkeitsgrad der Aufgaben für diese 35 Studenten mit dem bekannten oder geschätzten Schwierigkeitsgrad der Aufgaben vor Anwendung des Tests vergleichen. Wenn die Unstimmigkeiten groß sind, kann der Schwierigkeitsgrad der Fragen für die vier Bewertungsstufen neu bestimmt und eine neue Tabelle mit cut-off-Punkten erstellt werden.

Das oben genannte Verfahren mag auf den ersten Blick unverhältnismäßig kompliziert erscheinen, aber ich kann versichern, daß ich es als sehr brauchbar bei der Testanwendung an der Universität empfunden habe. Auch andere Lehrer, denen es dargelegt wurde, sind nicht davor zurückgeschreckt.

Ein ähnliches Verfahren kann angewandt werden, um Schulnoten Gesamt-Meßwerte zuzuordnen, wobei die Einzelmeßwerte, aus denen sich der Gesamt-Meßwert zusammensetzt, wie Aufgaben behandelt werden. Der niedrigste Testwert für jedes Meßverfahren wird subjektiv in jeder der Bewertungs-Gruppen bestimmt, und die "Gewichte" werden in Übereinstimmung mit dem, was der Lehrer in Punkt B gelernt hat, gewählt. Auf diese Weise kommt man zu einer versuchsweisen Noten-Einteilung für die Gesamt-Meßwerte.

D. Die Diagnose von Lernschwierigkeiten mit Hilfe der Daten einer Aufgabenanalyse

Andere Sprecher haben bereits die Schritte, die bei der Testkonstruktion befolgt werden müssen, und die Techniken der Aufgabenanalyse diskutiert. Wenn der Lehrer einen Klassentest zusammenstellt, sollte er diese Schritte möglichst auch alle vollziehen, auch wenn er die Techniken nicht immer in der sehr verfeinerten Weise anwenden kann. Wenn er seinen Test in Übereinstimmung mit einer Spezifikationstabelle erstellt und mit den Fragen in früheren Klassen Erfahrungen gesammelt hat, so kann er eine Tabelle aufstellen, wie Tabelle VI es zeigt. Das Klassifikationsschema und die Kategorien sind dem Social Studies Test aus den Sequential Tests of Educational Progress der Cooperative Test Division, Educational Testing Service, entnommen. Die Klassifikation jeder Frage wird durch Punkte in der jeweiligen Reihe unter den verschiedenen Spalten-Überschriften angezeigt. Eine bestimmte Frage kann in mehr als einer Spalte für eine Klassifikation aufgeführt sein, so wie es z.B. für die Fragen 1, 2 und 3 unter "Fertigkeiten" zutrifft. Der Lehrer bestimmt den Schwierigkeitsgrad jeder Frage für seine Klasse [3] und sucht dann nach Unstimmigkeiten zwischen den Ergebnissen seiner Klasse und den Ergebnissen früherer Klassen. Eine Anhäufung von Unstimmigkeiten in einer Spalte wird den Lehrer dazu veranlassen, auf diese Kategorie (Fertigkeiten, Verständnis, Darbietungsart oder Unterrichtsgebiete) im Unterricht nochmals näher einzugehen. Eine Unstimmigkeit in einer Spalte für ein einziges Item muß nicht notwendigerweise ein Zeichen für einen vermehrten Unterricht in dieser Kategorie sein, aber eine Anhäufung von Unstimmigkeiten verlangt, daß etwas unternommen wird. Wenn es kein vertraulicher Test ist und kein besonderer Grund vorliegt, die Fragen nicht zu besprechen, können eben diese Fragen für Unterrichtszwecke benutzt werden. In ähnlicher Weise dienen die Distraktoren einer Frage oft als Basis für den weiteren Unterricht. Welche Möglichkeiten außerdem gegeben sind, die Testfragen zur Verbesserung des Lernens zu nutzen, ist im Lehrerhandbuch der Sequential Tests of Educational Progress [4] beschrieben.

---

[3] Teacher's Guide, Cooperative Sequential Tests of Educational Progress. Princeton, New Jersey: Cooperative Test Division, Educational Testing Service, 1959.

[4] Teacher's Guide, Cooperative Sequential Tests of Educational Progress. Princeton, New Jersey: Cooperative Test Division, Educational Testing Service, 1959.

Tabelle VI
Bewertung des Schülererfolges

Nummer der Frage	Richtige Antwort	% richtig in vergangenen Jahren	% richtig in dieser Klasse	Fertigkeiten					Verständnis							Darbietungsart				Unterrichtsgebiete						Nummer der Frage
				Gemeinsamkeiten finden	Bedeutung erkennen	Unterscheidung v. Tats. u. Meinung	Daten vergleichen	Schlüsse ziehen	Soz. Veränderg.	Geographische Umwelt	Naturkräfte	Demokratie	Soz. Verhalten	Ökonomische Bedürfnisse	Unabhängigkeit	Karten graph. Darstellungen	Zeichnungen	Diagramme	Test	Amerikanische Geschichte	Geographie	Sozialwissenschaft	Verwaltung	Volkswirtschaft	Weltgeschichte	
1	1	80							•										•		•	•				1
2	5	71		•				•	•										•		•	•				2
3	4	84		•			•	•	•										•		•	•				3
4	5	77		•				•	•			•							•		•	•				4
5	4	57		•				•	•		•								•		•	•				5
6	5	81		•				•	•		•	•							•		•					6
7	4	78		•															•							7
8	1	84											•						•				•			8
9	1	86											•						•				•			9
10	5	79																	•							10
11	3	36																	•							11
12	1	84					•			•						•					•					12
13	3	57		•				•		•						•					•					13
14	3	68								•						•					•					14
15	2	64						•		•						•					•					15

Entnommen aus: Teacher's Guide, Cooperative Sequential Tests of Educational Progress.

Zusammenfassung

a. Um den Unterricht zu verbessern und damit den Lernerfolg der Studenten, ist es notwendig, die Lehrer auf dem Gebiet der Testanwendung besser auszubilden und Fortbildungskurse einzurichten.
b. Die Lehrer müssen die verschiedenen Bedeutungen eines Testprogramms kennenlernen.
c. Wir sollten die Lehrer nicht mit statistischen und technischen Verfahren belasten.
d. Viele Verfahren und Prinzipien der Testanwendung können Lehrern erklärt werden, die keine besondere Neigung und / oder Begabung für mathematische Formeln und mathematische Darstellungsweisen besitzen, und zwar mit Hilfe verbaler Erklärungen und "Faustregeln".
e. Ich habe hier nur vier spezielle Möglichkeiten dazu angeführt:
1. Die Benutzung von Vertrauensbereichen bei der Interpretation von Testwerten.
2. Die Zusammenfassung von Meßdaten zu einem Gesamt-Meßwert, um eine Rangreihe der Schüler aufzustellen.
3. Die Zuordnung von Schulnoten zu objektiven Testergebnissen.
4. Die Diagnose von Lernschwierigkeiten mit Hilfe der Daten aus einer Aufgabenanalyse.

2.5 Sten Henrysson:
Pädagogische Testanwendung in Schweden

Eine große Zahl ausländischer Tests ist übersetzt und schwedischen Verhältnissen angepaßt worden. Neue Tests wurden, besonders im Bereich der Schulleistung, in weitem Umfang konstruiert. Die meisten Tests werden von einem von der Schwedischen Psychologischen Gesellschaft betriebenen Verlag herausgegeben und ohne Gewinn verkauft. Andere Tests, in der Hauptsache Schulleistungstests für verschiedene Unterrichtsbereiche, werden von der Staatlichen Behörde für das Bildungswesen kostenfrei verteilt.

Testtheorie und Testkonstruktion sind in Schweden gut fortgeschritten, aber in den schwedischen Schulen werden Tests, abgesehen von den Tests für bestimmte Unterrichtsfächer, noch nicht sehr häufig angewendet.

Standardisierte Tests finden in den folgenden Hauptbereichen Anwendung.

1. <u>Diagnose der Schulreife</u> bei 7jährigen. Es werden, neben ärztlichen Untersuchungsbefunden und Informationen von Eltern und Vorschullehrern, Intelligenztests und Schulleistungstests in 'Rechnen' oder 'Schwedisch' benutzt.

2. <u>Diagnose geistiger Retardierung</u>, vor allem in den ersten Schuljahren. Es werden Individualtests zur Intelligenzdiagnose, wie der Terman-Merrill-Test, und Handlungstests zusammen mit Lehrerbeurteilungen verwendet.

3. <u>Diagnose von Leseschwierigkeiten</u>, vor allem in den ersten Schuljahren. Diagnostische Tests für verschiedene Aspekte des Lesens und Schreibens werden zusammen mit Lehrerbeurteilungen und ärztlichen Untersuchungsbefunden benutzt. Derartige Tests bestehen aus Untertests, wie Leseverständnis, Lesegeschwindigkeit, lautes Lesen, Rechtschreiben und Wortschatz.

4. <u>Diagnose schwieriger Kinder</u> während der ganzen Schulzeit. Verschiedene Testbatterien werden von Schulpsychologen oder Psychiatern angewendet. Die hauptsächlich verwendeten Verfahren

sind Intelligenztests, Handlungstests, Projektive Verfahren (vor allem der Rorschach), Interessentests, MMPI, Vineland scale.
5. Diagnose der Schwedischkenntnisse, wenn der Schüler zu Beginn des vierten und siebenten Schuljahres einen neuen Lehrer bekommt. Die Tests erfassen Leseverständnis, Buchkenntnisse und Rechtschreiben.
6. Beratung über die Schulzweigwahl am Ende des sechsten Schuljahres. Es wird eine differentielle Eignungstestbatterie nach dem Muster des Differential Aptitude Tests zusammen mit einem Interessentest angewendet.
7. Diagnose der Links- oder Rechtshändigkeit während der ersten Schuljahre. Es wird in Handlungstests die Bevorzugung der rechten oder linken Hand geprüft.
8. Egalisierung von Unterschieden in der Zensurengebung zwischen verschiedenen Lehrern. Dieses Verfahren wird durchgeführt im dritten Schuljahr in 'Schwedisch' und 'Rechnen', im sechsten Schuljahr in 'Schwedisch', 'Rechnen' und 'Englisch' und im achten Schuljahr in 'Schwedisch', 'Rechnen', 'Englisch', 'Deutsch' und 'Französisch'. Ein ähnliches Testsystem wird für das elfte und zwölfte Schuljahr entwickelt. Die Einzelheiten des Systems zur Egalisierung der Zensuren werden im nächsten Abschnitt beschrieben.

Das System der Notengebung

Zweck der Notengebung ist es, Informationen über den Fortschritt des Schülers in knapper Form zu vermitteln - in einer Form, die für Schüler, Lehrer, Eltern, Berater, Arbeitgeber und andere interessierte Personen verständlich und nützlich ist. Die Zensuren sollten so valide wie möglich sein. Ein Erfordernis für die Validität besteht darin, daß die Zensuren im gleichen Bezugssystem vermittelt werden, so daß alle Zensuren, die verglichen werden sollen, dieselbe Bedeutung haben. Das impliziert auch, daß Zensuren zwischen verschiedenen Schulen vergleichbar sein sollten. Dieses Problem ist zum Beispiel in den Vereinigten Staaten gegeben, wo Zensuren (oder ähnliche Urteilsdaten) der Sekundarschulen zur Auslese für das College verwendet werden. Zensuren verschiedener Sekundarschulen sind aber längst nicht ohne weiteres vergleichbar, auch wenn das System der Notengebung nominell das gleiche ist. Die meisten Colleges nehmen Schüler von vielen Sekundarschulen auf und haben daher beträchtliche Mühe, die Zensuren anzupassen und vergleichbar zu machen.
Untersuchungen über das englische System der Auslese für die Sekundarschule legen nahe, daß eine Summe von Zensuren (oder ähnlicher Urteilsdaten) den höchsten einzelnen Vorhersagewert für

den Erfolg auf der höheren Stufe hat. [1] Das scheint jedoch nur dann zu gelten, wenn die Zensuren (oder Urteilsdaten) zwischen den verschiedenen Schulen egalisiert wurden, so daß sie für alle Schüler dieselbe Bedeutung haben.

Das Problem der Egalisierung von Zensuren wurde in Schweden mit besonderen Methoden in Angriff genommen. Das alte schwedische Zensurensystem beruht auf einer Sieben-Punkte-Skala. Diese Skala war anfänglich eine absolute Skala, der mehrere sprachliche Bezeichnungen von "Ausgezeichnet" bis "Ungenügend" zugrundelagen. Ursprünglich erhielten die Lehrer nur wenig Anleitung über die exakte Bedeutung und Verwendung der einzelnen Skalenstufen. Im Verlauf der Jahre bildete sich jedoch eine gewisse Tradition heraus, wie oft die einzelnen Zensuren angewendet werden sollten. Diese Tradition war jedoch für einzelne Schulen, Klassenstufen und auch für Unterrichtsfächer verschieden.

Zensuren und Schülerauslese

In den 30er Jahren wurde aufgrund des Anwachsens der Bewerberzahlen das Problem der Auslese von Schülern für den Eintritt in die Sekundarschule in Schweden dringlicher.

In dieser Zeit wurde die Auslese aufgrund von Prüfungen getroffen, die von Lehrern geschaffen und an den Sekundarschulen durchgeführt wurden. Validitätsuntersuchungen zeigten jedoch, daß die Summe der in der Elementarschule erhaltenen Zensuren den Erfolg in der Sekundarschule ebenso valide vorhersagte wie die Aufnahmeprüfungen. Es wurde daher entschieden, daß für die Auslese statt der Aufnahmeprüfungen die Zensuren aus der Elementarschule verwendet werden sollten.

In dieser Situation wurde es wichtig, die Validität der Zensuren zu erhöhen. Untersuchungen hatten ergeben, daß in den Verteilungen der Zensuren zwischen den Schulen bedeutende Unterschiede bestanden. Ein Ergebnis war zum Beispiel, daß die Zensuren in Landschulen allgemein höher waren als in städtischen Schulen. Es wurden daher Bemühungen unternommen, die Zensuren für das ganze Land zu egalisieren, so daß eine in einer Landschule im Norden Schwedens gegebene Zensur vergleichbar würde mit einer Zensur, die in einer städtischen Schule im Süden Schwedens gegeben wird.

Im Zusammenhang mit der noch im Gange befindlichen Schulreform ist Schweden zu einem neuen System der Notengebung und zu neuen Methoden der Egalisierung von Zensuren übergegangen.

---

1) Yates, A. & Pidgeon, D. A.: Admission to Grammar Schools. In: National Foundation for Educational Research in England and Wales, Publ. No. 10, London, 1957, p. 67

Dem neuen System liegen zwei Hauptgedanken zugrunde. Erstens sollten Regeln über die Verteilung der Zensuren auf der Fünf-Punkte-Skala aufgestellt werden. Das wurde erreicht, indem festgesetzt wurde, welcher Prozentsatz von Schülern auf jede einzelne Zensur entfallen sollte. Die Bestimmung der Prozentsätze erfolgte aufgrund der Normalverteilung der Zensuren, indem diese in fünf Abschnitte eingeteilt wurde, ähnlich der Methode, nach der man Stanine-Werte erhält. Die Zensuren der schwedischen Schüler sollten daher für einzelne Unterrichtsfächer eine prozentuale Verteilung wie in Tabelle 1 zeigen.

Tabelle 1	Prozentverteilung der Zensuren				
Zensur	1	2	3	4	5
Prozent	7	24	38	24	7

Entsprechend dieser Tabelle sollten 7 % aller Schüler die niedrigste Zensur haben, 24 % die nächst niedrige Zensur usw.

Die Verteilung bezieht sich auf die Gesamtpopulation der Schüler eines bestimmten Schuljahres. In jeder einzelnen Klasse muß der Lehrer bei der Verwendung der Prozentverteilung die Relation des Leistungsstandes seiner Klasse zu anderen Klassen in Betracht ziehen. Wenn er zum Beispiel findet, daß seine Klasse besser ist als die meisten Klassen, wird er höhere Zensuren als gewöhnlich geben. Stellt er fest, daß seine Klasse homogener ist, sollten die Zensuren in seiner Klasse über einen kleineren Bereich als üblich streuen.

Anwendung standardisierter Tests

Es ist natürlich für den einzelnen Lehrer schwierig, den Leistungsstand seiner Klasse in Relation zu anderen Klassen genau zu kennen. Der zweite, sich daran anschließende Gedanke besteht demnach darin, daß dem Lehrer in den Hauptunterrichtsfächern standardisierte Leistungstests zur Verfügung stehen sollten. Solche Tests enthalten eine Stichprobe von Aufgaben entsprechend den Lehrplananforderungen für das bestimmte Schulfach. Um in Zensuren ausgedrückte Normen entsprechend der Normalverteilung über die Fünf-Punkte-Zensurenskala zu erhalten, wird der Test einer Zufallsstichprobe schwedischer Schüler des betreffenden Schuljahres gegeben. Die Normen werden dann aufgestellt, indem die Verteilung der Rohwerte dieser Schüler in fünf Abschnitte geteilt wird, entsprechend den Prozentwerten in Tabelle 1. Dadurch wird es möglich, die Testergebnisse in Zensuren auszudrücken, die für alle Schulen die gleiche Bedeutung haben und die dazu benutzt werden können, die vom Lehrer gegebenen Zensuren zu egalisieren.

Das Verfahren der Egalisierung von Zensuren geht von der Tatsache aus, daß der Lehrer allgemein durchaus qualifiziert ist, Zensuren zu geben, die in dem Sinn valide sind, daß sie die Schüler innerhalb einer Schulklasse in eine hinreichend stimmige Rangfolge bringen. Diese Zensuren sind jedoch nicht ohne weiteres mit denen zu vergleichen, die von anderen Lehrern in anderen Klassen gegeben werden. Das Hauptprinzip ist daher, von den zunächst vom Lehrer gegebenen Zensuren auszugehen und diese dann mit Hilfe der standardisierten Leistungstests den nationalen Normen anzupassen.

Die Arbeitsweise des Systems läßt sich durch das folgende Beispiel beschreiben: Ein Lehrer gibt in einer Klasse von 24 Schülern des sechsten Schuljahres Zensuren in 'Schwedisch'. Er gibt zunächst seine eigenen Zensuren aufgrund aller vorhandenen Informationen und seiner Kenntnis über die Schüler. Die zweite Spalte in Tabelle 2 enthält die Verteilung dieser Zensuren. Ihr Mittelwert ist 2,43; das ist kleiner als 3, der mittleren Zensur schwedischer Schüler des sechsten Schuljahres.

Tabelle 2. Verteilung der Ausgangszensuren und der angepaßten Zensuren

Zensur	Verteilung der Ausgangszensuren	Verteilung der Testwerte	Verteilung der endgültigen Zensuren
5	0	5	4
4	4	4	4
3	4	9	10
2	14	5	4
1	2	1	2
N	24	24	24
Mittelwert	2,43	3,25	3,17

Den Schülern werden dann die standardisierten Tests des sechsten Schuljahres für 'Schwedisch' gegeben. Der Lehrer trägt die erhaltenen Rohwerte in die dritte Spalte der Tabelle 3 ein.

Tabelle 3. Normen für die Transformation von Rohwerten in Zensuren

Zensur	Rohwerte	Verteilung
5	84-	5
4	67-83	4
3	46-66	9
2	30-45	5
1	0-29	1
		24

Diese Tabelle ist zugleich eine Normtabelle für die Umwandlung von Rohwerten in "Zensuren". Nach Tabelle 3 entsprechen die Rohwerte von 84 und darüber der "Zensur" 5, die Rohwerte 67-83 der "Zensur" 4 und so weiter. Diese Normen wurden an einer Zufallsstichprobe schwedischer Schüler des sechsten Schuljahres gewonnen.

Als nächster Schritt ist die in Zensuren ausgedrückte Verteilung der Testwerte aus Tabelle 3 in die dritte Spalte von Tabelle 2 zu übertragen. Der Mittelwert dieser Werte ist 3,25. Die Ausgangszensuren des Lehrers sind demgegenüber zu niedrig.

Indem der Lehrer seine Ausgangszensuren in der zweiten Spalte mit den Testergebnissen in der dritten Spalte vergleicht, stellt er fest, daß seine Zensuren einen höheren Durchschnittswert und einen weiteren Streubereich haben sollten. Er nimmt daher für die Verteilung der von ihm gegebenen Zensuren eine Anpassung vor entsprechend der Testwertverteilung der dritten Spalte. Das geschieht gewöhnlich, ohne daß sich dadurch die nach den Ausgangszensuren vorgenommene Rangfolge der Schüler ändert.

Anpassung der Ausgangszensuren

In unserem Beispiel beschließt der Lehrer, die Zensuren der acht besten Schüler um eine Stufe auf der Notenskala anzuheben. Die vier Schüler mit der Ausgangszensur 4 erhalten demnach die Zensur 5, und die vier Schüler mit der Ausgangszensur 3 die Zensur 4. Nach den Ausgangszensuren haben vierzehn Schüler die Zensur 2; der Lehrer erhöht jedoch die Zensuren der zehn besten dieser Schüler um eine Stufe auf die Zensur 3. Die vier übrigen Schüler mit der Ausgangszensur 2 behalten diese Zensur. Auch für die letzten beiden Schüler mit der Ausgangszensur 1 bleibt die Zensur unverändert.

Nach diesem Vorgehen erhält man, ohne daß dabei die Rangfolge der Schüler verändert wird, die Verteilung der angepaßten Zensuren der vierten Spalte in Tabelle 2. Der Mittelwert dieser Zensuren ist 3,17 und damit nahe dem Mittelwert der Testergebnisse von 3,25 (dritte Spalte). Der Vergleich der dritten und vierten Spalte zeigt auch, daß die beiden Verteilungen nach Mittelwert, Streuung und Form weitgehend ähnlich sind.

Es wird natürlich vom Lehrer nicht erwartet, daß er sich genauestens an die Verteilung der Testergebnisse hält, und es wird ihm sehr geraten, das individuelle Testergebnis nicht als Grundlage für die Zensur eines bestimmten Schülers zu verwenden.

Nichtweitergabe von Testergebnissen

Die Lehrer erhalten die standardisierten Tests auf Anforderung von der Staatlichen Behörde für das Erziehungswesen. Die Lehrer sind nicht verpflichtet, mit den Tests zu arbeiten, aber fast alle machen von ihnen Gebrauch. Die Tests sollen dem Lehrer in dem Maße eine Hilfe sein, in dem er ihre Anwendung für nützlich hält. Es wird vom Lehrer auch nicht erwartet, daß er die Testergebnisse anderen Personen, wie Schülern, anderen Lehrern, Schulleitern oder Eltern, mitteilt. Dieses Prinzip ist wesentlich im Hinblick auf eine gute Zusammenarbeit mit den Lehrern wie auch dafür, daß "Testtraining" oder andere unerwünschte Wirkungen der Testanwendung vermieden werden.

Die Anwendung von Tests in Zusammenhang mit der Notengebung schließt gewisse Probleme ein. Eine vielleicht zu erwartende Nebenwirkung ist das Testtraining - eine Art direkter Vorbereitung oder Übung in bezug auf den Test. Dieses Problem stellt sich auch in England und in den Vereinigten Staaten in Zusammenhang mit Tests, die zur Auslese für weiterführende Bildungswege verwendet werden. In Schweden scheint jedoch gegenwärtig dieses Problem nicht allzu groß zu sein. Ein Grund dafür ist wahrscheinlich die Freiheit, die der Lehrer in der Anwendung von Tests hat, und die Tatsache, daß er als einziger die Testergebnisse kennt und benutzt. Wenn der Lehrer höhere Zensuren geben möchte, kann er das trotz der Testergebnisse tun, denn diese stellen für ihn eine Hilfe und nicht eine Kontrolle dar. Eine andere Gefahr dieses Vorgehens liegt darin, daß es einen indirekten und negativen Einfluß auf die Unterrichtsgestaltung haben könnte. Viele Lehrer könnten die Tests als eine Art operationale Definition des Lehrplanes ansehen und den Unterricht an dem Inhalt der Tests orientieren unter Vernachlässigung anderer wichtiger Teile des Lehrplanes. Dieser Einfluß darf nicht übersehen werden, und es ist wesentlich, daß die Tests die wichtigen und allgemeinen Aspekte des Lehrplanes umfassen. Der

Inhalt der Tests wird aufgrund von Lehrplananalysen von Besprechungen mit erfahrenen Lehrern und Lehrplanexperten ausgewählt. Die Tests werden danach in enger Zusammenarbeit mit den Lehrern konstruiert.

Lehrplanänderungen

Es ist jedoch offensichtlich, daß, wenn es notwendig wird, wichtige oder neue Aspekte des Lehrplanes zu akzentuieren, diese in die Tests aufgenommen werden können. Das erfolgte zum Beispiel für 'Rechnen' (Überschlagsrechnen), 'Englisch' (Verstehen der gehörten Sprache) und für das Lesen von graphischen Darstellungen. Lehrer, die diese Aspekte früher vernachlässigten, werden stärker geneigt sein, sie zu unterrichten, wenn sie sie in den Tests finden.

Das hier beschriebene System der Egalisierung von Zensuren ist in schwedischen Schulen nun seit ungefähr 25 Jahren erfolgreich angewendet worden und wird heute von den meisten Lehrern für nützlich gehalten.

2.6 Benjamin Rosner:
Die Auffassungen der Lehrer über ihre notwendige Qualifikation im Bereich des Testens und Messens

In den Vereinigten Staaten haben die meisten Lehrer kaum Fachkenntnisse über Tests und Psychometrik und sind nicht geneigt, dies zu ändern. Das ist eine harte Feststellung - vielleicht zu hart -, aber ich glaube, sie trifft zu. Bevor ich mich jedoch völlig mit den amerikanischen Lehrerverbänden überwerfe, lassen Sie mich folgende Einschränkungen hinzufügen.

Erstens ist mein Urteil über die Inkompetenz der amerikanischen Lehrer auf dem Gebiet der Testanwendung und Psychometrik lediglich eine persönliche Meinung. Diese Meinung hat sich allerdings herausgebildet in Jahren der Zusammenarbeit mit vielen Lehrern, Schulräten und Vertretern der Schulbehörden in einer Reihe von Lehrerbildungs- und Fortbildungskursen auf dem Sektor der pädagogischen Meßverfahren. Aber ich kann die Behauptung nicht belegen. Ich habe keine zwingenden Daten. Es bleibt daher die Meinung eines einzelnen.

Zweitens muß klar sein, wenn ich die Inkompetenz der Lehrer auf dem Gebiet des Messens beklage, daß damit kein Urteil über ihre Fähigkeiten als Lehrer verbunden ist. Ich beziehe mich hier nur auf eine einzelne Dimension des multidimensionalen Charakters der Lehrbefähigung. Im besonderen richtet sich meine kritische Einstellung gegen die Unfähigkeit des amerikanischen Lehrers, geeignete Verfahren zur Erfassung der Kenntnisse von Schülern zu entwerfen und zu konstruieren, die diagnostische Brauchbarkeit von Meßdaten für Unterrichtszwecke angemessen zu bewerten und gerechte und interpretierbare Zusammenfassungen der Schülerleistung zu geben. Es wäre eine große Ungerechtigkeit gegenüber dem amerikanischen Lehrer, wollte man von der behaupteten Inkompetenz im Bereich des Testens auf eine allgemeine Unzulänglichkeit des Lehrens schließen. Die Lehrerausbildung in den Vereinigten Staaten läßt sich zwar, wie ich glaube, noch bedeutend verbessern, aber das normale Ausbildungsprogramm verlangt die

Beherrschung eines Spezialgebietes, ein breites Grundwissen in allgemeiner Pädagogik und eine starke Ausrichtung auf die Kenntnisse und Fertigkeiten, die die Unterrichtspraxis kennzeichnen. Leider ist die Ausbildung hinsichtlich der Meßverfahren unzureichend.

Ohne mich auf Daten stützen zu können, habe ich ein negatives Urteil über die Fertigkeiten der amerikanischen Lehrer im Umgang mit Tests gefällt. Ich kann mich nun nicht einmal auf ein Minimum an persönlicher Erfahrung beziehen, wenn ich vermute, daß in bezug auf pädagogische Meßmethoden die Lehrer in den Vereinigten Staaten viel mit ihren Kollegen auf der ganzen Welt gemeinsam haben. Glücklicherweise ist das nicht das einzige Band zwischen ihnen.

Lassen Sie mich an dieser Stelle erwähnen, daß ich die Bemühungen der vielen Personen und Institutionen nicht übersehe, die viel Zeit und Geld aufgewendet haben, um Lehrer auf dem Gebiet des Messens auszubilden. Denjenigen, die wir erreicht haben, haben wir geholfen - zumindest haben wir sie mit den Grenzen und Mängeln eines unsachgemäßen Vorgehens beim Testen bekanntgemacht. Leider haben wir zu wenige mit zu geringem Aufwand erreicht. Im Rahmen des Studiums werden die Lehrer im allgemeinen nur in einem zwei- bis dreiwöchigen Kursus mit Meßverfahren bekanntgemacht, der sich allgemeiner mit pädagogischer Psychologie befaßt. Einige Studenten erhalten vielleicht sogar nur drei oder vier Lektionen über Messen und Bewerten innerhalb einer einjährigen Vorlesung, die psychologische Grundlagen der Erziehung vermitteln soll. Nur in seltenen Fällen hat ein Student während seiner Ausbildung zum Lehrer die Möglichkeit, intensiv auf dem Gebiet der Testanwendung und Psychometrik zu arbeiten.

Die meisten Lehrer, die in der pädagogischen Testanwendung unterwiesen werden, erwerben ihre Erfahrungen als praktizierende Lehrer. Diejenigen, die zusätzliche Examina in Pädagogik anstreben, nehmen gewöhnlich an einem Kurs über Bewertungsverfahren oder über pädagogisches oder psychologisches Messen teil. Außerdem werden viele Lehrer auf dem Gebiet des Testens im Rahmen von Fortbildungskursen gefördert. Ich schätze, daß etwa 20 % der gegenwärtig in den Vereinigten Staaten beschäftigten 1 700 000 Lehrer irgendeine Art von formalem Unterricht über Tests erhalten haben. Wenn wir demnach annehmen, daß wir 300 000 praktizierende Lehrer angesprochen haben - und ich muß noch einmal daran erinnern, daß es sich bei dieser Zahl lediglich um eine vielleicht nicht ganz unbegründete Schätzung handelt -, wieviel davon ist aufgenommen worden? Wieviel von dem, was wir anregen, wurde verwirklicht? Kurz, wie effektiv waren wir?

So sehr ich vorziehen würde, mich bei der Beantwortung dieser Fragen auf empirische Untersuchungen zu beziehen, bin ich gezwungen, wiederum auf den persönlichen Eindruck zu rekurrieren. Ich glaube, daß unsere Ausbildungskurse über pädagogische Meßverfahren während der Ausbildung und der Fortbildung der Lehrer nur sehr begrenzt erfolgreich waren. Damit meine ich, daß wir zwar die Lehrer in einer intellektuellen Ebene erreicht haben, daß das aber nicht zur Entwicklung eines differenzierteren Vorgehens in der Praxis führte. Wir haben die Überlegenheit des objektiven Testens demonstriert, sie aber bevorzugen den Aufsatz. Wir haben ihnen die Vorzüge von Antwort-Auswahl-Aufgaben nahegebracht, sie aber verlassen sich auf Richtig-Falsch- oder Zuordnungsaufgaben. Sie erkennen die Notwendigkeit, höhere kognitive Ebenen zu erfassen, aber ihre Prüfungen bevorzugen die Anhäufung unwesentlicher Einzelheiten. Sie halten für eine Prüfung in Aufsatzform zwei voneinander unabhängige Bewertungen durchaus für notwendig, aber nur wenige versuchen dies. Sie bestätigen die Zweckmäßigkeit einer Aufgaben-Kartei, aber nur wenige machen sich diese Mühe. Sie erkennen die diagnostische Nützlichkeit von Aufgaben-Analysen an, aber sie werden sich selten zur Durchführung einer Aufgaben-Analyse bereit finden. Sie wissen, daß man mit der Vorbereitung einer Prüfung rechtzeitig beginnen sollte, aber sie schieben die Testentwicklung bis zum letztmöglichen Zeitpunkt auf. Sie vermeiden es jedoch, in die Aufgabenstellung Hinweise auf die richtige Lösung aufzunehmen. Sie messen den Umfang von Wahlantworten. Und sie fügen den Wahlmöglichkeiten in einer Zuordnungsaufgabe eine weitere Wahl hinzu. Aber sie werden bei einer Prüfung in Aufsatzform die Wahlmöglichkeiten nicht einschränken. Sie werden weiterhin Testergebnisse nach einer Skala von null bis hundert Prozent übermitteln. Und sie werden weiterhin Benotungssysteme, die nur zwischen Bestehen und Nicht-Bestehen entscheiden, gegenüber solchen vorziehen, die eine zusätzliche Differenzierung erfordern, mit dem Argument, daß die Zuverlässigkeit bei einer geringeren Zahl von Klassifizierungsstufen höher sei. Kurz, sie mögen Hochachtung haben vor unseren theoretischen Modellen, und die strenge Klarheit unseres praktischen Vorgehens mag sie beeindrukken, aber was sie anwenden, sind die Tricks unseres Berufs.

Meine Worte sind vielleicht etwas überspitzt, aber ich glaube, sie treffen die Wahrheit. Die Lehrer scheinen sich zu sträuben, ihre Kräfte für methodisch strenge Bewertungsverfahren einzusetzen. Haben wir versagt? Ich denke nicht. Aber wir waren nur begrenzt erfolgreich.

Woran liegt es, daß die Lehrer sich nur widerstrebend um die Verbesserung der Beurteilungsverfahren bemühen. Es gibt viele Antworten. Lassen Sie mich einige vorschlagen!

Ich glaube, wir können erstens darin übereinstimmen, daß viele Lehrer ein absolutes Vertrauen in die Gültigkeit - die Unfehlbarkeit - ihres persönlichen Eindrucks haben. Wie häufig wir ihnen auch die Verzerrungen demonstrieren, denen die menschliche Wahrnehmung unterliegt, die Lehrer bewahren ein ungebrochenes Vertrauen in die grundlegende Richtigkeit ihrer subjektiven Einschätzungen. Da sie von ihrer Unfehlbarkeit überzeugt sind, ist es schwierig, ihnen exaktere psychometrische Verfahren nahezubringen.

Ein zweiter Faktor, und dieser wirkt stark auf den ersten ein, liegt darin, daß gegenwärtig nur ein begrenzter Bereich des menschlichen Verhaltens mit fachkundig hergestellten, völlig operationalen psychometrischen Methoden erfaßt wird. Im allgemeinen bieten standardisierte Tests dem Lehrer Verfahren zur Erfassung der schulischen Eignung und Leistung. So nützlich diese Instrumente auch sein mögen, beschränken sie sich doch auf eine relativ kleine Zahl kognitiver Fähigkeiten. Die Lehrer sind gezwungen, sich auf die subjektive Einschätzung zu verlassen, wenn sie die Interessen der Schüler oder ihre sozial-emotionale Entwicklung beurteilen. Indem die Lehrer bei der Erfassung einer Vielzahl für den Unterricht relevanter Aspekte des Schülerverhaltens auf den persönlichen Eindruck angewiesen sind, betrachten sie die Präzision standardisierter Fähigkeits- und Leistungstests als ein Stahlglied in einer Papierkette. Ihrem Urteil nach scheint die intensive Beschäftigung mit Tests und Psychometrik zur Zeit wenig lohnend, da für sie die Nützlichkeit pädagogischer Meßverfahren für die Gestaltung des Unterrichtsgeschehens begrenzt ist.

Obwohl ein Teil des Widerstandes gegenüber streng messendem Vorgehen dem Glauben an die "Unfehlbarkeit" und einem "begrenzten psychometrischen Methodenrepertoire" zugeschrieben werden kann, erklären diese Faktoren doch noch nicht hinreichend das Widerstreben bei der Mehrheit der Lehrer. Meiner Ansicht nach zögern die Lehrer, ihre Zeit und Energie dem Erwerb von Kenntnissen auf dem Gebiet des Messens zu widmen, weil sie diese Kenntnisse nicht mit den Anforderungen ihrer Lehrtätigkeit verbinden können. In diesem Auditorium ist vielleicht kaum jemand, der nicht zustimmen würde, daß das Messen eine wesentliche Komponente des Unterrichtsgeschehens darstellt - kein Anhängsel, keinen Zusatz oder Postskript, sondern einen unentbehrlichen Bestandteil des pädagogischen Prozesses. Leider teilen die Lehrer unsere Überzeugung nicht. Für sie ist Testen eine periphere Komponente des Unterrichtes, eine von außen gesetzte Anforderung an ihre Tätigkeit. Das heißt nicht, daß Testen als unwichtig angesehen wird, sondern vielmehr, daß es hauptsächlich als Beitrag zu administrativen Entscheidungen, nicht aber zu unterrichtsbezogenen Entscheidungen angesehen wird. Tests liefern nützliche Informationen über die Schülerleistung <u>nach dem Unterricht</u>. Demgemäß sind Tests wichtig bei der Zensurenbestimmung. Tests motivieren auch das Lernen - aber das ist ein zufälliges Nebenprodukt ihres bedeutsamen Beitrages zur Zensurengebung. Testwerte helfen überdies bei der Zusammenstellung von Gruppen innerhalb der Klasse, und gelegentlich lassen sich mit ihrer Hilfe lernschwache Schüler feststellen. Aber Tests stellen kein lernförderndes Klima her. Sie wählen den Unterrichtsstoff nicht aus. Sie formulieren keine Lehrziele. Und sie geben keine Hinweise für geeignete Vorgehensweisen im Unterricht. Tests haben vorwiegend administrative, nicht aber unterrichtsbezogene Nützlichkeit. Das ist, wie man einräumen wird, eine kurzsichtige Interpretation der Möglichkeiten und Funktionen pädagogischer Testanwendung wie auch eine kurzsichtige Orientierung hinsichtlich des Lehrprozesses. Aber diesen Standpunkt nimmt eine große Zahl von Lehrern ein. Kurz, die Lehrer trennen also die Sachkunde im Bereich des Messens von der im Bereich des Lehrens. Es besteht folglich wenig Anlaß, stringentere methodische Maßstäbe anzunehmen oder differenziertere Fertigkeiten des Testens auszubilden: Der tägliche Lehrbetrieb fordert einfach eine solche psychometrische Verfeinerung nicht.

Vor einiger Zeit begann mich diese Frage zu interessieren, inwieweit Meß- und Bewertungstechniken die Probleme des täglichen Unterrichts und das Vorgehen der Lehrer im Klassenzimmer beeinflussen. Dementsprechend beschloß ich, eine Reihe von Lehrern zu bitten, für mich die speziellen Erfordernisse ihrer Tätigkeit festzustellen, die sich auf die Kenntnis und das Verstehen der Prinzipien und Verfahren des pädagogischen Messens und Bewertens gründeten. Obwohl diese Daten für einen anderen Zweck gesammelt wurden, haben sie eine gewisse Relevanz für die anstehende Diskussion.

Als Mitglied der Pädagogischen Fakultät am Brooklyn College hatte ich Zugang zu einer Stichprobe von New Yorker Lehrern, die für ein pädagogisches Forschungsseminar eingeschrieben waren, einen Kurs, der für alle Kandidaten des Master's degree obligatorisch war. In den einzelnen Kursabschnitten waren zu dieser Zeit 90 Studenten eingetragen, an die ich einen einseitigen Fragebogen verteilte mit der Aufforderung, die speziellen Aktivitäten anzuführen, die für den Lehrer mit Theorie und Praxis des pädagogischen Messens verbunden sind. Die Frage wurde von 65 Lehrern beantwortet. Von diesen lehrten 22 an Elementarschulen und 43 an Sekundarschulen. Durchschnittlich hatten diese Lehrer eine dreijährige Lehrerfahrung, wobei einige noch in ihrem ersten Jahr waren und andere seit mehr als zwanzig Jahren unterrichteten. 39 hatten einen Kurs über Tests und Psychometrik abgeschlossen, 26 nicht. Im ganzen lieferten diese 65 Lehrer auf die Frage 462 spezifische Antworten - im Durchschnitt etwa sieben Antworten pro Lehrer. Die Antworten wurden dann mit Hilfe von typischen Verfahren der Inhaltsanalyse ausgewertet.

Es wurde sofort ersichtlich, daß der weit überwiegende Teil des Lehrerverhaltens nach zwei Hauptkategorien klassifiziert werden konnte: Testen und Zensurengebung. Ersichtlich wurde ebenfalls, daß jede dieser Kategorien in zwei weitere Klassen unterteilt werden konnte, und zwar das Testen in objektive Prüfungen und Prüfungen in Aufsatzform und die Zensurengebung in das Erteilen von Buchstaben und das Erteilen von Nummern. Hier ergaben sich also keine neuen Einsichten. Die genauere Prüfung legte jedoch die folgende Klassifikation nahe:
(1) Vorbereitung von Prüfungen: z. B. Mitarbeit in Testkommissionen, Definieren von Unterrichtszielen und Schreiben von Testaufgaben.
(2) Darbietung und Auswertung von Tests: z. B. Instruktionsgebung, Durchführung, Auswertung und Übermittlung der Testergebnisse.
(3) Auswahl von Tests: z. B. Feststellen, welche Tests für bestimmte Altersstufen oder Zensurengruppen angemessen sind, Bestimmen, ob der Testinhalt für einzelne Klassen geeignet sei, Beurteilung des Tests nach Reliabilität und Validität und Empfehlen von Tests an Verwaltungs- und Aufsichtspersonal.
(4) Anwendung anderer Bewertungsmittel: z. B. Benutzen von Strichlisten und Schätzskalen, Befragung von Schülern und Eltern, Beobachtung des Arbeitsverhaltens, Klassendiskussionen und interpersonale Beziehungen, Darbietung soziometrischer Fragebogen und Schreiben von biographischen Kurzberichten.
(5) Berechnung und Interpretation von statistischen Daten: z. B. Berechnung von Mittel- und Streuungswerten, Ermittlung von Prozentsätzen, Lesen von graphischen Darstellungen und von tabellarischen Berichten der Testergebnisse.
(6) Verwendung von Testergebnissen für den Unterricht: z. B. Vortests zur Bestimmung von Unterrichtsschwerpunkten, Zusammenstellung homogener Gruppen nach der Testleistung, Prüfung von Testdaten zur Vorherschätzung des Leistungsniveaus einer Klasse und Benutzung von Testwerten zur Beurteilung des Lehrens.
(7) Bewertung der Schülerleistung: z. B. Erteilung von Zensuren für einen Kurs, Empfehlung der Förderung, der Versetzung oder Zurückstufung, Empfehlung von Berufstätigkeit und Empfehlung des Besuchs höherer Schulen.

Diese sieben Kategorien der Lehreraktivität sind nicht gerade einzigartig. Sie lassen sich in der Tat leicht mit Kapitelüberschriften in vielen Lehrbüchern über Tests und Psychometrik identifizieren. Es wäre jedoch ein Fehler anzunehmen, daß sich die 462 Lehrerantworten gleichmäßig über die sieben Kategorien verteilten. Wie ich bereits andeutete, lag die größte Betonung auf der Entwicklung, Darbietung und Bewertung von informellen Tests und auf der Bewertung der Schülerleistung. Aktivitäten, die sich auf standardisierte Tests bezogen, und solche, die mit systematischen Beobachtungsverfahren zusammenhingen, waren mit geringerer Häufigkeit festzustellen. Relativ wenig Aktivitäten betrafen die Berechnung und Interpretation von statistischen Daten oder die <u>Verwendung von Testergebnissen für Unterrichtszwecke</u>. Nebenbei bemerkt unterschied sich die Gruppe, die einen Testkurs abgeschlossen hatte, von der Gruppe ohne Testkurs hauptsächlich darin, daß sie mehr über bestimmte Testtitel orientiert schien und häufiger von Ausdrücken Gebrauch machte wie "die Validität kennen", "die Reliabilität kennen" und "sich den Meßfehler merken."

Die Daten sind zugestandenermaßen dürftig. Stichprobengröße und Stichprobenverfahren lassen viel zu wünschen übrig. Die Methode der direkten Frage fördert vielleicht nur die offensichtlichsten Assoziationen zutage - obwohl es bedeutsam ist, daß Lehrer nicht bewußt Unterrichtsgeschehen mit Theorie und Praxis des Messens verbinden. Überdies besteht nicht notwendig ein Zusammenhang zwischen <u>berichteter</u> Aktivität und wirklichem Auftreten derselben sowie ihrer Dauer. Es wäre denkbar, daß selten berichtete Aktivität den Lehrer mehr Zeit kostet als häufig berichtete. Schließlich wissen vielleicht die Lehrer nicht genug über Meßverfahren, um die Frage vernünftig zu beantworten. Nichtsdestoweniger sind die Daten mit der Hypothese <u>nicht inkonsistent</u>. Lehrer neigen dazu, das messende Vorgehen vom Unterrichtsgeschehen zu trennen. Das erklärt möglicherweise ihr Widerstreben, sich intensiv um Fertigkeiten auf dem Gebiet des Messens zu bemühen.

Meiner Annahme nach verwenden die Lehrer deshalb nicht viel Zeit auf die Verbesserung ihrer Kenntnisse im psychometrischen Bereich, weil sie das Messen als eine periphere Komponente des Unterrichtsgeschehens ansehen. Wenn das so ist, wie erklären wir es? Welche Faktoren tragen zu dieser Trennung bei?

Auf eine mögliche Erklärung habe ich bereits hingewiesen. Ich sehe einen Hauptfaktor für die geringe Fachkundigkeit der Lehrer auf dem Gebiet des Messens in der knappen und fragmentarischen vor-praktischen Ausbildung in bezug auf Tests und Psychometrik. Während der ersten Phase der Lehrerbildung ist das Studium darauf ausgerichtet, die Lehrer auf den Beginn der Berufsausübung vorzubereiten. Entsprechend betont das Programm diejenigen Elemente des Unterrichtsprozesses, die die Pädagogen als grundlegend für eine erfolgreiche Ausübung der Tätigkeit ansehen. Wenn das Ausbildungsprogramm für Tests und Psychometrik während der ersten Phase der Lehrerbildung einen untergeordneten Platz erhält, ist es unwahrscheinlich, daß die Lehrer während der Fort- und Weiterbildung in psychometrischen Kenntnissen einen wesentlichen Bestandteil der Lehrbefähigung sehen.

In den Vereinigten Staaten versuchte der National Council on Measurement in Education viele Jahre lang, die Unterrichtsministerien der einzelnen Staaten zu bewegen, in die Anforderungen für ein staatliches Lehrerzeugnis die formale Unterweisung über Tests und Psychometrik aufzunehmen. Leider hatte der Rat damit wenig Erfolg. Solange nicht die Staatlichen Unterrichtsministerien und die Programme der Lehrerbildung in stärkerem Maße erkennen, welche Bedeutung Kenntnisse auf dem Gebiet des Messens für die Vorbereitung der Lehrer haben, wird ihr Versagen die beobachtete Trennung zwischen Messen und Lehren verstärken.

Eine zweite Erklärung für die Tendenz der Lehrer, die Relevanz des Testens für das Lehren falsch einzuschätzen, liegt darin, daß Lehrer und Testexperten möglicherweise hinsichtlich der für eine effektive Unterrichtsgestaltung wesentlichen psychometrischen Kenntnisse nicht übereinstimmen. Wäre das wirklich der Fall, dann könnte die Substanz der Ausbildung über Meßverfahren tatsächlich eine schwache Beziehung haben zu den Tests der Lehrer und ihren psychometrischen Bedürfnissen. Glücklicherweise legen einige Daten nahe, daß Lehrer und Testexperten sich über die Kenntnisse auf dem Gebiet des Messens, die für das Lehren grundlegend sind, weitgehend in Einklang befinden.

Vor einigen Jahren suchten Dr. Samuel T. Mayo von der Loyola University in Chicago und der National Council on Measurement in Education im Auftrag des U.S. Office of Education zu bestimmen, was Lehrer nach Meinung von Fachleuten über pädagogisches Messen wissen sollten. Mayo und seine Mitarbeiter stellten eine Liste von 70 Befähigungsmerkmalen auf dem Gebiet des Messens zusammen. Diese Merkmale verteilten sich über vier Inhaltskategorien: (1) Standardisierte Tests, (2) Konstruktion und Beurteilung von informellen Tests, (3) Anwendungen des Messens und Bewertens und (4) statistische Begriffe. Tab. I enthält die Liste der 70 Merkmale, und Tab. II liefert eine Aufschlüsselung nach Inhaltskategorien.

Es ist an dieser Stelle von Interesse, die relative Betonung, die jede Kategorie erhält, näher zu betrachten, denn die Liste als Ganzes bildet eine operationale Definition für den Kern der Lehrerausbildung im Bereich des Messens. Von den 70 Merkmalen beziehen sich 34, also etwa 50 %, auf statistische Begriffe. 13 Merkmale (weniger als 20 %) betreffen Konstruktion und Beurteilung von informellen Tests, ebenfalls nur 13 Merkmale den Nutzen des Messens und Bewertens. Die übrigen 10 Items (annähernd 15 %) sind dem standardisierten Testen gewidmet.

Auf den ersten Blick könnte man leicht schließen, daß die Testexperten sehr schlecht auf die Bedürfnisse eingestellt sind, die Lehrer mit dem Messen verbinden. In Anbetracht der relativ starken Betonung statistischer Begriffe und der relativ schwachen Betonung der Konstruktion von informellen Tests könnte man entweder folgern, daß die Psychometriker überhaupt nicht mit den Gegebenheiten des Klassenzimmers vertraut sind oder daß sie eher danach trachten, Schüler im Sinne ihrer eigenen Vorstellungen vorzubereiten, als danach, Lehrer im Messen auszubilden. Hier liegt, könnte man vorbringen, ausreichend Grund für den Widerstand der Lehrer (und der Unterrichtsministerien) gegen die intensive Beschäftigung mit pädagogischen Meßverfahren. Und wenn weniger als ein Fünftel des Inhalts sich mit dem Nutzen des Messens und Bewertens befaßt, verwundert es nicht mehr, könnte man meinen, daß Lehrer Messen und Unterrichten trennen. Aber die Verteilung der Befähigungsmerkmale über die Inhaltskategorien gibt ein falsches Bild vom Urteil der Fachleute.

Nach der Entwicklung der Prüfliste gab Mayo die Items einer Anzahl von Testspezialisten mit der Aufforderung, jedes Item nach seiner Bedeutung für Lehrer zu beurteilen. Die Merkmale wurden von 185 Experten mittels einer Drei-Stufen-Skala eingeschätzt: "wesentlich", "erwünscht" und "von geringer Wichtigkeit". (Zwei weitere Wahlmöglichkeiten waren: "Verstehe das Merkmal nicht" und "Keine Antwort".)

Tab. II faßt die Einstufungen der Merkmale in den vier Inhaltskategorien zusammen. Wie aus der Tabelle hervorgeht, erhielten die Merkmale der Kategorie IV (Statistische Begriffe) die niedrigsten Durchschnittsbewertungen. Am höchsten wurden die mit standardisierten Tests verbundenen Merkmale (Kategorie I) eingestuft, während informelle Tests (Kategorie II) und psychometrische Anwendungen (Kategorie III) etwas niedrigere Einschätzungen erfuhren. Im ganzen stimmen demnach die Expertenurteile viel stärker mit den berichteten Aktivitäten des Messens überein, als die Inhaltsverteilung vermuten lassen würde.

Es wäre jedoch ein Fehler, die kleinen Unterschiede zwischen den Kategorien I, II und III überzubewerten. Diese Unterschiede können im wesentlichen auf Unterschiede in der Spezifizierung und Klassifizierung zurückgeführt werden. Item 10 beispielsweise - es steht in der Rangreihe der von Testexperten geschätzten Bedeutung an dritter Stelle - enthält nahezu die gesamte Utilität von informellen und standardisierten Prüfungen für den Unterricht. Demgegenüber bezieht sich Item 35, das den vierten Rangplatz hat, auf die Kenntnis der Grenzen bei der Interpretation eines IQ-Wertes. Zudem wird Item 10, obwohl es sich mit der Kenntnis allgemeiner Anwendungsmöglichkeiten von Tests befaßt, nicht der Kategorie III (Anwendungen des Messens und Bewertens) zugeordnet, sondern der Kategorie I (Standardisierte Tests). Ähnlich wird Item 35, die Grenzen der Interpretierbarkeit von IQ-Werten, nicht unter 'Standardisierte Tests' sondern unter 'Anwendungen des Messens und Bewertens' rubriziert. Wegen der Ungleichheiten im Grad der Spezifizierung und der Unsicherheiten bei der Klassifizierung der Items scheint es klüger, die Unterschiede in den Einstufungen zwischen den ersten drei Kategorien unbeachtet zu lassen.

Die berichteten Aktivitäten des Messens und die Beurteilungen von Merkmalen inhaltlich verschiedener Klassen des Messens scheinen insgesamt darauf hinzuweisen, daß zwischen Lehrern und Testexperten keine großen Diskrepanzen bestehen. (Es mag hier erwähnt werden, daß die Lehrer in New York City an der Auswahl und Beurteilung standardisierter Tests nur geringen Anteil haben. Das standardisierte Testen unterliegt in New York City weitgehend der Kontrolle zentraler Verwaltungsbehörden. Aus diesem Grunde scheint der Unterschied zwischen dem Einfluß standardisierter Tests in der Expertenmeinung und der von Lehrern berichteten Testaktivität größer, als er in Wirklichkeit gegeben ist.)

Obwohl die Einschätzungen von Testexperten nahelegen, daß sie ein Gefühl haben für die Anforderungen, die im Klassenzimmer an das Messen gestellt werden, ist es wichtig, ihre Einschätzungen mit entsprechenden Einschätzungen von Lehrern zu vergleichen. Glücklicherweise gibt es hierzu einige Daten. Während der letzten Jahre leiteten Mrs. Miriam Bryan, meine Kollegin am Educational Testing Service, und ich mehrere Lehrerseminare über Psychometrik. Im Anschluß an eine einführende Besprechung baten wir die Lehrer, die Befähigungsmerkmale der Mayo-Prüfliste nach der gleichen Drei-Stufen-Skala einzuschätzen wie die Experten in der Untersuchung von Mayo. Auf diese Weise erhielten wir Schätzwerte von 183 Lehrern und Schulräten aus vier Schuldistrikten in New York und Pennsylvania.

In Tab. I sind die Merkmale der Prüfliste in der Rangfolge der mittleren Lehrerschätzungen aufgeführt. Die Schätzwerte selbst finden sich rechts von dem Merkmal. Man beachte, daß Schätzwerte nahe 3,00 als wesentlich, solche nahe 1,00 hingegen als relativ unwichtig angesehen werden.

Abb. 1 zeigt die Beziehung der beiden Reihen von Einschätzungen im Verteilungsdiagramm. Es handelt sich ersichtlich um eine positive und enge Beziehung. Der Produkt-Moment-Korrelationskoeffizient nach Pearson beträgt 0,885. Die Daten widerlegen eindeutig die Behauptung, daß Fachleute im Feld der Psychometrik die Bedürfnisse, die Lehrer mit dem Messen verbinden, nicht kennten.

Obwohl die relativen Einschätzungen von Experten und Lehrern bemerkenswert ähnlich sind, gibt es eine Reihe interessanter Unterschiede. Erstens liegt der Mittelwert der Einschätzungen bei den Experten signifikant höher als bei den Lehrern. Das ist möglicherweise damit zu erklären, daß Testexperten eher als Lehrer geneigt sind, alle Prinzipien und Verfahren des Messens für bedeutsamer zu halten. Psychometriker sind eben Psychometriker. Eine nicht weniger plausible Erklärung ist jedoch die, daß die Lehrereinschätzungen dadurch herabgedrückt werden, daß bei ihnen häufiger Antworten vorkommen, die ein Nicht-Verstehen des Merkmals ausdrücken. Wenn Lehrer sich über die Bedeutung eines Merkmals nicht im klaren sind, werden sie wahrscheinlich das Merkmal nicht als wichtig einstufen. Der Zusammenhang zwischen den Einschätzungen der Wichtigkeit und dem Auftreten von Antworten, die ein Nicht-Verstehen bezeigen, ist tatsächlich hoch und negativ; d. h., derartige Antworten sind bei höheren Einschätzungen weniger häufig. Es bleibt jedoch die Tatsache bestehen, daß die Urteile von Lehrern und Experten sehr ähnlich sind.

Zwei weitere Unterschiede in den Einschätzungen von Lehrern und Experten verdienen ebenfalls Beachtung. Erstens werden Fertigkeiten hinsichtlich der Testkonstruktion von Lehrern höher eingestuft als von Experten. Zweitens messen Experten Korrelationsbegriffen höheren Wert bei als Lehrer. Ich kann mir zwar die relativ niedrigere Bewertung der Testkonstruktion durch Experten nicht erklären, die niedrigere Einschätzung der Korrelationsbegriffe durch Lehrer geht aber, wie ich glaube, auf Unkenntnis zurück. Ich hege den Verdacht, daß Lehrer nach einem entsprechenden Unterrichtsprogramm das Verständnis von Korrelationsprinzipien höher bewerten würden. Leider kann ich das nicht durch Daten belegen.

Abgesehen von den kleinen Unterschieden in bezug auf Verfahren der Item-Herstellung und das Verständnis für Korrelationen besteht zwischen Lehrern und Experten eine sehr gute Übereinstimmung über die Bedeutung psychometrischer Kenntnisse. Aus der Annahme, daß sich die Experten bei der Aufstellung von Unterrichtsprogrammen auf dem Gebiet des Messens wahrscheinlich an den für die Lehrer wichtigen Bedürfnissen ausrichten, dürfen wir schließen, daß irrelevante Lehrplangestaltung für die geringe Sachkundigkeit der Lehrer auf dem Gebiet des Messens nicht in Betracht kommt.

Bevor wir diese Überlegungen abschließen, sollten wir noch eine weitere Erklärungsmöglichkeit für die Tendenz der Lehrer, Tests und Psychometrik von der Lehrbefähigung zu trennen, beachten. Es ist möglich, daß Testexperten die enge Verbindung zwischen Testen und Lehren nicht genügend untersucht haben. Wir neigen heute dazu zu betonen, daß Tests eine Rolle spielen als motivierendes Agens, als Verstärker wichtiger pädagogischer Ziele, als Hilfe bei der Diagnose von Lernschwierigkeiten des einzelnen oder der Gruppe und als Mittel zur abschließenden Erfassung der Schülerleistung. Soweit es das Lehren angeht, sind diese verschiedenen Funktionen eher passiver Natur. Lehrer sehen im Unterricht eine Aktivität. Schüler lernen durch Tätigsein. Messen scheint den Handlungsablauf zu bremsen. Es ist ein passiver Eindringling, ein stiller Teilnehmer, nicht aber der Hauptstrom des Unterrichtsgeschehens. Wenn Messen als aktiver Bestandteil des Lehrbetriebs gelten soll, werden die psychometrischen Fertigkeiten bei der Auswahl und Organisation des Unterrichtsgeschehens und bei der Festlegung der didaktischen Vorgehensweisen sichtbar werden müssen. Glücklicherweise hat das letzte Jahrzehnt die Testspezialisten mit zwei zentralen Einrichtungen zur Entfaltung derartiger Möglichkeiten versehen: Lehrplanbewertung und programmierter Unterricht. Sowie die Lehrer die Rolle psychometrischer Fertigkeiten für Entwurf und Entwicklung von Lehrmaterial und Lehrverfahren zu erkennen beginnen, wird das Messen für die Ausbildung der Lehrbefähigung zunehmend an Wichtigkeit gewinnen. Es wäre nicht einmal überraschend, nach einigen Jahren festzustellen, daß das Messen in der ersten Phase der Lehrerbildung eine grundlegende Rolle spielt.

Zusammenfassend behaupte ich, daß die Lehrer in den Vereinigten Staaten wenig Kenntnisse über pädagogisches Messen haben und daß sie sich sträuben, mehr zu erwerben. Ich nahm an, daß der Hauptfaktor für dieses Widerstreben darin liegt, daß die Lehrer nicht in der Lage sind, die Fähigkeiten auf dem Gebiet des Messens mit denen im Bereich des Lehrens zu verbinden. Für die beobachtete Trennung von Messen und Unterrichten machte ich die Unzulänglichkeit der Ausbildungsprogramme über Tests und Messen während der ersten Phase der Lehrerbildung verantwortlich. Aber ich zeigte auch, daß Testspezialisten aufgeschlossen sind für die Bedürfnisse, die Lehrer mit dem Messen verbinden, und verwendete das als Argument gegen die Behauptung, daß die Lehrpläne für die Unterrichtsprogramme über Tests und Psychometrik irrelevant sind. Mehr oder weniger direkt wies ich darauf hin, daß Lehrer sich hauptsächlich mit Entwurf, Entwicklung und Auswertung informeller Tests befassen, mit der Durchführung und Interpretation standardisierter Tests, mit Verfahren der Zensurengebung und mit der Möglichkeit, das messende Vorgehen mit den fortschreitenden Anforderungen ihrer Lehrtätigkeit zu vereinigen.

Anhang

Tabelle 1

Eine Liste von Befähigungsmerkmalen im psychometrischen Bereich in der Rangfolge der von Lehrern eingestuften Wichtigkeit [1])

Item-Nr.	Befähigungsmerkmal	Einschätzungen [2]) Lehrer	Experte
14	Kenntnis der allgemeinen Prinzipien der Testkonstruktion (z. B. Planung, Herstellung und Beurteilung des Tests).	2,84	2,74
4	Verstehen der Wichtigkeit, sich bei standardisierten Tests streng an die Instruktionen und die gesetzten Zeitbegrenzungen zu halten.	2,83	2,89
17	Fähigkeit, verschiedene Arten von Testitems zu konstruieren.	2,81	2,60
11	Kenntnis der Vorteile und Nachteile informeller Tests.	2,79	2,81
16	Kenntnis der Techniken der Testdarbietung.	2,76	2,78
21	Kenntnis effektiver Auswertungstechniken.	2,74	2,82
10	Kenntnis allgemeiner Anwendungsmöglichkeiten von Tests, wie z. B. daß Tests motivieren, wichtige Lehrziele bei den Schülern betonen, Gelegenheit zur Übung in Fertigkeiten bieten und das Lernen steuern.	2,71	2,86

---

1) Mayo, S.T.: Measurement competencies and expert ratings. Chicago, Loyola University

2) Eine Einschätzung von 3,00 bedeutet, daß das Merkmal für "wesentlich" gehalten wird, 2,00 entspricht "erwünscht" und 1,00 bezeichnet "geringe Wichtigkeit".

Nr.			
3	Fähigkeit zur Interpretation von Leistungstestwerten.	2,64	2,89
20	Kenntnis wirksamer Verfahren zur Übermittlung von Testergebnissen an die Eltern.	2,63	2,77
22	Kenntnis von Vorteilen und Nachteilen von Aufsatzfragen.	2,62	2,71
15	Kenntnis von Vorteilen und Nachteilen verschiedener Arten von objektiven Testitems.	2,60	2,61
28	Kenntnis der Grenzen von Tests, die Leseverständnis erfordern.	2,60	2,70
19	Kenntnis der Prinzipien des Auswertens von subjektiven und objektiven Tests.	2,57	2,59
24	Fähigkeit zur Interpretation von Ergebnissen diagnostischer Tests im Sinne der Bewertung des Fortschritts der Schüler.	2,55	2,69
35	Kenntnis der Grenzen bei der Interpretation von IQ-Werten.	2,55	2,82
70	Verstehen der Tatsache, daß die Interpretation der Leistung auf Grund von Normen beeinflußt wird vom Fähigkeitsniveau, dem kulturellen Hintergrund und Lehrplanfaktoren.	2,53	2,79
1	Kenntnis von Vorteilen und Nachteilen standardisierter Tests.	2,51	2,80
29	Verstehen der Grenzen des "Prozentsystems" der Zensurengebung.	2,51	2,65
66	Verstehen der Tatsache, daß ein Rohwert allein keine Bedeutung hat und nur innerhalb eines Kontextes interpretiert werden kann.	2,51	2,78
13	Fähigkeit, meßbare pädagogische Ziele anzugeben.	2,48	2,68
34	Kenntnis der Grenzen der Fähigkeitsgruppierung auf Grund der Erfassung von nur einer Fähigkeit.	2,44	2,64

12	Kenntnis der Tatsache, daß Testaufgaben sowohl nach dem Inhalt als auch nach dem Verhalten konstruiert werden sollten.	2,40	2,63
33	Fähigkeit zur Durchführung einer einfachen Item-Analyse für einen informellen Test.	2,39	2,38
2	Fähigkeit, standardisierte und informelle Tests zu vergleichen und in einer gegebenen Situation die geeignete Wahl zu treffen.	2,30	2,52
6	Allgemeine Kenntnisse über Gruppen-Intelligenztests.	2,29	2,58
26	Bekanntheit des erwarteten schulischen Verhaltens von Schülern, die in bestimmten IQ-Bereichen klassifiziert sind.	2,29	2,56
51	Kenntnis der Grenzen bei der praktischen Verwendung der Normalverteilung, wie die Tatsache, daß in großen heterogenen Gruppen die Testdaten eine ziemlich gute Annäherung zeigen und daß sie bei der Interpretation von Testwerten hilft, aber nicht notwendig auf kleine selektive Gruppen anwendbar ist.	2,28	2,50
50	Kenntnis der Tatsache, daß die Normalverteilung eine Idealkurve, ein abstraktes Modell ist, das in der Praxis näherungsweise, nie aber vollständig erreicht werden kann.	2,23	2,53
54	Kenntnis der gebräuchlichen Anwendung standardisierter Testwerte.	2,22	2,24
7	Allgemeine Kenntnisse über einzeln darzubietende Intelligenz- und Eignungstests.	2,20	2,27
41	Verstehen der Bedeutung und Anwendung des Modalwerts, des arithmetischen Mittels und Medians.	2,17	2,54

42	Fähigkeit, Modalwert, Median und arithmetisches Mittel für einfache Datenreihen zu berechnen.	2,17	2,35
30	Verstehen der Grenzen bei der Anwendung nationaler Normen auf eine lokale Situation.	2,14	2,61
32	Kenntnis der Begriffe Validität, Reliabilität und Aufgabenanalyse.	2,13	2,46
43	Kenntnis der Vorteile und Nachteile des Modalwertes, Medians und arithmetischen Mittels.	2,12	2,39
67	Vertrautheit mit Art und Zweck gebräuchlicher abgeleiteter Werte, wie Altersskalen, Perzentilskalen, Zensurenskalen und Standardwertskalen.	2,12	2,56
18	Verstehen und Anwenden der Korrekturformel für Raten bei einem objektiven Test.	2,08	1,85
25	Fähigkeit zur Interpretation der Formel, die Lebensalter, Intelligenzalter und IQ in Beziehung setzt.	2,08	2,39
27	Fähigkeit, ein Profil der Ergebnisse aus den Untertests standardisierter Tests zu interpretieren.	2,08	2,52
69	Fähigkeit, Rohwerte auf Grund gegebener Normen zu interpretieren.	2,08	2,47
37	Vertrautheit mit Techniken zur Aufstellung einer Rangfolge einer Reihe von Werten.	2,06	2,27
36	Vertrautheit mit Wesen und Zweck einer Häufigkeitsverteilung.	1,95	2,34
5	Kenntnis von Literaturhinweisen über standardisierte Tests.	1,91	2,24
39	Verstehen des Grundbegriffes des Standardmeßfehlers.	1,86	2,20
8	Vertrautheit mit dem Bedarf und der Anwendung von Persönlichkeits- und Interessenfragebogen.	1,85	1,77

31	Fähigkeit, zwei Klassen auf Grund der Mittelwerte und Standardabweichungen eines Tests zu vergleichen.	1,84	2,02
44	Verstehen der Bedeutung des Begriffs "Variabilität" und seiner Verbindung zu Begriffen wie "Verteilung", "Streuung", "Abweichung", "Homogenität" und "Heterogenität".	1,77	2,19
55	Kenntnis über die Transformierung verschiedener Arten von Standardwerten untereinander.	1,77	1,72
63	Verstehen der Bedeutung eines gegebenen Korrelationskoeffizienten danach, ob er "hoch", "niedrig" oder "mäßig" ist.	1,75	2,18
46	Verstehen des Wesens und Zwecks der Standardabweichung.	1,73	2,21
48	Kenntnis der ungefähren Entsprechung von Prozentrang- und Standardwerten im Bereich der Normalkurve.	1,73	1,98
38	Fähigkeit, Klassenintervalle für eine Häufigkeitsverteilung zu bilden.	1,72	2,10
9	Vertrautheit mit Bedarf und Anwendung von projektiven Verfahren.	1,71	1,42
58	Kenntnis der Tatsache, daß jede Normalverteilung durch ihren Mittelwert und ihre Standardabweichung vollständig beschrieben werden kann.	1,71	1,84
23	Vertrautheit mit der Spezifikationstabelle für die Behandlung von Inhalts- und Verhaltensdimensionen bei der Testplanung.	1,69	2,12
64	Vertrautheit mit dem Streuungsdiagramm und die Fähigkeit, einfache Interpretationen dazu zu geben.	1,68	2,25
59	Fähigkeit zur Interpretation des Begriffs der Korrelation, einschließlich solcher Begriffe wie "positive Korrelation", "negative Korrelation", "keine Beziehung" und "vollkommene Beziehung".	1,64	2,26

56	Kenntnis der Tatsache, daß Modalwert, Median und arithmetisches Mittel für eine symmetrische Verteilung zusammenfallen.	1,55	1,94
49	Kenntnis des Prozentsatzes der gesamten Anzahl von Fällen, die in einer Normalverteilung zwischen dem Mittelwert und - oder + 1, 2 oder 3 Standardabweichungen liegen.	1,52	1,96
65	Kenntnis, in welcher Höhe eine Korrelation zwischen zwei Variablen nach logischen Überlegungen - z. B. auf Grund eines gemeinsamen Faktors - zu erwarten ist.	1,51	1,80
57	Kenntnis der Bedeutung von Begriffen, die zur Bezeichnung bestimmter, häufig vorkommender nicht-normaler Verteilungen benutzt werden, wie "rechtsschiefe", "linksschiefe" und "Zweigipfelige" Verteilungen.	1,50	1,76
52	Fähigkeit, einen gegebenen Rohwert auf Grund eines Mittelwertes und einer Standardabweichung einer Reihe von Werten in einen z-Wert zu transformieren.	1,46	1,64
61	Kenntnis der Tatsache, daß Korrelationskoeffizienten keine Kausalität zwischen zwei Variablen implizieren.	1,43	2,28
62	Kenntnis der Tatsache, daß Korrelationskoeffizienten allein keine Art von Prozentsatz anzeigen.	1,43	2,16
68	Verstehen bestimmter mit Skalentheorie zusammenhängender Begriffe, wie etwa die Arten von Skalen (Nominal-, Ordinal-, Kardinal- und absolute Skalen); Übertragung von Werten auf eine gemeinsame Skala; Einheiten von gleicher Größe und gemeinsame Bezugspunkte (Null oder der Mittelwert).	1,38	1,67
40	Verstehen von Art und Zweck des Histogramms und Häufigkeitspolygons.	1,36	1,79

47	Berechnung des Semi-Interquartilbereiches für einfache Datenreihen.	1,33	1,57
53	Kenntnis der Mittelwerte und Standardabweichungen gebräuchlicher Standardwertskalen wie z-, T-, Stanine-, Abweichungs-IQ- und CEEB-Skalen.	1,32	1,78
45	Verstehen von Art und Zweck des Semi-Interquartilbereiches.	1,30	1,68
60	Kenntnis der Bedeutung der numerischen Größe und des Vorzeichens des Produkt-Moment-Korrelationskoeffizientens nach Pearson.	1,14	1,93

Tabelle 2

Zahl der Listen-Merkmale in den einzelnen Inhaltskategorien, die ihren Mittelwerten nach als "Hoch", "Mittel" oder "Niedrig" eingestuft wurden (nach S.T. Mayo, Loyola University, Chicago)

Inhaltskategorie	Einschätzungen [1]				
	Hoch	Mittel	Niedrig	Gesamt	Item-Nr.
I. Standardisierte Tests	7	1	2	10	1 - 10
II. Konstruktion und Beurteilung von informellen Tests	7	5	1	13	11 - 23
III. Anwendungen des Messens und Bewertens	4	9		13	24 - 36
IV. Statistische Begriffe	2	18	14	34	37 - 70
Gesamt:	20	33	17	70	

[1] Schlüssel der Einschätzungen:

Einschätzung	Bereich der Mittelwerte
Hoch	2.65 - 2.89
Mittel	2.02 - 2.64
Niedrig	1.42 - 1.98

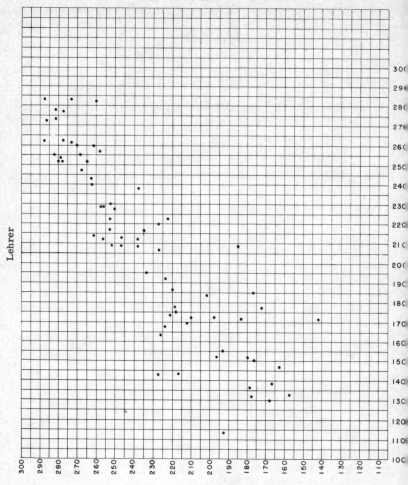

Abb. 1: Verteilungsdiagramm der Beziehungen zwischen den Einschätzungen von Lehrern und Experten über notwendige Kenntnisse im Bereich des pädagogischen Testens (r = 0,885)

2.7 Carol Tittle:
Tests, Leistungsfeststellung und Unterrichtsforschung

Überblick

Die Entwicklung pädagogischer Testverfahren spiegelt die Tradition wider, aus der sie entstanden sind: aus der Differentiellen Psychologie und der mit ihr einhergehenden Betonung psychometrischer Messungen. Bei der Anwendung pädagogischer Testverfahren hat man sich mit Fragen der Planung von Experimenten relativ wenig beschäftigt. Die Leistungsfeststellung als eine der Hauptanwendungsbereiche pädagogischer Testverfahren folgte im allgemeinen den Methoden, die sich aus dieser Tradition entwickelten. Tests sollen zu Vergleichszwecken eine Verteilung von Testwerten liefern. Die Unterrichtsforschung stand den Problemen der experimentellen Planung im allgemeinen näher, während sie der Entwicklung von Tests für ihre Untersuchungen, die oft auf eine abhängige Variable beschränkt waren, weniger Beachtung schenkte.
    In neueren Arbeiten zeigt sich eine Änderung der beiden Standpunkte, sowohl bei denen, die sich mit der Erforschung und Entwicklung von Unterrichtsmethoden (oder Lehrplänen) beschäftigen, als auch bei denen, die sich mit pädagogischem Testen befassen. Bei der Bewertung von Unterrichtsmethoden wird man sich der Bedeutung individueller Unterschiede in zunehmendem Maße bewußt. Welche Schülermerkmale, welche Lehrermerkmale, welche Gruppengröße und/oder welche anderen Bedingungen beeinflussen bei Anwendung einer bestimmten Unterrichtsmethode die Verwirklichung ganz bestimmter Ziele?
    Untersuchungen zur Leistungsfeststellung, die pädagogische Testverfahren verwenden, erfahren eine Erweiterung ihrer Konzeption: Sie schließen Probleme der experimentellen Planung mit ein, sie berücksichtigen andere Methoden der Testentwicklung, sie entwickeln verschiedene Arten pädagogischer Tests, sie erschließen Möglichkeiten für die Anwendung pädagogischer Tests in Unterrichts- und Lehrplan-"Systemen", und sie erforschen die Anwen-

dung von Techniken aus anderen Disziplinen, die bei der Leistungsfeststellung nützlich sein können. Die Synthese oder zumindest die gegenseitige Befruchtung der beiden Standpunkte - pädagogisches Testen unter differentiellen Gesichtspunkten und Methodik der Unterrichtsforschung - scheint eine folgerichtige Entwicklung zu sein. Folglich müssen diejenigen, die sich mit pädagogischen Testverfahren befassen, die Methoden anderer Forschungsbereiche kennen.

Um die Möglichkeiten pädagogischer Testverfahren realisieren zu können, ist eine genaue Beschreibung von Kontext und Ziel einer jeden Untersuchung notwendig. Oft müssen diejenigen, die auf dem Gebiet der Entwicklung pädagogischer Testverfahren arbeiten, andere bei der Beschreibung des Untersuchungskontextes und -zieles unterstützen, bevor sie Beurteilungsverfahren entwickeln. Dieser Vortrag zeigt einige Ansätze, wie Tests im Rahmen der Unterrichtsforschung und bei Untersuchungen zur Leistungsfeststellung verwendet werden können. Es werden zwei Beispiele für die Anwendung von Tests gegeben: einmal bei der Feldstudie über Unterrichtsmaterialien und zum anderen in einer externen Überprüfung eines neuen Lehrplanes.

Anwendungsbereiche für pädagogische Testverfahren

Die untenstehende Tabelle enthält einige Untersuchungsarten zur Leistungsfeststellung und Unterrichtsforschung, bei denen Tests verwendet werden. Die Untersuchungsarten sollen in etwa den Zweck abgrenzen, für den ein pädagogischer Test eingesetzt werden kann. Die zweite Dimension gibt die möglichen Varianzursachen an, die ein Teil des Untersuchungskontextes sein können.

Untersuchungen des Unterrichts

Art der Untersuchung	Mögliche Varianzursache
<u>Bewertung</u> eines Lehrplanes oder der Unterrichtsmedien	Schule
<u>Vergleich zwischen</u> zwei oder mehreren Lehrplänen oder Unterrichtsmedien	Lehrer
<u>Entwicklung</u> eines Lehrplanes oder der Unterrichtsmedien	Schüler
<u>Überprüfung/Verbesserung</u> eines Lehrplanes oder der Unterrichtsmedien	

Pädagogische Tests können in einer Untersuchung eine oder mehrere abhängige Variablen sein. Die Ursachen der Varianz, die bei der Planung einer Untersuchung berücksichtigt werden, dienen dazu, die Schlußfolgerungen aus den Ergebnissen einzuschränken oder zu erweitern. Beispiele für ihre Bedeutung werden unten bei der Beschreibung jener Variablen gegeben, die jeweils für den größten Teil der Varianz relevant sein können - Schule, Lehrer, Schüler. Die Ursachen der Varianz beeinflussen die Validitätsfeststellung bei den obengenannten Untersuchungen. Sie können weiterhin Einfluß darauf haben, welche Tests in einer Untersuchung verwendet werden. In den meisten Fällen wird sich die "Konstrukt-Validität" einer Untersuchung aus der Berücksichtigung aller Varianzursachen ergeben. In dieser Form von Untersuchungsplanung sind pädagogische Testverfahren nur begrenzt anwendbar, da sie keine Garantie dafür geben, daß der Bewerter der Untersuchung die Entscheidungen treffen kann, die er treffen muß, es sei denn, er berücksichtigt diesen breiteren Planungsrahmen, in dem Tests verwendet werden.

Die Bedeutung dieser Varianzursachen kann in Untersuchungen über programmierten Unterricht oder über andere Unterrichtsmethoden aufgezeigt werden. Zu diesem Zweck wird der Begriff Programmierter Unterricht weit gefaßt und in der allgemeinen Bedeutung eines Lehr- oder Lernsystems verwendet. In dieser Bedeutung können Lehr- und Lernsysteme eine Kombination verschiedener Unterrichtsmedien darstellen, wie Filme, Computer, Fernsehen, Druckerzeugnisse, praktische Arbeiten, Laborarbeiten, Sprachlabore und persönliche Unterrichtung. Diese verschiedenen Unterrichtsmedien, allein oder kombiniert, können als Bestandteile des programmierten Unterrichts angesehen werden, solange das System durch Überprüfung seiner Bestandteile verbessert wird. (Leith, 1966).

Die Varianzursachen sind sowohl für die Beurteilung der Effektivität des Programmierten Unterrichts relevant als auch für Untersuchungen über die Grundmerkmale programmierten Unterrichts als einer allgemeinen Methode. Dieser wichtige Gegensatz zwischen der Untersuchung der Effektivität eines Programms und der Untersuchung der grundlegenden Merkmale der Methode wurde besonders von Lumsdaine (1963; 1966) [1] hervorgehoben. Die Varianzursachen sind ferner für die Entwicklung und Untersuchung vieler veröffentlichter Lehrmittel relevant.

---

[1] Lumsdaine schreibt, daß "die Bewertung programmierten Unterrichts als einer Methode ein ... schwieriges und schwer faßbares Problem ist ... wegen der Schwierigkeiten, die bei der Definition der 'Methode' des programmierten Unterrichts bestehen. Sinnvolle Experimente müssen entweder das Ziel haben, die durch bestimmte Programme hervorgerufenen Leistungen festzustellen, oder sie müssen versuchen, Behauptungen über die Effektivität in bezug auf bestimmte definierbare und beschreibbare Eigenschaften der Programme zu überprüfen". (1966)

1. Die Schule

In einer Untersuchung des "U.S. Office of Education" wurde eine Analyse der Beziehung von schulischer Umwelt zur Schülerleistung vorgenommen. Einer der Hauptbefunde wies darauf hin, daß sich Schulen bei Berücksichtigung des sozio-ökonomischen Status der Schüler hinsichtlich der Leistungen ihrer Schüler sehr ähnlich sind. Diese Analyse wurde erweitert, um festzustellen, welcher Zusammenhang zwischen den Schulen und den Leistungen verschiedener rassischer und ethnischer Gruppen besteht. Die Analyse ergab, daß die Leistungen von Schülern, die einer Minderheit angehören, in stärkerem Maße von der jeweils besuchten Schule abhängen als die Leistungen von Schülern, die der Majorität angehören. Man stellte fest, daß 20 % der Schulleistungen von Negern in den Südstaaten auf die jeweils besuchten Schulen zurückzuführen waren; der entsprechende Wert für weiße Schüler betrug 10 %. (Die einzige Ausnahme bei dieser für alle Minderheiten festgestellten Tatsache bildeten die orientalischen Amerikaner.) Man schloß aus dieser Beziehung, daß eine Verbesserung der Schulqualität gerade bei den am meisten benachteiligten Kindern die größte Leistungsveränderung erbringen würde. Einzelne Schulmerkmale, von denen man annahm, daß sie mit Leistung in Beziehung stehen, wurden verglichen; Schuleinrichtungen wie wissenschaftliche Laboratorien wiesen für die Minderheiten einen schwachen, aber konsistenten Zusammenhang mit der Leistung auf.

Die Qualität eines Lehrers, die anhand seines Testwertes für verbale Fertigkeiten und seiner Ausbildung ermittelt wurde, stand ebenfalls mit den Schülerleistungen in Beziehung. Bedeutsamer jedoch ist die Tatsache, daß die Leistung eines Schülers mit der Vorbildung und den Bemühungen seiner Mitschüler konsistent zusammenhing. Die Analyse ergab weiterhin, daß Kinder aus einem bestimmten sozialen Milieu verschiedene Leistungsniveaus erreichten, wenn sie Schulen mit Schülern aus unterschiedlichen sozialen Schichten besuchten. Auch dieser Befund war am bezeichnendsten für Schüler der Minderheiten. Wenn ein Schüler, der einer Minderheit angehörte und aus einer Familie mit geringer erzieherischer Beeinflussung stammte, Klassenkameraden erhielt, die starker erzieherischer Beeinflussung unterstanden, so war es wahrscheinlich, daß sich seine Leistungen verbesserten.

Diese Befunde des USOE Berichtes sind für eine erfolgreiche Untersuchung des programmierten Unterrichts oder anderer Unterrichtsmethoden von Bedeutung. In Untersuchungen über Unterrichtsmethoden sind die schulischen Verhältnisse möglicherweise eine Varianzursache.

2. Der Lehrer

Thelen und Ginther (1964) haben festgestellt, daß die Einstellung des Lehrers bezüglich der Verwendung von programmiertem Material in der Klasse sehr bedeutend ist. Obwohl sich ihre Untersuchung damit beschäftigte, ob Lehrer mit bestimmtem programmiertem Material zufrieden bzw. nicht zufrieden waren, folgerten sie, daß die "Zufriedenheit" beim Gebrauch programmierten Materials nur teilweise von den Materialeigenschaften bestimmt wird und daß andere Faktoren in viel stärkerem Maße die Beurteilung des Materials beeinflussen können. Ihr Bericht zeigte, daß Lehrer zu der Überzeugung kommen können, daß sie die Wirkung des Programms folgerichtig steigern können, wenn sie zusätzliches Lehrmaterial verwenden. Für den Fall, daß ein Lehrer die Methode des programmierten Unterrichts als unzulänglich betrachtete, "verstärkte" er die Wirkung des Programmes durch Diskussion, Übung und Anwendung des Programminhaltes in von ihm erdachten Situationen. Angesichts der Entscheidungen, auf Grund derer Lehrer programmiertes Material im Unterricht verwenden, scheint es für die Entwicklung oder die Bewertung programmierten Materials wertvoll zu sein, die möglichen Entscheidungen der Lehrer über eine Steigerung oder eigene Verstärkung des Programmerfolges mit zu berücksichtigen.

In einer Untersuchung über Lehrer, die einen der "Biological Science Curriculum Study" (BSCS) Texte verwendeten, faßte Gallagher (1967) die Ergebnisse aus anderen Untersuchungen zusammen:
"Lehrer unterscheiden sich hinsichtlich ihres Verhaltens im Unterricht, "
"Lehrer mit unterschiedlicher Ausbildung unterscheiden sich in ihrem Unterrichtsstil, "
"Die beiden genannten Faktoren beeinflussen die Art und den Umfang dessen, was die Schüler lernen. "

Er fährt fort, daß der "größte Teil der Lehrplanentwicklungen auf der Annahme beruhte, daß die Hauptvariable des Lernerfolges ausschließlich eine Funktion des Lehrplanaufbaus sei". Angesichts der unterschiedlichen Lehrerausbildungen und der verschiedenen Unterrichtsstile scheint diese Annahme unhaltbar zu sein. Eine Untersuchung über eines der Hauptthemen des BSCS zeigte, daß die Schülerleistung durch verschiedene Variablen beeinflußt wird. Eine Protokollanalyse des Unterrichts und der Schülerdiskussionen von sechs Klassen, in denen Lehrer dasselbe BSCS Programm über den Begriff der Photosynthese darboten, ergab Unterschiede bezüglich der Art der Stoffdarbietung, des Inhaltes der Darbietung sowie hinsichtlich der Intensität der Schülerbeteiligung an Unterrichtsdiskussionen. Die Untersuchung blieb auf die Ermittlung der Schülerleistungen beschränkt. Gallagher ist der Ansicht, daß eine Analyse der Leistungen bei jenen Aufgaben, die nur im Unterricht erörterte Gesichtspunkte überprüfen, die Abschätzung des potentiellen Einflusses unterschiedlicher Unterrichtsdarbietungen ermöglicht hätte.

3. Der Schüler

Es ist notwendig, genau festzulegen, für welche Schüler ein Programm bestimmt ist. Einige Untersuchungen haben die Zweckmäßigkeit von Programmen für Schüler mit "hoher, durchschnittlicher und unterdurchschnittlicher allgemeiner Intelligenz" untersucht. Dies scheint die Mindestforderung für die Beschreibung des Schülers oder der Schülergruppe zu sein, für die ein Programm von Nutzen ist. Obwohl einige der folgenden Faktoren eng mit der "allgemeinen Intelligenz" in Beziehung stehen, könnten sie als mögliche Variable oder Schülermerkmale zur Definition jener Schülergruppe benutzt werden, für die ein bestimmtes Unterrichtsprogramm geeignet sein wird: Lesefertigkeit, Verständnis des Unterrichtsstoffes, mögliche Vorgehensweisen beim Lernen, wie verbales Vorgehen, Problemlösen oder Nachfragen, und bevorzugte Arbeitsweisen, wie unabhängiges Arbeiten oder Arbeiten in Projektgruppen usw. (Thelen und Ginther, 1966). Wer sich mit der Erforschung und Bewertung des programmierten Unterrichts beschäftigt, muß die relevantesten Merkmale eines Schülers genau definieren, die den gewünschten Lernerfolg bewirken werden.

Lumsdaine (1966) hob hervor, wie bedeutsam das Wissen um die Bedingungen ist, unter denen programmierter Unterricht in der Klasse durchgeführt wird. Er schlug ebenfalls vor, die Merkmale des Lernenden zu beschreiben. Er vertritt die Ansicht, daß ausführliche Angaben über bereits vorhandenes Wissen und über die allgemeine Intelligenz für zwei Zielsetzungen besonders wichtig sind:
1. Als Ausgangsbasis für die Beurteilung der Effektivität eines Programms.
2. Zur Definition jener Merkmale, die die Effektivität eines Programmes bedingen.

Diese Merkmale, die zur erfolgreichen Bearbeitung eines Programmes erforderlich sind, können zusätzliche Fähigkeiten, wie Lesefertigkeit oder allgemeine Intelligenz, sein. Bezüglich der Ausgangsbasis für die Beurteilung der Effektivität eines Programmes könnte ein spezielles Problem in der Bestimmung des "latenten" Wissens bestehen (vorher vorhandenes Wissen, welches bei einem bestimmten Schulleistungstest nicht reproduziert werden könnte, das aber im Verlauf des Programms schnell wieder gelernt werden würde).

Die Ursachen der Schülervarianz sind für die Anlage von Untersuchungen über programmierte oder andere Unterrichtsmethoden bedeutsam. Die Überlegung, Schülermerkmale auf Grund von Lernerfolgen zu ermitteln, führte zu einer Reihe von Vorschlägen für Verwendungs- oder Modifikationsmöglichkeiten pädagogischer Tests. Modifikationen wurden bei der Bewertung oder beim Vergleich von Unterrichtsmethoden empfohlen. Vorschläge zur unterschiedlichen Verwendung pädagogischer Testverfahren bei der Entwicklung oder Verbesserung von Unterrichtsmaterialien bzw. -methoden erfolgten.

Modifikationen pädagogischer Testverfahren

Verschiedene Autoren befaßten sich mit dem Problem, welche Unterschiede bei den Testentwicklungsmethoden für "normbezogene" und "kriteriumsbezogene" Tests bestehen. Der kriteriumsbezogene Test gilt für Bereiter (1962), Glaser (1963), Cox und Graham (1966) als das relevanteste Verfahren zur Ermittlung der Unterrichtseffektivität. Die kriteriumsbezogene Messung bezieht sich auf einen absoluten Qualitätsstandard. Hier wird gemessen, inwieweit die Leistung eines Schülers der gewünschten Leistung auf einem genau beschriebenen Niveau entspricht (Glaser, 1963).

Bereiter beschreibt, wie wichtig es ist, jene Eigenschaften zu messen, in denen sich unterschiedliche Veränderungen durch den Einfluß von Lernerfahrungen widerspiegeln, und stellt das dem Ansatz bei der Selektion oder Vorhersage gegenüber, wo Veränderungen zur störenden Fehlerquelle werden. Geht man von den Unterrichtszielen aus, so ist Stabilität störend, denn sie bedeutet, daß der Unterricht nur geringe Wirkung hatte. Die Verfahren, die in der Testentwicklung angewandt werden, können Tests gegenüber unterschiedlichem Leistungszuwachs, falls dieser existiert, unempfindlich machen. Es ist aber notwendig, Tests zu entwickeln, die geringe, aber zuverlässige Unterschiede bezüglich der Effektivität pädagogischer Vorgehensweisen aufdecken. Man hofft, daß diese Tests auf Vorgehensweisen hinweisen, die große Unterschiede bewirken. [2]

---

[2] Bereiter schlägt bei der Entwicklung von Tests zwei Möglichkeiten vor, um unterschiedlichen Leistungszuwachs zu erfassen. Der erste Vorschlag bezieht sich auf faktorielle Tests; und zwar solche, die eine Reihe sorgfältig definierter Faktoren erfassen und in bezug auf die Sensitivität gegenüber unterschiedlichem Leistungszuwachs vielversprechend sind. Der zweite Vorschlag bezieht sich auf die stärkere Beachtung der Inhaltsvalidität, damit Fragen vermieden werden, die von einem klugen Schüler bereits ohne vorherige Bearbeitung des Stoffes beantwortet werden können.

Die von Bereiter und Glaser vorgeschlagene Methode zur Vergrößerung der Testsensitivität gegenüber unterschiedlichem Leistungszuwachs besteht darin, eine große Anzahl von Aufgaben vor und nach dem Unterricht zu stellen und anschließend den Test aus solchen Aufgaben zu konstruieren, die im Vor- und Nachtest signifikante Leistungsunterschiede zeigen. Dieses Vorgehen weicht von den konventionellen Methoden der Testentwicklung ab. Bereiter weist jedoch darauf hin, daß diese Vorgehensweise zwar Tests erbringen kann, die gegenüber unterschiedlichem Leistungszuwachs sensitiv sind, daß diese Methode jedoch keine Garantie dafür gibt, daß die Tests gegenüber unterschiedlichen Veränderungen, die aus unterschiedlichen pädagogischen Vorgehensweisen resultieren, sensitiv sind. Bereiters Vorschlag zur Feststellung der Testsensitivität im Hinblick auf individuelle Unterschiede bei Leistungszuwachs besteht darin, die Aufgaben mit plus 1 zu bewerten, wenn sie im Vortest falsch und im Nachtest richtig beantwortet wurden; die Aufgaben mit minus 1 zu bewerten, wenn der umgekehrte Fall eintrat, und mit Null zu bewerten, wenn die Aufgabe beide Male richtig bzw. falsch beantwortet wurde. Er berichtet über die Anwendung dieser Methode, bei der auf Grund eines Einstellungsfragebogens Testwerte entwickelt wurden, die die unterschiedliche Einstellungsänderung widergeben. Dieser Fragebogen wurde aber nicht in einer experimentellen Anordnung benutzt, sondern nur in einer Korrelationsstudie.

Glasers Erörterung der kriteriumsbezogenen Meßinstrumente zielt auf die Entwicklung von Leistungstests, die zwischen verschiedenen Unterrichtsmethoden bei einer Analyse der Gruppenunterschiede differenzieren. Zur Vergrößerung der Gruppenunterschiede möchte er Schülern eine große Anzahl von Aufgaben sowohl vor als auch nach der Unterrichtung geben und anschließend jene Aufgaben beibehalten, die von allen Mitgliedern der unterrichteten Gruppe richtig und von den Schülern ohne Unterrichtung falsch beantwortet wurden. Das Hauptproblem bei der Verwendung dieser Methode könnte darin bestehen, daß Aufgaben mit Eindrucksvalidität für den erwünschten Unterrichtserfolg im Bewertungstest eliminiert werden könnten, falls die Unterrichtung der für die Aufgabenanalyse verwendeten Schülergruppe nicht erfolgreich war. Zur Prüfung individueller Leistung zieht Gläser besonders Tests mit bestimmten Standardanforderungen in Betracht; aber sein empirisches Vorgehen bei der Auswahl von Aufgaben zur Vergrößerung der Gruppendifferenzen läßt solche Standardanforderungen beim Vergleich von Unterrichtsmethoden problematisch erscheinen.

Eine neuere Arbeit von Cox und Graham beschäftigte sich ebenfalls mit dem Problem der Standardanforderung im Hinblick auf die Leistung. Die Autoren schlagen vor, die Schülerleistungen mit einem absoluten Standard zu vergleichen und nicht - wie die traditionellen Leistungstests - mit einem normativen Standard, außerdem soll der Testwert eines Schülers den Grad der Beherrschung eines bestimmten Verhaltensbereichs angeben (siehe ebenfalls Ebel, 1962). Ziel ihrer Untersuchung war es, einen Test zu entwickeln (unter Verwendung der Skalogrammanalyse von Guttman), dessen Gesamttestwert über die Antwortmuster eines Schülers Auskunft gibt. Sie verwendeten einen Test mit sehr einfachem Inhalt, geprüft wurde die Fähigkeit, zweistellige Zahlen zu addieren. Sie konstruierten einen Test mit 15 Aufgaben, von denen jede Aufgabe 2 - 5 Operationen enthielt. Die Ergebnisse zeigen, daß es möglich ist, einen sequentiell skalierten Leistungstest zu entwickeln, auch wenn er hier nur für ein begrenztes Fachgebiet verwendet wurde. Die Autoren schreiben weiter, "es erscheint sinnvoll, die Hypothese aufzustellen, daß man durch Manipulation der Unterrichtsinhalte eine Reihe von Unterrichtszielen angeben kann, die einen empirisch skalierten Test ergeben würden".

Diese Untersuchung zeigt eine Verschmelzung der Testentwicklung mit Lernuntersuchungen über die Sequenz einzelner Unterrichtsziele, um skalierbare Leistungstests konstruieren zu können. Man könnte die Hypothese der Autoren neu formulieren, um anzudeuten, daß es möglich wäre, inhaltlich bestimmte und skalierte Leistungstests zu entwickeln, wenn aus Lernuntersuchungen die optimale Sequenz von Unterrichtsschritten bekannt wäre (siehe auch Gagné, 1961).

Eine weitere Modifikation oder zusätzliche Dimension bei der üblichen Entwicklung pädagogischer Tests wurde von Heath (1964) vorgeschlagen. Heath weist darauf hin, daß viele der neuen Kurse, die in den Lehrplan aufgenommen werden, dadurch gekennzeichnet sind, daß sie versuchen, Schüler zu unterweisen, wie man in einem bestimmten Fachgebiet Wissen erwerben, bewerten und behalten kann. Er beschreibt verschiedene Arten des Stofferwerbs und bezeichnet diese als bevorzugte kognitive Vorgehensweisen.

Er entwickelte einen Test, der diese bevorzugten kognitiven Vorgehensweisen der Schüler messen soll:
1. Das Erinnern an spezifische Tatsachen,
2. Praktische Anwendungen,
3. Kritisches Infragestellen von Informationen,
4. Das Erkennen von grundlegenden Prinzipien.

In einer Untersuchung wurden Schüler des "Physical Science Study Committee" Kursus (PSSC) mit einer 'traditionellen' Schülergruppe verglichen. Die Schüler des PSSC verwendeten die kognitiven Vorgehensweisen des Erinnerns und der Anwendung weniger als die anderen Schüler, während sie die Vorgehensweisen des Infragestellens und des Erkennens von grundlegenden Prinzipien in stärkerem Maße bevorzugten. Hier wird für einige der neuen Untersuchungen über Lehrpläne oder Unterrichtsmethoden eine zusätzliche Dimension bei der Bewertung schulischer Leistungen nahegelegt, und zwar durch die weitere Erforschung schwer faßbarer Unterrichtsziele.

Ein weiterer Vorschlag zur Modifikation im Hinblick auf die Verwendung traditioneller Leistungstests stammt von Frederiksen (1962). Er zählt eine Reihe von Methoden auf, mit deren Hilfe man Meßinstrumente für die Bewertung des Unterrichtserfolges erhalten kann; er ist der Meinung, daß hierbei die Messung von Verhalten in realen Situationen die größte Validität besitzt. Die Verhaltensbeobachtung in realen Situationen ist jedoch selten eine gute Bewertungsmethode, da dieser Situation die Kontrolle der Testsituation fehlt. Die Methode, in Situationen, die reale Situationen simulieren, reales Verhalten hervorzurufen, wurde als Meßmethode einer ersten Überlegung empfohlen.

Einige dieser Vorschläge für Modifikationen pädagogischer Tests beinhalten, daß Fortschritte oder Leistungen zukünftig durch die Angabe definiert werden, wieweit oder wie erfolgreich ein Schüler bei der Bearbeitung eines Lernprogramms oder eines Lernpensums vorankommt. Die Testinformationen können Werte ergeben, bei denen an bestimmten Punkten Leistungsstandards festgesetzt werden können oder bestimmt werden kann, wann ein Schüler bestanden oder nicht bestanden hat. Auf Grund dieser Testwerte ist es eher möglich, Entscheidungen für die nächste Unterrichtsstufe zu treffen, als die Schüler für Vergleichsnormen in eine Rangordnung zu bringen. Unterrichtssysteme, die eine Vielzahl von Unterrichtsmedien, Computer eingeschlossen, verwenden, werden Möglichkeiten für eine kontinuierlichere Beurteilung der einzelnen Schüler schaffen, und zwar in Form genau festgelegter Leistungsstandards.

Anwendungsmöglichkeiten Pädagogischer Tests

Mehrere Autoren haben die Verwendung diagnostischer Leistungstests gerade für den programmierten Unterricht empfohlen (Glaser 1963; Lumsdaine, 1966). Lumsdaine hat ferner die Verwendung diagnostischer Tests für die Revision von Unterrichtsprogrammen vorgeschlagen; und zwar sollte die Effektivität eines Programmes im Hinblick auf spezifische mit den Unterrichtszielen in Beziehung stehende Punkte getrennt ermittelt werden. Bei der Verwendung eines diagnostischen Tests für die Überprüfung eines Programmes sollte nicht so sehr der Gesamttestwert Beachtung finden als vielmehr Untertestwerte oder spezifische Testfragen. Die Verwendung eines Tests in dieser Form würde eine größere Aufgaben- und Schülerstichprobe erfordern, damit stabile Ergebnisse erzielt werden könnten. Die Untertestergebnisse könnten zusätzlich zu den Hinweisen zur Programmverbesserung außerdem noch Hinweise liefern, welcher zusätzliche Unterricht zur Erreichung bestimmter Ziele notwendig wäre; dadurch könnte diesen Zielen im Unterricht zugleich besondere Beachtung geschenkt werden.

In diesem Zusammenhang wäre die Brauchbarkeit des Gesamttestwertes auf die bloße Angabe beschränkt, ob es überhaupt lohnt, ein bestimmtes Unterrichtsprogramm zu verwenden oder nicht.

Cronbach (1963) beschreibt ebenfalls das Prinzip, die Verwendungsmöglichkeiten von Tests, die für Unterrichtsverbesserung oder -planung geeignet sind, genau festzulegen. Diesen Tests stellt er die exakten Messungen gegenüber, die bei Entscheidungen über einzelne Individuen erforderlich sind. Cronbach empfahl, die Verwendung von Tests, um die Aspekte eines Unterrichtskurses herauszufinden, die einer Revision bedürfen. Er betonte außerdem, daß die Untersuchung in erster Linie so geplant sein sollte, daß die Leistungen einer genau definierten Schülergruppe nach der Unterrichtung unter Berücksichtigung der Ziele und Nebeneffekte gemessen werden und die Betonung nicht so sehr auf den ungewissen Ergebnissen aus Gruppenvergleichen liegen sollte. In der Messung von Fertigkeit, Arbeitsweise und Eignung sowie in den Nachuntersuchungen über die spätere Karriere der Schüler, die am Unterricht teilgenommen haben, sieht man wichtige Methoden für Untersuchungen, die die Verbesserung von Unterrichtsmethoden und -materialien zum Ziel haben.

Die von Lord (1962) vorgeschlagenen Aufgabenstichprobentechniken könnten insofern nützlich sein, als man für Entwicklungs- oder Revisionszwecke weniger Informationen erhält, wenn alle Schüler einer Gruppe dieselben Fragen bekommen, als wenn dieselbe Schülergruppe verschiedene Fragengruppen erhält. Verschiedene Testarten, wie z. B. Aufsatztests oder Tests mit unvollständigen Sätzen, können nützlich sein, wenn man sie an einer repräsentativen Schülerstichprobe durchführt. Man kann dadurch wertvolle Informationen erzielen, und das Ganze ist weniger kostspielig, als wenn man die Tests der gesamten Schülergruppe gibt. Cronbach schlug ferner vor, Testfragen nicht unterrichtsspezifisch (in der Fachsprache) zu formulieren, sondern unabhängig vom Unterricht, so daß die Fragen auch für Schüler verständlich sind, die nicht am Unterricht teilgenommen haben. Dies steht in Zusammenhang mit seinem Vorschlag, den Lerntransfer zu untersuchen und mit der Unterscheidung zwischen einem Anwendungstransfer und einem Unterrichtstransfer, der langsamer wirksam wird und der als "Zuwachs an Eignung" betrachtet werden könnte. Eine Konzentration auf diesen langfristig wirkenden Transfer könnte dazu führen, den Fähigkeitszuwachs auf einem bestimmten Gebiet zu messen. Cronbach weist darauf hin, daß die Methoden des programmierten Unterrichts dazu geeignet sein könnten, diesen Transfer der Lernfähigkeit abzuschätzen.

Hollenbeck (1967) und Cahen (1967) beschrieben auf einer Tagung über die Rolle der Bewertung bei nationalen Lehrplanprojekten Untersuchungen, die Vorschläge, ähnlich denen Cronbachs, verwirklichten. In einer von Cahen dargestellten Längsschnittuntersuchung zur Bewertung eines Mathematiklehrplanes wurde die Aufgabenstichprobentechnik von Lord zur Erstellung von Gruppenmittelwerten für Leistungstests verwendet. Hollenbeck wies darauf hin, daß es bei der Lehrplanentwicklung wichtig ist, einzelne Aufgaben im Hinblick auf bestimmte Studentengruppen zu analysieren, die entsprechend ihren Fähigkeiten gruppiert sind. Dies kann dazu beitragen, die relativen Stärken und Schwächen verschiedener Lehrplanteile oder gerade untersuchter Methoden herauszufinden. Bei der Aufgabenanalyse ist es jedoch wichtig, sicherzustellen, daß die Ergebnisse das Verstehen bzw. das Nicht-Verstehen der Schüler widerspiegeln und nicht etwa die Doppeldeutigkeit einer Aufgabe. Daraus ist zu ersehen, wie wichtig es ist, die Struktur der vorgegebenen Wahlmöglichkeiten einer Aufgabe sorgfältig zu beachten, um für den Revisionsprozeß interpretierbare Informationen zu erhalten.

Ein Beispiel für die Verwendung von Tests im Zusammenhang mit Lehrmitteln

Tests, die in Verbindung mit unten beschriebenen Lehrmitteln verwendet werden, dienen zwei Zielen: Sie sollen Entscheidungen sowohl über Unterrichtsverbesserungen als auch über einzelne am Unterricht teilnehmende Schüler ermöglichen, wobei es sich nicht um normative Vergleiche, sondern um Diagnose im Hinblick auf den Lernprozeß handelt.

Die "SRA Basic Reading Series" versucht, linguistische Prinzipien in einem Leseprogramm für Anfänger zu verwenden. Das Grundmaterial besteht aus einem Alphabet-Heft und sechs Lesebüchern, zu denen je ein Arbeitsheft gehört. Die Lesebücher sind im Hinblick auf den Wortschatz kontrolliert, da sie nur Wörter verwenden, die bereits zum Sprachschatz der Kinder gehören. Eine weitere Kontrolle besteht darin, daß die Beziehung zwischen Laut und Schriftbild in übereinstimmenden Kombinationen und im Hinblick auf ganze Wörter dargeboten wird.

Als zusätzliches Material enthält das Programm eine Anleitung für die Durchführung, ein Handbuch für den Lehrer, eine Reihe von "mastery tests" (Lernerfolgstests) und zwei "kumulative Tests", die den Lernfortschritt an wichtigen Stellen des Programmes messen sollen. Die Tests sollen dem Lehrer helfen, den Fortschritt der Schüler in der Beherrschung der Graphem-Phonem Beziehungen zu beurteilen.

Die an dieser Feldstudie beteiligten Schulen wurden aus verschiedenen geographischen Gebieten der Vereinigten Staaten ausgewählt und sind repräsentativ für die verschiedenen Arten von Gemeinden. Es wurden Informationen über die Klassengröße, die Ausbildung der jeweiligen Lehrerin, über die Verwendung von ergänzendem Lesematerial und über das in einer Schule üblicherweise verwendete Leseprogramm gesammelt. Zusätzlich wurden ein standardisierter Intelligenztest (Lorge-Thorndike Intelligence Test) sowie standardisierte Tests zur Prüfung der Leseleistung (SRA Achievement series und der Stroud Hieronymus Primary Reading Profile) durchgeführt. Ferner wurde überprüft, wie schnell die Lesebücher bearbeitet wurden. Die Lehrer registrierten zu diesem Zweck das jeweilige Datum, an dem die einzelnen Schüler mit der Bearbeitung jedes ihrer Lesebücher begannen. Um die Probleme, die in irgendeinem Zusammenhang mit dem Leseprogramm auftraten, feststellen zu können, wurden Unterrichtsbesuche, Beobachtungen sowie Lehrerinterviews durchgeführt.

Die Tests sollten jene Fertigkeiten ermitteln, die das Leseprogramm zu entwickeln versuchte. Die ersten vier Fertigkeitstests enthielten Aufgaben zur Messung der Fähigkeit eines Kindes, Laut-Buchstabenkombinationen zu entziffern, die in einem etwas anderen Zusammenhang dargeboten wurden als in den Arbeits- oder Lesebüchern. [3] Eine Aufgabe prüfte akustisch-visuelles Erkennen: Das Kind sollte das vom Lehrer akustisch dargebotene Wort aus drei gedruckten Alternativwörtern auswählen. Es wurden solche Alternativwörter verwendet, die hinsichtlich der Wortanfänge und der einzelnen Laut-Buchstabenmuster Unterschiede aufwiesen. Bei der zweiten Aufgabe wurde ein Wort mit Hilfe eines Bildes visuell dargeboten, wobei das Kind das in Bildform dargestellte Wort aus drei gedruckten Wörtern heraussuchen sollte. Auch hier wurden die Alternativwörter auf Grund ihrer unterschiedlichen Laut-Buchstabenmuster gewählt. Die dritte Aufgabe prüfte das Entziffern von Sätzen. Das Kind sollte anhand eines Bildes ein Wort auswählen, das zur Vervollständigung des Satzes notwendig war. Die vierte Aufgabe prüfte das Entziffern einer Gruppe von Sätzen. Dem Kind wurden gedruckte Sätze dargeboten, und es wurde gefragt, ob es die Geschichte versteht. Anschließend sollte es eines von drei Bildern auswählen, um einen Satz richtig zu vervollständigen.

---

[3] Vergleiche SRA Basic Reading Series Testing Guide. Developmental edition, Chicago: Science Research Associates, Inc., 1965 - 66.

Nachdem die Lese- und Arbeitsbücher sowie die Lernerfolgstests für die ersten vier Stufen abgeschlossen waren, folgte ein "kumulativer Test". Dieser Test gibt einen Überblick über die Laut-Buchstabenkombinationen der ersten vier Lernabschnitte und versucht ferner, die Fähigkeiten beim Entziffern jener Buchstabenkombinationen zu erfassen, die erst in den abschließenden beiden Lesebüchern folgen. Auch hier wurden nur Wörter verwendet, die dem Kind vom Hören und Sprechen bekannt waren. Es waren allerdings nur solche Wörter, die in den ersten vier Lesebüchern nicht vorgekommen waren. Diese neuen Wörter setzen sich aus Buchstabenmustern zusammen, die erst in den letzten beiden Lesebüchern behandelt wurden. Anhand dieser neuen Wörter sollte der Lehrer die Lernfortschritte des Kindes in den nächsten beiden Lesebüchern abschätzen.

Die Lernerfolgstests für die letzten beiden Lesebücher enthielten wieder nur jene Laut-Buchstabenmuster, die in den Lesebüchern vorgekommen waren. Diese Tests bestanden aus jeweils zwei Aufgaben:
1. Das Wort wurde akustisch dargeboten, und das Kind sollte es aus zwei gedruckten Wörtern auswählen.
2. Das Kind sollte Geschichten lesen, an die sich sechs Fragen anschlossen. Diese Fragen sollten Leseverständnis prüfen.

Der abschließende "kumulative Test", der sich auf die gesamte Leseserie bezog, enthielt Wörter mit Laut-Buchstabenmustern aus allen Lesebüchern. Der Schwerpunkt lag jedoch auf den letzten Lesebüchern. Der Test bestand aus zwei Teilen:
1. Ein Leseverständnis-Teil, bestehend aus einer Geschichte, an die sich sechs Fragen anschließen.
2. Ein mündlicher Leseteil, bei dem der Schüler dem Lehrer Sätze vorliest und der Lehrer sich die Wörter notiert, die nicht korrekt gelesen werden. Dieser Teil dient primär zur Diagnose und zur Feststellung, ob das Kind die Laut-Buchstabenmuster, die in den Lesebüchern vorkamen, gelernt hat.

Um den Lehrern die Verwendung des Materials zu erleichtern, ist für jeden Lernerfolgstest und "kumulativen" Test das in jeder Frage getestete Laut-Buchstabenmuster wechselseitig auf die Lesebücher bezogen.

Die Tests sind nicht standardisiert, und die Fragen wurden vor ihrer Verwendung in der Experimentalform der Tests nicht ausprobiert. Die Testanleitung weist den Lehrer darauf hin, daß ein Schüler einen Fehler zufällig machen kann und nicht alle Fehler durch Nicht-Lernen verursacht sein müssen. Die Testanweisung empfiehlt dem Lehrer, das Testheft jedes einzelnen Schülers nach Fehlern bei besonderen Laut-Buchstabenmustern durchzusehen. Der Lehrer soll außerdem überprüfen, ob ein Fehler zufällig gemacht wurde, hierbei kann er jene Stellen des Lesebuchs vorlesen lassen, die die fehlerhaften Worte enthalten. Der zentrale Punkt, um den es in der Erörterung der Testanweisung geht, ist die Registrierung von falsch beantworteten Aufgaben, die dem Lehrer als Anhaltspunkte für weitere Nachforschungen dienen können.

Die Tests sollen Informationen für eine Diagnose liefern und dem Lehrer dabei helfen, rasch zu überprüfen, ob ein Kind den Unterrichtsstoff in jedem Unterteil der Serie tatsächlich erfolgreich bewältigt hat. Sie sollen dem Lehrer außerdem die Möglichkeit bieten, einen Schüler hinsichtlich seines Arbeitstempos einzuschätzen, um auch bei jenen Schülern noch ein relativ starkes Interesse aufrechtzuerhalten, die schnell lernen, die Wörter des Lesebuchs zu dekodieren.

Obwohl die Tests auf einer analytischen oder logischen Basis entwickelt wurden, um den Transfer einzelner Schüler zu messen, können sie auch dazu dienen, notwendige Informationen für zukünftige Revisionen der Leseserie zu liefern. Man beabsichtigte in dem Verlag, die Tests nach der Feldstudie in den Schulen für eine Aufgabenanalyse wieder einzusammeln. Mit Hilfe von Schulen, in denen Feldstudien durchgeführt wurden, sowie mit Hilfe der Sammlung von Testdaten durch eine Reihe von Lehrern und Schulen hoffte man, den Revisionsprozeß zu fördern. Durch Betrachtung der Aufgabenanalysedaten sollten die Alternativhypothesen eliminiert werden können. Eine Lehrer- und Schülerstichprobenerhebung mit Informationen über die Intelligenz und die Lesefertigkeit der Schüler diente dazu festzustellen, ob fehlerhaft beantwortete Aufgaben durch diese verschiedenen Variablen oder durch Unklarheiten im Unterrichtsmaterial selbst verursacht wurden. Man hoffte, daß die Lernerfolgstests und die "kumulativen Tests" dem Lehrer eine Beurteilung dessen, was ein Schüler gelernt hat, ermöglichen und gleichzeitig den Autoren der "Series" Informationen für eine Revision liefern.

Ein Beispiel für die Verwendung von Tests im Zusammenhang mit einem externen Prüfungsprogramm

Die Ziele der in diesem Abschnitt beschriebenen Tests bestehen darin, für Entscheidungen über einzelne Schüler eine zuverlässige Beurteilung individueller Leistungen zu liefern. In England werden vor Abschluß der Sekundarschule an mehreren wichtigen Abschnitten der Ausbildung externe Leistungsprüfungen durchgeführt. Mit 16 Jahren nehmen viele Schüler an dem "Ordinary level examination" teil, das von einer der acht Prüfungskommissionen für das "General Certificate of Education" (G.C.E.) entwickelt wurde. Ziel dieser Prüfung ist es, Informationen für Entscheidungen über den weiteren Ausbildungsweg oder über die Berufswahl der Schüler bereitzustellen.

Der "University of London Entrance and School Examination Council" erstellt für eine der größeren Lehrplaninnovationen in England, das "Nuffield Science Teaching Project", im Auftrag aller Kommissionen eine "Ordinary Level" Prüfung. Die daran teilnehmenden Schüler würden normalerweise einer der acht G.C.E. Kommissionen unterstehen. Die von der Universität in London entwickelte Prüfung umfaßt eine Vielzahl von Testmethoden. Während einige dieser Testmethoden in englischen Prüfungen schon länger gebräuchlich sind, sind Fragen in Auswahlantwortform für die G.C.E. Kommissionen neu. Durch die Kombination der Auswahlantwortmethode mit den traditionellen Formen der Aufgabenbeantwortung (freie Antwort oder Aufsatzform) wurden Daten gewonnen, die einen Vergleich zwischen den verschiedenen Prüfungstechniken versprechen. Ein großer Teil der Bemühungen richtete sich auf die Strukturierung der Gesamtprüfung, um eine Beurteilung zu ermöglichen, die den Zielen des neuen Lehrplans entspricht. Außerdem wurden Informationen über die Reliabilität sowie über die Korrelation der verschiedenen Prüfungstechniken untereinander und ihre Korrelationen zu den Lehrerbeurteilungen der Schülerleistungen gesammelt.

Die Lehrmittel des "Nuffield Science Teaching Project in Chemistry" sollen interessiertes Nachfragen, Verständnis und die Fähigkeit, Fakten zu interpretieren, fördern. Das Lehrmaterial soll zeitgemäßes Denken und chemische Technologie vermitteln. Mit Hilfe eines Unterrichtsprojektes, das die Forschungs- und Untersuchungsaspekte stärker betont, soll beim Schüler Verständnis für die Naturwissenschaften, für Naturwissenschaftler und für naturwissenschaftliches Vorgehen erweckt werden. Obwohl während der Erprobung des Materials in Feldstudien für die Bewertung einige vorbereitende Arbeiten durchgeführt wurden, wurde doch die systematische Hauptarbeit für die Bewertung in Zusammenhang mit der "Ordinary Level G.C.E." Prüfung geleistet. Der beratende Ausschuß für die Prüfung bestand aus Vertretern der "Nuffield Project" Mitarbeiter, aus Lehrern, die die Lehrmittel des "Nuffield Project" benutzten, und aus Prüfern für das Fach Chemie, die anderen G.C.E. Kommissionen angehörten. Da die Prüfung in einem Teil Auswahlantwortfragen enthalten sollte, fungierte Dr. Frank Fornoff vom "Educational Testing Service" als Berater. Er leitete zwei Arbeitstagungen, auf denen Lehrer und Mitarbeiter der Universität im Aufgabenschreiben in Auswahlantwortform für das "Nuffield Scheme" geschult werden sollten.

Die Prüfung von 1966 bestand aus zwei Prüfungsteilen; Teil I enthielt 70 Fragen mit Auswahlantworten (1 Stunde); Teil II, Abschnitt A (1 Stunde) enthielt sieben Kurzantwortfragen, von denen die Kandidaten vier beantworten mußten; Abschnitt B (1 Stunde) enthielt sieben Fragen, von denen die Kandidaten zwei beantworten mußten.

Der Teil mit Auswahlantwortfragen sollte einen breiten Überblick über die Themen und die Hauptbegriffe des "Nuffield Scheme" liefern. Verschiedene Fragen prüften die Kenntnisse der Schüler, ihr Verständnis oder Verstehen für das, was sie gelernt hatten, sowie die Fähigkeit, dargebotene Informationen zu analysieren und zu bewerten. Die sieben Kurzantwortfragen in Abschnitt A waren so konstruiert, daß die Kandidaten eine klare Vorstellung über die Reichweite und die Grenze dessen hatten, was von ihnen erwartet wurde. Die Fragen wurden weiter aufgegliedert, so daß jeder Lösungsansatz der Kandidaten für ein bestimmtes Problem getrennt untersucht werden konnte.

Bei einigen Fragen wurden die Kandidaten aufgefordert, eine kurze Erklärung zu geben oder aufzuzeigen, wie sie zu einer Antwort gelangt waren. In Abschnitt B konnten die Kandidaten ihre Kenntnisse und ihr Verständnis für Themen, mit denen sie sich etwas eingehender beschäftigt hatten, in Aufsatzform darlegen. Dieser Abschnitt wurde von den Hauptprüfern rein eindrucksmäßig bewertet.

Die Inhaltsvalidität der Prüfung wurde durch die Prüfer bestimmt, die das Gesamt der Themenbereiche, die geprüft werden sollten, die Schwerpunkts- oder Aktivitätsbereiche des Programms und die Fähigkeiten, die das Programm bei den Schülern fördern sollte, definierten. Bei der Erstellung der Testspezifikationen wurde jede dieser drei Dimensionen gewichtet; die endgültige Prüfung wurde unter Berücksichtigung dieser Wichtungen zusammengestellt. Die Lehrer wurden aufgefordert, das Leistungsniveau eines jeden Schülers in der "Ordinary level"-Prüfung abzuschätzen. Diese Schätzungen wurden einen Monat vor Durchführung der Prüfung vorgenommen. Die Korrelationen zwischen den Lehrerschätzungen und den Prüfungsleistungen betrugen für:

Teil I   0,65
Teil II Abschnitt A   0,64
Teil II Abschnitt B   0,54

Für die Gesamtprüfung und die Lehrerschätzungen wurde eine Korrelation von 0,71 erzielt. Weiterhin wurde eine Schätzung der Reliabilität vorgenommen. Für Teil I betrug der Reliabilitätskoeffizient 0,87. Für Teil II betrugen Näherungswerte der Reliabilitätskoeffizienten für Abschnitt A 0,74 und für Abschnitt B 0,63. Der Reliabilitätskoeffizient für die Gesamtprüfung wurde auf 0,89 geschätzt. (Die Interkorrelationen der Prüfungsteile betrugen: für Teil I und Abschnitt A = 0,67; für Teil I und Abschnitt B = 0,55; Abschnitt A und Abschnitt B = 0,63.)

Bisher wurde noch kein Versuch unternommen, die Prüfungsergebnisse für eine Bewertung des Nuffield Lehrmaterials heranzuziehen; es ist jedoch möglich, daß mit zunehmender Beteiligung von Schülern an der Prüfung eine für eine derartige Bewertung relevante Analyse durchgeführt werden könnte. Es sind Daten von verschiedensten Schulen vorhanden, die einen Leistungsvergleich auf Grund einzelner Aufgaben und auf Grund der verschiedenen Fragen aus Teil II ermöglichen würden. Die Stellungnahmen der "Chief Examiners in Chemistry" bei der Begutachtung der Aufgabenanalyse von Teil I könnten wichtige Informationen für jene darstellen, die mit dem "Nuffield Scheme" arbeiten. Obwohl es eine externe Prüfung ist, könnten die Aufgabendaten und die Fehleranalyse der Fragen für die Lehrer nützlich sein, wenn sie in einer Form dargeboten werden, die die Möglichkeit für eine direkte Kontrolle des Lehrplans durch die Prüfung verringert. Dies bedeutet, daß diese Untersuchung nicht einzelnen Lehrern oder Schülern dienen könnte, sondern daß sie den Schulen im allgemeinen Beispiele und Hinweise für eine zukünftige Kontrolle ihrer internen Prüfungen liefern sollte.

Zusammenfassung

Diese Vorschläge und Beispiele für die verschiedenen Verwendungsmöglichkeiten von Tests im Rahmen der Lehrplanentwicklung oder der Untersuchung von Unterrichtsmethoden können dann nützlich sein, wenn sie in einen umfassenden Planungskontext gestellt werden, der den Bewertern hilft, die Bedeutung der Schule, des Lehrers und des Schülers für die Testergebnisse abzugrenzen oder zu definieren. Hastings (1966) hat darauf hingewiesen, daß derjenige, der Unterrichtsmethoden und -mittel bewertet oder entwickelt, wissen muß, wie Testergebnisse zustandekommen. Außerdem beginnt die Unterrichtsforschung immer mehr der psychologischen Erforschung des Lernprozesses zu gleichen. Die Kombination der verschiedenen Verwendungsmöglichkeiten pädagogischer Tests unter Berücksichtigung des Planungskontextes einer Untersuchung könnte relevante Daten erzielen, die so systematisch sind, daß sie in Theorien des Lernen und Lehrens als Grundlage zur Planung von Unterrichtssystemen verwendet werden könnten. Bei dieser Entwicklung kommt den Tests eine bedeutsame Rolle zu.

Literaturverzeichnis

Bereiter, C: Using Tests to Measure Change. In: Personnel and Guidance Journal, September, 1962 S. 6 - 11.
Cahen, L. S.: The Role of Long Term Studies in Curriculum Evaluation. Paper read at the February, 1967 meeting of the American Educational Research Association, New York.
Coleman, J. et al.: Equality of Educational Opportunity, Washington, D. C., U. S. Government Printing Office, 1966.
Cox, R. C. and Graham, G. T.: The Development of a Sequentially Scaled Achievement Test. In: J. Ed. Meas., 3, 1966, S. 147 - 150.
Cronbach, L. J.: Evaluation for Course Improvement. In: Teachers College Record, 64, 1963.
Ebel, R.: Content Standard Test Scores. In: Educa. Psychol. Measmt. 1962, 22, S. 15 - 25.
Frederikson, N.: Proficiency Tests for Training Evaluation. In: Glaser, R. Training Research and Education. Pittsburgh: U. Pittsburgh Press, 1962, S. 323 - 346.
Gagne, R. M. and Paradise, N. E.: Abilities and Learning Sets in Knowledge Acquisition. In: Psychol. Monographs, 75, 1961, S. 1 - 23.
Gallagher, J. J.: Teacher Variation in Concept Presentation in BSCS Curriculum Program. In: BSCS Newsletter, No. 30, January, 1967, S. 8 - 18.
Glaser, R.: Instructional Technology and the Measurement of Learning Outcomes; some questions. In: American Psychologist. 18, 1963, S. 519 - 521.
Hastings, J. T.: Curriculum Evaluation: The Whys of the Outcomes. In: J. Educ. Meas. 3, 1966, S. 27 - 32.
Heath, R. W.: Curriculum, Cognition, and Educational Measurement. In: Ed. and Psych. Meas. 24, S. 239 - 253.
Hollenbeck, G. P.: Using the Results of Evaluation. Paper road at the February 1967, meeting of the American Educational Research Association, New York.
Leith, G.: Developments in Programmed Learning. In: Trends in Education, London: Dept. of Education and Science, R. M. S. O, No. 2, April 1966. S. 20 - 26.
Lord, F. M.: Estimating norms by item-sampling. In: Ed. and Psych. Meas. 22, 1962, S. 259 - 268.
Lumsdaine, A. A.: Instruments and Media of Instruction, In: Gage, N. L. (ED.) Handbook of Research on Teaching, Chicago: Rand McNally Company. 1963, S. 583 - 682.

Lumsdaine, A. A.: Assessing the Effectiveness of Instructional Programs. In: Glaser, R. (Ed). Teaching Machines and Programmed Learning, II Data and Directions, Washington: N. E. A, 1965.

Thelen, H. and Ginther, J. R.: Experiences with Programmed Materials in the Chicago area. In: Four Case Studies of Programmed Instruction, N. Y.: Fund for the Advancement of Education, 1964, S. 42 - 62.

3. Lernzielorientierung von Tests

3.1 Ravindra H. Dave:
Eine Taxonomie pädagogischer Ziele und ihre Beziehung zur Leistungsmessung

I. Einleitung

Das für diese Sitzung vorgeschlagene Diskussionsthema, "die pädagogischen Ziele der Testanwendung", läßt sich auf zweierlei Weise interpretieren. Es kann sich entweder auf die Ziele oder Funktionen des Testens beziehen, die ihrer Natur nach pädagogisch sind, wie Diagnose, Beratung, Motivation usw., oder es kann sich auf die mit der Testanwendung verbundenen Lehrziele richten. Ich möchte in diesem Referat das Thema in seiner zweiten Bedeutung aufgreifen und Taxonomien pädagogischer Ziele sowie ihre Nützlichkeit für die Testanwendung zur Leistungsfeststellung diskutieren.

Im Jahre 1956 erschien unter Leitung von Benjamin S. Bloom, Universität Chicago, eine Taxonomie der pädagogischen Ziele im kognitiven Bereich. Diese Veröffentlichung - ein Ergebnis intensiver Arbeit hervorragender Wissenschaftler auf dem Gebiet der pädagogischen Testanwendung - bildet einen Markstein im Bereich der Erziehungswissenschaften, insbesondere auf den Gebieten der Lehrplangestaltung und Leistungsbewertung.

Eine Taxonomie der pädagogischen Ziele im affektiven Bereich wurde von Krathwohl, Bloom und Masia 1964 publiziert. Eine ähnliche Taxonomie der pädagogischen Ziele im psychomotorischen Bereich ist bisher noch nicht vorhanden.

Eine Taxonomie der pädagogischen Ziele ist eine hierarchische Klassifikation der menschlichen Entwicklung in einem bestimmten Bereich. Analog zu biologischen Taxonomien liefern pädagogische Taxonomien in relevanten Bereichen eine Klassifikation verschiedener Lehrziele auf den entsprechenden Ebenen. Eine Taxonomie bietet eine einheitliche Klassifikation von Zielen, die in der Pädagogik für sehr verschiedene Zwecke benutzt werden kann. Einer solchen Klassifikation liegen pädagogische und psychologische Organisationsprinzipien zugrunde. Unter psychologischen Gesichtspunkten ist eine Taxonomie eine hierarchische Klassifikation menschlichen Verhaltens.

Zu den wichtigsten Zielen einer Taxonomie gehört es, eine eindeutige Kommunikation über Lehrziele und verwandte Gegenstände zu ermöglichen. Man hat der Pädagogik oft vorgeworfen, daß viele ihrer Termini und Begriffe nur vage definiert sind. Ein taxonomischer Rahmen der pädagogischen Ziele könnte diese Unbestimmtheit zumindest in einem gewissen Maß reduzieren und zu einem Mittel präziserer Kommunikation im pädagogischen Bereich werden. Ohne eine gemeinsame Begriffsgrundlage in bezug auf die hierarchische Klassifikation pädagogischer Ziele ist die Diskussion über bestimmte pädagogische Probleme verschwommen und mithin ineffizient.

Die Verwendung einer Taxonomie als gemeinsamen Maßstab zur Definition pädagogischer Ziele dürfte in fachlichen Diskussionen die Unbestimmtheit einschränken und die Genauigkeit erhöhen. Eine Taxonomie kann auch dazu beitragen, den sequentiellen Ablauf und die Organisation menschlicher Entwicklung zu verstehen. Ein solches Verstehen kann zu besserer Einsicht führen, wenn bei der Lehrplangestaltung die Lernergebnisse zu definieren sind, die auf den einzelnen Ebenen erwartet werden. Außerdem läßt sich eine Taxonomie dazu verwenden, den erwarteten Ausbildungsstand innerhalb eines Schulsystems zu beurteilen, indem die Ziele des Systems auf der Grundlage einer einheitlichen taxonomischen Ordnung klassifiziert werden. Die Definition und Bewertung des Bildungsstandes einer Schule, einer Gemeinde oder eines Staates ist ein sehr schwieriges Problem. Eine sorgfältig entwickelte Taxonomie kann hier eine große Hilfe sein. Eine weitere bedeutsame Funktion einer Taxonomie liegt darin, Erziehern bei der Lehrplanentwicklung und -bewertung zu helfen. Sie können auch die entsprechenden Erfahrungen und Methoden sinnvoller austauschen, wenn sie sich dabei an eine einheitliche, ihnen allen bekannte Klassifikation der pädagogischen Ziele halten. Auch in der Forschung über Lehrmethoden und Leistungsbewertung kann eine Taxonomie von Nutzen sein.

Für die pädagogische Beurteilung ist die Beziehung zwischen Taxonomien pädagogischer Ziele und Bewertungshilfen besonders bedeutsam. Es ist daher beabsichtigt, die von Bloom und Mitarbeitern entwickelten Taxonomien pädagogischer Ziele darzustellen und ihre Implikationen für die Leistungserfassung zu diskutieren.

II. Taxonomien pädagogischer Ziele

Der kognitive Bereich

Eine Taxonomie pädagogischer Ziele wurde, wie bereits erwähnt, erstmalig in den Jahren 1948-1956 unter der Leitung von Bloom von einer Kommission von College- und Universitätsprüfern in den Vereinigten Staaten entwickelt. Man war dabei der dreiteiligen Klassifikation der Bildungsentwicklung gefolgt und hatte den kognitiven Bereich als Kernstück der formalen Bildung zuerst in Angriff genommen. Die von Bloom und Mitarbeitern [1] vorgeschlagene Taxonomie enthält die folgenden sechs Hauptklassen oder Kategorien:

1.0 Kenntnisse
   1.1 Kenntnis spezieller Begriffe und Tatsachen
   1.2 Kenntnis von Mitteln und Wegen, mit speziellen Begriffen umzugehen und sie zu beurteilen
   1.3 Kenntnis allgemeiner Begriffe und Gesetzmäßigkeiten in einem bestimmten Gebiet
2.0 Verständnis
   2.1 Übertragen
   2.2 Interpretieren
   2.3 Extrapolieren
3.0 Anwendung
4.0 Analyse
   4.1 Analyse von Elementen
   4.2 Analyse von Beziehungen
   4.3 Analyse von Organisationsprinzipien
5.0 Synthese
   5.1 Mitteilung einer originellen Äußerung
   5.2 Entwerfen eines Planes oder Vorschlagen einer Handlungsabfolge
   5.3 Ableiten von abstrakten Beziehungen
6.0 Beurteilung
   6.1 Urteil auf Grund innerer Stimmigkeit
   6.2 Urteil auf Grund von Außenkriterien

Die erste Kategorie in dieser Klassifikation, <u>Kenntnisse,</u> wird fast synonym mit Information definiert. Sie schließt die Erinnerung an spezifische und allgemeine Aussagen ein, das Behalten von Methoden und Prozessen oder das Erinnern eines Modells, einer Struktur oder eines Systems. Lehrziele, die das Auswendiglernen von Fakten, Prinzipien, Prozessen und Strukturen in einzelnen Unterrichtsbereichen betonen, fallen in diese Kategorie der Taxonomie.

    Die übrigen fünf Kategorien lassen sich von der ersten abgrenzen, indem sie als intellektuelle Fähigkeiten und Fertigkeiten beschrieben werden können. Diese Fähigkeiten und Fertigkeiten "beziehen sich auf organisierte Operationsweisen und allgemeine Techniken im Umgang mit Objekten und Problemen." [2]

---

[1] Bloom, B.S. (Ed.): Taxonomy of Educational Objectives. Handbook I: Cognitive Domain. New York: Longmans, Green and Co., 1956

[2] Bloom, B.S.: siehe Anmerkung 1, S. 204

Die zweite Kategorie der Taxonomie ist Verständnis, definiert als unterste Ebene der Einsicht. Sie umschließt genaues Erfassen von Nachrichten, Übersetzen von Nachrichten von einer Darbietungsform in eine andere und Reorganisation oder Zusammenfassen von Material ohne Veränderung des eigentlichen Sinngehalts. Die Kategorie involviert auch das Extrapolieren oder Weiterführen von Trends oder Tendenzen über die gegebenen Daten hinaus.

Die dritte Kategorie bezieht sich auf die Anwendung allgemeiner Ideen, Prinzipien oder Methoden auf neue Situationen. Neben dem problematischen Charakter einer Situation ist es die Nichtvertrautheit, die einen Denkprozeß höherer Art erfordert als lediglich Verständnis.

Auf dem nächsthöheren Niveau vollzieht sich die Analyse. "Beim Verständnis liegt die Betonung auf dem Erfassen von Bedeutung und Zweck des Materials. Bei der Anwendung liegt der Schwerpunkt darauf, sich an die geeigneten Generalisationen oder Prinzipien zu erinnern und sie auf die Gegebenheiten anzuwenden. Die Analyse betont die Zerlegung des Materials in seine konstituierenden Teile und das Auffinden der Beziehungen zwischen den einzelnen Teilen und ihrer Organisationsweise. Die Analyse kann sich auch auf die Techniken und Hilfsmittel beziehen, die zur Übermittlung einer Bedeutung oder zur Herstellung einer Schlußfolgerung aus einer Mitteilung benutzt werden." 3)

Die fünfte Kategorie der Taxonomie ist die Synthese. Sie kennzeichnet die Fähigkeit, Teile oder Elemente zu einem geschlossenen Ganzen zusammenzufügen. Die Kategorie involviert Einzigartigkeit, Originalität und kreatives Verhalten.

Die letzte Kategorie wird als Beurteilung bezeichnet. Sie wird definiert als "die auf einen bestimmten Zweck bezogenen Wertbeurteilungen von Ideen, Arbeiten, Lösungen, Methoden, Material usw. Dazu gehört die Verwendung von Kriterien und Maßstäben zur Abschätzung, inwieweit Gegebenheiten genau, effektiv, ökonomisch oder zufriedenstellend sind. Die Urteile können entweder quantitativ oder qualitativ sein, die Kriterien können entweder vom Schüler selbst bestimmt werden oder vorgegeben sein." 4)

Der affektive Bereich

Das zweite Handbuch der Taxonomie, das die Klassifikation pädagogischer Ziele im affektiven Bereich enthält, wurde 1964 von Bloom,

---

3) Bloom, B.S.: siehe Anmerkung 1, S. 144

4) Bloom, B.S.: siehe Anmerkung 1, S. 185

Krathwohl und Masia [5] veröffentlicht.

Die Aufgabe, eine treffende hierarchische Klassifikation in diesem Bereich zu erstellen, war sehr schwierig. Die Autoren verwendeten den Begriff der 'Internalisierung' als gemeinsamen, übergreifenden Faktor in den Entwicklungsprozessen im affektiven Bereich. Die vorgelegte Taxonomie enthält die folgenden fünf Hauptkategorien:

1.0 Aufnehmen
  1.1 Gewahrwerden
  1.2 Aufnahmebereitschaft
  1.3 Gesteuerte oder selegierende Aufmerksamkeit
2.0 Reagieren
  2.1 Reagieren auf Grund einer Aufforderung
  2.2 Bereitwilligkeit zum Reagieren
  2.3 Befriedigung beim Reagieren
3.0 Werten
  3.1 Akzeptieren eines Wertes
  3.2 Bevorzugen eines Wertes
  3.3 Gewißheit über einen Wert
4.0 Organisation
  4.1 Konzeptualisierung eines Wertes
  4.2 Organisation eines Wertsystems
5.0 Charakterisierung durch einen Wert oder Wertkomplex
  5.1 Allgemeine Einstellung
  5.2 Charakterisierung

Die erste Kategorie in diesem Bereich, *Aufnehmen,* beinhaltet Sensibilität gegenüber einem bestimmten Phänomen oder einem Stimulus und die Bereitschaft des Lernenden zur Aufnahme oder Zuwendung. Die Kategorie impliziert Gewahrwerden, ein nahezu kognitives Verhalten, und darüber hinaus Aufnahmebereitschaft oder sorgfältige Aufmerksamkeit. Die nächsthöhere Verhaltensform innerhalb dieser Kategorie ist die gesteuerte oder selegierende Aufmerksamkeit, die ein Element der Diskrimination oder Differenzierung zwischen verschiedenen Stimuli auf einer halbbewußten Ebene enthält.

Die nächsthöhere Ebene in der Hierarchie, *Reagieren*, ist die Kategorie, in der viele Erzieher die Gegenstände ihres Interesses am besten beschrieben finden werden. Auf dieser Ebene ist der Lernende in "einem Gebiet, einem Phänomen oder einer Tätigkeit" ausreichend involviert, "um sich darum zu bemühen und bei der Arbeit oder den Lösungsversuchen Befriedigung zu erlangen." [6]

---

5) Krathwohl, D.R.; Bloom, B.S. and Masia, B.B.: Taxonomy of Educational Objectives. Handbook II: Affective Domain. New York: David McKay Company, Inc., 1964

6) Krathwohl, D.R. u. a.: siehe Anmerkung 5, S. 178

Die dritte Kategorie in der Taxonomie des affektiven Bereichs wird mit einem Begriff bezeichnet, der auf dieser Stufe sehr häufig bei der Formulierung von Zielen verwendet wird. Die Kategorie des <u>Wertens</u> beinhaltet die Bindung des Individuums an ein bestimmtes Ziel, eine Idee oder eine Überzeugung. Das Verhalten auf dieser Ebene ist in sich recht konsistent und stabil. Es schließt nicht nur die Akzeptierung eines Wertes ein, sondern auch dessen Bevorzugung und ein Festhalten oder Eintreten für einen bestimmten Standpunkt oder ein Ideal.

Die vierte Kategorie beschreibt die Ebene, auf der der Lernende ein <u>Wertsystem</u> aufbaut, das sein Verhalten ausrichtet. "Während der Lernende Werte erfolgreich internalisiert, begegnet er Situationen, für die mehr als ein Wert relevant ist. Demzufolge ergibt sich die Notwendigkeit, (a) Werte in einem System zu organisieren, (b) die zwischen ihnen bestehenden Beziehungen zu bestimmen und (c) dominante und übergreifende Werte auszubilden. Ein derartiges System entsteht allmählich und ist Änderungen ausgesetzt, wenn neue Werte aufgenommen werden." 7)

Die letzte Kategorie in dieser Taxonomie ist die <u>Charakterisierung durch einen Wert oder Wertkomplex</u>. "Auf dieser Stufe der Internalisierung haben die Werte bereits einen festen Ort in der Werthierarchie des Individuums, sind in einer Art in sich konsistentem System organisiert und haben das Verhalten über eine genügend lange Zeit gesteuert, so daß das Individuum sich auf diese Weise angepaßt hat. Die Auslösung von Verhalten ruft nicht mehr Emotion oder Affekt hervor, außer wenn das Individuum bedroht oder gefordert wird." 8) Auf dieser höchsten Entwicklungsstufe handelt das Individuum ständig und konsistent in Übereinstimmung mit den Werten, die es internalisiert hat. Das Verhalten ist in sich so geschlossen und generalisiert, daß die Person häufig durch diese übergreifenden Tendenzen charakterisiert wird. Schließlich gelangt sie dazu, ihre Überzeugungen, Ideen und Einstellungen in eine umfassende Philosophie oder Weltanschauung zu integrieren.

Der psychomotorische Bereich

Während Taxonomien für den kognitiven und affektiven Bereich vorhanden sind, ist eine ähnliche Taxonomie für den psychomotorischen Bereich noch nicht erschienen. Aber auch hier ist eine Taxonomie wesentlich, da für viele pädagogische Ergebnisse von konativer Art ein einheitliches Klassifizierungssystem benötigt wird, um sie ihrem Niveau und ihrer Organisation nach zu verstehen. Ziele, die sich

---

7) Krathwohl, D.R. u. a.: siehe Anmerkung 5, S. 182

8) Krathwohl, D.R. u. a.: siehe Anmerkung 5, S. 184

auf den Erwerb von praktischen Fertigkeiten und Verhaltensmustern beziehen, werden von Erziehern vielfach in folgenden Unterrichtsbereichen formuliert: Sprachen, Naturwissenschaften, Technik, Geographie, Musik, Zeichnen und Kunst. Bei der Entwicklung geeigneter Lernverfahren und Bewertungshilfen könnte sich die Kenntnis der taxonomischen Ordnung von Zielen im psychomotorischen Bereich als nützlich erweisen. Eine derartige Taxonomie ist überdies schon deshalb notwendig, um die dreiteilige klassifikatorische Struktur der pädagogischen Entwicklung zu vervollständigen, nachdem bereits für zwei Bereiche Taxonomien vorliegen. Um diesem Bedürfnis nachzukommen und die Lücke zu schließen, möchte ich versuchen, eine Taxonomie für den psychomotorischen Bereich in Form einer Arbeitshypothese vorzuschlagen. Meine Absicht ist es, zum Denken in dieser Richtung anzuregen, was schon längst hätte getan werden sollen.

Die vorgeschlagene Taxonomie gründet sich auf den Begriff der Koordination, einen gemeinsamen Faktor in der gesamten physischen Entwicklung. Verhaltensweisen, die zu diesem Bereich gehören, schließen Muskelbewegungen ein und erfordern neuromuskuläre Koordination. Die pädagogischen Ziele in diesem Bereich richten sich auf die Entwicklung der Fertigkeit, solche Handlungen auszuführen. Hierbei soll die bestmögliche Koordination zwischen psychischer und muskulärer Aktivität wie auch zwischen den einzelnen Muskelbewegungen, die von den verschiedenen Teilen des Körpers durchgeführt werden, erreicht werden. Mit zunehmender Koordination beim Lernenden werden seine Handlungen differenzierter, schneller und automatischer. Die Koordination erstreckt sich schließlich auf alle Teile einer Handlung oder auf die verschiedenen Handlungen, die in der erforderlichen Aufeinanderfolge auszuführen sind.

Für den psychomotorischen Bereich werden die folgenden Kategorien und Unterkategorien vorgeschlagen:

1.0 Imitation
　1.1 Imitationsimpulse
　1.2 Beobachtbare Wiederholung
2.0 Manipulation
　2.1 Befolgen einer Anweisung
　2.2 Selektion
　2.3 Festigung eines Handlungsablaufes
3.0 Präzision
　3.1 Reproduzieren
　3.2 Steuerung
4.0 Handlungsgliederung
　4.1 Sequenz
　4.2 Harmonie

5.0 Naturalisierung
 5.1 Automatisierung
 5.2 Interiorisierung

Die erste Kategorie in der hierarchischen Klassifikation des psychomotorischen Verhaltens ist Imitation. Wenn der Lernende mit einer beobachtbaren Handlung konfrontiert wird, beginnt er, diese Handlung in nicht-beobachtbarer Weise nachzuahmen. Imitation setzt mit einer inneren Wiederholung eines muskulären Systems ein, das durch einen inneren Anstoß oder Impuls zur Nachahmung der Handlung gesteuert wird. Derartiges verdecktes Verhalten erscheint als Ausgangspunkt in der Entwicklung psychomotorischer Fertigkeiten. Im Anschluß daran erfolgt die offene (beobachtbare) Ausführung einer Handlung zusammen mit der Fähigkeit, diese zu wiederholen. Der Ausführung der Handlung fehlt jedoch noch die neuromuskuläre Koordination oder Steuerung, so daß sie im allgemeinen grob und unvollkommen ist.

Die nächste Kategorie, als Manipulation bezeichnet, betont die Entwicklung von Fertigkeiten beim Befolgen von Anweisungen, Ausführen selektiver Handlungen und Festigung des Handlungsablaufs mit fortschreitender Übung. In diesem Stadium ist der Lernende in der Lage, eine Handlung nicht allein auf Grund der Beobachtung – wie auf der Stufe der Imitation –, sondern nach einer Instruktion auszuführen. Er fängt auch an, zwischen verschiedenen Handlungen zu differenzieren und das erforderliche Verhalten auszuwählen. Er gewinnt schließlich eine gewisse Geübtheit in der Manipulation bestimmter Geräte. Allmählich kommt es nach ausreichender Übung des ausgewählten Handlungsmusters zu einer Festigung desselben. Auf dieser Stufe (der letzten Unterkategorie innerhalb dieser Klasse) wird die Handlung ziemlich sicher ausgeführt, d. h. mit größerer Leichtigkeit, wenn auch noch in einem bestimmten Ausmaß bewußt kontrolliert. Die Reaktion wird noch nicht automatisch und besonders schnell durchgeführt, aber die anfänglichen Irrtümer und tastenden Versuche sind nahezu gänzlich überwunden.

In der dritten Kategorie, Präzision, erreicht die Beherrschung beim Reproduzieren der Handlung ein höheres Niveau der Verfeinerung. Hier werden Genauigkeit, Maßverhältnisse und Exaktheit der Leistung bedeutsam. In der nächsten Unterkategorie dieser Verhaltensklasse wird ein weiterer Fortschritt erzielt, indem der Lernende von dem ursprünglichen Vorbild, das sein Verhalten leitete, unabhängig wird. Er braucht nun nicht mehr ein Modell, das er reproduziert, sondern besitzt selbst ein gut entwickeltes Modell. Er erlangt überdies die Fähigkeit, seine Verhaltensabfolgen so zu regulieren, daß - durch Manipulierung der relevanten Variablen - in dem festgelegten Handlungsablauf beliebige Änderungen herbeigeführt werden können. Er ist in der Lage, die Geschwindigkeit der Handlung, sobald es erforderlich wird, zu erhöhen oder herabzusetzen und das Verhalten entsprechend den besonderen Anforderungen der jeweiligen Situation in verschiedener Weise zu variieren. Er hat ohne Zweifel in seinem Verhalten eine bestimmte Abfolge herausgebildet, kann diese aber bewußt modifizieren. Die Leistung ist auf dieser Stufe von Vertrauen begleitet, aber auch von bewußter Vigilanz.

Die vierte Stufe der Hierarchie bezieht sich auf die <u>Gliederung</u> von Bewegungsabläufen. Hier kommt es darauf an, eine Serie von Handlungen zu koordinieren, indem die geeignete Abfolge und ein harmonisches Zusammenwirken bzw. Aufeinanderabgestimmtsein verschiedener Handlungen hergestellt wird. In vielen praktischen Situationen ist nicht eine, sondern sind eine ganze Reihe von Handlungen auszuführen und dabei verschiedene Körperpartien zu beanspruchen. Der Lernende gelangt dazu, diese Handlungen zu harmonisieren und in geeigneter Weise nach Zeit, Geschwindigkeit und relevanten Variablen zu strukturieren. Er erwirbt die Gewandtheit, eine Reihe von Handlungen gleichzeitig und in Aufeinanderfolge auszuführen, um die gewünschte Übereinstimmung oder den Gleichklang herzustellen.

Die fünfte und abschließende Kategorie bezieht sich auf die <u>Naturalisierung</u> einer einzelnen Handlung oder einer Abfolge gegliederter Handlungen. Auf dieser Stufe erreicht die Handlungsfertigkeit den höchsten Grad der Beherrschung, und sie wird mit geringstmöglichem Aufwand psychischer Energie ausgeführt. Die Handlung wird in solchem Maße zur Routine, daß sie in eine automatische und von selbst ablaufende Reaktionsfolge übergeht. Am Ende ist sie so automatisiert, daß sie unbewußt ausgeführt wird. Die Person weiß nicht einmal, daß die Handlung abläuft, bis sie gehindert oder ernsthaft gestört wird. Mit anderen Worten, die Handlungsgewohnheit wird zur "zweiten Natur".

Diese fünf Kategorien des psychomotorischen Bereichs mit ihren Unterkategorien wurden hier dargelegt, um das Gespräch für diesen Sektor anzuregen. Zur Prüfung ihrer Validität bedürfen die Kategorien der Diskussion, des weiteren Durchdenkens und der Anwendung psycho-physiologischer Prinzipien. Die dritte Taxonomie der pädagogischen Ziele mag daher als eine reine Versuchshypothese angesehen werden.

Die dreiteilige Struktur

Nachdem eine Taxonomie für den psychomotorischen Bereich vorgeschlagen wurde, kann jetzt eine dreiteilige Struktur hergestellt werden, um damit ein umfassendes Klassifizierungsschema der pädagogischen Ziele zu schaffen. Das folgende Diagramm enthält alle drei Taxonomien.

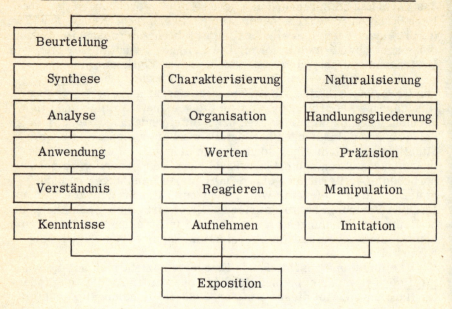

Dreiteiliges taxonomisches Schema der pädagogischen Ziele

Es ist zu bemerken, daß "Exposition" als Ausgangspunkt außerhalb der taxonomischen Ordnungen hinzugefügt wurde und mit jeder Klassifikation verbunden ist. Dies geschah, weil pädagogische Ziele die erwarteten Lernerfolge in dem einen oder anderen Bereich beschreiben und weil der Lernprozeß beginnt, wenn der Lernende einer pädagogischen Erfahrung ausgesetzt wird, die dann dazu führt, daß diese Erfolge erreicht werden. Es scheint daher angebracht, 'Exposition' als erste und vorläufige Stufe bei der Konstruktion einer zusammengesetzten dreiteiligen taxonomischen Struktur zu verwenden.

III. Folgerungen für die Leistungserfassung

Wie schon vorher festgestellt, können Taxonomien pädagogischer Ziele der Lehrplangestaltung, Beurteilung, Forschung usw. dienen. Unser Hauptinteresse gilt jedoch einigen wesentlichen Folgerungen, die sich aus Taxonomien für die Leistungsfeststellung mit Hilfe von Tests ableiten lassen. Diese können wie folgt zusammengefaßt werden:

1. Bildung eines logischen Rahmens für die Testanwendung

Ein tragfähiges Bewertungssystem sollte auf den Zielen des Unterrichts basieren. Die zuvor beschriebenen Taxonomien stellen eine logische Klassifizierung dieser Ziele dar und bilden somit auch ein logisches Klassifikationsschema der Bewertungsmittel, denen diese Ziele zugrunde liegen. Die Klassifizierung von Leistungstests und Testaufgaben erfolgt gewöhnlich nach dem inhaltlichen Gegenstand oder nach der Form der Aufgaben. Das taxonomische Klassifikationsschema bezieht sich hingegen auf Veränderungen des menschlichen Verhaltens. Vom pädagogischen Standpunkt her ist die vom Verhalten ausgehende Klassifizierung bedeutsamer.

2. Umfassendere Bewertung

Die pädagogische Bewertung bezieht sich gewöhnlich vorwiegend auf den kognitiven Bereich. Innerhalb dieses Bereiches wiederum nimmt das Prüfen von Kenntnissen den größten Raum ein. Das Verstehen der Organisationsstruktur der pädagogischen Ziele nach Bereichen, Klassen und Unterklassen sollte es ermöglichen, die Bewertungshilfen umfassender und mehrdimensional zu gestalten. Auf Grund der taxonomischen Kategorien der pädagogischen Ziele können Instrumente entworfen werden, mit deren Hilfe sich Daten über viele und sehr verschiedenartige Gegenstände sammeln lassen. Indem mehr Gegenstände und solche aus verschiedenen Bereichen erfaßt werden, könnte die Bewertung umfassender werden.

3. Beurteilungskriterien für Bewertungshilfen

Die Taxonomien stellen eines der bedeutsamsten Kriterien zur Beurteilung des Wertes der Untersuchungsverfahren dar. Bei der pädagogischen Testanwendung ergibt sich als erstes die Notwendigkeit, geeignete Verfahren auszuwählen, mit denen Daten über die Leistung der Schüler gewonnen werden sollen. Dazu ist es erforderlich, Art und Niveau des Unterrichtszieles in Betracht zu ziehen. Wird dann in einem bestimmten Bewertungsprogramm ein Verfahren ausgewählt, so kann die taxonomische Klassifikation herangezogen werden, um zu beurteilen, ob das Verfahren geeignet ist, die gewünschten Informationen zu erbringen. Darüber hinaus können die Prüfungsverfahren einschließlich der Tests und Testaufgaben mit Hilfe von Taxonomien danach beurteilt werden, inwieweit sie für die Gegenstände, die sie zu erfassen vorgaben, relevant sind. Eine gründliche Analyse eines Leistungstests hinsichtlich der Ziele, die er prüft, und ihres relativen Anteils würde wertvolle Daten zur Beurteilung der Inhaltsvalidität und der Bedeutsamkeit des Tests liefern.

4. Entwicklung einer neuen Typologie der Testaufgaben

Die Taxonomie selbst ist keine Typologie der pädagogischen Ziele. Sie kann jedoch dazu verwendet werden, eine nützliche Typologie der Testaufgaben zu entwickeln. Gegenwärtig gründet sich die Typologie der Testaufgaben auf die Form der Aufgabenstellung - z. B. Auswahlantwortform - oder auf die Form der Antwort - z. B. Aufsatzform, objektive Form usw. Durch Hinzufügung einer neuen Dimension der Unterrichtsgegenstände wird es möglich, eine sinnvollere Klassifizierung zu entwickeln. Aufgaben könnten dann zum Beispiel beschrieben werden als kenntnisbezogene, objektive Form, als anwendungsbezogene Kurzantwortform oder als analysebezogene Aufsatzform usw. Eine derartige zweidimensionale Klassifizierung des Testmaterials würde das Testen sinnvoller und präziser machen. Sie würde überdies eine bessere Kommunikation zwischen Beurteilern herstellen - eine der Funktionen einer guten Taxonomie.

5. Beitrag zur Konstruktion lehrzielbezogener Testaufgaben

Testaufgaben werden häufig konstruiert, ohne daß man sich bewußt darum bemüht, vorherbestimmte Unterrichtsziele zugrunde zu legen. Die Betonung von Aufgabenform und Stoffgebiet bei der Konstruktion einer Testaufgabe unter Vernachlässigung des Zieles dürfte zu einem Testmaterial führen, das einseitig auf Wissen abgestellt ist. Eine taxonomische Klassifizierung hält den Aufgabenkonstrukteur dazu an, das Ziel als eine wesentliche Grundlage der Testaufgabe zu berücksichtigen. Wenn mit Bedacht und Umsicht der Versuch gemacht wird, Aufgaben im Hinblick auf ein bestimmtes Ziel zu konstruieren, wird damit ein Beitrag zur Inhaltsvalidität des Testmaterials geleistet. In dem Maße, in dem eine Aufgabe für den Gegenstand relevant ist, den es zu prüfen vorgibt, kommt ihm Inhaltsvalidität zu.

6. Beitrag zur Testplanung und zur Interpretation der Ergebnisse

Bei der Planung eines Tests ist es wesentlich zu entscheiden, in welcher Weise die verschiedenen Ziele des Testens gewichtet werden sollen. Ein solcher Plan läßt sich leichter erstellen, wenn der Beurteiler ein klares Bild von der hierarchischen Klassifikation der Ziele hat. Die Hierarchie kann dazu beitragen, den Wert und die Bedeutsamkeit des Tests zu beurteilen. Gleichermaßen sollten bei der Interpretation der Testergebnisse die Ziele und ihr relativer Ort in der hierarchischen Struktur in Betracht gezogen werden. Die Testwerte können auf der Skala der Ziele analysiert werden, und der Wert der Leistung auf Seiten des Lernenden kann sinnvoller beurteilt werden. Derartige Informationen lassen sich dann, sofern sie genügend diagnostischen Wert besitzen, gewinnbringend zur Verbesserung des Unterrichts verwenden. Abhängig vom Leistungsniveau in bezug auf verschiedene Ziele kann in den Unterrichtsprogrammen die Betonung so verteilt werden, daß auf die schwieriger zu erreichenden Ziele stärkeres Gewicht gelegt wird. Auf diese Weise kann die taxonomische Klassifikation dazu beitragen, den pädagogischen Wert des Testens zu erhöhen.

Abgesehen von der Verwendung der Taxonomien bei der Systematisierung und Verbesserung verschiedener Aspekte des Testens, sind die Testaufgaben nützlich bei der Definition der verschiedenen Kategorien einzelner Taxonomien. Die Kategorien und Unterkategorien einer Taxonomie werden verbal definiert und mit Hilfe einiger Ziele veranschaulicht. Besser greifbar und operational werden diese Kategorien und Unterkategorien jedoch durch beispielhafte Testaufgaben definiert. Besonders hinsichtlich der Definition von Unterkategorien haben Bloom und Mitarbeiter hervorgehoben, daß sich dieses Vorgehen am besten zur detaillierten und präzisen Definition der Unterklasse eignet, da dadurch die Aufgabe bezeichnet wird, die der Schüler zu lösen hat, und das spezifische Verhalten, das von ihm erwartet wird. Damit wurde auf eine völlig andere Beziehung zwischen Leistungstests und Taxonomien pädagogischer Ziele hingewiesen.

Während die Verwendung von Taxonomien unbestreitbare Vorteile hat bei der Konstruktion, Validierung und Verbesserung der Leistungstests, gibt es andererseits auch einige Schwierigkeiten. Zunächst einmal ist auf den höheren Ebenen dieser Bereiche die Konstruktion von Testaufgaben und anderen Bewertungshilfen mit sehr hohen Anforderungen verbunden. Zu den Voraussetzungen gehören eingehende Kenntnisse und Erfahrungen in der Testkonstruktion ebenso wie Kreativität bei der Entwicklung von Testaufgaben. Eine weitere Schwierigkeit besteht in der Unterscheidung von bestimmten aufeinanderfolgenden Kategorien, besonders von Unterkategorien. Da die Klassifikation ihrer Natur nach hierarchisch aufgebaut ist, sind die unteren Klassen in die nächst höhere Klasse eingeschlossen, die darüber hinaus aber noch mehr enthält. Eine derartige Überschneidung von Kategorien verwirrt häufig den Testkonstrukteur. Die Schwierigkeiten machen sich stärker in den Anfangsstadien bei der Entwicklung von lehrzielbezogenem Testmaterial bemerkbar. Mit ausreichender Übung, Erfahrung und Vertrautheit, mit vielen verschiedenen Testaufgaben, die auf Lehrziele bezogen sind, erwirbt der Beurteiler eine größere Sicherheit im Umgang mit der Taxonomie. Aber auch dann ist man noch fast völlig von der Expertenmeinung abhängig. Allein die Expertenmeinung formt das endgültige Urteil über die Beziehung zwischen Testaufgabe und Lehrziel. Rein empirische Daten sind zu diesem Aspekt der Validität kaum zu gewinnen. In jedem menschlichen Vorhaben gibt es sowohl bestimmte Möglichkeiten als auch Grenzen. In diesem Fall scheint der pädagogische Gewinn die aus den systembedingten Beschränkungen erwachsenden Nachteile zu überwiegen. Es ist daher wünschenswert, von Taxonomien pädagogischer Ziele Gebrauch zu machen, um die Anwendung von Leistungstests zu systematisieren und zu verbessern.

3.2 Ravindra H. Dave:
Lehrzielbezogene Testanwendung in den einzelnen Unterrichtsfächern

I. Einleitung

Würde man in einer umfassenden Erhebung die Aufgaben von Leistungstests, die bisher in allen Ländern, auf allen Bildungsebenen und in allen Fachgebieten entwickelt wurden, erfassen und dieses Material nach der Art der geistigen Prozesse, die zu ihrer Beantwortung erforderlich sind, analysieren, so würde man wahrscheinlich feststellen, daß sich ein erschreckend großer Teil der Testfragen auf das bloße Reproduzieren auswendig gelernten Wissens bezieht. Kritische Analysen von Hunderten von Prüfungsunterlagen innerschulischer und staatlicher Prüfungen in Indien haben wiederholt ergeben, daß in den meisten Fachgebieten mehr als 90 % der gestellten Fragen lediglich Wissensfragen sind. [1] In einigen Fällen beruhen sogar alle Fragen mehr auf dem Auswendiglernen von Fakten als auf höheren geistigen Prozessen wie Verstehen oder kritisches Denken.

In vielen anderen Ländern dürfte die Situation nicht allzu verschieden sein. Sogar in einigen Ländern, in denen eine große Zahl von Testaufgaben, die sich auf Verstehen von Begriffen oder Anwendung von Kenntnissen beziehen, konstruiert und in standardisierten oder halbstandardisierten Tests benutzt werden, sind die informellen Tests und die Schulprüfungen häufig überwiegend Wissensprüfungen.

Dieser Stand der Dinge, der sich in praktisch allen Teilen der Welt findet, führt bei Erziehern zweifellos zu ernster Besorgnis, da eine Prüfung, die überwiegend auswendig gelerntes Wissen er-

---

[1] Die Ergebnisse wurden veröffentlicht in den Tagungsberichten der Prüfungsausschüsse, die in den Jahren 1964-1966 von der Abteilung für Lehrplangestaltung und Leistungsbewertung des Nationalen Rates für Erziehungswissenschaftliche Forschung und Ausbildung in Zusammenarbeit mit Sekundarschulbehörden einzelner Staaten Indiens abgehalten wurden.

faßt, eine sehr abträgliche Wirkung auf das Unterrichtsgeschehen hat. Eine Prüfung oder ein Leistungstest werden, abgesehen von ihrer Haupteigenschaft als Meßinstrument, auch zu einem Mittel der Beschreibung der erwarteten Lernergebnisse. Obwohl dadurch der Lernerfolg nur indirekt und durch eine Stichprobe von Prüfungssituationen beschrieben wird, ist es geradezu erstaunlich, in wie starkem Maße die Meinung der Schüler über Umfang und Inhalt des Lernens durch Prüfungen bestimmt wird. In Indien beziehen die Schüler ihr Wissen über das, was sie zu lernen und nicht zu lernen haben, mehr aus Prüfungen als aus irgendwelchen anderen Informationsmitteln, wie dem Lehrplan oder sogar den Lehrbüchern. Wenn nun Prüfungen immer wieder übermäßiges Gewicht auf das Auswendiglernen von Fakten legen, ist es in keiner Weise überraschend, daß die Schüler Bildung mit einem Prozeß der Kenntnissammlung identifizieren und dabei den Wert verkennen, den die Bildung für höhere Formen der kognitiven Entwicklung und andere zentrale Aspekte der menschlichen Entwicklung hat.

Viele dieser Wissensprüfungen können eine völlig objektive Form und einen hohen Grad der Reliabilität haben. Aber mit einem hohen Wert eines Leistungstests hinsichtlich statistischer Anforderungen kann bisweilen ein geringer pädagogischer Wert einhergehen; das heißt, der Einfluß von Prüfungen auf den Unterricht, die Arbeitsgewohnheiten eines Kindes und schließlich auch auf den Lehrplan kann sehr negativ sein. Es ist daher bei Leistungstests wesentlich, daß sie nicht nur die statistischen Anforderungen erfüllen, sondern auch einen hohen pädagogischen Wert besitzen.

Den Experten im Bereich der Psychometrik ist es gelungen, überaus wirksame Konzepte, wie Reliabilität, Objektivität und Standardmeßfehler, einzuführen, mit deren Hilfe sich beurteilen läßt, ob ein Test den statistischen Anforderungen genügt, aber es sind bisher keine gleichwertigen Begriffe und Verfahren zur Bestimmung des pädagogischen Wertes eines Tests entwickelt worden. Das scheint einer der Gründe dafür zu sein, daß die leicht zu konstruierenden wissensbezogenen Aufgaben auf dem Gebiet der Leistungstests bei weitem überwiegen und die Bewertung der Entwicklung höherer geistiger Prozesse nicht angemessen berücksichtigt wurde. Das Übergewicht des Faktenwissens in den Testaufgaben wirkte sich negativ auf die höheren und wertvolleren Lehrziele wie Verstehen, Anwendung und kritisches Denken aus, obwohl diese Ziele von den Verantwortlichen für die Lehrplangestaltung immer sehr hervorgehoben wurden. Dieser Aspekt des Leistungstestens ist daher fast zu einem weltweiten erziehungswissenschaftlichen Problem geworden.

Bei der Aufgabenkonstruktion liegt die Betonung auf Form und Inhalt. Demgegenüber wird häufig der geistige Prozeß, der in die Beantwortung der Aufgaben eingeht, nicht als bedeutsame Dimension angesehen, die der Aufgabe zugrunde liegen sollte. Der Aufgaben-Verfasser ist sich dieser Dimension häufig überhaupt nicht bewußt. Ohne durchdachte und sachkundige Bemühungen, Testaufgaben zu konstruieren, die höhere geistige Prozesse wie Verstehen, Interpretieren und analytisches Denken involvieren, entstehen zumeist nur Wissensfragen. Es ist daher notwendig, zwischen Aufgaben-Form und Aufgaben-Zweck zu unterscheiden und nach Verfahren Ausschau zu halten, mit deren Hilfe sich Testaufgaben auf der Grundlage vorher festgelegter Denkprozesse konstruieren lassen.

II. Aufgabenart: Die Form im Vergleich zum Zweck

Testaufgaben werden gewöhnlich nach ihrer Form oder Struktur, wie zum Beispiel 'Auswahlantwortform' oder 'Zuordnungsform' klassifiziert, bisweilen auch nach der Art der Antwort, wie zum Beispiel Aufsatzform oder Kurzantwortform.

Die Struktur einer Aufgabe beherrscht gewöhnlich in sehr starkem Maße das Denken des Aufgaben-Verfassers. Ein weiterer Faktor, der eine bestimmende Rolle bei der Konstruktion einer Testaufgabe spielt, ist der Inhalt oder das zugrunde liegende Stoffgebiet. Ohne Zweifel ist die Form der Aufgabe wichtig und der Inhalt eine wesentliche Grundlage. Gleichermaßen bedeutungsvoll ist es jedoch auch, eine weitere wichtige Grundlage guter Testaufgaben in Betracht zu ziehen, nämlich die Unterrichtsziele. Werden die Unterrichtsziele als Grundlage der Aufgaben-Konstruktion vernachlässigt und basieren die Aufgaben lediglich auf dem Stoffgebiet, so entstehen sehr häufig reine Wissensprüfungen. Es ist daher wesentlich, daß bewußt versucht wird, die Unterrichtsziele als Grundlage heranzuziehen und in verschiedenen Formen und einzelnen Fächern Aufgaben zu konstruieren, die sich als lehrzielbezogene Aufgaben bezeichnen lassen.

Ein Unterrichtsziel ist eine Feststellung über den erwarteten Lernerfolg in einem bestimmten Fachbereich. Jedes Ziel beschreibt klar die Art der Modifizierung oder Änderung, die sich der Intention nach im Lernenden vollziehen soll. Es bezeichnet außerdem den Inhaltsbereich, durch den die gewünschte Änderung angestrebt wird. Die erzielte Änderung kann sich in Wissen, Verstehen, der Fähigkeit zur Anwendung von Kenntnissen, in kritischem und kreativem Denken, manuellen Fertigkeiten, Interessen, Einstellungen usw. zeigen.

Eine lehrzielbezogene Testaufgabe ist eine Aufgabe, die mit dem Ziel konstruiert wird, Informationen über die Leistung des Schülers in bezug auf ein vorbestimmtes Unterrichtsziel oder dessen Spezifizierung zu gewinnen. Da ein Ziel eine Feststellung über den erwarteten Lernerfolg darstellt, ist es einleuchtend, daß Leistungstests und Testaufgaben auf Zielen beruhen sollten. Ein <u>lehrzielbezogener Test</u> ist ein Test, der auf Grund der vorher festgelegten Bedeutung von Unterrichtszielen, die im voraus ausgewählt werden, konstruiert wird.

Man kann einwenden, daß jede Testaufgabe in gewisser Weise lehrzielbezogen ist, da sie irgendein Ziel erfaßt. Doch dies wird zu einer unsicheren Angelegenheit; oft wird erst, nachdem die Aufgabe irgendwie konstruiert ist, herausgefunden, ob sie für ein Lehrziel angemessen ist. Das ist nicht der Zweck einer lehrzielbezogenen Testaufgabe. Hier ist im voraus das Ziel zu bestimmen und der Konstruktion der Aufgabe bewußt zugrunde zu legen. Analog ist es im Falle eines lehrzielbezogenen Tests notwendig, die zu prüfenden Unterrichtsziele auszuwählen, sie vorher zu wichten und danach den Test zu konstruieren. Selbstverständlich müssen auch alle anderen Faktoren, die bei der Testentwicklung zu beachten sind, berücksichtigt werden.

Werden Ziele als wichtige Grundlage für die Konstruktion von Testaufgaben anerkannt, wird die <u>Typologie der Testaufgaben</u> etwas revidiert werden müssen, damit sie sinnvoller wird und ferner, damit diese bedeutsame Dimension der Testkonstruktion zur allgemeinen Anwendung gelangt. Eine Testaufgabe in einem bestimmten Themenbereich kann demzufolge eine "wissensbezogene Aufgabe in objektiver Form" oder eine "anwendungsbezogene Aufgabe in Aufsatzform" usw. sein. Eine derartige zweidimensionale Klassifizierung, die sowohl die Zielbezogenheit wie die Struktur der Aufgabe anzeigt, sollte sich als bedeutungsreicher und nützlicher erweisen.

Zur Veranschaulichung seien die beiden folgenden Aufgaben über das einfache Quecksilberbarometer in der Physik angeführt:

(1) <u>Wissensbezogene Aufgabe in Aufsatzform</u>
Gib an, welche Schritte nacheinander zu befolgen sind, um ein einfaches Quecksilberbarometer zur Bestimmung des atmosphärischen Druckes auf der Erdoberfläche zu verwenden.

(2) <u>Anwendungsbezogene Aufgabe in objektiver Form</u>
Wenn an der Spitze einer Barometerröhre ein Loch gebohrt wird, wird die Quecksilbersäule
A. steigen
B. fallen
C. gleichbleiben
D. Null werden. [2]

Einige weitere Beispiele für zielbezogene Aufgaben werden im folgenden gegeben:

---

[2] Behörde für Sekundarschulbildung in Rajasthan, Item 7, Abschnitt A des Prüfungsbogens in Physik, Staatliche Prüfung vom März 1967 für höhere Sekundarschulen.

Chemie
Anwendungsbezogene Aufgaben mit freier Antwortform
Ziel: Anwendung von Kenntnissen
Spezifizierung: 3) Begründung finden
Themenkreis: Gase
Thema: Eigenschaften von Gasen
Testaufgabe: Sowohl Kohlenstoffdioxyd als auch Stickstoff sind nicht verbrennungsfördernd. Warum aber wird nur Kohlenstoffdioxyd und nicht Stickstoff zum Feuerlöschen verwendet?

Geschichte
Verständnisbezogene Aufgaben in Auswahlantwortform
Ziel: Verstehen
Spezifizierung: Vergleichen und gegenüberstellen
Themenkreis: Das Indien des Altertums
Thema: Religionen
Testaufgabe: Der Hinduismus unterscheidet sich vom Buddhismus und Jainismus hinsichtlich
A. des Karmagesetzes.
B. der Reinheit durch Buße.
C. des Geistes der Duldsamkeit.
D. des Glaubens an Gott.
E. der Lehre von der Wiedergeburt.

Geographie
Anwendungsbezogene Aufgabe in Auswahlantwortform
Ziel: Anwendung von Kenntnissen
Spezifizierung: Herstellen einer Beziehung
Themenkreis: Klima
Thema: Zyklonische Stürme im Golf von Bengalen
Testaufgabe: Es wird gemeldet, daß sich ein starker Zyklon im Dezember in der Nähe von Andamans entwickelt hat. Für welche Häfen ist die Alarmierung am dringlichsten?
A. Rangun
B. Kalkutta
C. Madras
D. Colombo
E. Singapur

---

3) Die Spezifizierung eines Zieles ist eine Feststellung, die das Ziel näher definiert, es damit spezifischer macht und von anderen Zielen unterscheidet. Jedes Ziel läßt sich in vielfacher Weise durch Spezifizierungen definieren, wie später noch veranschaulicht wird. Spezifizierungen sind beim Schreiben zielbezogener Items von Nutzen.

Mathematik
Anwendungsbezogene Aufgabe mit Kurzantwortform
Ziel: Anwendung von Kenntnissen
Spezifizierung: Herstellen einer Beziehung
Themenkreis: Faktorisierung
Thema: Eine bestimmte Art der Faktorisierung
Testaufgabe: Welchen Bedingungen müssen a, b, c und d genügen, damit $ax^3 + bx^3 + cx^3 + d$ und $x^3 + 1$ einen gemeinsamen linearen Faktor haben?

Die Konstruktion und Anwendung lehrzielbezogener Testaufgaben wurde zu einem der zentralen Aspekte einer Reform des Prüfungswesens, die zur Zeit in Indien im Gange ist. Es wurden über 10 000 lehrzielbezogene Testaufgaben in verschiedenen Formen und für die Hauptfächer konstruiert, so daß dadurch ein Reservoir von lehrzielbezogenem Testmaterial entstand. Mehr als 1 000 lehrzielbezogene Tests für Unterrichtseinheiten [4] und ungefähr 100 lehrzielbezogene umfassende Leistungstests wurden als Muster für die Unterrichtsfächer der Sekundarschule entwickelt. Diese Tests und Testaufgaben stellen einen durchdachten Versuch dar, Verstehen, Anwendung, kritisches Denken usw. zu prüfen. In einigen Staaten wurden lehrzielbezogene Leistungstests in externe Prüfungen und in die Schulbewertung eingeführt, die neben Aufgaben, die erworbene Kenntnisse erfassen, einen vorher festgelegten Anteil von Aufgaben für das Verstehen und die Anwendung von Kenntnissen enthielten. Man hofft, daß dieses Verfahren nicht nur die Prüfungen verbessert, sondern auch einen fördernden Einfluß auf das Lehren und Lernen hat.

III. Die Konstruktion von lehrzielbezogenen Aufgaben

Der Vorschlag, Aufgaben für Leistungstests nach vorher festgelegten Lehrzielen zu konstruieren, enthält keineswegs den Anspruch, neu zu sein. In der erziehungswissenschaftlichen Literatur der letzten Jahrzehnte, insbesondere in den Vereinigten Staaten, wurde wiederholt die Notwendigkeit einer Theorie hervorgehoben, die Unterricht und Bewertung an pädagogischen Zielen ausrichtet. In einigen Zentren der U.S.A. und an manchen anderen Stellen bemühte man sich sogar, auf Lehrziele bezogene Bewertungsmittel zu

---

[4] Ein Test für Unterrichtseinheit ist ein kurzer Test, dem eine Unterrichtseinheit in einem bestimmten Fach und ein oder mehrere Lehrziele zugrunde liegen. Die Aufgaben können verschiedene Formen haben. Der Test läßt sich zur Kontrolle, als Hausaufgabe, als Selbstbeurteilungsübung usw. benutzen.

entwickeln. Aber die Idee der lehrzielbezogenen Leistungsfeststellung scheint allgemein keine große Wirkung gehabt zu haben. Einer der Gründe könnte darin liegen, daß das Grundprinzip, sowohl Bewertung wie Unterricht an spezifischen, klar definierten, fachbezogenen Zielen auszurichten, von Erziehern und Prüfern nicht akzeptiert wurde. Dieser Grund scheint jedoch nicht recht einleuchtend, da Ziele und Intentionen immer schon als Leitbilder einer guten Erziehung angesehen wurden. Es hat daher den Anschein, daß das eigentliche Problem nicht in der Anerkennung oder Ablehnung der theoretischen Beziehung zwischen Zielen einerseits und Unterricht und Bewertung andererseits liegt, sondern in der Schwierigkeit, Testaufgaben und Bewertungsmittel für höhere Lehrziele zu konstruieren. Die Konstruktion von Aufgaben für ein Ziel wie die Aneignung von Kenntnissen, das sich auf einfache geistige Prozesse wie Reproduzieren oder Wiedererkennen bezieht, ist eine relativ unkomplizierte Angelegenheit. Demgegenüber ist die Konstruktion guter Aufgaben, mit denen sich die Anwendung von Wissen oder analytisches Denken prüfen lassen, wirklich sehr schwierig und zeitraubend. Die Entwicklung von Testaufgaben zur Erfassung höherer kognitiver Prozesse ist eine kreative Arbeit, die einen hohen Grad an Einfallsreichtum und Findigkeit erfordert. Nicht jeder Lehrer kann ohne weiteres neue Aufgaben für die höheren Ebenen des Denkens konstruieren. Das ist vielleicht ein Hauptgrund dafür, daß lehrzielbezogene Testaufgaben, abgesehen von wissensbezogenen Aufgaben, nicht planmäßig zur allgemeinen Anwendung gelangt sind. Daher ist es wichtig, geeignete und weithin anwendbare Verfahren zur Konstruktion von Testaufgaben, die sich auf Verstehen und verschiedene Arten des Denkens beziehen, zu entwickeln.

In erster Linie ist es wesentlich zu erkennen, daß es einer bewußten und überlegten Anstrengung der Aufgaben-Verfasser bedarf, Aufgaben für höhere kognitive Prozesse zu konstruieren. Bisweilen mag einem eine gute Aufgabe, die eine höhere intellektuelle Fähigkeit wie z. B. kritisches Denken erfaßt, plötzlich in den Sinn kommen; man kann sich aber für die Gewinnung einer ausreichenden Zahl lehrzielbezogener Aufgaben nicht auf solche seltenen intuitiven Ereignisse verlassen. Es ist auch unangemessen, zuerst die Aufgabe zu konstruieren, um dann zu sehen, für welches Lehrziel sie sich am besten eignet. Wenn auch diese Art des Aufgabenschreibens zu begrüßen ist, sofern sich solche intuitiven Einfälle einstellen, etwa während der Lehrtätigkeit, der Ausarbeitung eines Unterrichtsplanes oder beim Lesen von pädagogischer Literatur, so sollte doch ein systematischer Ansatz unternommen werden, um lehrzielbezogene Aufgaben in großer Zahl zu entwickeln. Der Ausgangspunkt beim Schreiben einer lehrzielbezogenen Aufgabe sollte tatsächlich nicht die Aufgabe selbst sein, sondern das Ziel, auf das sie sich beziehen soll. Mit anderen Worten, das Ziel bestimmt die

Richtung des Denkens bei der Konstruktion einer neuen Aufgabe. Dieses Vorgehen ist in der Tat von anderen verschieden, und viele Lehrer und Prüfer sind daran nicht gewöhnt. Daher wird folgendes Modell vorgeschlagen, das den Prozeß der Konstruktion einer neuen Testaufgabe verdeutlicht:

Ein Modell für die Konstruktion von lehrzielbezogenen Testaufgaben

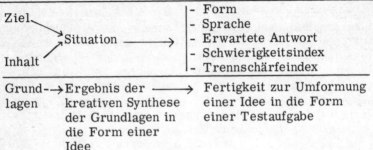

Das Modell zeigt, daß Ziel und Inhalt die beiden Grundlagen sind, die als Ausgangspunkte für die Entwicklung einer neuen Testaufgabe dienen. In einem Leistungstest wird das inhaltliche Thema immer in Betracht gezogen. Das Modell betont besonders das Lehrziel, das die Art der Modifizierung oder Änderung beschreibt, die im Lernenden bewirkt werden sollte. Da das Ziel den einen Ausgangspunkt bildet, ist es im voraus festzulegen. Es ist - genau gesagt - schon vor Beginn des Unterrichts festzulegen, da ein lehrzielbezogener Unterricht einer lehrzielbezogenen Bewertung vorangehen sollte.

Damit eine Testsituation einem Lehrziel gerecht wird, ist es notwendig, die Art, die Grenzen und die spezifischen Elemente des Zieles sehr klar und anschaulich festzustellen. Zu diesem Zweck ist es nützlich, zuerst das Ziel klar und eindeutig zu definieren und danach in Form von sogenannten Spezifizierungen zu analysieren. Nachstehend wird ein Beispiel für ein auf Anwendung gerichtetes Ziel mit seinen Spezifizierungen gegeben.

Ziel: Der Schüler entwickelt eine Fähigkeit, naturwissenschaftliche Kenntnisse auf neue Situationen anzuwenden.

Spezifizierungen: Der Schüler, der die Fähigkeit der Anwendung entwickelt hat, ist in der Lage,
(1) naturwissenschaftliche Erscheinungen zu erklären, indem er Argumente und Gründe anführt,
(2) kausale Beziehungen zwischen naturwissenschaftlichen Prozessen, Erscheinungen usw. herzustellen,
(3) zur Erreichung eines bestimmten Zweckes die geeigneten Mittel zu wählen,

(4) zur Durchführung eines Experimentes alternative Verfahrensweisen vorzuschlagen,
(5) Pläne zur Verbesserung von Instrumenten und Geräten auszuarbeiten,
(6) Fehler oder Mängel an einem Instrument oder in einem Prozeß festzustellen und Berichtigungsvorschläge zu machen, usw.

In ähnlicher Weise sollte der Themenkreis oder Gegenstandsbereich des Fachgebietes, auf den die Aufgabe bezogen wird, klar umrissen werden und zur Konstruktion der Aufgabe ein spezifischer inhaltlicher Aspekt oder ein Thema bestimmt werden. Das kann ein Begriff, ein Konzept, eine Definition, eine Eigenschaft oder ein anderer derartiger inhaltlicher Bestandteil sein. Klares Verstehen und Internalisierung der bei der Aufgaben-Konstruktion zu verwendenden inhaltlichen Bestandteile sind unerläßlich. In dem Fall, wo die Prüfung das Erwerben von Kenntnissen zum Gegenstand hat, werden inhaltlicher Bestandteil und Ziel beinahe zu Synonymen. Der inhaltliche Bestandteil wird jedoch zu einem Mittel oder Medium, wenn das Ziel des Testens höhere kognitive Ebenen involviert.

Der nächste Schritt in diesem Prozeß besteht darin, eine geeignete Testsituation zu finden. Es handelt sich hierbei um eine Idee, die als Ergebnis der kreativen Synthese zwischen dem Ziel und dem zu prüfenden Inhalt entsteht. Um zu einem solchen synthetischen, gedanklichen Ergebnis - einer Testsituation - zu gelangen, ist es wesentlich, Art und Grenzen des Zieles und die verschiedenartigen inhaltlichen Bestandteile des Testgegenstandes zu internalisieren. Die Aussichten für das Auftreten einer solchen Entdeckung sind weitgehend abhängig von dem Grad der Einsicht, die der Aufgaben-Verfasser sowohl in bezug auf das Ziel wie auf den Gegenstandsbereich entwickelt hat. Andere Faktoren können dazu beitragen, daß der Prozeß, relevante Testsituationen möglichst schnell zu finden, erlernt und beherrscht wird, so unter anderem: Übung und Erfahrung im Schreiben lehrzielbezogener Aufgaben, Lehrerfahrung und die Beschäftigung mit einer großen Vielfalt von Testmaterial, das sich auf höhere kognitive Prozesse bezieht.

Wie bereits erwähnt, stoßen Menschen, die mit Kreativität, Einfallsreichtum und Findigkeit begabt sind, und solche, die mit dem Gegenstandsbereich eng vertraut sind, gelegentlich auf ergiebige Testsituationen, ohne sich bewußt darum zu bemühen und ohne einem analytischen Verfahren der Bestimmung von Art und Grenzen höherer Lehrziele zu folgen. Aber ein systematisches, analytisch-synthetisches Vorgehen kann sogar den weniger Begabten dazu verhelfen, auf schnelle Weise eine Vielzahl ergiebiger Testsituationen zu ermitteln - Situationen, die für die gewählten Ziele oder ihre Spezifizierungen und für die Themenbereiche oder ihre Bestandteile relevant sind.

Ist eine geeignete Testsituation oder eine Idee gefunden, so ist die übliche Fertigkeit erforderlich, sie in eine Aufgabenform umzuarbeiten. Der Aufgaben-Verfasser wählt entsprechend der Art der Situation und den Erfordernissen des Gesamttests eine geeignete Form, wie etwa die freie oder die gebundene Antwortform. Er formuliert dann die Aufgabe in einfacher, eindeutiger Sprache und achtet auf die genaue Bestimmung der Antwort sowie auf den erwarteten Bereich der Schwierigkeits- und Trennschärfeindices der Aufgabe. Auf diese Weise wird eine gedankliche Situation gefaßt und zu einer Testaufgabe umgeformt.

IV. Die Entwicklung lehrzielbezogener Tests

Wie wichtig auch immer die Konstruktion von Aufgaben ist, die sich auf höhere Formen des Denkens beziehen, - Aufgaben allein bilden noch keinen Test. Es ist daher die Entwicklung sogenannter lehrzielbezogener Tests notwendig. Ein Leistungstest sucht gewöhnlich den Inhaltsbereich in angemessener Weise zu erfassen. In einem lehrzielbezogenen Leistungstest wird darüber hinaus der Erfassung der Ziele ebenso großer Wert beigemessen wie der des Inhalts.

Um die adäquate Einbeziehung von Zielen in einem Leistungstest zu gewährleisten, sind die folgenden beiden Schritte notwendig:
(1) Die zu prüfenden Ziele sind im voraus auszuwählen.
(2) Das Gewicht, das jedes Ziel erhalten soll, ist in Annäherung im voraus zu bestimmen.

Das kann systematisch erfolgen, indem ein sogenannter Testentwurf entwickelt wird - ein allgemeiner Plan zur Entwicklung von einem oder mehreren Leistungstests der gleichen Dimensionen. Ein Testentwurf enthält unter anderem: ausgewählte Ziele mit ihren Gewichtszahlen, Inhaltsgegenstände mit ihrem Gewicht, Aufgaben-Formen mit ihrem Verhältnisanteil sowie ihrer Zahl, Zeitbegrenzung, ein Schema über die Abfolge in der Anordnung der Aufgaben und gegebenenfalls über die Unterteilung in Abschnitte. Ein Testentwurf ist somit eine umfassende Aufstellung, die die notwendigen Informationen in bezug auf alle Hauptaspekte der Konstruktion, der Herausgabe und sogar der Darbietung eines Tests enthält. Er ist jedoch in dem Sinne ein allgemeiner Plan, als auf Grund eines Testentwurfs eine Reihe spezifischer Pläne, häufig "blue-prints" genannt, für die Konstruktion der Tests angefertigt werden kann. So kann ein Testentwurf zur Konstruktion mehrerer Leistungstests verwendet werden. Alle diese Tests würden beim Testen die gleichen Dimensionen erfassen. Folglich werden sie eine höhere Vergleichbarkeit haben, auch wenn sie nicht ausgesprochene Parallelformen sind. Solche Testentwürfe sollten zu Beginn einer Schulperiode oder eines Kurses in Form eines allgemeinen Testplanes zusammen mit einem allgemeinen Lehrplan für diesen Unterrichtszeitraum angefertigt werden. Testentwürfe sind auch für allgemeine Prüfungen und externe Prüfungen sehr nützlich, da sie eine höhere Vergleichbarkeit gewährleisten. Sie können zu bildungspolitischen Aussagen werden, die sehr zeitig von staatlichen Prüfungskörperschaften zur Beratung und Informierung der Schüler und Lehrer angekündigt werden.

In Indien haben einige Behörden für die Sekundarschulbildung Testentwürfe für die Fächer der staatlichen Prüfungen angefertigt und diese rechtzeitig als Teil eines umfassenden Programms zur Prüfungsreform an die Schulen geleitet. Inzwischen werden Leistungstests auf der Grundlage dieser Entwürfe entwickelt. Die 'blueprints' werden alljährlich geändert, nicht aber die Testentwürfe. Diese würden nur dann geändert werden, wenn in dem relativen Gewicht, das den Testzielen zugeordnet wird, oder im Inhalt oder in bezug auf eine andere Hauptdimension des Testens Änderungen eintreten.

Auf diese Weise wird ein Testentwurf zu einem nützlichen Hilfsmittel, um sicherzustellen, daß die verschiedenen Ziele einschließlich des Verstehens und der höheren Denkprozesse berücksichtigt werden, damit wird eine Vernachlässigung der wertvolleren Ziele im Unterricht wie in der Testanwendung ausgeschlossen. Auch berücksichtigt ein Testentwurf zugleich andere wichtige Aspekte des Testens und dient vielen weiteren Zwecken. Ohne einen solchen systematischen Ansatz der Testkonstruktion wäre zu befürchten, daß die höheren Lehrziele am stärksten vernachlässigt werden. Dieses Problem wurde in Indien bei den staatlichen Prüfungen sehr dringlich. Wo immer es möglich wurde, das System der Testentwürfe mit der genau bestimmten Wichtung der einzelnen Ziele, im besonderen der höheren Ziele, einzuführen, hat sich eine deutliche Verbesserung in der Qualität der Prüfungen ergeben. Ein ähnlicher Plan wurde unlängst vom Erziehungsministerium in Ceylon für die naturwissenschaftlichen Fächer bei den staatlichen Schulabschlußprüfungen eingeführt. Auch hier konnte eine bedeutende Verbesserung in der Qualität der Prüfungen festgestellt werden. Der Testentwurf hat sich somit als ein wirksames Verfahren zur Konstruktion lehrzielbezogener Leistungstests von hoher Qualität erwiesen. In einigen Staaten Indiens wurde eine große Zahl von lehrzielbezogenen Tests für Unterrichtseinheiten entwickelt, die von Lehrern nach Unterrichtung einzelner Unterrichtseinheiten innerhalb eines Kurses durchgeführt werden. Der Einfluß, der von lehrzielbezogenen Unterrichtseinheiten-Tests und umfassenden Leistungstests auf Lehr- und Lernmethoden ausging, ist recht ermutigend.

V. Wert und Grenzen

Die Anwendung lehrzielbezogener Tests in den einzelnen Fachbereichen hat, wie bereits erwähnt, einen hohen pädagogischen Wert. Lehrzielbezogene Tests, die Aufgaben zur Erfassung des Verstehens und höherer Denkformen enthalten, können zu einem fruchtbaren Zusammenwirken von Lehrmethoden und Lernvorgängen einerseits und Testverfahren andererseits führen. Als Ergebnis einer solchen Interaktion können dann lehrzielbezogene Tests höhere Inhaltsvalidität haben, wenn sich höhere Unterrichtsziele in den Lehrmethoden und Lernvorgängen widerspiegeln. In diesem Fall würde die Beziehung zwischen Unterricht und Bewertung verstärkt werden.

Wenn auch die Anwendung lehrzielbezogener Leistungstests mit eindeutigen Vorteilen verbunden ist, so ist doch andererseits noch auf einige Schwierigkeiten und Probleme einzugehen. Zunächst einmal ist es sehr schwierig, eine große Zahl von Aufgaben zu konstruieren, wie sie für Lehrer und Prüfer bei der Erfassung höherer Unterrichtsziele wie Anwendung von Wissen, kritischem Denken und Problemlösen erforderlich sind.

Zu der Übung im Schreiben von Aufgaben in verschiedenen Formen und einem beträchtlichen Zeitaufwand müssen Kreativität und Vorstellungskraft kommen, um lehrzielbezogene Aufgaben in ausreichender Zahl entwickeln zu können. Da die unterrichtenden Lehrer in dieser Hinsicht den größten und häufigsten Bedarf hätten, müßten mit Hilfe einiger gut ausgebildeter und kreativer Experten der betreffenden Fächer große Sammlungen derartiger Testaufgaben und Tests geschaffen werden. Das Material wäre dann für informelle Tests und umfassende Prüfungen zur Verfügung zu stellen. Sogar für die staatlichen Prüfungsausschüsse wären Testsammlungen dieser Art erforderlich. Überdies verlieren Aufgaben, die beispielsweise Anwendung oder kritisches Denken prüfen, wenn sie einmal verwendet und den Schülern bekannt geworden sind, ihre Validität und können zu Wissensaufgaben werden. Zumindest einige Aufgaben werden jedesmal bei Schülern in Umlauf kommen, und damit wird es notwendig, von Zeit zu Zeit neue Aufgaben zu entwickeln, um den Vorrat an Testmaterial wieder aufzufüllen.

Wenn sich die Aufgaben eines Tests auf verschiedene Ziele beziehen, erhöht sich damit die Heterogenität des Tests, und das wiederum kann einen Einfluß auf die innere Konsistenz und Reliabilität haben. Und es mag nicht immer praktikabel sein, die Aufgaben entsprechend den verschiedenen Zielen in Abschnitte zu gruppieren und diese wie verschiedene Untertests zu behandeln. Außerdem kann über den Zusammenhang zwischen einer Aufgabe und dem Ziel, das sie erfassen soll, nur auf Grund von Expertenurteilen entschieden werden und nicht etwa auf einer empirischen Grundlage. Zur Bestimmung der Augenscheinsgültigkeit von lehrzielbezogenen Aufgaben wäre es notwendig, die Mitarbeit solcher Personen zu gewinnen, die nicht nur mit dem Fachgebiet und Testverfahren vertraut sind, sondern die auch Kenntnisse über Art und Grenzen von Lehrzielen haben.

Schließlich können schriftliche Prüfungen nur einen Teil der Unterrichtsziele durch Tests erfassen. Für andere Ziele müssen praktische Prüfungen, mündliche Tests und andere geeignete Verfahren angewendet werden. Diese Verfahren haben Grenzen in bezug auf ihre Objektivität und die Ökonomie ihrer Anwendung. Diese und andere Probleme sind zu erwägen und durch experimentelle Untersuchungen zu lösen, damit der pädagogische Wert von Prüfungen durch die Verwirklichung der lehrzielbezogenen Testanwendung erhöht wird.

VI. Schluß

Die Konstruktion von Testaufgaben zur Erfassung der höheren Ziele des Verstehens und Denkens ist unzweifelhaft eine schwierige Aufgabe, die zumindest im Anfang mit einem hohen Zeitaufwand verbunden ist. Die Notwendigkeit, bei der Aufgaben-Konstruktion eine neue kognitive Gewohnheit anzunehmen, nämlich statt von der Aufgabenform von einem Ziel und seiner Spezifizierung zusammen mit dem inhaltlichen Themenbereich auszugehen, ist zudem mühevoller und mag einen anfänglichen Widerstand gegen die Änderung erzeugen. Wird dieser jedoch überwunden und wird ein Verfahren wie das hier vorgeschlagene entwickelt, um auf Verstehen und verschiedene Arten des Denkens bezogene Testaufgaben in großen Mengen herzustellen, dürften sowohl die statistischen Anforderungen, die an einen Test gestellt werden, als auch der pädagogische Wert von Leistungstests eine höhere Effektivität erreichen.

3.3 J. Douglas Ayers:
Die Entwicklung von Lehrzielbeschreibungen und Testaufgaben

Ein anderer Titel für diesen Bericht könnte lauten "Die Anwendung der Bloomschen Taxonomie auf ein Unterrichtsgebiet oder -fach in lokalem oder nationalem Rahmen", aber abgesehen davon, wie das Thema lautet, würde man annehmen, daß es nicht notwendig sei, die Anwendung und den Gebrauch einer Taxonomie zu erklären. Offenbar ist es aber doch notwendig. Die von Bloom [1] herausgegebene "Taxonomy of Educational Objectives: Cognitive Domaine" wurde 1956 zum ersten Mal veröffentlicht; aber erst in den letzten Jahren findet man bei anderen Autoren Hinweise auf die Taxonomie. Beweise für diese Tatsache liefern zwei kürzlich von Cox und Gordon [2] erschienene annotierte Bibliographien.

In diesem Bericht soll versucht werden, eine Erklärung dafür zu finden, warum die Taxonomie so lange unberücksichtigt blieb. Außerdem soll über Verfahren berichtet werden, die wir in Alberta, Kanada, entwickelt haben, um Lehrern bearbeitete und erweiterte Beschreibungen der Taxonomie von Bloom für eine Reihe von Unterrichtsfächern geben zu können. Diese Beschreibungen stehen jetzt für drei Unterrichtsfächer zur Verfügung; sie wurden von Lehrergruppen und Mitarbeitern der erziehungswissenschaftlichen Fakultät der Universität von Alberta ausgearbeitet.

Den wahrscheinlich überzeugendsten Beweis zur Unterstützung meiner Behauptung über die langsame Durchsetzung der Taxonomie von Bloom liefert das 1956 vom Educational Testing Service als

---

1) Bloom, B.S. (Ed.):Taxonomy of Educational Objectives, Handbook I: Cognitive Domain. New York: Longmans Green, 1956, 207 p.

2) Cox, R.C. and Gordon, J.M.: Validation and Uses of the Taxonomy of Educational Objectives: Cognitive Domain. A Select and Annotated Bibliography, University of Pittsburgh, School of Education, February, 1966, 14 p. (mimeographed)

Cox, R.C.: Validation and Uses of the Taxonomy of Educational Objectives: Cognitive Domain. 8 page addendum. (mimeographed)

Testaufgabenband Nr. 1 von Dressel und Nelson [3] veröffentlichte Buch, das 7000 naturwissenschaftliche Testaufgaben enthält. Die 7000 Aufgaben wurden sowohl 60 inhaltlichen Themenbereichen als auch den Kategorien von Bloom zugeordnet. Wo gab es sonst noch 7000 gebrauchsfertige Aufgaben für $ 25.00 oder die einzelne Aufgabe für 3 1/2 cents? Die Qualität der Aufgaben reichte von gut bis ausgezeichnet. Dieses Unternehmen war jedoch ein kommerzieller Mißerfolg, die letzten Exemplare des Bandes wurden erst 1962 oder 1963 verkauft.

Cox und Gordon haben mit ihren Bibliographien den Versuch unternommen, alle bisher bekannten Hinweise auf den Gebrauch der Taxonomie von Bloom zu registrieren. Der Versuch ist nicht sehr umfassend; die meisten der angeführten Artikel sind allgemein gehalten oder bringen Validierungsuntersuchungen, die die hierarchischen Merkmale der Taxonomie überprüfen. Außerdem bezieht sich eine Reihe von Hinweisen auf unveröffentlichte Berichte. Interessant an der Bibliographie ist, daß die meisten Hinweise auf die Taxonomie aus Berichten stammen, die in den letzten Jahren veröffentlicht wurden. Sie legen die Vermutung nahe, daß es eine ganze Reihe anderer Untersuchungen und Verwendungen der Taxonomie gibt, über die bisher nichts berichtet worden ist. In diesem Bericht werden mehrere solcher unveröffentlichter Berichte erwähnt werden. Außer den von dem "Alberta Department of Education" veröffentlichten [4,5,6] drei Beschreibungen für Sozialwissenschaften und Literatur in der 9. Klasse habe ich nur noch eine andere Bearbeitung der Taxonomie für ein Fachgebiet gefunden. In Zusammenarbeit mit einer Reihe von Lehrern aus Wisconsin hat Sanders [7] eine außerordentlich verständliche Bearbeitung für sozialkundliche Fächer erstellt, deren Titel lautet: <u>Classroom Questions: What kinds</u>?

---

3) Dressel, P.L. and Nelson, C.H.: <u>Questions and Problems in Science</u>. Test Item Folio No. 1. Princeton: The Cooperative Test Division, Educational Testing Service, 1956, 805 p. (out of print)

4) Alberta Department of Education. <u>Summary Description of Grade Nine Science Objectives and Item</u>. Edmonton: The Department, March 1965, 24 p.

5) Alberta Department of Education. <u>Summary Description of Grade Nine Social Studies Objectives and Items</u>. Edmonton: The Department, March 1966, 36 p.

6) Alberta Department of Education. <u>Summary Description of Grade Nine Literature Objectives, Test Items and Blueprint</u>, (First Edition), The High School Entrance Examinations Board, Department of Education, Edmonton, Alberta, February, 1967, (mimeographed) 32 p.

7) Sanders, N.M.: <u>Classroom Questions: What Kinds</u>. New York: Harper & Row, 1966, 176 p.

Da ich die Taxonomie eingehend verwendet habe, bin ich oft darüber erstaunt, wie lange es dauert, bis sie von Experten auf dem Gebiet der Meßtechnik, von Schulbehörden und Lehrern verwendet wurde. Ich fand die Taxonomie außerordentlich nützlich, weil es mit ihrer Hilfe gelang, Studenten in der Lehrerausbildung schriftliche objektive Tests erstellen zu lassen, die eine Vielzahl von Lehrzielen messen, während die Testaufgaben vor Anwendung der Taxonomie fast nur Anforderungen an das Wissen stellten. Wenn man das Prinzip, auf dem die Hierarchie beruht, und die Definition der Kategorien untersucht, stellt man fest, daß sie sinnvoll sind im Hinblick auf das, was wir gegenwärtig über kognitives Lernen und Entwicklungspsychologie wissen. Eine faktorenanalytische Untersuchung der Aufgaben eines Leistungstests zeigte, daß die Klassifikationen der Taxonomie etwas revidiert werden könnten, daß aber der prinzipielle hierarchische Aufbau der Taxonomie wahrscheinlich vorerst keine wesentlichen Veränderungen erfordern wird (Ayers) [8]. Meiner Meinung nach lassen Lehrer, Schulbehörden und Experten, die sich mit Lehrplanentwicklung befassen, eine Möglichkeit außer acht, die Qualität des Unterrichts und der Beurteilungen zu verbessern, wenn sie keine spezifischen Fachorientierungen der Lehrziele und Testaufgaben vornehmen.

Probleme im Zusammenhang mit der Vorbereitung von Beschreibungen

Es gibt zwei Gesichtspunkte, die bei der Entwicklung von Lehrziel- und Aufgabenbeschreibungen geklärt werden müssen, da sie für das, was später erörtert wird, bedeutsam sind. Es geht um den angemessenen Grad der Spezifizierung von Lehrzielen und um die Gefahr, das Unterrichten einzuengen, wenn Lehrziele in Verhaltensbegriffen spezifiziert und durch Fragen und Aufgaben veranschaulicht werden.

Heute wird uns häufig empfohlen, spezifische Verhaltensziele zu definieren, aber wie soll das geschehen? Krathwohl [9] unterscheidet sehr deutlich zwischen drei Haupttypen von Lehrzielen. Die üblicherweise in Unterrichtskursen oder im Lehrplan aufge-

---

[8] Ayers, J.D.: Justification of Bloom's Taxonomy by Factor Analysis. (Accepted for publication, Journal of Educational Measurement, 1967.)

[9] Krathwohl, D.R.: Stating Objectives Appropriately For Program, For Curriculum, and For Instructional Materials Development. Journal of Teacher Education, Vol 16, No. 1, March 1965, p. 83-92

führten Ziele sind sehr allgemein gehalten, und zwar sowohl in der Einleitung zum Lehrplan als auch in den einzelnen Stoffgebieten. Diese Lehrziele sind vage, weil es selbst schon auf lokaler Ebene schwierig ist, sich über die Methoden zu einigen, mit denen allgemeine Ziele angestrebt werden sollen. Jeder wird der Meinung zustimmen, daß wir "gute Staatsbürger" erziehen sollten, aber können wir uns darüber einigen, wie wir dabei am besten vorgehen? So allgemeine Feststellungen über Ziele entsprechen einem wichtigen Bedürfnis, sie sind aber für den Lehrer völlig unzureichend, der das erwünschte Schülerverhalten für Unterrichts- und Bewertungszwecke in objektiveren Begriffen beschreiben muß. Krathwohl schlägt vor, daß Ziele für diese Zwecke einen mittleren Spezifikationsgrad haben sollten, wie die Beschreibungen in den Taxonomien von Bloom oder Krathwohl 10) zeigen. Der Grund, warum ein mittlerer Spezifikationsgrad gewählt werden sollte, wird unten noch ausführlicher erläutert werden. Genau spezifizierte Lehrziele, wie sie in Zusammenhang mit programmiertem Unterricht und Computer unterstütztem Unterricht angewandt wurden, um das Endverhalten zu beschreiben, repräsentieren den dritten Typ. Diese Beschreibungen spezifizieren üblicherweise nicht allein die Lehrziele, sondern auch sehr ausführlich Inhalt und Leistungsgrad. Solche Beschreibungen können im programmierten Unterricht für die Erstellung von Sequenzen nützlich sein, sie engen jedoch die Planung der Ziele des Unterrichts und der Bewertung zu sehr ein.

Viele von uns kennen die Kritik, die man oft in populären Zeitschriften und Zeitungen finden kann und die auch häufig von Lehrern geäußert wird, daß externe Prüfungen und standardisierte Tests die Freiheit des Lehrers einschränken, ein Fach um seiner selbst willen zu lehren. Solche Kritik wird außerdem noch auf Unterrichtskurse und vorgeschriebene Lehrbücher ausgedehnt. Man behauptet, daß Schüler und Lehrer sich auf externe Tests und Prüfungen vorbereiten müssen - als wenn dies von vornherein etwas Schlechtes wäre. Dabei wird übersehen, daß sich die Schüler in jedem Fall auf eine Prüfung vorbereiten, allerdings auf die vom einzelnen Lehrer erstellte und nicht auf eine allgemeingültige. Es gibt weiterhin noch die verschiedensten Argumente, die sich auf das Lernen schlechter Arbeitsgewohnheiten, auf das Auswendiglernen usw. beziehen. Diese Kritik trifft nicht den eigentlichen Sinn der Tests, die ja die Lern- und Unterrichtseffektivität im Vergleich zu vorgegebenen Zielen feststellen sollen. Es ist überraschend, daß diejenigen, die die stärkste Kritik üben, seien es Lehrer oder Universitätsprofessoren, allgemein Tests und Prüfungen durchführen, die die intellektuelle Entwicklung eines Schülers viel stärker einschrän-

---

10) Krathwohl, D.R.: et al. Taxonomy of Educational Objectives, Handbook II: Affective Domain. New York: David McKay, 1964, 196 p.

ken, als es die meisten in den letzten Jahren entwickelten externen Prüfungen tun. Lehrer und Professoren haben mit der fortschreitenden Entwicklung nicht Schritt gehalten. Tatsächlich würde ein Vergleich der in Alberta benutzten Beschreibungen von Lehrzielen und Testaufgaben aus naturwissenschaftlichen und sozialkundlichen Fächern mit den für den Staat geltenden externen Examen zeigen, daß die Lehrer erhebliche Freiheit haben, ein Fach in ihrer Art zu unterrichten.

Mindestens 60 % der Aufgaben messen in den intellektuellen Fertigkeits- und Fähigkeitskategorien Ziele, die nicht direkt durch den Lehrer vermittelt werden können. Außerdem sind viele Lehrzielbeschreibungen in den Wissenskategorien von Bloom nicht völlig spezifiziert, so z. B. die Kategorie 1.20 von Bloom "Kenntnisse über Möglichkeiten und Mittel im Umgang mit Gattungsbegriffen", die sich mit der Kenntnis von Begriffen, Abstraktionen sowie ihren Anwendungen befaßt. Die Tafeln 1 und 2 im Anhang zeigen, daß die Beschreibungen der Lehrziele und Aufgaben nicht Vorschriften, sondern Erläuterungen sein sollen. Mehr als das betont die Einleitung zu diesen Beschreibungen (hier nicht angeführt), daß die beste Vorbereitung auf die Prüfung darin besteht, "Wissenschaft um ihrer selbst willen zu lehren". In der Einleitung zu diesen Beschreibungen wird außerdem darauf hingewiesen, daß die komplexen Fähigkeiten in den höheren Kategorien des kognitiven Bereichs höher entwickelte Lernerfahrungen erfordern als die bloße Übermittlung der richtigen Version einer Idee oder Abstraktion. Weiter wird darauf hingewiesen, daß im Unterricht die höheren geistigen Prozesse betont werden müssen, falls sie in bedeutendem Maß erworben werden sollen. Die Lehrer werden wiederholt aufgefordert, die innerhalb einer Disziplin bestehenden einheitlichen Grundsätze herauszuarbeiten, sich um genaue und sorgfältige Definitionen zu bemühen, die zwischen verwandten Begriffen und Abstraktionen bestehenden Ähnlichkeiten und Unterschiede hervorzuheben und die Schüler neue Lehrsätze in ihren eigenen Worten nachformulieren zu lassen. Die Lehrer werden ferner aufgefordert, die Denkvorgänge der Schüler zu fördern, indem sie die Schüler darin unterstützen, die den neuen Lehrsätzen zugrundeliegenden Annahmen zu erkennen und in Frage zu stellen, sowie die Schüler zwischen Tatsachen und Hypothesen oder zwischen richtigen und falschen Schlußfolgerungen unterscheiden zu lassen. Es sollte beachtet werden, daß fast alle diese Beschreibungen freie Wiedergaben von Zielen sind, die in der Taxonomie unter "Intellektuelle Fertigkeiten und Fähigkeiten" zu finden sind, die Verständnis, Anwendung, Analyse, Synthese und Bewertung einschließen. Die Tafeln 3, 4, 5 und 6 im Anhang bringen einige Beispiele von Lehrzielen und Testaufgaben für die komplexen intellektuellen Fertigkeiten und Fähigkeiten. Lassen Sie mich anhand einiger weniger Aufgaben, die aus einer externen Prüfung stammen, zeigen, vor welchen Schwierigkeiten Schüler und Lehrer ständen, wenn sie sich direkt auf die Prüfung vorbereiten wollten. Die Aufgabenbeispiele finden sich im Anhang in den Tafeln 7 und 8. Diese wenigen Beispiele aus den in Alberta erstellten Beschreibungen können vielleicht einige Verwendungsmöglichkeiten andeuten. Der High School Examination Board in Alberta nahm an, daß die veröffentlichten Beschreibungen nicht nur die Qualität der externen Prüfungen verbessern würden, sondern auch direkte und erwünschte Auswirkungen auf den Unterricht und auf die Leistungsmessungen haben würden.

Verfahrensweisen für die Entwicklung von Beschreibungen im Rahmen einer Taxonomie

Auf der Grundlage der Erfahrungen, die bei der Entwicklung der Beschreibungen in Alberta gewonnen wurden oder anderweitig veröffentlicht sind, lassen sich bestimmte allgemeine Richtlinien aufstellen, die hilfreich sein können, wenn Lehrergruppen oder -komitees, Spezialisten auf dem Gebiet der Meßtechnik und Experten in bestimmten Unterrichtsfächern angemessene Lehrziel- und Aufgabenbeschreibungen erstellen.

1. Die Komitees sollten für die Beschreibungen ein Konzept besitzen, das z. B. von einer Gruppe von Lehrern erstellt worden ist, die in der betreffenden Unterrichtsdisziplin viel Fachwissen besitzen oder die bereits in einem anderen Fach, so wie es beschrieben und veranschaulicht wurde, ein bestimmtes Modell entwickelt haben.

Es sollte beachtet werden, daß Modelle zwar sehr nützlich sind, sie können aber, wenn sie zu detailliert sind oder zu strenge Vorschriften enthalten, einen hemmenden Einfluß auf die Bearbeitung ausüben. Eine Gruppe von Lehrern, die mit der "Alberta Grade Nine Science Description" vertraut war, machte z. B. den Vorschlag, die Lehrziele innerhalb jeder Hauptkategorie zu gewichten (Mason) [11]. Es mangelte ihnen auch nicht an Vorstellungsfähigkeit, den Gedanken des zugrundeliegenden Themas in literarischen Werken auf verschiedenen Ebenen der Taxonomie anzuwenden. Eine solche Adaption erscheint als unangemessener Versuch, sowohl Aspekte der inhaltlichen als auch der syntaktischen Struktur literarischer Werke in die Beschreibung selbst einzubeziehen. Derartige Neuerungen sind nur unter der Voraussetzung bedeutsam, daß sie die von Bloom intendierte hierarchische Organisation der Lehrziele erhalten.

---

[11] Mason, Geoffrey (Ed.): <u>Statement of Objectives and Items, English 10 Literature</u> University of Victoria, Faculty of Education, September, 1966, 18 p.

2. Das Komitee sollte über einen Experten auf dem Gebiet der pädagogischen Meßverfahren verfügen. Um die Gedanken, die der Taxonomie von Bloom zugrundeliegen, verstehen zu können, braucht man Erfahrungen, die man am besten in einem Kursus über pädagogische Meßverfahren gewinnt, in dem die Taxonomie von Studenten zum Erstellen, Analysieren und Überprüfen von Testeinheiten verwendet wird. Die hierdurch gewonnenen Erfahrungen liefern die notwendige Grundlage zur Klärung der Feinheiten bei der Abgrenzung der Kategorien und der Unterscheidung zwischen Kategorien - insbesondere bei aneinandergrenzenden Kategorien.
3. Ein Komiteemitglied muß die inhaltlichen und formalen Strukturen der jeweiligen Disziplin kennen und gewisse Kenntnisse oder Erfahrungen auf dem Gebiet der pädagogischen Meßverfahren haben. Diese Person wird wahrscheinlich am ehesten an einer Universität zu finden sein.
4. Mehrere Komiteemitglieder sollten Erfahrung im Formulieren und Überarbeiten der Fragen und Aufgaben besitzen. Mitarbeiter die bereits auf dem Gebiet der Lehrplanentwicklung oder -revision gearbeitet haben, könnten nützliche Komiteemitglieder sein. Eine weitere Warnung soll an dieser Stelle eingefügt werden. Modelle können zu übermäßiger Gliederung führen, und das Komitee kann in seiner Arbeit durch zu viele Hilfen eingeengt werden. Die Hauptaufgabe des Vorsitzenden besteht darin, Erklärungen und Erläuterungen zu geben und die Arbeit anzuregen. Am Anfang meinen die Komiteemitglieder meistens, daß nur geringe Fortschritte erzielt werden, insbesondere dann, wenn kein Modell vorhanden ist. Daraus ergibt sich, daß der Experte auf dem Gebiet der pädagogischen Meßverfahren nicht nur Erklärungen, Erläuterungen und Anregungen zu geben hat.

Einige zusätzliche Beobachtungen

Es ist schwierig festzustellen, inwieweit Abweichungen von der Taxonomie Blooms bedeutsame Veränderungen oder Verbesserungen darstellen. Trotzdem sollten sowohl einzelne als auch Gruppen angeregt werden, mit der Taxonomie zu experimentieren und neue Kategorien und Kombinationen zu schaffen. Gegenwärtig kann nicht genau festgestellt werden, ob bedeutsame Verbesserungen erzielt worden sind. Lassen Sie mich auf einige wenige Bearbeitungen Bezug nehmen und sie kurz kommentieren.
1. Die Gruppe der "Biological Sciences Curriculum Study" (Klinckman) [12] nahm in den höheren Kategorien Blooms recht gewaltsame

---

[12] Klinckman, E.: The BSCS Guide for Test Analysis. BSCS Newsletter, No. 19, September, 1963, p. 17-21.

und unnötige Veränderungen vor. Es ist schwierig, einen Universitätsabsolventen im Fach Biologie zu finden, der die Taxonomie von Bloom kennt und die Bearbeitung verteidigt. Es scheint, daß die BSCS-Gruppe Bloom nicht ganz verstanden hat.

2. Die "School Mathematics Study Group" hat eine sehr interessante Bearbeitung der Taxonomie vorgelegt, die zumindest bei der ersten Betrachtung sinnvoll erscheint (Romberg) [13]. Bevor eine endgültige Bewertung ihrer Angemessenheit vorgenommen werden kann, müssen die Lehrziele und die Testaufgaben jeder Kategorie beschrieben werden.

3. Die Taxonomie von Bloom ist weitgehend im "Project Talent" in Kalifornien verwendet worden. Es wurden sechs 30-Minuten-Filme hergestellt, die zeigten, wie die Lehrer die Lehrziele jeder Hauptkategorie verwenden.

4. Die Tafel 9 im Anhang zeigt, wie eine Gruppe aus Grossmont, Kalifornien, die Bedeutung der Kategorien von Bloom erweitert und Vorschläge darüber ausgearbeitet hat, wie die Taxonomie für den Unterricht und für die Leistungsfeststellung verwendet werden kann.

5. Aus Portland, Oregon, hat Doherty [14] über ein Carnegie Projekt berichtet, das die Lehrer anregen sollte, die Taxonomie bei der Erstellung von Handbüchern zum Lehrplan zu verwenden. Die Spalte "Begleitende Lehrziele" wurde offenbar hinzugefügt, um die Vielfalt der Lehrziele - einschließlich solcher aus dem affektiven Bereich - zu zeigen, die ein Lehrer in einer Unterrichtseinheit berücksichtigen sollte. Beispiele für diese "Begleitenden Lehrziele" finden sich im Anhang in Tafel 10. Es scheint, als habe diese Gruppe, deren Arbeit hier geschildert wurde, weder den hierarchischen Aufbau der Taxonomie verstanden, noch gesehen, wie wichtig es ist, Inhalte und Ziele zu trennen. Sie haben Inhalte und Ziele vermengt und versäumt, die Ziele klar zu spezifizieren. Was sie getan haben, bestand lediglich darin, die wesentlichen Begriffe, Themen, Beziehungen und Prinzipien - die inhaltliche Struktur aufzuzeigen, ohne Zweifel wünschenswert in der Vorbereitung von Unterrichtsplänen.

Das Ziel dieses Berichtes war es, Informationen und Bezugspunkte zu liefern, um andere Experten auf dem Gebiet der pädagogischen Meßverfahren, die die Taxonomie von Bloom kennen, anzu-

---

[13] Romberg, T.A.: <u>Development of Mathematics Achievement Tests for the National Longitudinal Study of Mathematical Abilities</u>, 1966. (mimeographed report)

[14] Doherty, V.W.: <u>Objectives Revisited</u>. Administrative Research Department, Portland School District No. 1, Portland, Oregon. (report) Presented California Test Bureau Institute, Anaheim, California, April 12, 1967.

regen, Beschreibungen von Lehrzielen und Testaufgaben zu entwikkeln, die den jeweiligen Bedingungen und Bedürfnissen entsprechen. Bevor nicht nachgewiesen werden kann, daß Blooms Taxonomie unangemessen ist, sollte sie in ihrer bestehenden Form oder mit geringen Änderungen benutzt werden. Das sollte in der Absicht geschehen, die Zusammenarbeit zu verbessern und ein allgemeines Begriffsmodell für die Forschungen zum Verlaufsprozeß des Lernens zur Verfügung zu haben.

Anhang

Tafel 1: 9. Klasse. Naturwissenschaftliche Lehrziele und Aufgaben für die Kategorie "Kenntnisse über Möglichkeiten und Mittel"

Einige Lehrziele

1. Erkennen, wann eine gegebene Messung den Grad an Genauigkeit hat, den die Art des Problems erfordert, z. B. die Regel, Zahlen auf- und abzurunden.
2. Erkennen von kausalen Zusammenhängen in einer Reihe von spezifischen Ereignissen, wie z. B.: Welches Ventil ist offen, wenn sich der Kolben einer Saugpumpe abwärts bewegt?
3. Wiedererkennen der Art eines Vorganges, z. B. Umwandlung von Energie bei Verdampfung von Wasser.
4. Wiedererkennen oder sich erinnern an Klassifikationen, die physikalische und chemische Phänomene strukturieren und systematisieren, wie z. B. Arten der Energie oder Klassen von Verbindungen.
5. Kenntnis der Beurteilungskriterien für die Angemessenheit eines Experiments.
6. Kenntnis der Herstellungsverfahren von Sauerstoff im Laboratorium oder der trockenen Destillation von Kohle.

Einige Aufgaben

1. Man bezeichnet magnetische Pole gewöhnlich mit
   A. + und -
   B. rot und blau
   C. Nord und Süd
   D. Anode und Kathode

2. Wenn man ein Auto durch Bremsen zum Halten bringt, bedeutet das eine Umwandlung der
   A. potentiellen Energie in kinetische Energie
   B. potentiellen Energie in Wärmeenergie
   C. kinetischen Energie in potentielle Energie
   D. kinetischen Energie in Wärmeenergie
   E. Wärmeenergie in kinetische Energie

Bei den Aufgaben 3 - 6 handelt es sich um einfache Maschinen. Suche für jede Aufgabe anhand des Lösungsschlüssels den dargestellten Maschinentyp heraus.
Schlüssel:
A. Hebel
B. Schiefe Ebene
C. Rolle
D. Rad und Achse
E. Schraube

3. Rampe
4. Flaschenzug
5. Menschlicher Arm
6. Rotierender Eischläger

Die verschlüsselten Antworten lauten: 3 (B), 4 (C), 5 (A), 6 (D).

Tafel 2: 9. Klasse. Sozialkundliche Lehrziele und Aufgaben für die Kategorie "Kenntnisse der Möglichkeiten und Mittel".

Einige Lehrziele

1. Kenntnis der relevanten Symbole und Zeichen auf Landkarten.
2. Kenntnis von Entwicklungen und deren Folgen, wie z. B. bei der Entwicklung einer verantwortlichen Regierung in Kanada.
3. Kenntnis von Ursache- und Wirkungszusammenhängen, wie z. B. die sozialen Auswirkungen der industriellen Revolution.
4. Erkennen bzw. Erinnern von grundlegenden Klassifikationen, Einteilungen und Anordnungen, z. B. von verschiedenen Formen von Regierungen oder wirtschaftlichen Unternehmungen.

5. Kenntnis der Kriterien, anhand derer Tatsachen und Grundsätze überprüft oder beurteilt werden, z. B. der Faktoren, die das Klima beeinflussen.
6. Erkennen bzw. Erinnern der in den Sozialwissenschaften verwendeten Untersuchungsmethoden, -techniken und -verfahren zur Erforschung einzelner Probleme und Phänomene, z. B. Methoden der graphischen Darstellung.

Einige Aufgaben

1. Ordne jedes Symbol aus der rechten Spalte dem entsprechenden Begriff in der linken Spalte zu.

Begriff	Symbol
A. Isotherme	1.
B. Isobare	
C. Schnee	2.
D. Regen	3.
E. Wind	
F. Wolken	4.

Schlüssel: (1) A (2) F (3) C (4) B

2. Auf Grund der 'Nord-West-Rebellion' neigte die föderalistische Politik in Kanada zum
   A. Konservatismus
   *B. Liberalismus
   C. Annexionismus
   D. Separatismus

3. Der Faktor, der auf den Ausbruch der Industriellen Revolution in England den geringsten Einfluß ausübte, war ...
   A. die Verfügbarkeit von Kapital
   B. das Vorhandensein von Rohstoffen
   *C. die Planung durch die Regierung
   D. das Arbeitsangebot

Tafel 3: Beispiele für Aufgaben der Kategorie "Anwendung und Analyse" [15]

Die folgenden Angaben enthalten einige der grundlegenden Prinzipien, auf denen unsere föderalistische Regierung aufgebaut wurde:
- A. Das Mehrheitsprinzip.
- B. Die föderalistische Regierung ist primär nur für ganz bestimmte Bereiche zuständig.
- C. Verantwortliche Regierung.
- D. Andere Prinzipien, die oben nicht erwähnt sind.

Gib erstens für jeden der folgenden Tatbestände (Aufgaben 9 bis 12) an, welches Prinzip zugrundeliegt. Wenn keines der oben genannten Prinzipien in Frage kommt, streiche D an. Gib zweitens an, ob der Tatbestand dem jeweiligen Prinzip entspricht oder nicht; streiche hier entweder E oder F an,
- E - bei Übereinstimmung mit dem Prinzip
- F - bei Widerspruch mit dem Prinzip

9. Mr. Pearson ist als Vorsitzender der Liberalen Partei Premierminister.
10. Die föderalistische Regierung ermöglicht eine Arbeitslosenversicherung.
11. Die föderalistische Regierung verlangt Verbrauchersteuern.
12. Der Generalgouverneur kann den Vorsitzenden der Opposition ersuchen, eine Regierung zu bilden.

Lösungen: (9) A, F (10) B, F (11) B, E (12) D, E

---

[15] Der folgende Aufgabenblock ist nur ein Beispiel für die beinahe unbegrenzte Vielfalt von Aufgaben, die für informelle Tests erstellt werden können. Solche Aufgabenblöcke sind für externe Prüfungen weniger geeignet, da ihre Beantwortung zwei Lösungsschritte erfordert und einige Aufgaben mehrere Interpretationen zulassen können. Sie liefern jedoch eine ausgezeichnete Grundlage für die Messung von Verständnis, Anwendung und Analyse. Sie dienen außerdem als Grundlage für Unterrichtsdiskussionen. Bei diesem Aufgabenblock erfordert der erste Schritt die Anwendung (von Wissen), der zweite Schritt eine Analyse.

Tafel 4: Beispiele für Aufgaben der Kategorie "Anwendung"

Einige Aufgaben

Betrachte die Karte des imaginären Kontinents und verwende Deine Geographiekenntnisse zur Beantwortung der untenstehenden fünf Fragen.

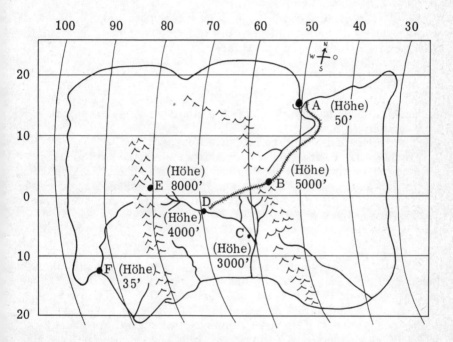

Wähle den entsprechenden Buchstaben aus der Karte, um jede der folgenden Angaben zu vervollständigen:
1. Die größte jährliche Niederschlagsmenge tritt bei ... auf.
2. Die geringste jährliche Niederschlagsmenge tritt bei ... auf.
3. Die niedrigste durchschnittliche Jahrestemperatur tritt bei ... auf.
4. Bananenplantagen gibt es bei ...
5. Das Zentrum der Viehzucht befindet sich bei ...

Schlüssel: (1) A (2) F (3) E (4) A (5) D

Tafel 5: Beispiele für das Lehrziel "Synthese" und für sozialkundliche Aufgaben

Einige Ziele

1. Bei einem Vortrag oder in einem Gespräch Material auswählen, in Beziehung setzen und organisieren.
2. Zu einer Diskussion Material aus eigener Erfahrung beitragen.
3. Anfertigung eines Aufsatzentwurfes.
4. Planung einer Hörfolge, einer Fernsehsendung, eines Gruppengespräches oder einer Exkursion.
5. Vorschläge liefern zur Überprüfung von Hypothesen.
6. Formulieren von Hypothesen, um in Beziehung stehende soziale Ereignisse oder Daten zu erklären.

Einige Aufgaben [16]

1. Entwirf ein Wandgemälde, das die ethnische Abstammung der Kanadier symbolisiert!
2. Untersuche und erläutere folgende Aussage!
"Handel findet auf Grund von Nachfrage statt. Diese Nachfrage variiert entsprechend den Unterschieden zwischen den Menschen, ihren Wünschen und Fähigkeiten. Handel ist außerdem von verschiedenen geographischen Faktoren abhängig, von Bodenschätzen, ihrer Lage und Zugänglichkeit."

Schlüssel für 2

Der Austausch überschüssiger Waren ist unter dem Begriff Handel bekannt. Im Handel geben die einzelnen Länder eigene Überschüsse ab und erhalten Bedarfs- und Luxusartikel. Kein modernes Land verfügt selbst über alle jene Produkte, für die eine Nachfrage besteht, deshalb ist der Handel zu einer Notwendigkeit geworden.

Die Menschen einer Nation besitzen großen Einfluß auf den Handel. Es muß in der Bevölkerung der Wunsch bestehen, bestimmte Bedarfs- und Luxusartikel zu erwerben, die im eigenen Land nicht produziert werden können. Ferner muß eine Nation über das technische Wissen und die Fertigkeiten verfügen, um vorhandene Bodenschätze zu fördern und, wenn möglich, zu solchen fertigen Produkten zu verarbeiten, die vom Handel am meisten benötigt werden.

---

[16] Es ist außerordentlich schwierig, objektive Aufgaben zu formulieren, die "Synthese" und "Bewertung" messen. Bloom liefert einige zusätzliche Beispiele.

Tafel 6: Beispiele für das Lehrziel "Synthese" und für sozialkundliche Aufgaben

Die ausgeprägten klimatischen und geographischen Unterschiede sowie unterschiedliche Bodenschätze zwischen den einzelnen Landschaften bewirkten regionale Unterschiede in der menschlichen Tätigkeit und in den erzeugten Produkten.

Da bestimmte klimatische Bedingungen ganz bestimmte Beschäftigungsarten begünstigen, treten regionale Spezialisierungen auf.

Die Nähe des Wassers sowie andere Transportmöglichkeiten unterstützen den Handel. Die Entfernung eines Landes von anderen Handelszentren fördert oder behindert den Handel. Demgemäß besitzt Kanada eine ideale geographische Handelslage, da es sowohl an der Ost- als auch an der Westküste über gute Häfen verfügt, die für Europa und für Asien leicht zugänglich sind. Der Handel ist weiterhin von der Erschließung der Bodenschätze sowie von der Ein- und Ausfuhrpolitik eines Landes abhängig.

3. Die beste Möglichkeit, die Behauptung "Die Bindungen, die die OAS (Organization of American States) zusammenhalten, werden schwächer" zu überprüfen, besteht darin,
   A. die Anzahl der Mitglieder des Jahres 1965 mit der des Jahres 1955 zu vergleichen.
   B. die Veränderungen zu untersuchen, die sich in den Äußerungen der kanadischen Regierung über die OAS finden lassen.
   C. die Wirkung des Einflusses von Castros Regime auf Umsturzversuche in anderen lateinamerikanischen Ländern zu untersuchen.
   D. den Trend zu beobachten, der sich in Schlichtungsversuchen bei Streitigkeiten zwischen Mitgliedsländern zeigt.
4. Triff Vorbereitungen für eine Klassendiskussion über den Vorschlag Bolivars, daß sich die spanischsprechenden Länder zusammenschließen sollten, um die Vereinigten Staaten von Südamerika zu bilden. Es kann ein Schüler bestimmt werden, der die Rolle Bolivars übernimmt; andere Schüler können die verschiedenen südamerikanischen Länder vertreten. Dem Schüler, der die Rolle Bolivars übernimmt, solltest Du einige Argumente zugunsten der vorgeschlagenen Föderation liefern, den anderen Schülern einige Argumente, die gegen die Föderation sprechen.

Schlüssel für 4
Diese Übung erfordert eine Synthese der Standpunkte der lateinamerikanischen Länder nach der Niederlage der Spanier und der Befrei-

ung aller südamerikanischen Staaten von der spanischen Herrschaft im Jahre 1824.

Bei der Planung der Diskussion in Form eines Rollenspiels müßte zuerst eine Rahmenerläuterung gegeben werden: die Stadt Panama im Jahre 1826, kurz nach der endgültigen Befreiung. Simon Bolivar tritt für die Vereinigung der Länder ein, um die Vereinigten Staaten von Südamerika zu schaffen.

Tafel 7: 9. Klasse. Aufgabenbeispiele aus den Naturwissenschaften

51. Dem Vorgang der mechanischen Kälteerzeugung liegt folgendes Prinzip zugrunde:
    A. Verdampfen ist ein Abkühlungsprozeß.
    B. Abkühlung tritt dann ein, wenn sich Dampf gegen die Zugkräfte, die zwischen den Molekülen bestehen, ausdehnt.
    C. Das Volumen einer bestimmten Gasmenge und der Gasdruck sind umgekehrt proportional.
    D. Keines der obengenannten Prinzipien läßt sich auf Kühlanlagen anwenden.

52. Die Luft, die aus dem Ventil eines Autoreifens entweicht, wird kälter als die Luft der Umgebung empfunden, weil
    A. die Luft die Feuchtigkeit auf der Hand kondensiert.
    B. die Luft beim Ausdehnen Wärme aufnimmt.
    C. die Luft im Reifen kälter ist.
    D. kräftige Luftströme als kalt empfunden werden.

53. Welche der unten angeführten Bedingungen erhöht die Verdampfungsgeschwindigkeit des Wassers nicht?
    A. Das Wasser wird in ein Gefäß mit größerem Durchmesser geschüttet.
    B. Der Feuchtigkeitsgehalt der umgebenden Luft wird erhöht.
    C. Der Druck über der Wasseroberfläche wird vermindert.
    D. Die Molekularbewegung des Wassers wird erhöht.

54. Die Wärmemenge, die benötigt wird, um die Temperatur von 50 Liter Wasser von 40° C auf 80° C zu erhöhen, beträgt
    A. 40 kcal.
    B. 200 kcal.
    C. 20 kcal.
    D. keine dieser Angaben trifft zu.

Unten siehst Du die Zeichnung eines Wasserbehälters, in dem sich
an den Stellen W, X, Y und Z jeweils ein Thermometer befindet.
Die Temperatur des Wassers beträgt 70° F. Wie auf der Abbildung
zu sehen ist, wird in diesen Wasserbehälter noch ein Stück Eis getan. (Benutze diese Abbildung für die Beantwortung der Fragen
55 - 57!)

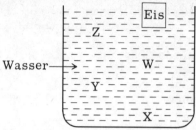

55. Welches Thermometer in der Zeichnung zeigt zuerst einen Tem-
    peraturabfall an?
    A. W
    B. X
    C. Y
    D. Z

56. Welches Thermometer in der Zeichnung zeigt zuletzt einen
    Temperaturabfall an?
    A. W
    B. X
    C. Y
    D. Z

57. Welche Art des Wärmetransportes besitzt nach der Zeichnung
    für die Kühlung des Wasserbehälters die größte Bedeutung?
    A. Leitung
    B. Kondensation
    C. Konvektion
    D. Strahlung

58. Ein Thermometer zeigt in einem Zimmer 70° F. Außerhalb
    des Zimmers zeigt ein Thermometer 15° C. Der Temperatur-
    unterschied zwischen draußen und drinnen beträgt in Fahren-
    heitgraden
    A. 55
    B. 43
    C. 30
    D. 11

Tafel 8: 9. Klasse. Aufgabenbeispiele aus der Sozialkunde

77. Die letzte allgemeine Wahl in Großbritanien hatte folgendes Ergebnis:
    A. die konservative Regierung gewann einige Sitze.
    B. die konservative Regierung verlor einige Sitze.
    C. die Labour Regierung gewann einige Sitze.
    D. die Labour Regierung verlor einige Sitze.

78. Der stellvertretende Gouverneur von Alberta ist
    A. J. Percy Page
    B. Ernest Manning
    C. Georges Vanier
    D. Grant MacEwan

79. Der Vizepräsident der Vereinigten Staaten ist
    A. Hubert Humphrey
    B. Robert Kennedy
    C. Lyndon Johnson
    D. Dean Rusk

80. Der einzige weibliche Premierminister des Commonwealth ist Madam
    A. Ayub Khan
    B. Indira Gandhi
    C. Patrice Lumumba
    D. Sirimavo Bandaranaike

81. Der Staatsminister der föderalistischen Regierung, der auf die Erstellung des "Canada Pension Plan" den größten Einfluß hatte, war
    A. Guy Favreau
    B. Paul Hellyer
    C. Paul Martin
    D. Judy LaMarsh

82. Bei dem Versuch, den Standpunkt Rhodesiens gegenüber einer Negervertretung in der Regierung zu ändern, sind alle folgenden Druckmaßnahmen ausgeübt worden, außer
    A. militärischen.
    B. diplomatischen.
    C. publizistischen.
    D. ökonomischen.

Die Aufgaben 83 bis 86 enthalten jeweils ein Aussagenpaar, dessen einzelne Aussagen entweder miteinander in Einklang stehen oder aber sich widersprechen. Eine Aussage oder beide Aussagen können falsch oder richtig sein. Untersuche die Aussagenpaare und kennzeichne sie mit

A, wenn Aussage I und II falsch sind.
B, wenn Aussagen I und II zutreffen.
C, wenn Aussage I zutrifft und Aussage II falsch ist.
D, wenn Aussage I falsch ist und Aussage II zutrifft.

83. I. Die Vereinten Nationen haben finanzielle Schwierigkeiten.
    II. Die U.S.S.R. hat ihre Beiträge nicht bezahlt.

84. I. Ende 1965 betrug die Zahl der Mitgliedsstaaten der Vereinten Nationen über 110.
    II. Rot-China wurde 1965 Mitglied der Vereinten Nationen.

85. I. Die Zahl der wahlberechtigten Stimmen in der Vollversammlung wird entsprechend der Einwohnerzahl eines Landes vergeben.
    II. Die afro-asiatischen Länder bilden den größten Block innerhalb der Weltorganisation, wenn sie übereinkommen, gemeinsam für ein Anliegen zu stimmen.

86. I. Die Vereinten Nationen haben eine Friedenstruppe nach Vietnam gesandt.
    II. Kanada hat sich an dieser Friedensgruppe beteiligt.

Tafel 9: Eine Analyse der Faktoren, die am Lernprozeß beteiligt sind.[17]

	Typen des Lernens	
	Kenntnisse	Verständnis
A. Aktivitäten des Schülers	Antworten Aufnehmen Sich erinnern Wiederholen Berichten Wiedererkennen	Aufdecken Genaues Beschreiben Katalogisieren Zergliedern Erklären Beweisen Übertragen Erweitern Interpretieren
Erfaßbare Ergebnisse	Objektive Testergebnisse Ergänzung von Programm-Lernsequenzen	Objektive Testergebnisse Berichte zu Experimenten Zusammenfassungen
B. Aktivitäten des Lehrers	Anordnen Erklären Anleiten Aufzeigen Entwerfen Erweitern Prüfen	Beweisen Zuhören Überlegen Fragen Vergleichen Gegenüberstellen Prüfen
Erfaßbare Ergebnisse (Objektive Tests)	Programmiertes Material	Objektive Tests Tests in Aufsatzform
C. Angemessene Organisation und Einsatz Von Lehrern und Schülern verwendete Methoden	Vorlesung Übung Vortrag Objektiver Test Hausarbeit	Objektiver Test Test in Aufsatzform Vortrag Sokratischer Dialog
Von Lehrern und Schülern verwendetes Material	Bücher, Programmiertes Material	Audio-visuelles Material Fernsehen Sachbegegnung
Zeitbedarf für Lehrer und Schüler	Offiziell festgelegt	Offiziell festgelegt
Von Lehrern und Schülern benutzte Räume	Großer Gruppenklassenraum	Raum, geeignet für die jeweilige Gruppe

17) Logsdon, John and Tarr, Donald.: World Geography Test Bank. Grossmont Union High School. District Grossmont, California 1962, 81 p.

Tafel 10: Einige Beispiele aus dem Handbuch zum Lehrplan 18)

Organisation	Empfohlene Lernaktivitäten	Begleitende Lehrziele	Bewertung
I. Lehrer mit dem Gedanken vertraut machen, daß die Menschen überall ihre Meinungen und ihr Verhalten als Antwort auf dieselben fundamentalen Probleme und Bedürfnisse bilden.	I. Verwendung des Fragevorgangs -- Betrachten von Bildern verschiedener Menschen aus der ganzen Welt. A. Welche gemeinsamen Eigenschaften oder Ideen lassen sich auf diesen Bildern erkennen? B. Stellen Sie diese allgemeinen Tatsachen zu Gruppen zusammen. C. Welche Ähnlichkeiten erkennen Sie hinsichtlich der Art der Nahrung, der Kleidungs- und Eßgewohnheiten, der Wohnungen und der Erholung? D. Welche Unterschiede sehen Sie bei den menschlichen Problemen und Bedürfnissen? E. Mit Hilfe welcher Fachgebiete haben wir uns dem Gebiet sozialkundlicher Untersuchungen genähert? F. Gibt es andere Wissenschaften, mit deren Hilfe man die Kultur der Menschen untersuchen kann? Zählen Sie sie auf. G. Weisen Sie auf die Stelle im Handbuch hin, mit deren Hilfe Lehrer einen umfassenden Überblick auf die in den sozialkundlichen Untersuchungen verwendeten Disziplinen erhalten soll. H. Definieren Sie die Disziplinen. II. Was bedeuten einige Begriffe unter Verwendung der anthropologischen und soziologischen Vorgehensweisen bei der Untersuchung von Kulturen? Zählen Sie sie auf. A. Definieren Sie die Begriffe so, daß Kinder sie verstehen. B. Leiten Sie die Kinder an, ein eigenes Wörterbuch zusammenzustellen, lassen Sie Wörter definieren, sie in Sätzen verwenden und sie, wenn möglich, illustrieren. C. Lassen Sie die Kinder Wörter nach Kategorien in Listen zusammenstellen. D. Entwickeln Sie weitere Methoden, mit deren Hilfe Kindern das Verstehen von benutzten Wörtern erleichtert werden kann. E. Lesen Sie "The Study of Anthropology" von Pelto.	Sie sollen Lehrern ermöglichen, Kindern folgende Ideen zu vermitteln: 1. Daß alle Menschen Nahrung, Unterkunft und Erholung benötigen. 2. Daß alle Menschen eine Art Ausbildung benötigen, um in ihrer jeweiligen Kultur bestehen zu können. 3. Daß sie Kindern helfen sollen, für alle Menschen Verständnis und Sympathie zu entwickeln. 3. Daß sie Kindern helfen sollen zu verstehen, was Menschen tun und warum sie es tun.	1. Stellen Sie fest, wie Lehrer sich des anthropologischen Konzepts bewußt geworden sind, daß alle Menschen dieselben Grundbedürfnisse haben. 2. Stellen Sie fest, ob Lehrer zur Kenntnis genommen haben, daß es außer geographischen und historischen noch andere Methoden gibt, mit denen man Kulturen untersuchen kann; und weiterhin, ob sie durch ihre Verwendung den sozialkundlichen Unterricht verbessern können. 3. Überprüfen Sie in einer Diskussion die Literatur, die die Lehrer gelesen haben.

18) Forness, Edward and Lochthowe, Colette: Approches to the study of Cultures through Anthropology and Sociology. The Carnegie Progressional Groth Program, Summer 1966.

3.4 Sharadehandra S. Kulkarni:
Kriterium-Tests und Programmiertes Lernen

1. Unterschiede zwischen kriteriums- und normenbezogenen Tests

1.1 Im Zusammenhang mit Programmiertem Lernen wird auf den Unterschied zwischen kriteriums- und normenbezogenen Tests hingewiesen (Glaser 1962). Man kann Tests entwickeln, die ein wünschenswertes Verhalten, das als ein Ziel oder Kriterium eines bestimmten Lernprogramms definiert ist, erfassen. Ein solcher Test vermag diejenigen, die das Programm durchgearbeitet haben, zu klassifizieren.
1.2 Der traditionelle Begriff "mastery test" (Lernerfolgstest) kommt dem Begriff des kriteriumsbezogenen Tests näher. Ebels (1962) Begriff des "content standard test" ist dem Begriff des kriteriumsbezogenen Tests ebenfalls ähnlich. Die konventionellen standardisierten Tests auf der anderen Seite sind normenbezogene Tests. Ihr Ziel besteht darin, die Fähigkeit eines Individuums relativ zur Fähigkeit anderer Individuen zu bestimmen. Ihre Hauptfunktion liegt also darin, die Individuen in eine Rangordnung zu bringen.
1.3 Auf dem Gebiet des Programmierten Lernens werden nach Meinung der Fachleute kriteriumsbezogene Tests anstelle normenbezogener Tests benötigt. Oft entstehen heftige Diskussionen, wenn es darum geht, den Wert eines bestimmten Programms festzustellen. Der Autor eines Programms strebt z. B. einen 90/90-Standard an, d. h., daß 90 % der Studenten aus der Population, für die das Programm bestimmt ist, nach der Durcharbeitung des Programms 90 % der Fragen im Kriteriums-Test richtig beantworten können. Ein konventioneller Testkonstrukteur würde einwenden, daß ein Test, in dem die meisten Studenten einen so hohen Testwert erzielen, keine Trennschärfe besitzt und daher verbessert werden muß.
1.4 Meiner Ansicht nach ist diese Auseinandersetzung nicht grundsätzlicher Art. Es gab eine Zeit, in der die Unterscheidung in Leistungstests und Fähigkeitstests ebenso heftig umstritten war. Die Entwicklung von Stufentests, wie sie die Sequential Tests of Edu-

cational Progress (STEP-Tests) des Educational Testing Service darstellen, bietet jedoch eine Synthese. Man kann annehmen, daß der gleiche Test, der einen bestimmten Entwicklungsstand einer Fähigkeit feststellt, ebensogut zur Bestimmung der vorhergehenden Leistung wie zur Vorhersage der zukünftigen Leistung und damit zur Feststellung der augenblicklichen Fähigkeit herangezogen werden kann. In ähnlicher Weise wird die Kontroverse um die Unterscheidung in kriteriumsbezogene und normenbezogene Tests enden, sobald man eine Diskussion darüber beginnt, welche Funktionen ein Test im Zusammenhang mit Programmiertem Lernen haben muß.

2. Funktionen eines Tests im Zusammenhang mit Programmiertem Lernen

2.1 Die Effektivitätskontrolle von Lernprogrammen:
Schulen, die Lernprogramme benutzen, und Programmautoren benötigen Tests, die darüber Auskunft geben, ob ein Student mit Hilfe dieses Programms etwas gelernt hat, d. h., ob er nach Durcharbeitung des Programms das Kriterium-Verhalten zeigt. Mit anderen Worten, man benötigt einen Test, um die Effektivität des Lernprogramms für eine bestimmte Population zu beurteilen. Ein solcher Test müßte alle wesentlichen Elemente des Kriterium-Verhaltens messen. Eine Aufgabe in diesem Test ist dann gerechtfertigt, wenn sie eine Aussage über das Kriterium-Verhalten ermöglicht, sie braucht aber keine Trennschärfe zu besitzen in bezug auf die Studenten, die das Programm durchgearbeitet haben. Theoretisch kann es vorkommen, daß alle Studenten alle Aufgaben richtig beantworten oder aber keiner auch nur eine einzige Aufgabe beantwortet. Die Rechtfertigung für die Aufnahme einer Aufgabe in diese Tests liegt also nicht in ihrer Trennschärfe oder ihrem Schwierigkeitsgrad, sondern in der Repräsentation des Kriterium-Verhaltens.

2.2 Diagnose: Der Lehrer, der ein Lernprogramm einsetzt, aber auch der Programmautor benötigen einen Test auch noch aus einem anderen Grund. Sie möchten wissen, wo die Studenten Fehler machen, wo ihre Stärken und ihre Schwächen liegen. Diese Kenntnisse helfen dem Programmautor, sein Programm zu verbessern, und der Lehrer erhält die Möglichkeit, es zu ergänzen. Daher ist die Konstruktion eines sogenannten diagnostischen Tests erforderlich. Ein solcher Test reflektiert nicht nur die Elemente des angestrebten Kriterium-Verhaltens, sondern auch die einzelnen Lernschritte, die zum Kriterium-Verhalten führen, das Übergangsverhalten (transitional behaviour). Wenn ein Student eine Aufgabe, die einen bestimmten Lernschritt enthält, nicht richtig beantworten kann, muß entweder das Programm revidiert werden oder der Lehrer muß dem Schüler zum Verständnis dieses Lernschrittes verhelfen.

2.3 Die Auswahl der Studenten für ein bestimmtes Programm:
Der Lehrer und der Programmautor benötigen ferner einen Test,
der das Ausgangsverhalten der Studenten feststellt oder die Voraussetzungen, von denen das Programm ausgeht. Der Programmautor
muß festlegen, welche Vorkenntnisse er bei den Studenten voraussetzt. Wenn ein Student nicht über diese Kenntnisse verfügt, kann
er das Programm nicht erfolgreich durcharbeiten. Um zu entscheiden, ob ein bestimmtes Programm für einen bestimmten Studenten
geeignet ist, muß der Lehrer also die dafür notwendigen Vorkenntnisse mit einem Test überprüfen können.
2.4 Folgerungen aus den obigen Ausführungen: Wir benötigen einen
Test, der a) das Kriterium-Verhalten (Funktion 1), b) die einzelnen
Lernschritte (Funktion 2), c) die Vorkenntnisse (Funktion 3) mißt.
Es kann ein einzelner Test sein, der aus Untertests besteht, oder
eine Serie von Tests, deren Anzahl abhängig ist von der Anzahl der
Aufgaben, die erforderlich sind, um die Gesamtheit des Kriterium-
Verhaltens mit angemessener Reliabilität und Validität zu erfassen.
2.5 Rangordnung der Studenten: Wir wollen nun die Funktion der
standardisierten Leistungstests oder der konventionellen Leistungstests, wie sie in Prüfungen benutzt werden, betrachten. Diese
Funktion liegt, wie bereits erwähnt, darin, eine Rangordnung der
Prüflinge aufzustellen. Ein Programmautor ist nicht in erster Linie
daran interessiert, die Studenten, die sein Programm durchgearbeitet haben, einzustufen. Im Idealfall möchte er, daß alle Studenten das Kriterium-Verhalten erreichen. Aber dann erhebt sich die
Frage: Woher weiß er, daß der Test das Kriterium-Verhalten zuverlässig mißt? Eine Beweismöglichkeit besteht darin, daß ein
Fachlehrer die Aufgaben überprüft und bestätigt, daß sie das Kriterium-Verhalten erfassen. Aber die Geschichte der Testentwicklung weist darauf hin, daß die subjektive Meinung des Fachlehrers
über Reliabilität und Validität einer Aufgabe kein adäquater Beweis
ist. Eine Aufgabe mag gut erscheinen und doch von einem Fachmann
auf diesem Gebiet nicht gelöst werden können, wohl aber von einem
Neuling. Wir kommen hiermit zu den Techniken der Aufgabenkonstruktion. Mit Hilfe der Aufgabenanalyse - Bestimmung des Schwierigkeitsgrades und der Trennschärfe usw. - erhält man zusätzliche
Informationen darüber, ob eine Aufgabe geeignet ist. Das Problem
des Programmautors, daß die Aufgaben zwischen den Studenten,
die ein bestimmtes Programm durchgearbeitet haben, nicht diskriminieren sollen, kann durch eine kleine Änderung im Verfahren bei
der Gewinnung der Aufgaben-Statistiken gelöst werden. Ebel (1962)
hat im Zusammenhang mit der Konstruktion von informellen Tests
ein Verfahren vorgeschlagen, das auch in diesem Zusammenhang
angewendet werden könnte: Nach diesem Verfahren wird der Test
in der Versuchsphase einer Gruppe vorgelegt, die aus Fachleuten
und Schülern besteht, die das Programm durchgearbeitet haben,

sowie aus Schülern, die es nicht kennen, aber in allen übrigen wichtigen Variablen der geübten Studentengruppe gleichgestellt werden können. Die Aufgaben, die das Kriterium-Verhalten widerspiegeln, sollten von allen Experten richtig beantwortet werden. Die ungeübten Studenten dagegen sollten nicht mehr als 40 % der Aufgaben richtig haben. Sind es mehr als 40 %, so deutet das darauf hin, daß das Programm, das vorgibt, ein neues Kriterium-Verhalten zu lehren, in Wirklichkeit etwas lehrt, was für diese Schüler nicht vollkommen neu ist. Die Ergebnisse einer Gruppe von Fachleuten, von geübten und ungeübten Schülern, deren Leistungen weit auseinanderliegen sollen, erlauben eine Zusammenstellung von Aufgaben, die einer konventionellen Aufgabenanalyse unterzogen werden können (es gibt natürlich keine zwingenden Gründe für die Zahl 40 %; jede andere Forderung ist denkbar). Obwohl die eigentliche Funktion von Tests im Zusammenhang mit Programmiertem Lernen nicht darin besteht, eine Rangordnung der Studenten aufzustellen, bietet das oben genannte Verfahren dennoch eine Möglichkeit, Tests zu konstruieren, die Reliabilität und Validität besitzen, ohne die oben geforderten Funktionen 1, 2 und 3 aufzugeben.

3. Tests zur Erfassung einzelner Lernschritte

3.1 Ist es notwendig, separate Tests zur Erfassung des Kriterium-Verhaltens, der einzelnen Lernschritte und der Vorkenntnisse zu konstruieren? Ein Test, der alle drei Funktionen gleichzeitig erfüllt, würde viel Zeit und Geld sparen. Programmiertes Material ist meist, wenn auch nicht immer, hierarchisch aufgebaut. Der Student wird von einem bestimmten Ausgangsverhalten über einzelne Lernschritte oder ein Übergangsverhalten zum Kriterium- oder End-Verhalten geführt. Ein guter Programmautor muß daher einen Arbeitsplan aufstellen, der Anfangsverhalten, Übergangsverhalten und Kriterium-Verhalten widergibt. Das fertige Programm sollte einen klaren Überblick über die Hierarchie oder den Aufbau des Programms geben. In fast allen Lernprogrammen sind außerdem sogenannte "criterion frames" enthalten. Diese können als Aufgaben innerhalb eines Programms definiert werden, die selbst sehr wenig Information liefern und deren richtige Beantwortung dahingehend gedeutet wird, daß der Lernschritt, der dieser Aufgabe vorausging, gelernt worden ist. In den meisten Programmen, vor allem in Programmen, die nach der Skinner-Methode aufgebaut sind, ist die Fehlerrate, auch die der "criterion frames", sehr gering. Diese "frames" sind also mehr oder weniger den Testaufgaben vergleichbar. Die Fehlerrate, oder psychometrisch ausgedrückt, der Schwierigkeitsgrad dieser "criterion frames" ist sehr niedrig, da man davon ausgeht, daß die Studenten die Teilaufgaben durch die vorangehenden Lernschritte lernen.

3.2 Ein Testkonstrukteur muß viel Zeit darauf verwenden, eine Spezifikations-Tabelle zu erstellen. Ein Programmautor muß dagegen einen Arbeitsplan machen. Dieser Arbeitsplan kann von einem Testkonstrukteur leicht in eine Spezifikations-Tabelle umgewandelt werden. Er kann dann unabhängig davon Aufgaben schreiben, die alle drei Phasen des Programms: Anfangsverhalten, Übergangsverhalten und Kriterium-Verhalten umfassen. Solch einen Test kann man als "learning set test" bezeichnen. Gagné (1961) definiert ein "learning set" als "Kenntnisse, die für eine bestimmte zu erlernende Aufgabe notwendig sind. Diese Lernvoraussetzungen sind hierarchisch angeordnet, so daß bestimmte Lernvoraussetzungen auf einer oder mehreren ihnen untergeordneten Lernvoraussetzungen aufbauen, die im Sinne eines positiven Transfereffekts auf sie einwirken. Diese untergeordneten "learning sets" haben wiederum andere Lernvoraussetzungen unter sich und so weiter".

3.3 Ein solcher "Learning-set"-Test kann alle drei oben genannten Funktionen erfüllen. Es ist natürlich ein kriteriumsbezogener Test, gewissermaßen aber auch gleichzeitig ein normenbezogener Test, nämlich insoweit er zwischen Fachleuten und geübten Studenten auf der einen Seite und Anfängern auf der anderen Seite unterscheiden kann.

3.4 Ein weiterer Vorzug eines "Learning set"-Tests besteht darin, daß er eine nachträgliche Beurteilung des Programmaufbaues gestattet. In den meisten Programmen wird eine Hierarchie der Lernschritte vorausgesetzt. Diese vorher festgesetzte Hierarchie kann bei der Erprobung des Programms eine Änderung erfahren. Die vom Programmautor einmal festgelegte Reihenfolge beeinflußt jejedoch die Entscheidung über die Reihenfolge der Lernschritte bei der Überprüfung, es sei denn, das Programm wurde so konstruiert, daß der Lernprozeß eines Schülers kontrolliert wurde, wie Mager (1961) es vorschlägt. Wie kann man feststellen, ob die Reihenfolge der Lernschritte in einem Programm optimal ist? Woher weiß man, daß ein bestimmter untergeordneter Lernschritt für den darauf aufbauenden Lernschritt von Bedeutung ist? Eine Methode, diese Fragen zu überprüfen, besteht darin, daß man den "Learning set"-Test sowohl an Studenten, die das Programm durchgearbeitet haben, als auch an solchen, die es nicht kennen, durchführt. Auf Grund der Testwerte kann man eine Tabelle aufstellen (item-by-individual scalogram siehe Anhang I). Die Konstruktion und die theoretische Grundlage dieser Tabelle entsprechen den Vorschlägen von Guttman (1947). Die zugrunde liegende Annahme lautet: Ein Student, der einen niedrigen Testwert erhält, wird Aufgaben, die schwierige Begriffe enthalten, nicht richtig beantworten. Das Ausmaß, inwieweit sich die Fehlerverteilung der Programmschritte bei verschiedenen Schülern wiederholt, ist ein Maß für die Qualität des Programms. Wenn andererseits Inversionen vorkommen, d. h. Studenten schwierige Aufgaben richtig beantworten und leichte falsch, so deutet dies auf eine schlechte Lernschritt-Folge. Auf diese Weise kann man feststellen, ob ein Lernschritt, der an einer späteren Stelle im Programm steht, leichter ist und früher gelehrt werden muß oder überhaupt wegfallen kann.

3.5 Die Tabelle, die im Anhang I widergegeben ist, basiert auf den Testwerten aus einem Nachtest zu einem Programm über die Rotation und Umlaufbahn der Erde. Es wurde in einer Untersuchung von Sharma und Kulkarni (1967) durchgeführt. Die X-Achse gibt die Testaufgaben wider in der Reihenfolge, die der Lernschritt-Folge im Programm entspricht. Auf der Y-Achse sind die Testwerte von 11 Studenten eingetragen, die nach dem Zufallsprinzip aus jedem Testwert-Intervall ausgewählt worden waren. Die Testwerte im Nachtest reichten von 20 bis 48 und wurden zu Intervallen von je 3 Werten zusammengefaßt. Die Tabelle zeigt, daß die Hierarchie in den Abschnitten A, B, C, D empirisch gerechtfertigt werden kann. Was die Reihenfolge der Abschnitte D und E betrifft, so ist hier eine Überprüfung notwendig. In diesem bestimmten Programm handelt Abschnitt D von den Breitengraden, Abschnitt E von den Längengraden. Es gibt keine logische oder psychologische Notwendigkeit, die Breitengrade vor den Längengraden zu besprechen. Und genau dies zeigt die Tabelle der empirischen Daten. Verschiedene andere Inversionen können vom Programmautor oder Fachexperten untersucht werden, um Hinweise für einen besseren Programmaufbau zu erhalten.

3.6 Für den Lehrer gibt diese Tabelle noch weitere Aufschlüsse. Er hat die Möglichkeit, festzustellen, an welcher Stelle des Programms welche Studenten Hilfe benötigen. Er kann ihnen dafür zusätzliches Arbeitsmaterial geben oder individuellen Unterricht erteilen.

4. Unterschiede zwischen "Learning set"-Tests und standardisierten Leistungstests

4.1 Das konventionelle Verfahren der Konstruktion eines Leistungstests berücksichtigt das Anfangs- und Übergangsverhalten nicht in angemessener Weise. Ein Leistungstest ist mehr auf das Kriterium-Verhalten ausgerichtet, das Ergebnis des Lernprozesses. Diagnostische Tests berücksichtigen demgegenüber das Übergangsverhalten. Die üblichen standardisierten Leistungstests können daher die unter 2.2 und 2.3 genannten Funktionen, nämlich Diagnose und Auswahl der Studenten für ein bestimmtes Programm, nicht erfüllen. Auch die Effektivität von Lernprogrammen kann mit Hilfe standardisierter Leistungstests nur begrenzt überprüft werden. Ein solcher Test kann Elemente enthalten, die nicht als Ziele des Programms definiert sind, oder aber er enthält gerade die Elemente nicht, die der Programmautor als Ziele des Programms vorgesehen hat. Mit anderen Worten, ein standardisierter Leistungstest kann das Kriterium-Verhalten, das das Programm anstrebt, möglicherweise nicht adäquat erfassen.

4.2 Ein standardisierter Leistungstest weist noch eine weitere Einschränkung auf, wenn er als Vor- und Nachtest benutzt wird. Die meisten Programmautoren wollen wissen, welche Kenntnisse ein Student vor der Durcharbeitung des Programms bereits besitzt, um den Lernerfolg messen zu können. Der konventionelle standardisierte Leistungstest aber enthält keine Aufgaben über die erforderlichen Vorkenntnisse. Wenn er als Vortest angewandt wird, geht daher die Information über die individuellen Unterschiede der Gruppenmitglieder bei Programmbeginn verloren. Ein "Learning set"-Test dagegen, der auch das Ausgangsverhalten mißt, weist den Lehrer oder Programmautor auf die zu Beginn bestehenden individuellen Unterschiede hin. Der Lehrer oder Programmautor kann daher den Studenten, die es nötig haben, Hilfen geben, oder er kann Studenten, deren Vorkenntnisse bereits sehr groß sind, erlauben, einen bestimmten Teil des Programms auszulassen.

4.3 Aufgaben, die das Ausgangsverhalten repräsentieren, haben noch eine weitere Funktion in einem Test, der als Vortest angewandt wird. Wenn der Test nur Aufgaben enthält, die das Kriterium-Verhalten prüfen und keine, die das Ausgangsverhalten erfassen, so ist die Wahrscheinlichkeit sehr groß, daß die Studenten keine einzige Aufgabe richtig beantworten können und daher frustriert werden. Ein "Learning set"-Test dagegen, der auch Aufgaben enthält, die das Ausgangsverhalten erfassen, gibt dem Studenten die Möglichkeit, zu zeigen, was er bereits weiß, und bewirkt daher ein Gefühl der Befriedigung und der Zuversicht.

Die Idee des Stufentests, die in den Sequential Tests of Educational Progress des Educational Testing Service verwirklicht ist, geht in diese Richtung. Die meisten käuflich zu erwerbenden Leistungstests jedoch sind nicht nach dem Stufenmodell entwickelt.

5. Unterschiede zwischen "Learning set"-Tests und "criterion frames" innerhalb eines Programms: Das Transfer-Problem

5.1 Wie bereits erwähnt wurde, besitzen die meisten Programme "criterion frames". Wenn man diese "frames" aus dem Programm herauslöst und sie notfalls abändert, kann man daraus einen Test zusammenstellen. Einige Programmautoren sind der Ansicht, daß es nicht nötig ist, einen eigenständigen Test aufzustellen, da die criterion frames selbst innerhalb des Programms die Funktion eines Tests ausüben. Aber der springende Punkt ist der Transfereffekt. Ein Programm kann die Studenten ein bestimmtes Verhalten lehren, aber dieses Verhalten kann zu spezifisch sein. Selbst wenn man davon ausgeht, daß die "criterion frames" innerhalb eines Programms selbst nur sehr geringe Information liefern, so stellt doch bereits die Reihenfolge, in der sie auftreten, eine wichtige Information dar. Selbst wenn man diese "frames" aus dem Programm herauslöst und in einer abgeänderten Reihenfolge darbietet, so ist damit das Problem der Einengung auf ein spezifisches Verhalten noch nicht gelöst. Es muß ein unabhängiger Beweis dafür erbracht werden, daß die Schüler das Kriterium-Verhalten erlangt haben. Die "criterion frames" in einem Programm stellen nur eine Stichprobe aus der Gesamtpopulation der Aufgaben dar, die das Kriterium-Verhalten beschreiben. Können Studenten, die ein bestimmtes Programm durchgearbeitet haben, auch Aufgaben, die einer anderen Aufgabenpopulation angehören, aber auf der gleichen Definition des Kriterium-Verhaltens beruhen, lösen? Dies ist eine wichtige Frage, und solange sie nicht durch eine unabhängige Beweisführung zufriedenstellend beantwortet ist, ist die Effektivität eines Programms nicht gewährleistet.

5.2 Es ist jedoch nicht leicht, die gesamte Aufgabenpopulation für ein bestimmtes Kriterium-Verhalten zu erfassen und daraus Zufalls-Stichproben zu ziehen. Es wird also darauf hinauslaufen, daß eine unabhängige, kompetente Person, die auf der gleichen Definitionsgrundlage des Kriterium-Verhaltens oder der Spezifikationstabelle arbeitet, Aufgaben konstruiert. Im Zusammenhang mit Programmiertem Lernen könnte dies folgendermaßen geschehen: Der Arbeitsplan, der das Ausgangsverhalten, das Übergangsverhalten sowie das Kriterium-Verhalten umfaßt, sollte einem unabhängigen Testkonstrukteur vorgelegt werden. Dieser schreibt Aufgaben, die den verschiedenen Verhaltensweisen entsprechen. Mit anderen Worten, er stellt einen "Learning set"-Test auf.

Es bleibt noch das Problem, inwieweit die Schulen mit dem Kriterium-Verhalten einverstanden sind. Aber dies ist ein anderer Fragenkomplex. Ein Programmautor kann die Schulen vorher um eine Definition des Kriterium-Verhaltens bitten und dann ein Programm erstellen, das dieses Kriterium-Verhalten anstrebt. Die Schulen können sich auch selbst von der Brauchbarkeit eines "Learning set"-Tests überzeugen, d. h., ob er das angestrebte Lernziel erfaßt.

5.3 Das Transfer-Problem: Der Transfereffekt von einer Aufgaben-Stichprobe auf eine andere stellt nur eine Dimension des Transferbegriffes dar. Verschiedene andere Dimensionen des Transfer können untersucht werden wie: Situationen, Komplexität der Elemente usw. In welchem Ausmaße ein Programm einen Schüler dazu befähigt, den Lernerfolg auf diese verschiedenen anderen Dimensionen zu übertragen, ist ein Problem, das oft zur Diskussion gestellt wird, aber schwer zu lösen ist. Die größte Schwierigkeit dabei besteht darin, das Ausmaß des Transfereffektes auf diese verschiedenen Dimensionen operational zu definieren. Die Programmautoren sind der Ansicht, daß sie ein Transfer-Programm erstellen könnten, wenn das Ausmaß des Transfereffektes und seine spezifische Art (seine Dimension) operational definiert wären. Es gibt inzwischen Programme, die Kinder in die Lage versetzen, höhere Testwerte in einem Intelligenztest zu erzielen. Ich möchte in diesem Bericht jedoch nicht näher auf dieses Gebiet eingehen. Ich möchte hier nur darauf hinweisen, daß man den Transfereffekt von Testaufgaben erfassen kann, sobald er operational definiert ist. Solche Testaufgaben sollten in einem "Learning-set"-Test enthalten sein. Man kann das Kriterium-Verhalten auch unter verschiedenen Bedingungen überprüfen wie: sofortige Wiedergabe des Behaltenen gegenüber einer verzögerten Wiedergabe; Wiedererkennen von Gelerntem im Gegensatz zur freien Reproduktion. In allen diesen Fällen können "Learning set"-Tests angewandt werden.

6. Zusammenfassung:

In diesem Bericht wird nicht die Ansicht vertreten, daß ein "Learning set"-Test ohne Teilabschnitte konstruiert werden sollte. Tatsächlich ist es ratsam, einen "Learning set"-Test in Abschnitte zu gliedern, von denen der erste Abschnitt das Ausgangsverhalten, der zweite das Übergangsverhalten und der dritte das Kriterium-Verhalten erfaßt. Herausgestellt wurde vielmehr, daß die Testkonstruktion auf einer vollständigen Analyse aller drei Phasen beruhen sollte und daß die Aufgaben die Gesamtheit eines bestimmten Verhaltens erfassen müssen. Es wurde weiterhin darauf hingewiesen, daß die Aufgaben innerhalb eines Abschnitts den Studenten nicht in einer bestimmten Reihenfolge dargeboten werden müssen, sondern vielmehr randomisiert. Für die in Abschnitt 3.5 beschriebene Tabelle können die Aufgaben jedoch wieder dem hierarchischen Programmaufbau entsprechend angeordnet werden.

Wenn Tests nach dem Modell des "Learning set"-Tests konstruiert werden, so verliert die Kontroverse über den Unterschied zwischen kriteriumsbezogenen und normenbezogenen Tests an Bedeutung, und wir besitzen funktionale Tests, die für viele Zwecke angewendet werden können.

Anhang 1

Analyse von Nachtestwerten in einem Programm über die "Rotation und Umlaufbahn der Erde"

Sequentielle Anordnung der Items im Nachtest in jedem Programmteil

Teil	A								B						C								D																	E										
Nummer des Items	6	5	4	2	44	45	3	1	10	7	9	16	12	11	24	34	38	39	40	50	15	8	13	46	17	43	28	41	25	26	27	23	21	18	20	19	29	30	22	36	37	35	48	47	14	32	33	42	31	49
Sl. Nr. / Werte																																																		
1 (48)	.	.	.	.	.	.	.	.	.	.	.	.	.	.	.	.	.	.	.	.	.	.	.	.	.	.	.	.	.	.	.	.	.	.	.	.	.	.	.	.	.	.	.	.	.	.	.	.	x	x
2 (45)	.	.	.	.	.	.	.	.	.	.	.	.	.	.	.	.	.	.	.	.	.	.	.	.	.	.	.	.	.	.	.	.	.	.	.	.	.	.	.	.	.	x	x	x	.	.	.	x	x	x
3 (42)	.	.	.	.	.	.	.	.	.	.	.	.	.	.	.	.	.	.	.	.	.	.	.	.	.	.	.	.	.	.	.	.	.	.	.	.	.	.	.	.	.	x	x	x	.	.	x	x	x	x
4 (38)	.	.	.	.	.	.	.	.	.	.	.	.	.	.	.	.	.	.	.	.	.	.	.	.	.	.	.	.	.	.	x	.	.	.	.	.	.	.	.	.	.	x	x	x	.	x	x	x	x	x
5 (36)	.	.	.	.	.	.	.	.	.	.	.	.	.	.	.	.	x	.	.	.	.	.	.	.	.	.	.	x	x	.	.	.	x	.	x	x	x	x	x	x	x	x	.	.	x	x	x	x	x	x
6 (34)	.	.	.	.	.	.	.	.	.	.	.	.	.	.	.	.	x	.	.	.	.	.	.	.	.	x	x	.	.	.	x	.	.	.	x	x	x	x	x	x	x	.	.	.	x	x	x	x	x	x
7 (32)	.	.	.	.	.	.	x	x	.	.	.	.	.	.	.	.	.	.	.	.	.	.	.	.	.	.	.	.	x	.	x	.	x	.	x	x	x	x	x	.	.	.	x	x	x	x	x	x	x	x
8 (28)	.	.	.	.	.	.	x	x	.	.	.	.	.	.	.	.	.	.	.	.	.	x	.	.	x	.	.	x	x	x	x	x	x	x	x	x	x	x	x	.	.	.	.	x	x	x	x	x	x	x
9 (25)	.	.	.	.	.	.	.	x	.	.	.	.	.	.	.	.	.	.	.	x	.	.	.	.	.	x	x	x	x	x	x	x	x	x	x	x	x	x	x	.	.	x	x	x	x	x	x	x	x	x
10 (22)	.	.	.	.	.	.	.	x	.	.	.	.	x	x	x	x	.	.	.	.	.	.	.	x	x	x	x	x	x	x	x	x	x	x	x	x	x	x	x	.	.	x	x	x	x	x	x	x	x	x
11 (20)	.	.	.	.	.	.	.	x	.	.	.	.	.	x	x	x	x	.	x	x	.	x	x	x	x	x	x	x	x	x	x	x	x	x	x	x	x	x	x	.	.	.	.	x	x	x	x	x	x	x

. Richtige Antwort
x Falsche Antwort

A = Gestalt der Erde und Sonne
B = Erdbewegung
C = Nord- und Südpol
D = Breitengrade
E = Längengrade

Literaturverzeichnis

Ebel, Robert L.: Content Standard Test Scores. In: Educational and Psychological Measurement, Vol. 22, No. 1, 1962.

Ebel, Robert L.: A Program for the Improvement of Classroom Test, Educational Testing Service 1962.

Educational Testing Service: Sequential Tests of Educational Progress, Technical Report, Prinction U.S.A. (1959)

Gagne, Robert M. and Paradise, Noel E.: Abilities and Learning Sets in Knowledge Acquisition. Psychological Monograph Vol. 75, No. 14, Psychological Association, Inc. 1961.

Gagne, Robert M.: (Ed.) Psychological Principles in System Development, Holt; Rinchart & Winston New York, 1962.

Glaser R. and Klaus D. P.: Proficiency Measurement Assessing human Performance. Gagne (Ed) Psychological Principles in System Development, Holt, Rinehart & Winston, 1962.

Glaser, R.: Teaching Machines and Programmed Learning II, N.E.A. Publication Washington, 1965.

Guttman, Louis: The cornell technique for Scale and Intensity Analysis. In: Educational & Psychological Measurement 1947, 7:247-279.

Mager, Robert F.: Preparing Objectives for Programmed Instruction. Fearon Publishers, 1961.

Sharma and Kulkarni, A Study of achievement in Geography through Programmed Learning Method. Department of Psychological Foundations N.C.E.R.T. Delhi (Unpublished) 1967.

4. Tests als Beratungs- und Forschungsinstrumente

4.1 Laurie H. E. Reid:
Vorschultests zur Prüfung der Begriffsentwicklung bei Kindern aus sozial benachteiligtem Milieu

In diesem Vortrag will ich über einige Probleme berichten, die mit der Erfassung der Begriffsentwicklung bei noch nicht schulpflichtigen Kindern zusammenhängen, die in einem Milieu aufwachsen, in dem sie keine erzieherisch günstigen Anregungen erfahren. Besondere Aufmerksamkeit werde ich der Entwicklung numerischer und räumlicher Fähigkeiten widmen. Ich werde zu zeigen versuchen, daß diese Fähigkeiten bei Kindern, die unter ärmlichen Bedingungen leben, nur schwach entwickelt werden. Es wird untersucht und abgeschätzt werden, inwieweit die Güte der Sprachfertigkeit auf diese Fähigkeiten möglicherweise einwirkt. Ferner wird das Postulat aufgestellt, daß Armut in Verbindung mit gewissen Erziehungspraktiken bedeutsame Folgen haben kann. Ich werde zeigen, daß die traditionellen, am Mittelstand orientierten Tests für diese Verhältnisse nur begrenzte Gültigkeit haben und daß sich die Entwicklung von geeigneteren Tests an sorgfältigen Erhebungen und Untersuchungen bezüglich der oben erwähnten Fähigkeiten orientieren muß. Die Richtungen, die diese neuen Tests einschlagen sollten, werden ebenfalls aufgezeigt.

Seit einiger Zeit ist man sehr interessiert an dem Problem der unzureichenden geistigen Entwicklung von Vorschulkindern, die in Umwelten aufwachsen, in denen es an grundlegenden materiellen und sozialen Bedingungen für ein gesundes Leben mangelt. Diese Kinder sind unterschiedlich bezeichnet worden, als minderbegünstigt, als unterprivilegiert oder als sozial benachteiligt. Wie auch immer die Bezeichnungen lauten mögen, sie meinen alle dasselbe: Kinder, deren materielle und soziale Herkunft es wenig wahrscheinlich macht, daß sie unter normalen schulischen Bedingungen, ohne rehabilitierende Maßnahmen, lernen können. Ebenso unwahrscheinlich ist es, daß sie jemals in der Lage sein werden, vollwertig und angepaßt in einer modernen technologischen Gesellschaft zu leben, wenn nicht Maßnahmen getroffen werden, wenigstens einige der bedeutsameren Einflüsse jener Subkulturen, in denen sie leben, auszuschalten. Höher entwickelte Staaten setzen sich intensiv mit den in ihrem Lande bestehenden Ungleichheiten auseinander, und zwar mit dem Phänomen, daß relativ große Teile der Bevölkerung unter dem Existenzminimum leben und aus diesem Grund nicht in der Lage sind, Entwicklungsniveaus zu erreichen, die ihnen eine optimale Teilnahme am Leben ermöglichen. Unterentwickelte Staaten, die einen beträchtlich größeren Anteil an Menschen haben, die in einem derartigen Zustand der Armut leben, sind eifrig bemüht, auf wirtschaftlichem Gebiet einen Fortschritt zu erzielen. Sie haben dabei erkannt, daß ihre Bemühungen solange erfolglos bleiben müssen, wie die Leistungskraft großer Teile der Bevölkerung weiterhin verkümmert. Im Fall der zuerst genannten Gesellschaftsform haben einige Staaten, wie z. B. die USA, kostspielige Ausgleichsprogramme entwickelt, die das benachteiligte Kind fördern sollen. So intensiv diese Bemühungen auch sein mögen und so begeistert die Verfechter dieses Plans sind, ein Erfolg ist nur dann gewährleistet, wenn die Art des kindlichen Versagens erkannt und die Unzulänglichkeiten in der geistigen Entwicklung dieser Kinder identifiziert werden können. Die unterentwickelten Länder sind außerdem stark daran interessiert, die spärlichen Mittel, die der Erziehungsarbeit zur Verfügung gestellt werden können, so einzusetzen, daß sie den größtmöglichen Gewinn erbringen. In jedem Falle ist eine adäquate Definition der Begriffe "benachteiligt", "minderbegünstigt" und ähnlicher Bezeichnungen notwendig, und zwar auf der Grundlage sorgfältiger Erhebungen und Untersuchungen. So müssen wir z. B. zwischen einer Benachteiligung unterscheiden, die so stark ist, daß sie die grundlegende sensorische und perzeptuelle Entwicklung beeinträchtigt, und einer Benachteiligung, die die Begriffsentwicklung usw. auf sehr subtile Weise störend beeinflußt und bei der, wenn rechtzeitig Maßnahmen eingeleitet werden, Abhilfen geschaffen werden können. Geeignete Tests sind sowohl für die Feststellung von Entwicklungsdefekten notwendig als auch für die Beurteilung der Zulänglichkeit derartiger Förderungsprogramme, wie sie fortlaufend unternommen werden könnten.

 In diesem Artikel beabsichtige ich hauptsächlich aus zwei Gründen, die Aufmerksamkeit auf den Bereich der numerisch-räumlichen Fähigkeiten zu lenken. Erstens möchte ich zeigen, daß sich die mit Armut einhergehenden Lebensbedingungen eher auf die Entwicklung dieser Fähigkeitsgruppe auswirken als auf andere. Zweitens ist gerade ihre optimale Entfaltung für eine immer stärker technologisch orientierte Ausbildung und für die Existenz in einem voraussichtlich extrem wissenschaftlichen Zeitalter erforderlich.

 Wenn Tests, die am Mittelstand orientiert sind, bei Personen aus anderen Bevölkerungsgruppen verwendet werden, zeigen sich Schwächen, die allgemein bekannt sind, so daß sie keines Kommentars mehr bedürfen. Weitaus bedeutsamer ist jedoch die kritiklose

Art, in der diese Tests dennoch allgemein benutzt werden. Die Kinder werden entsprechend ihren Testwerten als begrenzt erziehbar und als unfähig, normale Schulleistungen zu erbringen, kategorisiert. Ungeeigneter Unterricht besiegelt bald darauf ihr Schicksal; sie werden zu Schulversagern oder scheitern anderweitig vollkommen bei der Nutzung ihrer eigentlichen Fähigkeiten. Zu den Gefahren, die sich aus der Verwendung von Vorschultests für Vorhersagezwecke ergeben, kommt hinzu, daß die am Mittelstand orientierten Tests zu einer Diagnose von Entwicklungsmängeln nur wenig beitragen können. Dennoch ist dies der Bereich, in dem den Kindern aus weniger bemittelten Bevölkerungsgruppen die Anwendung von Tests am meisten nützen könnte. Die vorhandenen Tests aber würden bei diesen Kindern die Annahme nahelegen, daß ihnen die Fähigkeiten zum Problemlösen entweder gänzlich fehlen, oder aber, daß sie nur schwach entwickelt sind. Diese Annahme hat sich bei der Verwendung neuartiger Tests als falsch erwiesen, die verschiedene Ursachen für die Varianzen sowie verschiedene Faktoren der kulturellen Zugehörigkeit erkennen lassen. Das anerkannte Ziel in der Förderung dieser noch nicht schulpflichtigen sozial benachteiligten Kinder besteht darin, sie hinsichtlich ihrer Erfahrungen so weit zu fördern, daß sie dem "normalen" Unterricht folgen können. Die Annahme, daß die gegenwärtigen Lehrmethoden und die ihnen zugrunde liegende Theorie auch für Kinder aus niedrigeren Bevölkerungsschichten geeignet sind, ist nie bewiesen worden. Man nimmt an, daß Förderungsbemühungen eine Rehabilitierung involvieren, die wiederum einige notwendige kulturelle Veränderungen bewirkt. Wenn damit gemeint ist, daß Entwicklungs- und Lernprozesse nur unter der Voraussetzung ganz bestimmter kultureller und einstellungsmäßiger Bedingungen optimal stattfinden können, so ist diese Annahme möglicherweise falsch. Die Tatsache, daß Kinder zu Haus in einer anderen Subkultur leben als in der Schule, könnte Konflikte und Verwirrungen hervorrufen, die sich auf Entwicklungs- und Lernprozesse eher hemmend als fördernd auswirken. Es ist durchaus möglich, daß die Notwendigkeit besteht, die Anpassungsmöglichkeiten unserer Erziehungs- und Lehrmethoden zu untersuchen, um in stärkerem Maße auf die Bedürfnisse benachteiligter Bevölkerungsschichten eingehen zu können, als den umgekehrten Versuch zu unternehmen. Das zeigt, wie notwendig eine große Anzahl von Erhebungen und Untersuchungen für die Erörterung jener Probleme ist, die sich bei der Erziehung dieser Kinder ergeben.

Bei dem Vorschlag, kulturunabhängige Tests zu verwenden, muß daran erinnert werden, daß bisher kein derartiger Test erfolgreich konstruiert worden ist. Für den Fall, daß es einen gäbe, wäre die Ermittlung irgendeiner Komponente der geistigen Fähigkeit, die die Umwelteinflüsse nicht mitberücksichtigt, lediglich von wissenschaftlichem Interesse. Begabung, von der Umwelt isoliert, könnte kaum von Dauer sein.

Sprache und die Gruppe der numerisch-räumlichen Fähigkeiten

Die Rolle, die die Sprache bei der Begriffsbildung spielt, ist allgemein bekannt. Wir denken mit Hilfe der Sprache. Man kann daraus folgern, daß dort, wo das Sprechen vernachlässigt und Kommunikation in der Hauptsache in nicht-verbalen Medien vollzogen wird, die Denkprozesse verlangsamt sind. Die Beweise, die für eine verminderte Sprachentwicklung in sozial benachteiligtem Milieu sprechen, sind eindrucksvoll. Wir können daher annehmen, daß Denkprozesse oder zumindest einige Aspekte des Denkens für diese Kinder mühsam sind und daß sich folglich die Begriffsentwicklung entsprechend langsam vollzieht. Es folgt daraus jedoch nicht, daß zwischen verbalen Leistungen und dem Erwerb von Begriffen notwendig eine vollständige oder auch nur hohe Korrelation besteht, insbesondere nicht für die Gruppe der numerisch-räumlichen Fähigkeiten. Nach Ansicht von Suchman und Aschner [1] ist die Fähigkeit, passende semantische Differenzierungen zwischen unähnlichen, jedoch verwandten Begriffen vorzunehmen, davon abhängig, wie eng die Beziehung dieser Begriffe in der Erfahrung des Kindes geworden ist. Ervin und Foster [2] haben festgestellt: Wenn Dimensionen wie Größe, Gewicht, Stärke sowie Merkmale, die mit "gut", "hübsch", "sauber" usw. beschrieben werden, als sich aufeinander beziehende Variablen gelernt werden, bevor das Kind sie klar unterscheiden kann, dann werden diese semantisch so verbunden, daß die durch sie repräsentierten Begriffe für das Kind verschwommen und unbestimmt bleiben.

Es gibt ebenfalls Anzeichen dafür, daß bestimmte Umstände die Entwicklung der verbalen Fähigkeiten unverhältnismäßig stark fördern, und zwar auf Kosten der numerisch-räumlichen Fähigkeiten. Zu diesen Bedingungen gehören einschränkende Maßnahmen in der Kindererziehung sowie die besondere Betonung verbaler Fertigkeiten und ein gespanntes Eltern-Kind Verhältnis. Bing [3] zeigte, daß bestimmte verbale Fähigkeiten durch eine enge Beziehung zu einer gebieterisch fordernden Mutter gefördert werden, während bestimmte Fähigkeiten in nicht-verbalen Bereichen dadurch gefördert werden, daß das Kind weitgehend allein experimentieren darf. Weitere

---

1) Suchman, J.R. and Aschner, M.Y.: "Perceptual and cognitive Development." In: Review of Educational Research 31 (1961) 5, S. 451-462.

2) Ervin, S.M. & Foster, G.: The Development of Meaning in Children's Descriptive Terms. In: Journal of Abnormal and Social Psych. (1960) 61, S. 271-275.

3) Bing, E.: Effect of Child Rearing Practices on Development of Differential Cognitive Abilities. - In: Child Development 34 (1963) 3.

Unterstützung dieser Befunde lieferten Ferguson und Maccoby [4]
durch die Feststellung, daß numerische Fähigkeiten mit Selbstbewußtsein, zwischenmenschlicher Umgänglichkeit und einem normalen Maß an Abhängigkeit zusammenhängen.

Vernon [5] fand in einer Untersuchung von Kindern der Westindischen Inseln, daß sich Beeinträchtigungen der geistigen Entwicklung durch eine sozio-ökonomisch und kulturell arme Umwelt, durch mangelnde Erziehung und einen instabilen Status der Familie in stärkerem Maße bei praktischen, räumlichen und einigen abstrakten nicht-verbalen Fähigkeiten zeigen als bei verbalen Schulleistungen. Obwohl Vernon einräumt, daß die relativ hohen verbalen Testwerte der sozial benachteiligten Kinder das Ergebnis reinen Auswendiglernens gewesen sein können, bleibt die Tatsache bestehen, daß die Kinder, trotz einer gewissen Gewandtheit im Sprachgebrauch, bei räumlichen und anderen nicht-verbalen Fertigkeiten vergleichsweise zurückgeblieben waren. Mit Hilfe von Gruppentests, die an weitaus größeren Gruppen von 10-12jährigen auf Jamaica durchgeführt wurden, fand ich folgende Durchschnittswerte:

Soziale Gruppen Tests	Oberschicht	Mittelschicht	Unterschicht
Verbal	105	97	85
Nicht-Verbal	104	96	72
Signifikanz der Differenzen	0,05	0,05	0,01

M = 100   S.D. = 15

Bei der Unterschicht, die viele Kinder aus städtischen Slums und rückständigen ländlichen Gemeinden enthielt, zeigte sich zwischen den Werten in verbalen und den nicht-verbalen Tests ein signifikanter Unterschied.

Bei der Durchführung des Handlungsteils des W.I.S.C. an einer Gruppe von 30 Heimkindern im Alter von 7-9 Jahren erhielt ich durchschnittliche IQ-Werte von nur 67. Diese Kinder waren alle über einen durchschnittlichen Zeitraum von zweieinhalb Jahren körperlich behindert gewesen. Ein Mangel an kinästhetischen Empfindungen konnte kaum als Ursache für die niedrigen Testwerte angesehen werden. Ihre Behinderung beschränkte sich auf ein oder auf beide untere Gliedmaßen, alle hatten gelernt, sich mit Hilfsmitteln relativ leicht

---

[4] Ferguson & Maccoby: Interpersonal Correlates of differential abilities.
In: Child Development 37 (1966) 3, S. 549-571.

[5] Vernon, P.E.: Environmental Handicaps and Intellectual Development.
In: British Journal of Educational Psych. XXXV (1965) 1, S. 9-20.
Environmental Handicaps and Intellectual Development.
In: British Journal of Educational Psych. XXXV (1965) 2, S. 117-126.

zu bewegen. Sie kamen jedoch alle aus weniger bemittelten Familien. In einem standardisierten Sprachleistungstest erhielten sie einen durchschnittlichen Wert von 84.

In den "Caribbean Educational Publications" von 1965 der Erziehungswissenschaftlichen Fakultät der Universität von Westindien wird ein ausführlicher Bericht über die Sprachstruktur von 5-6jährigen Kindern aus niedrigen Einkommensgruppen verschiedener Karibischer Inseln gegeben. Hierbei wurden Aufnahmen von informellen Gesprächen in verschiedenen unstrukturierten Situationen gemacht sowie Wortzählungen durchgeführt. Die Ergebnisse zeigten, wie begrenzt der Wortschatz dieser Kinder im Verhältnis zu dem der Kinder aus begüterten Bevölkerungsgruppen desselben Gebiets ist und ebenso im Verhältnis zu Kindern aus höher entwickelten englischsprachigen Ländern: Die verwendeten Substantive und Verben wiesen auf ein Beschäftigtsein der Kinder mit familiären und anderen sozialen Beziehungen, mit Nahrungsmitteln und Kleidung sowie mit Wünschen nach Einzelheiten hin, die sie mit einem höheren Lebensstandard identifizierten. Zur materiellen Umwelt waren durch das fast vollständige Fehlen entsprechender Wörter aus der Liste nur wenige manipulierende Kontakte angezeigt. Diese Anzeichen weisen auf zwei Möglichkeiten hin:
(a) Zwischen sprachlichen Leistungen und Begriffsbildung im numerisch-räumlichen Bereich muß nicht notwendig ein enger Zusammenhang bestehen.
(b) Die Sprache der Kinder aus sozial benachteiligtem Milieu ist in der Hauptsache auf zweckgebundenen Gebrauch, nicht so sehr auf Begriffsbildung in diesem Bereich gerichtet.

Hieraus kann man folgern, daß ein Erfahrungsmangel, der durch geringe manipulierende Kontakte mit der materiellen Umwelt entstanden ist, auf die Armut als ökonomischen und sozialen Zustand zurückgeführt werden kann. Armut hat weiterreichendere Folgen auf die Entwicklung als lediglich eine Benachteiligung der Kinder im Hinblick auf Bequemlichkeiten oder auf Eltern, die die notwendigen stimulierenden Entwicklungsreize vermitteln können. Armut scheint die Denkprozesse des Kindes zu beeinflussen; sie verursacht negative Lernhaltungen, geringeres Nachfrageverhalten und wenig wißbegierige Einstellungen. Hunger und materielle Mängel hemmen sehr wahrscheinlich die natürlichen Neugierimpulse, die für das kindliche Lernen wichtige Anstöße darstellen. Neben einem Mangel an Lernerfahrung entstehen bei diesen Kindern Widerstände gegenüber angemessenen Lernhaltungen.

Ich werde hier kurz einige Untersuchungen erwähnen, die von der Erziehungswissenschaftlichen Fakultät meiner Universität durchgeführt worden sind, um das Ausmaß zu zeigen, in dem die Art der Erziehungsmaßnahmen die Begriffsentwicklung auf dem Gebiet der numerisch-räumlichen Fähigkeiten beeinflußt. Anhand sorgfältig zusammengestellter Stichproben aus der Bevölkerung wurden für folgende Verhaltensbereiche Daten über Erziehungspraktiken gesammelt:

Schwangerschaft und frühe Kindheit.
Faktoren, die bei der Erziehung den Sozialisierungsprozess bewirkten.
Körperliche Momente bei der Erziehung.
Disziplin: Einschränkungen und Freizügigkeit.
Soziale Beziehungen zwischen Kindern.
Geschlechtsunterschiede bei der Erziehung.
Arbeits- und Spielverhalten.

Die Stichprobe umfaßte alle Schichten der Bevölkerung, einschließlich der wirtschaftlich sehr schlecht gestellten. Das Zusammenwirken von Armut und Erziehungspraktiken sowie ihre Auswirkungen auf die angeführten Fähigkeiten werden untersucht werden, außerdem werden Vergleiche zwischen Untergruppen vorgenommen.

Zusammenfassend lautet meine Hypothese, daß eine unzulängliche Sprachentwicklung nicht die Hauptursache für eine mangelhafte Entfaltung dieser Fähigkeiten darstellt: Der Zustand der Armut übt zusammen mit gewissen Erziehungspraktiken direktere und bedeutsamere Effekte aus. Es sei daran erinnert, daß auch Tiere, die über keine Sprache verfügen, erfolgreich Begriffe erwerben können, wenn dieses Lernen auch langsam und schwerfällig vor sich geht. Der bedeutendste Nachteil für Kinder aus wirtschaftlich schlecht gestellten Familien scheint in einem Mangel an notwendigen Entwicklungsreizen zu liegen.

Numerisch-Räumliche Tests

Untersuchungen zur Formwahrnehmung haben ergeben, daß Kinder eher komplexe und unregelmäßige Objekte wahrnehmen können als regelmäßige geometrische Figuren. Diese Feststellung von Piaget [6] wurde von Page [7] bestätigt. Er fand, daß Kinder im Vorschulalter bei der haptischen Wahrnehmung topologischer Figuren erfolgreicher waren als bei der einfacher regelmäßiger geometrischer Figuren. Auf jeden Fall erscheinen geometrische Formen in ärmerem Milieu

---

[6] Piaget J. & Inhelder, B.: La Genèse des Structures Elémentaires de Logique: Classification et Sériation Neuchâtel (Suisse); Delachaux et Niestlé, 1959.

[7] Page, Eric I. Haptic Perception: A Consideration of one of the Investigations of Piaget and Inhelder.
In: Educational Review (Inst. of Education Birmingham) II. (1959) S. 115-124

seltener. Pädagogisches Spielzeug, wie z. B. Bausteine und verschiedenartig geformte Gegenstände zum konstruktiven Spielen, werden wahrscheinlich nicht so häufig von armen Eltern als von relativ gut gestellten Eltern angeschafft. Page ist der Ansicht, daß die topologischen Qualitäten, wie Geschlossenheit, Trennung, Nähe, Kontinuität, den Kindern eher unmittelbar zugängliche Anhaltspunkte liefern, als es die logischen Beziehungen geometrischer Figuren tun. Handlungstests für noch nicht schulpflichtige Kinder, die eine Fülle einfacher geometrischer Figuren enthalten, wie z. B. die Merrill-Palmer-Scale, sind von fragwürdiger Gültigkeit, wenn sie bei sozial benachteiligten Kindern verwendet werden. Viele Untersucher haben die Idee des "Performism" (Lernen durch Erfahrung und Handlung) in den wahrnehmungsmäßigen Unterscheidungen unterstützt. Wahrscheinlich haben Kinder in extrem schlechtem Milieu nur sehr wenig Gelegenheit, durch den Umgang mit den Dingen Erfahrungen zu sammeln. Es lassen sich hier Parallelen zu Kindern finden, die so schwer körperbehindert sind, daß kinästhetische Empfindungen fast völlig fehlen, wodurch es zu einer unvollständigen Entwicklung der Wahrnehmung kommt. Die frühe Darbietung bestimmter Stimuli läßt das Kind offensichtlich gegenüber der Unterscheidung von Formen, die mit diesen Stimuli assoziiert sind, sensitiver werden. Die Fähigkeit, neue Assoziationen zu bilden, entwickelt sich offensichtlich als Folge der Erfahrung. Zweifellos erweitert Erfahrung die kognitiven Strukturen, die wiederum das Lernen neuer Assoziationen erleichtern.

Es ist bekannt, daß die jeweilige Kultur die Wahrnehmung beeinflußt. Lesser [8] zeigte einige Auswirkungen der sozialen und kulturellen Gruppenzugehörigkeit auf spezifische Fähigkeiten, wie verbale Gewandheit, schlußfolgerndes Denken, sowie die numerisch-räumlichen Fähigkeiten. Der Lebensbereich der sozial benachteiligten Schichten ist von den kulturellen Einflüssen einer Gesellschaft in so starkem Maße abgesondert und verschieden, so daß sich tiefgreifende Auswirkungen auf die Wahrnehmung und damit auf diese spezifischen Fähigkeiten ergeben. Armut als ein psychologischer Zustand hat zweifellos schwere Folgen. Solange diese Auswirkungen der Armut nicht eindeutig bestimmt werden können, ist die Interpretation von Testergebnissen vom diagnostischen Standpunkt aus relativ unzuverlässig und nutzlos.

---

8) Lesser, G.G.: Mental Abilities of Children from different Social Class and Cultural groups. In: Child Development 30 (1965) 4, S. 1-115.

Begriffserwerb bei kleinen Kindern

Um gute Tests konstruieren zu können, müssen wir Kenntnisse über diesen Prozeß besitzen. Wir wissen, daß er den Erwerb einer Reihe von Ketten (verbale oder andere) auf repräsentative Stimuli involviert, die die Charakteristika einer diesen Begriff beschreibenden Klasse aufweisen. Danach erfolgen Reaktionen auf diese Charakteristika, die eine gemeinsame abstrakte Eigenschaft haben. Die kulturellen und psychologischen Faktoren, die den Begriffserwerb erleichtern, sind bisher jedoch noch nicht adäquat identifiziert worden. Es gibt Anzeichen dafür, daß sehr oft Kinder, die ihren Altersgenossen in der Entwicklung voraus sind und andererseits keine geistigen Mängel aufweisen, sich in einem bestimmten Alter nicht von spezifischen Stimuli lösen können, so daß sie z. B. noch nicht die Möglichkeit zur Abstraktion oder Generalisation besitzen. Ich habe festgestellt, daß dieser Zustand durch fehlerhaften Unterricht noch verstärkt wird, so daß er sich bis ins Erwachsenenalter bemerkbar macht und charakteristisch für ein niedriges Ausbildungsniveau ist. Es besteht kein Zweifel daran, daß ein guter Unterricht die Prozesse der Abstraktion und Generalisation fördert; dies ist tatsächlich eine seiner grundlegenden Funktionen. Allerdings müssen wir noch genauer in Erfahrung bringen, auf welche Weise das Kind die ersten und zugleich grundlegenden Begriffe erwirbt, und umgekehrt, durch welche Faktoren dieser Prozeß erschwert wird. Nehmen wir als Beispiel den Begriff der Invarianz. Piaget beschreibt ihn als sich in drei Stufen entwickelnd: (a) Ein Anfangsstadium, in dem nur die Wahrnehmung die Mengenurteile bestimmt; (b) Das Urteil kommt sowohl mit Hilfe der Wahrnehmung als auch durch die Bedingungen der Invarianz zustande. (c) Ein Zustand der völligen Invarianz. Es gibt Anzeichen dafür, daß in Fällen starker sozialer Benachteiligung Kinder auf dem Stadium (b) stehenbleiben und damit zwischen dem Erkennen der Invarianz und einer Regression auf die Wahrnehmung wechseln, wobei dieser Zustand über die Altersnorm hinaus andauert. Wir kennen die Vorstellungen, die Kinder im Vorschulalter von der Menge haben, nicht genau. Man könnte vermuten, daß sie unklar und amorph sind, denn es ist unwahrscheinlich, daß das Kind dieselben Stufen der Klarheit und Konstanz im Denken aufweist wie die Erwachsenen. Perzeptuelle Anhaltspunkte bei der Quantifizierung könnten länger bestehen, als wir annehmen. In dieser Hinsicht könnten räumliche Mengenanordnungen und die Mengen selbst als Ganzes betrachtet werden. Es gibt bisher keine Anzeichen dafür, daß analytisches Denken, selbst beim 'normalen' noch nicht schulpflichtigen Kind, stark ausgebildet ist. Dennoch gehen unsere Tests von dieser Annahme aus. Es ist möglich, daß die Altersstufe, auf der wir die endgültige Invarianz erwarten, zu früh angesetzt ist. Wir schließen auf die Invarianz, sobald das Kind in der Lage ist, in konkreten Situationen logisch zu denken. Dies muß nicht notwendig so sein. Diese falschen Vorstellungen über Entwicklungsfortschritte können möglicherweise auch auf andere Bereiche der numerisch-räumlichen Fähigkeiten angewendet werden. Brauchbare Tests müssen daher in ihrer Struktur die graduelle Begriffsentwicklung berücksichtigen und den Alles-oder-Nichts Standpunkt bei der Beurteilung aufgeben.

Weitere Beweismittel zur Unterstützung werden von Lee [9] geliefert. Seine Untersuchungen zeigen, daß bei Kindern im Vorschulalter die Begriffe der Farbe, Zahl, Form und Größe mit größerer Wahrscheinlichkeit gebraucht werden als nach dem Geschlecht typisierte Objekte oder Ähnlichkeiten, die auf gemeinsamen Bestandteilen eines Stimulus basieren. Das Kind im Vorschulalter neigt nicht dazu, analytisch vorzugehen. Es zeigt sich relativ unfähig, zwei Gegenstände auf Grund der Ähnlichkeit eines ihrer Bestandteile einer Gruppe zuzuordnen, so z. B. die Räder eines Fahrzeuges oder die Beine einer Puppe. Dies ist auch die bereits von Lamkin und Newhall [10] vertretene Ansicht. Sie zeigten, daß die Begriffe der Farbe und Größe für Kinder über sechs Jahren an Bedeutung abnehmen. Hier spiegelt sich eine Verschiebung der Bedeutung wider, die Kinder den für die Kategorisierung ihrer Umwelt ausschlaggebenden Dimensionen verleihen. Auf dieser Stufe widmen sie der Form und der Richtung größere Aufmerksamkeit.

Ich habe aufzuzeigen versucht, daß die Kenntnis der Entwicklungsstadien, die bei dem Begriffserwerb durchlaufen werden, als Voraussetzung für die Konstruktion geeigneter Tests angesehen werden muß. Unser Anliegen richtet sich in der Hauptsache auf den Bereich der Diagnose, nicht auf den der Voraussage. Der Versuch, innerhalb eines Entwicklungsverlaufs schwache Stellen aufzudecken, kann ohne zuverlässige Kenntnisse darüber, wie der gesamte Prozeß normalerweise verläuft, nicht erfolgreich sein.

Zusammenfassend kann gesagt werden, daß die Entwicklung von Tests, die auch für die sozial benachteiligten Schichten geeignet sind, stärker betont werden sollte, während weniger Bemühungen auf die Entwicklung kultur-unabhängiger Meßinstrumente gerichtet werden sollten. Die Auswirkungen des sozial benachteiligten Milieus auf die numerisch-räumlichen Fähigkeiten sind von entscheidender Bedeutung, und zwar um so mehr, als ihnen für eine in stärkerem Maße wissenschaftlich und technologisch orientierte allgemeine Ausbildung grundlegende Bedeutung zukommt. Ein stärkeres Interesse an der

---

[9] Lee, L.C.: Concepts of Colour, Number and Form. In: Child Development 36 (1956) 1.

[10] Lamkin J. & Newhall, S.M.: Form, Colour, Size in Children's Perceptual Behaviour. In: Child Development 8 (1957) S. 105-111

Psychologie der sozial benachteiligten Schichten und den Erklärungen, die sie für Lernvorgänge zu liefern vermag, könnte fruchtbar sein. Es gibt Gründe, die für die Annahme sprechen, daß restriktive Praktiken bei der Kindererziehung, wenn sie mit sozialer Benachteiligung zusammenwirken, die normale Entwicklung der numerisch-räumlichen Fähigkeiten ungünstig beeinflussen. Es wird daher vorgeschlagen, bei der Messung dieser Fähigkeiten nicht von einer Alles-oder-Nichts Basis auszugehen, sondern die Entwicklungsstadien zu erfassen, die hinsichtlich der betreffenden Begriffsbildung erreicht worden sind. Damit steht auch die Tatsache in Beziehung, daß die Anzahl der zur Lösung von Testaufgaben erforderlichen gedanklichen Schritte begrenzt ist, denn jüngere Kinder sind nicht in der Lage, ununterbrochen logisch zu denken. Die Inhalte von Handlungstests für sozial benachteiligte Kinder sollten so weit wie möglich Situationen und Gegenstände enthalten, die innerhalb der Erfahrungsmöglichkeiten dieser Kinder liegen. Die Testkonstrukteure sollten die Möglichkeit in Betracht ziehen, Situationen zu verwenden, die innerhalb der eingeschränkten Umwelt dieser Kinder auftreten können.

Eine letzte Bemerkung: Es sollte daran gedacht werden, daß die Kommunikation zwischen Erwachsenen und Kindern häufig durch Mißverständnisse verbaler Art auf Seiten der Kinder erschwert wird und auch durch unterschiedliche Begriffssysteme, die Erwachsene und Kinder dieselben Dinge verschieden sehen lassen. Oft werden jedoch dieselben Worte für die Beschreibung dieser verschiedenen Wahrnehmungsarten verwendet. Dies kann eine ganz beträchtliche Fehlerquelle darstellen und betont erneut die Notwendigkeit einer kontinuierlichen engen Beziehung zwischen Untersuchungen über die kindliche Entwicklung und Meßtechniken.

4.2 Samuel Messik:
Die Erfassung kognitiver Stile und Persönlichkeitsmerkmale und ihr Wert für die pädagogische Praxis

In den letzten Jahren wurden bei der Lösung kognitiver Aufgaben Stil-Dimensionen besonders stark beachtet. [1] Diese Dimensionen wurden mit dem Begriff "kognitive Stile" bezeichnet: Sie repräsentieren die typische Eigenart eines Probanden, wahrzunehmen, sich zu erinnern, zu denken und Probleme zu lösen. Man erschließt sie aus der Gleichförmigkeit der Art oder Form der Kognition, die vom Inhalt der Kognition und vom Leistungsniveau des kognitiven Verhaltens abgehoben wird. Es folgen einige Beispiele für diese Dimensionen.

(1) <u>Feld-Unabhängigkeit vs. Feld-Abhängigkeit</u>: "Eine analytische Art der Wahrnehmung im Gegensatz zu einer globalen, die die Tendenz einschließt, Einzelheiten als abgehoben vom Hintergrund zu erleben, und die Fähigkeit widerspiegelt, den Einfluß zu überwinden, der aus ihrer Verankerung im Kontext resultiert". [2]

---

[1] Thurstone, L. L.: A factorial study of perception. <u>Psychometric Monograph No. 4</u>. Chicago: University of Chicago Press, 1944. Witkin, H. A., Lewis, H. B., Hertzman, M., Machover, K., Meissner, P. B., and Wapner, S.: <u>Personality through perception</u>. New York: Harpers, 1954. Witkin, H. A., Dyk, R. B., Faterson, H. F., Goodenough, D. R., and Karp, S. A.: <u>Psychological differentiation</u>. New York: Wiley, 1962. Gardner, R. W., Holzman, P. S., Klein, G. S., Linton, H. B. and Spence, D.: Cognitive control: a study of individual consistencies in cognitive behavior. In: <u>Psychological Issues</u>, 1959, 1, Monograph 4. Gardner, R. W., Jackson, D. N. and Messick, S.: Personality organization in cognitive controls and intellectual abilities. In: <u>Psychological Issues</u>, 1960, 2, Monograph 8.

[2] Witkin et al. (1962.) siehe Anmerkung 1

(2) <u>Abtasten</u> ("scanning"): Eine Dimension individueller Unterschiede hinsichtlich des Umfanges und der Intensität der Aufmerksamkeitsentfaltung. Aus ihr ergeben sich interindividuelle Unterschiede in der Lebhaftigkeit der Erfahrung und im Aufmerksamkeitsumfang. [3]

(3) <u>Kategorien-Weite</u>: Die durchgängige Tendenz, vieles einzuschließen, im Gegensatz zur Wahl enger Ausschnitte im Aufbau des annehmbaren Bereiches für spezifische Kategorien. [4]

(4) <u>Stile der Begriffsbildung</u>: Individuelle Unterschiede in der Tendenz, wahrgenommene Ähnlichkeiten und Unterschiede zwischen Stimuli nach vielen differenzierten Begriffen zu kategorisieren - eine Dimension, die begriffliche Differenzierung [5] genannt wird - ebenso wie Gleichförmigkeit in der Verwendung formaler Methoden der Begriffsbildung (etwa die Herstellung thematischer oder funktionaler Beziehungen zwischen Stimuli, die Analyse beschreibender Attribute oder die Schlußfolgerung nach der Klassenzugehörigkeit). [6]

---

3) Holzman, P.S.: Scanning: a principle of reality contact. In: <u>Perceptual and Motor Skills</u>, 1966, 23, S. 835-844. Schlessinger, H.J.: Cognitive attitudes in relation to susceptibility to interference. In: <u>Journal of Personality</u>, 1954, 22, S. 354-374. Gardner, R.W., and Long, R.I.: Control, defense, and centration effect: a study of scanning behaviour. In: <u>British Journal of Psychology</u>, 1962, 53, S. 129-140.

4) Pettigrew, T.F.: The measurement and correlates of category width as a cognitive variable. In: <u>Journal of Personality</u>, 1958, 26, 532-544. Bruner, J.S. and Tajfel, H.: Cognitive risk and environmental change. In: <u>Journal of Abnormal and Social Psychology</u>, 1961, 62, S. 231-241. Kogan, N. and Wallach, M.A.: <u>Risk Taking</u>. New York: Holt, Rinehart and Winston, 1964.

5) Gardner, R.W. and Schoen, R.A.: Differentiation and abstraction in concept formation. In: <u>Psychological Monographs,</u> 1962, 76, No. 41. Messick, S. and Kogan, N.: Differentiation and compartmentalization in object-sorting measures of categorizing style. In: <u>Perceptual and Motor Skills,</u> 1963, 16, S. 47-51.

6) Kogan, J., Moss, H.A. and Sigel, I.E.: Conceptual style and the use of affect labels. In: <u>Merrill-Palmer Quarterly,</u> 1960, 6, 261-278. Kagan, J., Moss, H.A. and Sigel, I.E.: Psychological significance of styles of conceptualization. In: J.C. Wright and J. Kagan (Eds.), Basic cognitive processes in children. <u>Monograph of Society for Research in Child Development,</u> 1963, 28, No. 2, S. 73-112.

(5) <u>Kognitive Komplexität vs. Einfachheit:</u> Individuelle Unterschiede in der Tendenz, die Welt - insbesondere die Welt des sozialen Verhaltens - mit Hilfe vieler Dimensionen und Unterscheidungen zu erklären. 7)

(6) <u>Reflektiertheit vs. Impulsivität:</u> Individuelle Unterschiede in der Geschwindigkeit, mit der Hypothesen ausgewählt und Informationen verarbeitet werden. Dabei neigen impulsive Menschen dazu, die ihnen zuerst einfallende Antwort anzubieten, obwohl sie oft falsch ist. Reflektierende Menschen neigen dazu, mehrere Möglichkeiten abzuwägen. 8)

(7) <u>Nivellierung vs. Pointierung (leveling vs. sharpening):</u> Individuelle Unterschiede im Assimilationsprozeß des Gedächtnisses; "Nivellierer" haben die Tendenz, ähnliche Gedächtnisinhalte - die Unterschiede verwischend - ineinanderfließen zu lassen und wahrgenommene Ereignisse mit ähnlichen, aber nicht identischen Ereignissen, derer sie sich erinnern, zu verschmelzen; auf der anderen Seite neigen "Pointierer" weniger dazu, ähnliche Objekte miteinander zu vermengen und können ganz im Gegensatz zu den "Nivellierern" das gegenwärtige Ereignis sogar als dem vergangenen unähnlicher einstufen, als es tatsächlich der Fall ist. 9)

---

7. Kelly, G.A.: <u>The psychology of personal constructs.</u> Vol. I. New York: Norton, 1955. Bieri, J.: Complexity-simplicity as a personality variable in cognitive and preferential behavior. In: D.W. Fiske and S.R. Maddi (Eds.), <u>Functions of varied experience.</u> Homewood, Ill.: Dorsey Press, 1961. Bieri, J., Atkins, A.L., Scott, B., Leaman, R.L., Miller, H. and Tripodi, T.: <u>Clinical and social judgment: The discrimination of behavioral information.</u> New York: Wiley, 1966. Scott, W.A.: Conceptualizing and measuring structural properties of cognition. In: O.J. Harvey (Ed.), <u>Motivation and social interaction.</u> New York: Ronald, 1963 Harvey, O.J., Hunt, D.E. and Schroder, H.M.: <u>Conceptual systems and personality organization.</u> New York: Wiley, 1961.

8) Kagan, J., Rosman, B.L., Day, D., Albert, J. and Phillips, W.: Information processing in the child: significance of analytic and reflective attitudes. In: <u>Psychological Monographs,</u> 1964, 78, Whole No. 58. Kagan, J.: Reflection-impulsivity and reading ability in primary grade children. In: <u>Child Development,</u> 1965, 36, S. 609-628.

9) Holzman, P.S.: The relation of assimilation tendencies in visual, auditory, and kinesthetic time-error to cognitive attitudes of leveling and sharpening. In: <u>Journal of Personality,</u> 1954, 22, S. 375-394. Holzman, P.S. and Klein, G.S.: Cognitive system-principles of leveling and sharpening: individual differences in assimilation effects in visual time-error. In: <u>Journal of Psychology,</u> 1954, 37, S. 105-122. Gardner, R.W., et al., (1959) siehe Anmerkung 1

(8) Eingeengte vs. flexible Kontrolle: Individuelle Unterschiede in der Anfälligkeit für Ablenkung und kognitive Interferenz. 10)

(9) Toleranz gegenüber unvereinbaren und unrealistischen Erfahrungen: Eine Dimension der interindividuell verschiedenen Bereitschaft, Wahrnehmungsinhalte zu akzeptieren, die nicht mit der gewohnten Erfahrung übereinstimmen. 11)

Konsistente Verhaltenszüge zeigten sich auch in individuell verschiedenen Tendenzen, bei Gedächtnisaufgaben Auslassungs- oder Ausführungsfehler zu machen. 12) Außerdem spiegeln einige Dimensionen, die sich aus den Arbeiten von Thurstone, Cattell und Guilford ergeben, mögliche Beispiele des Stiles oder der Art der Kognition wider. Gemeint sind Dimensionen wie Schnelligkeit, Flexibilität, Divergenz, Konvergenz und Flüssigkeit, die allerdings gewöhnlich dem Bereich der intellektuellen Fähigkeiten zugerechnet werden.

Nachdem erkannt worden war, daß hinsichtlich der formalen Aspekte der kognitiven Prozesse konsistente individuelle Unterschiede bestehen, stellt sich die Frage, welche möglichen Folgerungen sich hieraus für die Erziehungspraxis, für Testanwendung, Lernen und Lehren ergeben. Vor der Behandlung dieser Frage will ich einen dieser kognitiven Stile etwas ausführlicher erörtern, um eine Vorstellung von der durchgängigen Wirksamkeit dieser Stile zu vermitteln. Hierfür eignet sich als Beispiel die Dimension der analytischen Einstellung am besten, weil sie seit fast 20 Jahren sehr gründlich und auf verschiedene Weise untersucht worden ist - besonders von H. A. Witkin und seinen Mitarbeitern, aber auch in anderen Forschungsstätten der ganzen Welt.

Witkins frühe Arbeiten hoben die individuellen Unterschiede hervor, die in der charakteristischen Art der Versuchspersonen, sich selbst und die Welt wahrzunehmen, zum Ausdruck kamen. Eine der verwendeten Testsituationen war ein geneigter Raum, in dem die Versuchsperson auf einem geneigten Stuhl saß und die Aufgabe hatte, ihren Körper so auszubalancieren, daß sie senkrecht saß, bezogen auf den Schwerpunkt. Hierbei wurden zuverlässige indivi-

---

10) Klein, G.S.: Need and regulation. In: M.R. Jones (Ed.), Nebraska Symposium on Motivation. Lincoln: University of Nebraska Press, 1954, S. 225-274.

11) Klein, G.S., Gardner, R.W. and Schlesinger, H.J.: Tolerance for unrealistic experiences: a study of the generality of a cognitive control. In: British Journal of Psychology, 1962, 53, S. 41-55.

12) McKenna, V.: Stylistic factors in learning and retention. Princeton, N.J.: Educational Testing Service, Research Bulletin, 1967.

duelle Unterschiede gefunden, d. h., einige Versuchspersonen erlagen den Einflüssen des sie umgebenden geneigten Raumes mehr als andere. In einem anderen Test saß die Versuchsperson in einem völlig abgedunkelten Raum; ihr gegenüber befand sich ein Leuchtstab innerhalb eines leuchtenden Bilderrahmens. Der Rahmen wurde geneigt, und die Versuchsperson hatte die Aufgabe, den Stab so einzustellen, daß seine Position der tatsächlichen Vertikalen entsprach. Wiederum fand man zuverlässige individuelle Unterschiede. Außerdem ergab sich eine beträchtlich hohe Korrelation zwischen den beiden Tests: Versuchspersonen, die im ersten Test Schwierigkeiten hatten, die störenden Einflüsse des sie umgebenden Raumes zu überwinden, erging es ähnlich im zweiten Experiment, in dem sie dem Einfluß des Leuchtrahmens Widerstand leisten mußten. Zunächst führte man diese individuellen Unterschiede darauf zurück, daß sich die Versuchspersonen in der Wahl der Stimuli unterscheiden, an denen sie sich orientieren: a) die optischen Reize, die aus dem äußeren Feld stammen, b) die kinästhetischen Reize, die die Versuchsperson von ihrem Körper empfängt.

Diese Interpretation einer Feld- gegenüber einer Körperorientierung wurde jedoch später zu einer allgemeineren Dimension der wahrnehmungsmäßigen Analyse erweitert. Man hatte nämlich herausgefunden, daß die Versuchspersonen, die Schwierigkeiten bei der Überwindung der Feldeinflüsse hatten, die in den obigen Testsituationen wirksam waren, auch in anderen Situationen mit vergleichbaren Schwierigkeiten kämpfen mußten. Es gelang ihnen z. B. nicht so gut, den Einfluß komplexer Muster in Aufgaben zu überwinden, in denen versteckte einfache Formen aus komplexen zeichnerischen Gebilden herauszufinden waren. Die Dimension wurde nunmehr in ihrer erweiterten Fassung "Feld-Abhängigkeit gegenüber Feld-Unabhängigkeit" genannt": in der Wahrnehmung des relativ feldabhängigen Menschen dominiert eine umfassende Organisation des Gesamtfeldes. Feldunabhängige Menschen auf der anderen Seite können ohne Schwierigkeiten einzelne Teile als vom Hintergrund abgehoben wahrnehmen. Wiederholt fand man Unterschiede zwischen den Geschlechtern: weibliche Versuchspersonen waren eher feldabhängig, männliche eher feldunabhängig. 13)

Da man inzwischen in mehreren Funktionsbereichen der Intelligenz und der Persönlichkeit viele Entsprechungen zu diesen Wahrnehmungsdaten entdeckt hat, wird die Dimension "Feld-Unabhängigkeit vs. Feld-Abhängigkeit" heute als eine Komponente der weiter gefaßten Dimension des <u>artikulierenden im Gegensatz zum globalen kognitiven Stil</u> betrachtet. Es wurden z. B. bei der Untersuchung des Zusammenhanges zwischen Feld-Unabhängigkeit und In-

---

13) Witkin, H.A., et al., (1954) siehe Anmerkung 1

telligenz beträchtliche Korrelationen mit einigen Untertests der Wechsler-Intelligenztests gefunden - mit anderen Untertests hingegen nicht. Die Untertests der Wechsler-Tests gruppieren sich um drei Hauptfaktoren: (1) eine verbale Dimension, die sich aus den Untertests "Wortschatz", "Allgemeines Wissen" und "Allgemeines Verständnis" zusammensetzt, (2) eine Aufmerksamkeits-Konzentrations-Dimension, die aus den Untertests "Zahlennachsprechen", "Rechnerisches Denken" und "Zahlen-Symbol-Test" besteht, und (3) eine analytische Dimension, beruhend auf den Untertests "Mosaiktest", "Figurenlegen" und "Bilderergänzen". Die Meßwerte für die Feld-Unabhängigkeit korrelierten beträchtlich mit der Dimension der analytischen Intelligenz, jedoch nicht mit den anderen beiden. So zeigten feldunabhängige Versuchspersonen eine deutliche Überlegenheit bei der Lösung von Aufgaben, die analytische Intelligenz erfordern. Sie waren jedoch weder im Bereich der verbalen Intelligenz überlegen, noch kann man sagen, daß sie allgemein intelligenter waren. [14]

Kinder, die ein relativ artikuliertes kognitives Verhalten zeigen, haben ebenfalls relativ artikulierte Vorstellungen vom Körperbau. Wenn diese Kinder aufgefordert werden, Menschen zu zeichnen, stellen sie die Proportionen des Körpers realistischer dar, sie bilden mehr Einzelheiten ab sowie Merkmale, die für die Geschlechterrolle und andere soziale Rollen typisch sind, als Kinder mit einem eher global ausgerichteten Verhalten. Global handelnde Probanden neigen auch zu einem weniger stark ausgeprägten unterscheidenden Identitätsgefühl. Dies äußert sich darin, daß sie sich auf Führung und Hilfe anderer verlassen, ferner in der relativen Instabilität ihres Selbstbildes und der Empfänglichkeit gegenüber sozialen Einflüssen bei der Bildung und Beibehaltung von Einstellungen und Beurteilungen. [15]

Entwicklungspsychologische Untersuchungen haben gezeigt, daß die kognitiven Prozesse zunehmend artikulierter und die Wahrnehmungen feldunabhängiger werden, wenn das Kind zum Jugendlichen heranwächst. Gleichzeitig ist jedoch das relative Niveau der Artikulation eines Kindes gegenüber seinen Altersgenossen recht stabil. Eine Gruppe von 30 Jungen und eine Gruppe von 30 Mädchen wurden im Alter von 10, 14 und 17 Jahren mit einem Wahrnehmungs-

---

14) Goodenough, D.R. and Karp, S.A.: Field dependence and intellectual functioning. In: Journal of Abnormal and Social Psychology, 1961, 63, S. 241-246.

15) Witkin, H.A., et al., (1962) siehe Anmerkung 1. Linton, H.B. and Graham, E.: Personality correlates of persuasibility. In: I.L. Janis et al., Personality and persuasibility, New Haven: Yale University Press, 1959.

test untersucht. Die Test-Retest-Reliabilität des Feldunabhängigkeits-Wertes betrug 0,64 für die Jungen und 0,88 für die Mädchen (Altersstufen 10 und 14 Jahre); 0,87 für die Jungen und 0,94 für die Mädchen (Altersstufen 14 und 17). 16)

Witkin und seine Mitarbeiter versuchten, die möglichen Ursachen für die Entstehung dieses kognitiven Stiles aufzudecken. Hierzu studierten sie die Formen mütterlicher Erziehungspraktiken und Mutter-Kind-Beziehungen.

Auf Grund der Interviewdaten wurden die Mütter in zwei Gruppen eingeteilt: a) Mütter, die die Entwicklung des Kindes zur Selbständigkeit unterstützten und ihm halfen, ein Gefühl unterscheidender Identität zu erwerben; b) Mütter, die dies nicht taten. Allgemein gesehen ergab sich ein deutlicher Zusammenhang zwischen dieser Gruppierung und den Testleistungen der Kinder. Die Kinder der Mütter, die die Entwicklung zur Selbständigkeit unterstützt hatten, waren feldunabhängiger und im kognitiven Bereich artikulierter. 17)

Man hat festgestellt, daß sich die Verteidigungsmechanismen voneinander unterscheiden, die unter Konflikt und Stress von Probanden des artikulierten gegenüber Probanden des globalen Typs gewählt werden. Artikulierte Probanden verwenden eher spezielle Verteidigungen wie Intellektualisierung und Isolierung; globale Probanden neigen eher zur Verwendung elementarer primitiver Mechanismen wie Abwehr und Verdrängung. Hingegen wurde keine allgemeine Beziehung zwischen dem Artikulationsgrad des kognitiven Stils und dem Grad der Angepaßtheit oder dem Grad der psychopathologischen Entwicklung gefunden. Die Verhältnisse liegen hier vielmehr so wie bei den Verteidigungsmechanismen: wenn psychische Störungen auftreten, dürften sich bei den beiden Extremen des Stils unterschiedliche Formen der psychopathologischen Erkrankung zeigen. Bei artikulierten Menschen nimmt die psychopathologische Entwicklung eher die Form einer übermäßigen Kontrolle (overcontrol), der überstarken Regulierung von Vorstellungs- und Denkabläufen (overideation) und der Isolierung an; in schweren pathologischen Zuständen ist das Auftreten von Wahnvorstellungen möglich. Auf der anderen Seite schließen psychopathologische Erscheinungen bei globalen Personen eher Probleme der Abhängigkeit ein mit Symptomen wie Alkoholismus, Fettleibigkeit, Geschwüren und Asthma; in schweren Fällen ist eher das Auftreten von

---

16) Witkin, H.A., et al., (1962) siehe Anmerkung 1

17) Ibid. Dyk, R.B. and Witkin, H.A.: Family experiences related to the development of differentiation in children. In: <u>Child Development</u>, 1965, 36, S. 21-55.

Halluzinationen zu erwarten. [18] Solche Forschungsergebnisse weisen darauf hin, daß die Stile im Bereich des intellektuellen Verhaltens und der Wahrnehmung Teil der ganzen Persönlichkeit sind; sie hängen eng mit den affektiven und motivationalen Strukturen zusammen. Man kann z. B. in einigen Fällen "den allgemeinen Stil des Denkens als eine Matrix betrachten...., die die Gestalt oder Form des Symptoms, der Verteidigungsmechanismen und der auf Anpassung gerichteten Persönlichkeitszüge determiniert". [19] In anderen Fällen mag die Form-determinierende Matrix nicht die Art der Kognition sein, sondern vielleicht der Typ des Temperaments oder die Charakterstruktur oder eine neurotische Fehlhaltung - der kognitive Stil würde sich dann eher hieraus ableiten und nur eine Komponente einer weitergefaßten Persönlichkeitsstruktur widerspiegeln, die verschiedene psychologische Funktionen durchdringt.

Vermutlich vermittelt die bisherige Erörterung den Eindruck, daß artikulierte, feldunabhängige Probanden ihren feldabhängigen Altersgenossen überlegen sind. Es gibt jedoch Situationen, in denen das Vertrauen auf die äußeren Feldbedingungen und besonders die auf Führung und Hilfe gerichtete Orientierung an sozialen Stimuli zu einer Vermehrung der inzidentellen Information führt. Man fand z. B., daß feldabhängige Probanden signifikant überlegen sind hinsichtlich des Gedächtnisses für Gesichter und für Worte mit sozialer Bedeutung; ihr inzidentelles Gedächtnis ist jedoch für nichtsoziale Stimuli nicht allgemein besser. [20] Bestimmte Typen von Problem-Situationen und bestimmte Fachbereiche geben auf Grund ihrer Beschaffenheit feldabhängigen Personen einen Vorteil gegenüber feldunabhängigen Personen und umgekehrt (genauso wie andere Arten von Problemen kategorienweite Personen begünstigen mögen - gegenüber kategorienengen Personen - und umgekehrt). Diese Tatsache ist außerordentlich wichtig, da sie die Relativität des Wertes aufzeigt, der den sich gegenüberstehenden Extremen eines jeden kognitiven Stils zukommt. Im Gegensatz zu den bekannten Fähigkeitsdimensionen ist ein Extrem dieser Stildimensionen nicht immer allen Situationen angemessener als das gegenteilige Extrem.

---

[18] Witkin, H. A.: Psychological differentiation and forms of pathology. In: <u>Journal of Abnormal Psychology</u>, 1965, 70, S. 317-336.

[19] Shapiro, D.: <u>Neurotic styles.</u> New York: Basic Books, 1965.

[20] Messick, S. and Damarin, F.: Cognitive styles and memory of faces. In: <u>Journal of Abnormal and Social Psychology</u>, 1964, 69, S. 313-318.
Fitzgibbons, D., Goldberger, L. and Eagle, M.: Field dependence and memory for incidental material. In: <u>Perceptual and Motor Skills</u>, 1965, 21, 743-749.

Die oben diskutierten Verhaltenskonsistenzen im perzeptiven und intellektuellen Bereich wurden in Begriffen der Stildimensionen beschrieben und interpretiert. Das bedeutet, daß ein Mensch in den verschiedenen Situationen spontan und gewohnheitsmäßig einen bestimmten Grad der Artikuliertheit oder des analytischen Vorgehens aufweist. Obwohl ein relativ global eingestellter Mensch in den meisten Situationen typisch global erscheinen mag, ist es dennoch denkbar, daß er hinreichend geschickt analysieren kann, wenn eine Situation analytisches Vorgehen erfordert. Man nimmt jedoch bei der Erfassung dieses kognitiven Stiles an, daß in Aufgaben, die analytisches Vorgehen erfordern (wie z. B. das Herausfinden einer einfachen Figur aus einer komplizierten), Personen, für die das analysierende Vorgehen charakteristisch ist, besser abschneiden als Personen, die charakteristischerweise mehr global vorgehen. Demgemäß sind die meisten Meßmethoden des analytischen Stils im Rahmen der Fähigkeit oder der maximalen Leistung entworfen: Wenn jemand die Aufgabe gut löste, wird angenommen, daß er analytisch vorgegangen ist - löste er sie schlecht, nimmt man an, daß er eher global vorging (oder daß er eine ungewohnte, atypische analytische Vorgehensweise inadäquat anwandte). Um die Deutung in Begriffen der Stildimension zu stützen, wäre es interessant, diese Testwerte aus maximalen Leistungen mit Messungen zu vergleichen, die die spontane Tendenz erfassen, das Feld zu artikulieren, und zwar innerhalb einer Aufgabe, die scheinbar keine Analyse erfordert. In einem Versuch, Aufgaben dieser Art zu entwickeln, mußten die Versuchspersonen zehn komplexe visuelle Muster namentlich identifizieren lernen (der Name war jeweils eine sinnlose Silbe). Jedes Muster bestand aus einer aus Teilen zusammengesetzten großen, dominanten Figur vor einem strukturierten Hintergrund. Beim Erlernen der Namen mußte die Versuchsperson die Einzelteile des Musters nicht artikulieren, die Instruktionen legten jedoch eine analysierende Vorgehensweise nahe. Dann wurde den Versuchspersonen gesagt, jedes Muster sei ein Beispiel aus einer Gruppe ähnlicher Muster und die gelernten Namen seien jeweils die Namen der Gruppen. Es wurden ihnen nun Abwandlungen des Originalmusters dargeboten: etwa ein Einzelteil allein oder nur die Gesamtform oder eine Form, die aus mehreren Teilen bestand. Die Versuchspersonen wurden dann aufgefordert, diese zu identifizieren, und zwar mit Hilfe der entsprechenden Gruppennamen. Bei diesem Testentwurf ging man von folgender Annahme aus: Die Versuchspersonen, die während des Lernprozesses das Muster spontan artikulierten, können im zweiten Teil mehr Abwandlungen identifizieren als jene Versuchspersonen, deren Lernprozeß eher global gesteuert war. Es stellte sich jedoch heraus, daß die Gesamtzahl der korrekt identifizierten Abwandlungen nicht signifikant mit den Werten korrelierte, die man aus dem Test "Versteckte Figuren" erhalten hatte. Das lag daran, daß sich die Versuchspersonen durchgehend unterschieden, und zwar nicht nur in dem Ausmaß, in dem sie die originalen Muster artikulierten, sondern auch hinsichtlich des Typs der figuralen Komponente, den sie artikulierten. Nur die Artikulation einer dieser Komponenten hing mit der Leistung in dem Test "Versteckte Figuren" zusammen. Auf Grund einer Faktorenanalyse ließen sich zwei Haupt-Dimensionen bestimmen, die zwei verschiedene Arten der Stimulusanalyse repräsentierten: a) die Artikulation diskreter Teile ist betont, b) die Artikulation bezieht sich auf die figurale Form. Eine dritte Art der Analyse, die durch die Verwendung der Hintergrundinformation gekennzeichnet ist, korrelierte beträchtlich hoch mit den anderen beiden. Eine signifikante Korrelation erhielt man zwischen den Ergebnissen des Tests "Versteckte Figuren" und dem ersten Artikulationsfaktor (diskrete Teile) - nicht hingegen mit dem zweiten Artikulationsfaktor (Form). Obwohl Teil- und Formartikulation auf der einen Seite unterschiedliche Dimensionen der Stimulusanalyse sind und verschiedene Persönlichkeitsstrukturen widerspiegeln, korrelieren sie auf der anderen Seite signifikant miteinander (etwa 0,25) und bilden - zusammen mit dem Faktor "Hintergrundinformation" - eine Dimension zweiter Ordnung. [21]

Diese Befunde unterstreichen die Tatsache, daß die Durchgängigkeit der kognitiven Stildimension "artikuliert vs. global" auf einer Ebene höherer Ordnung zum Ausdruck kommt (im Sinne der faktorenanalytischen Konzeption). Ein anderes Beispiel, das diesen Sachverhalt illustriert, findet sich in einer Untersuchung, in der man sich bemühte, Thurstones Faktoren der Gestaltschließung auf verbale und semantische Bereiche auszudehnen. Der Faktor Flexibilität der Gestaltschließung wird durch Tests wie "Versteckte Figuren" bestimmt und erfaßt die Fähigkeit, eine geschlossene Struktur aufzulösen, um eine andere zu erleben. Dieser Faktor hängt also mit der Fähigkeit zusammen, ein hochgradig gegliedertes Wahrnehmungsfeld zu analysieren. Thurstones Faktor der "Schnelligkeit der Gestaltschließung" bezieht sich auf die Fähigkeit, diskrete Teile zu einem sinnvollen, integrierten Ganzen zu verbinden. Dieser Faktor spiegelt die Fähigkeit wider, ein relativ unorganisiertes Wahrnehmungsfeld zu strukturieren. [22] Das Konzept einer artikulierten Form der Wahrnehmung umfaßt Leichtigkeit sowohl im analysierenden als auch strukturierenden Vorgehen. [23] Das er-

---

[21] Messick, S. and Fritzky, F.J.: Dimensions of analytic attitude in cognition and personality. In: Journal of Personality, 1963, 31, S. 346-370.

[22] Thurstone, L.L., (1944) siehe Anmerkung 1

[23] Dyk, R.B. and Witkin, H.A., (1965) siehe Anmerkung 17

fordert einen korrelativen Zusammenhang zwischen den beiden Schließungsfaktoren, der in der Tat besteht. In einigen experimentellen Tests der Gestaltschließung wurden Einzelworte und sinnvolle Textabschnitte als Stimuli verwandt. Neben den beiden perzeptiven Gestaltschließungsfaktoren wurden für die verbale und die semantische Schließung sowohl Faktoren der Schnelligkeit als auch der Flexibilität gefunden. Die Konzeption einer allgemeinen kognitiven Stildimension "artikuliert vs. global" erfordert, daß alle diese Schließungsfaktoren untereinander korrelieren. Dies scheint auch der Fall zu sein, obwohl die Höhe der Korrelation sicher nicht einheitlich ist. Tatsächlich zeigte eine Faktorenanalyse zweiter Ordnung gewisse Grenzen in der Durchgängigkeit des Stiles auf: Man fand zwei voneinander relativ unabhängige Dimensionen der Artikulation. Die eine umfaßte Analyse und Strukturierung von figürlichem Material, die andere Analyse und Strukturierung von symbolischem Material. [24]

Nach dieser kurzen Beschreibung des kognitiven Stils wollen wir jetzt einige der möglichen Folgerungen für die Erziehungspraxis erörtern. Im Bereich der Testanwendung bieten uns die kognitiven Stile die Möglichkeit, einen neuen Typ von Variablen zu beurteilen, der sich auf den Prozeß des intellektuellen und perzeptiven Verhaltens bezieht. Hierdurch wird die Ermittlung geistiger Leistungen über die Grenzen der verfestigten und überall anzutreffenden Vorstellung von der Bedeutung des IQ-Niveaus erweitert zu einer Beschäftigung mit den Formen kognitiver Funktionsweisen. Da die kognitiven Stile den Bereich der Wahrnehmung und den des Intellekts umfassen, da sie ferner mit der Persönlichkeitsstruktur und den sozialen Verhaltensweisen zusammenhängen, verspricht ihre Erfassung eine nützlichere Charakterisierung des Schülers als die Messung der Intelligenz allein. Diese Charakterisierung sollte nicht nur bedeutsam für den individuellen Lernprozeß in verschiedenen Fachgebieten sein, sondern ebenso für die Lehrer-Schülerbeziehung und das soziale Verhalten im Klassenraum.

Infolgedessen scheinen kognitive Stile auf Grund ihrer breiten Wirksamkeit Dimensionen zu sein, deren Ermittlung für Erziehungszwecke besonders wichtig ist. Die vielfältige Wirkung, die sie so bedeutsam macht, ist jedoch gerade das, was die Erfassung anderer wichtiger Persönlichkeitsmerkmale - etwa Dimensionen spezifischer Eignung - störend beeinflußt. Dies geschieht deshalb, weil die kognitiven Stile auch in Testsituationen wirksam sind und durch sie die Testwerte beeinflußt werden. Die Stile interagieren sowohl mit den äußeren Bedingungen, die während der Testdurchführung

---

[24] Messick, S. and French, J.W.: Dimensions of closure in cognition and personality. Paper delivered at the American Psychological Association meetings, Washington, D.C., 1967.

gegeben sind, als auch mit den formalen Charakteristika des jeweiligen Tests. Denken Sie z. B. an die Möglichkeit, daß ein Eignungstest für quantitatives Denken mit Auswahlantwortform (z. B. 5 Wahlmöglichkeiten pro Aufgabe) Personen begünstigen könnte, die breite Kategorien bei einem Meßverfahren für Kategorienweite vorziehen. Schnelle grobe Näherungslösungen könnten von diesen Personen als "nahe genug" an einer der vorgegebenen Wahlmöglichkeiten liegend empfunden werden, während "kategorienenge" Personen vielleicht zeitraubende, genauere Lösungen brauchen, um eine Entscheidung zu treffen. Zwischen der Bevorzugung eines Kategorientyps und den Werten in Tests zur Prüfung des quantitativen Denkens wurden tatsächlich signifikante Korrelationen gefunden. Die Höhe der Korrelation streut stark und ist eine Funktion der Art der Wahlmöglichkeiten. Testwerte für Kategorienweite korrelierten beträchtlich hoch mit Testwerten des quantitativen Denkens, wenn sich im letztgenannten Test die Wahlmöglichkeiten inhaltlich deutlich voneinander unterschieden. Sie korrelierten niedriger, wenn es sich um einen Test mit freier Antwortform handelte, und kaum, wenn die Alternativen in einem Test mit Auswahlantwortform eine genauere inhaltliche Differenzierung erforderten. Dies spricht dafür, daß die "Annäherungs"-Strategie kategorienweiter Probanden durch grob unterscheidbare Wahlmöglichkeiten begünstigt, durch inhaltliche Annäherung der Distraktoren gestört wird. 25) Diese Ergebnisse weisen darauf hin, daß man den Grad der "Konstanz" der Eignungs- und Leistungstests nicht nur für verschiedene Kulturen und Geschlechter prüfen sollte, sondern auch für Personen mit unterschiedlichen Stileigenarten.

Im Bereich des Lehrens und Lernens bietet die Kenntnis der kognitiven Stile mehrere Möglichkeiten für die Unterrichtsgestaltung. Die Wahl muß sich nach den jeweiligen Unterrichtszielen richten und die Ergebnisse der dringend notwendigen empirischen Untersuchungen berücksichtigen. Sobald wir in der Lage sind, die kognitiven Stile der Schüler zu bestimmen, können die Schüler in einer Klassenstufe z. B. auf bestimmte Weise zusammengefaßt werden, vielleicht in homogenen Gruppen oder spezifisch kombinierten Gruppen. Es ist jedoch noch keineswegs klar, welche Art der Gruppierung den Lernprozeß des Schülers am besten fördert, ebenso wie noch keineswegs feststeht, daß die Gruppierung nach Fähigkeiten durchgehend zu befürworten ist. In einer kürzlich durchgeführten Untersuchung an New Yorker Schulen zur Frage der Fähigkeitsgruppierung ergab sich z. B. folgendes Bild: Die Gruppe der fähigsten Schüler machte im Laufe eines Jahres einen Fort-

---

25) Messick, S. and Kogan, N.: Category width and quantitative aptitude. In: <u>Perceptual and Motor Skills</u>, 1965, 20, S. 493-497.

schritt, der durchschnittlich einem Gewinn von 20, 7 Monaten entsprach (gemessen an den Normen eines Wortschatztestes), wenn sie in homogenen Gruppen unterrichtet wurden. In heterogenen Gruppen ergab sich demgegenüber nur ein Fortschritt von durchschnittlich 14, 7 Monaten. Das ist gewiß ein Argument, homogene Gruppen zu befürworten. Weniger begabte Schüler auf der anderen Seite gewannen durchschnittlich 9 Monate in homogenen, jedoch 12, 9 Monate in heterogenen Gruppen. [26] Vielleicht förderte der Unterricht, der den weniger Begabten zuteil wurde, diese nicht stark genug; vielleicht lernen niedrig begabte Schüler von ihren begabteren Klassenkameraden oder betrachten deren gute Leistung als Standard für den eigenen Leistungsanspruch.

Neben den kognitiven Stilen der Schüler könnten auch die der Lehrer erfaßt werden. Man könnte die Möglichkeit in Betracht ziehen, bestimmte Lehrer bestimmten Schülergruppen zuzuordnen, um bestimmte Kombinationen der Stile zu erhalten, die den Lernprozeß optimal fördern würden. Ebenfalls könnte die Auswahl bestimmter Lehrmethoden erwogen werden, die für bestimmte kognitive Stile und bestimmte Fachgebiete besonders geeignet wären. Bis heute gibt es sehr wenige Forschungsarbeiten, die uns in diesen Fragen weiterhelfen. Aber selbst bei der Überlegung, ob man den Schüler dem Lehrer und der Unterrichtsmethode zuordnen soll, sollte erwogen werden, welches Erfolgskriterium bei diesem Vorgehen anzuwenden ist. Sollte es die maximale Erlernung von Fertigkeiten und Wissen in bestimmten Fächern sein? Es ist zu bedenken, daß zumindest in den Wissenschaften artikulierte - vielleicht ebenso auch reflektierende - Studenten und Schüler besser anhand einer induktiven oder "entdeckenden" Lehrmethode lernen könnten, da diese ihre Neigung, zu analysieren und Alternativen sorgfältig abzuwägen, in den Vordergrund stellt. Auf der anderen Seite könnten Schüler, die mehr global und impulsiv veranlagt sind, inhaltlich gebundenes Wissen besser lernen, wenn durch eine direkte Lehrmethode Regeln und Prinzipien spezifiziert und nicht induziert würden. Zu beachten ist jedoch die Möglichkeit, daß unsere Bemühungen, den Lernprozeß im Einzelfach optimal zu gestalten, darauf hinauslaufen könnten, den kognitiven Stil des globalen Kindes so zu verfestigen, daß es vielleicht während seiner ganzen Schulzeit nicht lernen würde, irgendetwas selbständig zu entdecken. Diese Möglichkeit läßt erkennen, daß ein Unterricht, der maximale Stoffbeherrschung gewährleistet, nicht ausreicht. Man sollte auch alternative Formen der Kognition und durch Stile determinierte Problemlösungswege fördern.

---

[26] Justman, J.: Ability grouping - What good is it? In: The Urban Review. 1967, 2, S. 2-3.

Solch ein Ziel wird man jedoch nicht leicht erreichen. Es gibt im Bereich der Kognition und Persönlichkeit Dimensionen, die mit Eigenarten der Lehrmethoden interagieren könnten, so daß das Resultat unerheblich oder gegenteilig ausfallen könnte. Bei der Anwendung einer Unterrichtsmethode, die entdeckendes, schlußfolgerndes Denken in den Mittelpunkt stellt, kommt es darauf an, wann und in welchem Fach sie benützt wird und für welchen Schüler sie bestimmt ist. Kagan warnt z. B., daß "impulsive Kinder bei diesem Vorgehen zu falschen Schlüssen neigen und Gefahr laufen, Minderwertigkeitsgefühle zu entwickeln. Da impulsiv abgeleitete Hypothesen leicht falsch sind, sieht sich das impulsive Kind mit vielen demütigenden Situationen konfrontiert, in denen es versagt. Dadurch ist es möglich, daß es die Beteiligung am Unterricht schließlich ganz aufgibt." 27)

Der Erfolg von Versuchen, mehrere Arten der Kognition bei einem Menschen zu entwickeln, wird weitgehend davon abhängen, ob und in welchem Ausmaß kognitive Stile formbar sind. Kognitive Stile werden gewöhnlich als Verhaltenstendenzen aufgefaßt, die in einer Vielfalt von Situationen, ohne bewußte Wahl, spontan angewendet werden. Hier wird die Möglichkeit in Betracht gezogen, durch erzieherische Bemühungen kognitive Stile in kognitive Strategien umzuformen. Damit meine ich, daß eine bewußte Auswahl unter den alternativen Arten des Wahrnehmens, Erinnerns, Denkens und Problemlösens eingeschlossen ist, und zwar in Abhängigkeit von den Bedingungen der jeweiligen Situationen. Sofern die kognitiven Stile relativ veränderbar sind, könnten Bemühungen, mehrere Stile zu entwickeln oder einen Stil zu ändern, auf allen Ebenen des Erziehungsprozesses durchführbar sein. Wenn die kognitiven Stile oder zumindest einige von ihnen relativ unveränderbar sind, kann es notwendig sein, die Aufmerksamkeit auf die frühen Jahre der Entwicklung zu richten, um zu versuchen, die Ausbildung mehrerer Arten der Kognition zu fördern, bevor bestimmte Stile ausgeprägt sind und vorherrschend werden. Der letzte Fall der Dominanz eines kognitiven Stils mag unausweichlich sein - trotz aller pädagogischen Anstrengungen; aber es könnte vielleicht zumindest gelingen, die Stärke der alternativen Art der Kognition innerhalb der Hierarchie zu fördern. Dadurch würde das Übergewicht des gewohnheitsmäßigen Denkenstils bis zu einem gewissen Grade eingeschränkt. Wir müssen jedoch wie gewöhnlich auch die möglichen Gefahren bei solch einem Vorgehen bedenken und unter-

---

27) Kagan, J.: Personality and the learning process. In: <u>Daedalus</u>, 1965, 94, S. 553-563. Kagan, J., Pearson, L. and Welch, L.: Conceptual impulsivity and inductive reasoning. In: <u>Child Development</u>, 1966, 37, S. 583-594.

suchen: Die Bemühungen, mehrere Arten der Kognition zu fördern, könnten dem Kind die Möglichkeit nehmen, in einem bestimmten Fachgebiet uneingeschränkt den von ihm bevorzugten Stil zu verwenden.

De Buffon sagte einmal, "Der Stil ist der Mensch selbst". [28] Wenn der Stil wirklich der Mensch ist, könnte er dann nicht ein guter Ausgangspunkt sein, den Menschen zu verstehen, und ein Mittel, ihn zu ändern? [29]

---

28) De Buffon, G.L.L.: Discourse on his admission to the French Academy, 1753.

29) Hall, D.: A clear and simple style. In: <u>New York Times Book Review</u>, May 7, 1967.

4.3 Nathan Kogan:
Entscheidungsstrategien: Folgerungen für die Erfassung von Fähigkeiten[1]

Die Einführung objektiver Tests mit Auswahlantwortform in den 20er Jahren ließ pädagogische Kreise mit Sorge die Möglichkeit erörtern, daß Probanden durch willkürliches Raten ihren Testwert erhöhen könnten. Die Bemühungen führten bald zu "Rate-nicht-Instruktionen" und zu Korrekturformeln für das Raten. Die ersten empirischen Untersuchungen verglichen den Einfluß verschiedener Instruktionen (mit der Aufforderung zu raten oder nicht zu raten) und Auswertungsformeln (mit oder ohne Korrektur) auf die Reliabilität und Validität des Tests. Während derartige Arbeiten weiterhin in der Literatur erscheinen, wird jetzt zunehmend erkannt, daß ein Auswahlantworttest auch als eine Entscheidungsaufgabe angesehen werden kann. Das impliziert notwendig, daß bei der Testbeantwortung die Strategien, nach denen Entscheidungen getroffen werden, einen eigenen und wichtigen Gegenstand der Untersuchung bilden.

Eine Reihe von Wissenschaftlern wies darauf hin, daß die herkömmlichen Korrekturformeln zur Lösung des Rateproblems ungeeignet sind. Die Formeln gehen von einer scharfen Trennung zwischen Gewißheit und Ungewißheit aus. Das trifft offenbar nicht die tatsächlichen Gegebenheiten, denn Sicherheit ist graduell und nicht dichotomisch ausgeprägt. Daher wird Raten, wenn der Grad der Sicherheit das Niveau völliger Ungewißheit überschreitet, nicht mehr zu rein zufälligen Leistungen führen. Schon vor längerer Zeit beob-

---

[1] Teile des vorliegenden Referates wurden entnommen aus Kogan, N. and Wallach, M.A.: Risk taking as a function of the situation, the person, and the group. In: Mandler, G., Mussen, P., Kogan, N. and Wallach, M.A.: New directions in psychology III. New York; Holt, Rinehart and Winston 1967. (Mit Genehmigung des Verlages.)

achtete Cronbach [2]), daß Schüler durch Raten in objektiven Tests mit über dem Zufall liegender Wahrscheinlichkeit richtige Lösungen erzielten - anscheinend deswegen, weil sie über partielles Wissen verfügten. Unlängst versuchte Hammerton [3]), die Hypothese von Cronbach zu prüfen, indem er den Versuchspersonen Wortschatztests mit zwei verschiedenen Instruktionen gab. Einmal erhielten die Versuchspersonen die Instruktion, die Fragen auszulassen, bei denen sie ihrer Kenntnisse nicht sicher waren. In der zweiten Instruktion wurde verlangt, alle Fragen zu beantworten, das heißt, im Zweifelsfalle zu raten. Bei Verwendung derselben Auswertungsformel mit der Standardkorrektur für das Raten zeigte sich, daß die zum Raten ermutigten Versuchspersonen signifikant bessere Leistungen erbrachten. Vielfach bleiben daher, wenn bestimmte Testitems ausgelassen werden, partielle Kenntnisse ungenutzt. Sehr sichere Personen nutzen vielleicht, indem sie mehr Items bearbeiten, partielle Kenntnisse effektiver als solche, die stärker zur Vorsicht neigen. Andererseits beobachtete Hammerton, daß ein kleiner Teil von Versuchspersonen schwächere Leistungen erzielte, wenn er zum Raten ermutigt wurde. Manche Menschen sind möglicherweise nicht in der Lage, aus "anbefohlenem Raten" Nutzen zu ziehen.

Es können kaum Zweifel darüber bestehen, daß die herkömmlichen Korrekturformeln den Einfluß des Ratens nicht angemessen berücksichtigen, wenn man die Wirksamkeit des partiellen Wissens, für die es gute Belege gibt, in Betracht zieht. Wenn eine Versuchsperson in einem objektiven Test eine von fünf Wahlmöglichkeiten auszuwählen hat, wird sie häufig auf Grund partieller Kenntnisse ein, zwei oder drei Distraktoren ausschließen können. Damit reduziert sich die Aufgabe der Versuchsperson dahin, eine Antwort aus weniger als fünf Wahlmöglichkeiten auszuwählen. Vor mehreren Jahren schlugen Coombs, Milholland and Womer [4]) eine neue Methode zur Auswertung objektiver Tests vor, die den Einfluß partiellen Wissens berücksichtigen sollte. Hiernach hat die Versuchsperson die Distraktoren statt der Antwort anzukreuzen. Das richtige Heraus-

---

[2]) Cronbach, L.J.: Response sets and test validity. In: Educational and Psychological Measurement, 1946, 6, S. 475-494.
Cronbach, L.J.: Further evidence on response sets and test design. In: Educational and Psychological Measurement, 1950, 10, S. 3-31.

[3]) Hammerton, M.: The guessing correction in vocabulary tests. In: British Journal of Educational Psychology, 1965, 35, S. 249-251.

[4]) Coombs, C.H.; Mil holland, J.E. and Womer, F.B.: The assessment of partial knowledge. In: Educational and Psychological Measurement, 1956, 16, S. 13-37.

finden der Distraktoren erhöht den Punktwert der Versuchsperson, und es werden Punkte abgezogen, wenn die Versuchsperson die Lösungsantwort als Distraktor identifiziert.

Die Art der Entscheidungen, die ein Proband bei dieser Methode zu treffen hat, wird vielleicht am besten durch ein Beispiel aus der Arbeit von Coombs u. a.. veranschaulicht. Das Beispiel bezieht sich auf eine Aufgabe mit vier Wahlantworten. Dabei wird für jeden richtig identifizierten Distraktor ein Punkt gegeben, und es werden drei Punkte abgezogen, wenn der Fehler begangen wird, die richtige Antwort anzukreuzen.

"Angenommen, ein Schüler erkennt bei einer Aufgabe zwei Distraktoren als falsch, streicht diese an und hat daraufhin zwei Punkte gut. Es bleiben noch zwei Wahlen: die Lösungsantwort und ein Distraktor. Wenn dem Schüler bei dieser Entscheidung kein Wissen zur Verfügung steht und er sich zum Raten entschließt, riskiert er bei einer Wahrscheinlichkeit von 50 zu 50 den Verlust von drei Punkten gegenüber dem möglichen Gewinn eines weiteren Punktes. Das ist keine gewinnbringende Art zu spielen. Verschiedene Personen verhalten sich bei gleichem Wissen in dieser Situation wahrscheinlich unterschiedlich. Einige würden es darauf ankommen lassen, während andere hinsichtlich des vermuteten Distraktors mehr überzeugt sein müssen, bevor sie eine Wahl treffen. Wegen des unterschiedlichen Grades an Sicherheit würden diese Personen bei einer Zahl von Aufgaben verschiedene Testwerte erhalten. Diese Variable ist, wie die Bereitschaft zum Risiko, persönlichkeitsspezifisch, und es wäre interessant und wertvoll, wenn eine Methode zu ihrer Erfassung gefunden werden könnte." 5)

Coombs und Mitarbeiter beschreiben die Entwicklung eines Index für den Grad der Sicherheit, der relativ unabhängig von der Fähigkeit ist. Der Index gibt vermutlich den Wissensumfang wider, den eine Versuchsperson tatsächlich besitzt, den sie aber bei der Beantwortung der Testaufgabe anzuwenden zögert. Je größer der Grad ist, zu dem Kenntnisse nicht genutzt werden, desto geringer ist die angenommene Bereitschaft, ein Risiko einzugehen.

In neuerer Zeit hat de Finetti 6) das Problem des partiellen Wissens vom Bayesschen Theorem her zu lösen versucht. Die Probanden werden aufgefordert, subjektive Wahrscheinlichkeitsschätzungen der Richtigkeit einzelner Alternativen vorzunehmen. Leider sind die vorgeschlagenen Methoden recht umständlich. Schwerwie-

---

5) Coombs: siehe Anmerkung 4, S. 15

6) de Finetti, B.: Methods for discriminating levels of partial knowledge concerning a test item. In: British Journal of Mathematical and Statistical Psychology, 1965, 18, S. 87-123.

gender ist jedoch die Annahme, daß der Proband die Auswertungsformeln völlig versteht und daß seine persönlichen Wahrscheinlichkeitsschätzungen immer "wahr" sind. Wie Lord und Novick in dem bald erscheinenden Buch über "Mental Test Theory" zeigen werden, sind für bestimmte Probanden die rationalsten Entscheidungen nicht unbedingt die klügsten. Wenn ein Schüler im Wettstreit mit anderen an einer Prüfung teilnimmt, bei der die besten 10 % eine Belohnung erhalten, die anderen hingegen nichts, ist eine rationale Strategie dann sinnvoll, wenn man begründet annehmen kann, daß der Proband zu den oberen 10 % gehört. Wenn jedoch der Schüler guten Grund hat zu glauben, daß er nicht zu den oberen 10 % gehört, könnte eine Strategie des Risikos durchaus eine bessere Aussicht auf Erfolg bieten.

Dadurch, daß man allgemein mehr Betonung auf die Auswertungsformeln legte, wurde leider die Frage in den Hintergrund gedrängt, welche psychologischen Prozesse unter verschiedenen Bedingungen in die Testleistung eingehen. Quereshi [7] wandte sich besonders dieser Fragestellung zu, indem er eine Reihe äquivalenter Untertests, die induktives Denken erfaßten, unter verschiedenen experimentellen Bedingungen durchführen ließ. Die Versuchsanordnung enthielt zwei Schwierigkeitsstufen, zwei verschiedene Bearbeitungszeiten und drei Kombinationen bezüglich finanzieller Gewinne und Verluste. Die abhängigen Variablen waren: richtige Lösungen, falsche Lösungen und Auslassungen in den Untertests des induktiven Denkens. Jede Versuchsperson unterzog sich allen zwölf Bedingungen. Die sehr interessanten Ergebnisse deuten darauf hin, daß die Zahl der richtigen Lösungen stärker von Fähigkeitskomponenten beeinflußt wird, die Zahl der falschen Lösungen und der Auslassungen hingegen eher eine Funktion motivationaler Determinanten zu sein scheint, besonders der Risikobereitschaft. Die Befunde von Quereshi implizieren ferner, daß in die nach den Standardkorrekturformeln des Ratens erhaltenen Testwerte sowohl Fähigkeits - als auch Motivationskomponenten eingehen.

Die Leistungen der Versuchspersonen wurden über die verschiedenen Versuchsbedingungen korreliert und die resultierenden Interkorrelationen mit Hilfe der Faktorenanalyse nach Gruppierungen geprüft. Es wurden sieben Clusters oder "Faktoren" gefunden. Der erste Faktor spiegelt die "allgemeine Intelligenz" und die übrigen sechs (die sich ausschließlich auf die falschen Lösungen und Auslassungen beziehen) betreffen vermutlich Unterschiede des Verhaltensstils und der Motivation in verschiedenen experimentellen Be-

---

[7] Quereshi, M.Y.: Mental test performance as a function of payoff conditions, item difficulty, and degree of speeding. Journal of Applied Psychology, 1960, 44, S. 65-77.

dingungen beim Bearbeiten von Aufgaben, die induktives Denken erfordern. Es ist zu beachten, daß diese sechs Faktoren zusammengenommen für doppelt soviel Testvarianz verantwortlich waren wie der allgemeine Fähigkeitsfaktor. Die sechs Faktoren erhielten die folgenden Bezeichnungen: angepaßte Risikobereitschaft, Waghalsigkeit, auffällige Zwangsneigung, Tendenz zum Täuschen, Verwirrtheit und Lässigkeit. Die Faktorenbezeichnungen lassen erkennen, daß sich motivationale oder persönlichkeitsspezifische Unterschiede zwischen den Versuchspersonen auf die Testleistung stark auswirkten. Die meisten der Bezeichnungen enthalten implizit, wenn nicht explizit, etwas von der Bedeutung des Wortes 'Risiko'.

Qureshi zog für seine Befunde zwar motivationale Interpretationen heran, aber diese Interpretationen ergaben sich als Schlußfolgerungen auf Grund unterschiedlicher Testleistungen unter verschiedenen experimentellen Bedingungen. In der Arbeit von Qureshi wurden Motivation oder Persönlichkeit nicht unabhängig erfaßt. Einige Jahre zuvor führten jedoch Sheriffs und Boomer [8] eine Untersuchung durch, in der sie die A-Skala des MMPI verwendeten, die "Angst oder allgemeine emotionale Erregung" zu erfassen vorgibt.

Beeinflußt Angst die Testleistung? Man erhielt Testergebnisse, denen zwei verschiedene Instruktionen zugrunde lagen: "Raten wird bestraft" sowie "alle Aufgaben sind zu lösen". Der Test war in diesem Fall eine Zwischenprüfung. Danach ist anzunehmen, daß die Probanden ziemlich stark "ego-involviert" waren. Sheriffs und Boomer fanden zwischen den Gruppen mit hohen und mit niedrigen Werten auf der A-Skala (die Gruppen waren nach den vorangegangenen Leistungen im Unterricht parallelisiert worden) einen großen Unterschied in den Testwerten, die nach der herkömmlichen Formel "richtige minus falsche Lösungen" ermittelt wurden. Die Versuchspersonen mit hohen Werten auf der A-Skala zeigten schwächere Leistungen. Sie ließen bei Bestrafung des Ratens eine signifikant größere Zahl von Aufgaben aus und beantworteten später einen signifikant höheren Anteil der vorher ausgelassenen Aufgaben richtig als die Gruppe mit den niedrigen Werten auf der A-Skala. In einer Kontrollgruppe von Schülern, die die gleiche Prüfung ablegten, aber ohne daß vor dem Raten gewarnt wurde, ergab sich nach Sheriffs und Boomer kein Hinweis darauf, daß die Werte auf der A-Skala die Testleistung beeinflußten. Es ist danach ersichtlich, daß bestimmte Schüler - diejenigen mit hohen Werten für Angst auf der A-Skala - in ihren Leistungen unterhalb ihrer Möglichkeiten bleiben können, wenn in den Testinstruktionen für falsche Antworten eine "Bestrafung" angekündigt wird und wenn die Testwerte nach der Standardkorrekturformel für das Raten ermittelt werden.

---

[8] Sheriffs, A.C. and Boomer, D.S.: Who is penalized by the penalty for guessing?. In: Journal of Educational Psychology, 1954, 45, S. 81-90.

Für die praktische Anwendung empfahlen Sheriffs und Boomer auf Grund ihrer Untersuchungsergebnisse, die Korrektur für das Raten wegfallen zu lassen und die Schüler aufzufordern, jede Aufgabe zu beantworten. Sie hofften, durch eine derartige Änderung des Verfahrens die Benachteiligung zu beseitigen, der bestimmte Schüler bei der Durchführung von Tests ausgesetzt sind. Demgegenüber vertrat Cronbach [9] folgende Ansicht: "Der Nachteil, der dadurch entsteht, daß sich Zufallsfehler vervielfachen, wenn jeder rät, und ihr kumulativer Einfluß auf die Genauigkeit sind größer als die Vorteile, die sich bei der Aufforderung zum Nichtraten ergeben". Cronbach bezog im weiteren eine mittlere Position und empfahl Testinstruktionen, die den Schülern nahelegen, sich wilden Ratens zu enthalten, aber "sie zur Beantwortung ermutigen, wenn sie, auch im Fall von Unsicherheit, eine begründete Wahl treffen können." Instruktionen dieser Art sind tatsächlich für die gegenwärtigen College-Aufnahmeprüfungen charakteristisch. Es ist jedoch zu beachten, daß der Proband sich immer noch bei vielen Aufgaben der Entscheidung gegenübersieht, ob das partielle Wissen, das er besitzt, den Versuch einer Beantwortung rechtfertigt. Wir dürfen sicher zu Recht annehmen, daß diese Entscheidung von individuellen Unterschieden in der Entscheidungsstrategie abhängt.

Für das Thema "partielles Wissen und Entscheidungsstrategie" sind einige Ergebnisse relevant, über die Kogan und Wallach [10] berichten. Für eine Gruppe von College-Studenten konnten wir in ausgesprochenen Wettsituationen, die finanzielle Gewinne und Verluste einschlossen, Dispositionen des Verhaltens gegenüber Risiken erfassen. Mit Hilfe von Skalen zur Bestimmung von "Angst" und "Abwehrneigung" erhielten wir auch Informationen über Ausmaß und Art motivationaler Störungen. Schließlich standen die Ergebnisse eines bekannten sprachlichen und mathematischen Eignungstests aus den Prüfungsunterlagen der betreffenden Universität zur Verfügung.

Für diejenigen Probanden mit den niedrigsten Werten für "motivationale Störung" bestand eine signifikante Beziehung zwischen stärkerer Risikobereitschaft und höheren Testwerten für sprachliche Eignung. Für die Untergruppen mit höheren Werten für "motivationale Störung" schien das Eingehen größerer Risiken entweder nicht mit der sprachlichen Eignung oder mit geringer sprachlicher Eignung in Zusammenhang zu stehen. Warum erzielen die Studenten der am wenigsten gestörten Untergruppe höhere Werte bezüglich der sprachlichen Fähigkeit, wenn sie leichter ein Risiko eingehen? Man

---

9) Cronbach, L. J.: Essentials of psychological testing. New York: Harper & Row 1960.

10) Kogan, N. and Wallach, M. A.: Risk taking: A study in cognition and personality. New York: Holt, Rinehart & Winston 1964.

kann erwarten, daß die minimal gestörten Studenten am besten imstande wären, den Angst auslösenden Elementen der Testsituation als solcher zu begegnen. Man vergegenwärtige sich einen Studenten mit geringer motivationaler Störung beim Lösen einer Auswahlantwortaufgabe, bei der er unsicher ist. Falsches Raten ist mit "Bestrafung" verbunden. Vielfach wird er aber bei der Aufgabe nicht völlig ohne Kenntnisse sein, sondern ein partielles Wissen besitzen. Wenn der Proband genügend Informationen hat, um beim Ausschalten falscher Alternativen einige Fortschritte zu machen, erhöht sich für ihn die Aussicht, die richtige Lösung zu finden, d. h., sein Raten ist nicht mehr willkürlich. Ein derartiges Raten ist jedoch nicht ohne Risiko. Der Proband arbeitet unter einem gewissen Grad von Ungewißheit, und er kann Fehler machen. Nur wenn er dazu neigt, ein Risiko einzugehen, wird er daher von derartigem Raten Gebrauch machen. Wenn er das partielle Wissen gut anwendet, wird er auf diese Weise seinen Testwert erhöhen.

Die Geschicklichkeit in der erfolgreichen Anwendung partiellen Wissens dürfte bei einzelnen Studenten unterschiedlich ausgeprägt sein. Sie war in der Tat am größten bei den Studenten mit den niedrigsten Werten für "motivationale Störung". Eine Person, die zur Risikobereitschaft neigt, kann unter Verwendung partiellen Wissens zu adäquaten Entscheidungen gelangen, wenn ihre motivationale Struktur ihr gestattet, in einer Prüfungssituation ausreichend ruhig zu bleiben.

Einen scharfen Gegensatz zu der minimal gestörten Gruppe bildete eine Gruppe, für die eine bestimmte Struktur motivationaler Störung charakteristisch war, nämlich hohe Testangst in Verbindung mit geringer Abwehrneigung. In dieser Untergruppe wurden genau entgegengesetzte Ergebnisse gefunden: Starke Bereitschaft, ein Risiko einzugehen, ging nicht mit höheren, sondern mit niedrigeren Testwerten für sprachliche Fähigkeit einher. Es ist anzunehmen, daß diese Menschen in besonderem Maße zur Furcht vor Mißerfolg in Prüfungssituationen neigen. Sie haben eine hohe Testangst, und weil ihnen geeignete Abwehrfunktionen fehlen, können sie den von da ausgehenden leistungsmindernden Störwirkungen nicht begegnen. Bei Risikoentscheidungen wirken auf diese Personen daher wahrscheinlich zu viele unkontrollierte motivationale Impulse ein, als daß sie ihre Wahlen überlegt treffen könnten. Sie überschätzen das Ausmaß des partiellen Wissens, über das sie verfügen, und/oder machen davon in unangemessener Weise Gebrauch. Diese Prozesse schlugen sich für die Versuchspersonen, die bei geringer Abwehrneigung und hoher Testangst Risiken eingingen, in einem geringeren Testwert für sprachliche Fähigkeit nieder.

Die bisher genannten Ergebnisse bezogen sich auf männliche College-Studenten. Die Befunde waren im Fall der weiblichen Versuchspersonen etwas komplizierter. Die klarste Parallele zu den

Daten der männlichen Studenten ergab sich für die Untergruppe mit den niedrigsten Werten für "motivationale Störung", bei der wieder eine Beziehung zwischen größerer Risikobereitschaft und höheren sprachlichen Leistungswerten gefunden wurde.

Die besprochenen Ergebnisse gelten für die sprachliche, nicht aber für die mathematische Eignung. Warum unterliegt die mathematische Fähigkeit nicht den gleichen Wirkungen? Es wäre denkbar, daß Auswahlantwortalternativen im mathematischen Bereich schwerer auf Grund partieller Kenntnisse zu eliminieren sind als im sprachlichen Bereich. Das heißt, daß es in dem Fall, da alle zu einer mathematischen Aufgabe gehörenden Alternativantworten nicht unbegründet sind, schwierig ist, eine Alternative auszuschalten, ohne die Aufgabe ganz zu lösen. Unter solchen Umständen ist wenig Raum für das Wirksamwerden individueller Unterschiede in der Tendenz, unter Verwendung partiellen Wissens zu raten.

Insgesamt scheint die Bereitschaft zum Risiko in Prüfungssituationen eine Rolle zu spielen, in der partielles Wissen potentiell anwendbar ist und in der Raten bei Fehlern mit Nachteilen verbunden ist. In derartigen Situationen ist es für Probanden mit geringer motivationaler Störung von Vorteil, wenn sie sich in Fällen, in denen sie unsicher sind, zur Beantwortung der Fragen entschließen. Die hier zusammengefaßten Ergebnisse lassen es als sehr wahrscheinlich erscheinen, daß die sprachliche Fähigkeit mehr von Einstellungen gegenüber der Risikobereitschaft abhängt, als daß sie einen Einfluß auf derartige Einstellungen hat. Das heißt, im Gegensatz zur Auffassung, daß das Fähigkeitsniveau den Grad der Risikobereitschaft einer Person beeinflußt, sprechen die geschilderten Tatsachen eher für die Annahme, daß Dispositionen des Entscheidungsverhaltens einen Einfluß auf das manifeste Niveau der sprachlichen Eignung ausüben. Entscheidungsstrategische Gesichtspunkte gehören möglicherweise zum eigentlichen Kern des Begriffs der sprachlichen Fähigkeit.

Lassen Sie mich nun auf einige neuere Ergebnisse eingehen, die nahelegen, daß der Kontext der Erfassung die von den Probanden angewendeten Entscheidungsstrategien beeinflußt. Einer Stichprobe von 104 Kindern des fünften Schuljahrs wurde ein Wortschatztest (36 Items in Auswahlantwortform) mit "Rate-nicht"-Instruktionen gegeben. In den Instruktionen wurde gesagt, daß 'wildes Raten' den Testwert erniedrigen würde und daß es deshalb nicht ratsam sei, eine Aufgabe zu beantworten, wenn man die richtige Antwort nicht ausreichend sicher wüßte. Zwei von vier Schulklassen führten den Test im Glauben durch, daß er sehr wichtig sei. Den Kindern wurde gesagt, daß die Testwerte in die Schülerbögen eingetragen würden. Den anderen beiden Klassen wurde der Wortschatztest in einer beiläufigen Weise als eine Art Übungsaufgabe gegeben. Wir werden diese zwei Arten des Kontextes als "prüfungsartig" und "gelockert" gegenüberstellen.

Betrachten wir die Ergebnisse! Obwohl Knaben unter den prüfungsartigen und den gelockerten Bedingungen hinsichtlich der Zahl der richtig beantworteten Aufgaben des Wortschatztests gleich gute Leistungen erzielten, trat ein deutlicher Unterschied in bezug auf die Zahl der falsch beantworteten Aufgaben hervor. Der prüfungsartige Kontext schien eine beachtlich höhere Zahl falscher Antworten zu erzeugen. Dieser Befund läßt sich zum Teil auf die Zahl der ausgelassenen Aufgaben zurückführen. Die Knaben ließen im prüfungsartigen Kontext viel weniger Aufgaben aus als im gelockerten Kontext. Die prüfungsartigen Bedingungen schienen demnach paradoxerweise die Tendenz zu wildem Raten zu verstärken. Das Raten läßt sich begründetermaßen als "wild" bezeichnen, denn im Effekt wurde dadurch die Zahl der falschen, nicht aber die der richtigen Antworten erhöht. Das beinhaltet natürlich, daß das Leistungsniveau unter den prüfungsartigen Bedingungen niedriger war. Hier waren die erwarteten Auswirkungen auf die Leistung schwerwiegender.

Warum fühlten sich die Knaben unter den prüfungsartigen Bedingungen gezwungen, bei Aufgaben zu raten, deren Lösung sie offenkundig nicht kannten, während die Knaben unter den gelockerten Bedingungen derartige Aufgaben bereitwillig übergingen? Offenbar wurde im prüfungsartigen Kontext dem mit einer richtigen Antwort verbundenen Gewinn ein so hoher Wert beigemessen und der Nachteil einer falschen Antwort so verringert, daß die subjektiven Wahrscheinlichkeiten stark unrealistischen Verzerrungen unterlagen. Es wurde keine Aufgabe ausgelassen, wenn auch nur die geringste Möglichkeit bestand, sie richtig zu beantworten. Stand, wie im gelockerten Kontext, weit weniger auf dem Spiel, so war die Einschätzung der Erfolgswahrscheinlichkeiten offensichtlich sehr viel realistischer. Diese Kontextwirkungen sind besonders eindrucksvoll angesichts der verwendeten "Rate-nicht"-Instruktionen. Die Nachteile waren in der prüfungsartigen Situation objektiv größer.

Bisher sprachen wir über eine allgemeine Kontextwirkung. Es gibt jedoch Hinweise darauf, daß das Ausmaß dieser Wirkung deutlich von der Höhe der Testangst und der Abwehrneigung beeinflußt wird. Für die Knaben mit hohen Werten für Angst und Abwehrneigung war die Tendenz, falsch zu raten, am stärksten. In unserer früheren Untersuchung an Erwachsenen hatten wir beobachtet, daß die stark zu Angst und Abwehr neigenden Versuchspersonen von allen untersuchten Untergruppen am stärksten zu einer sehr generalisierten Entscheidungsstrategie disponiert waren. Es wäre denkbar, daß im Verhalten des Ratens bei den zu Angst und Abwehr neigenden Knaben in der vorliegenden Untersuchung eher eine zum Risiko tendierende Entscheidungsstrategie zum Ausdruck kam, in den anderen Untergruppen hingegen eher echtes partielles Wissen. Unter derartigen Umständen würde man sicher erwarten, daß die zu Angst und Abwehr neigenden Knaben schwächere Leistungen zeigten als ihre weniger "gestörten" Kameraden.

Es ist aufschlußreich, die Leistungen im Wortschatztest mit den Leistungen in Aufgaben des assoziativen Denkens zu vergleichen. Im Fall der assoziativen Kreativität steigerte ein leistungsbezogener, testähnlicher Kontext die Reaktionsflüssigkeit im Vergleich zu einem spielähnlichen, gelockerten Kontext. In einem Wortschatztest zeigten die Knaben im prüfungsartigen Kontext eine stärkere Tendenz zu fehlangepaßtem Raten und erzielten demzufolge mehr falsche Antworten als es für die Knaben im gelockerten Kontext der Fall war. Wenn man bereit ist, Flüssigkeit als Kriterium der Kreativität zu akzeptieren, ist man gezwungen zu schließen, daß ein prüfungsartiger Kontext den Leistungen im Wortschatztest (einem traditionellen Index der sprachlichen Eignung) abträglicher ist als der assoziativen Kreativität. Es scheint, daß ein prüfungsartiger Kontext bei Elementarschülern die Geschwindigkeit und das Ausmaß der Reaktionen erhöht und die Reaktionshemmung entsprechend schwächt. Das ist bestimmten Formen der Kreativität durchaus förderlich, es ist aber bei einem strukturierten Auswahlantworttest, der für Raten eine "Bestrafung" vorschreibt, sehr nachteilig.

Im Gegensatz zu den bei Knaben erhaltenen Ergebnissen wurden die Tendenzen zum Raten bei Mädchen vom Aufgabenkontext nicht signifikant beeinflußt. Ein Wortschatztest ist möglicherweise für Mädchen eher rein intellektueller Natur als für Knaben. Für Knaben mag ein Test mit "Rate-nicht"-Instruktion die Manifestierung motivationaler Entscheidungsdispositionen begünstigen. In Parenthese ließe sich anmerken, daß in unserer vorangegangenen Untersuchung an Erwachsenen die Beziehung zwischen motivationalen Dispositionen und intellektueller Testleistung für die männlichen Probanden ebenfalls viel stärker ausgeprägt war als für die weiblichen.

Zusammengefaßt zeigte unsere Untersuchung, daß Knaben, die einen Wortschatztest unter Bedingungen mit deutlichem Prüfungscharakter durchführten, eine Strategie anwandten, die zwar den Wunsch nach einer maximalen Zahl von richtigen Lösungen enthielt, die aber im Effekt zu einer größeren Zahl von falschen Antworten führte. Eine ausgeprägt prüfungsartige Situation kann demnach offenbar zur Folge haben, daß die subjektiven Schätzungen der Erfolgswahrscheinlichkeiten stark verzerrt werden. Wenn der prüfungsartige Charakter beseitigt wurde, wurden bei den Knaben die Tendenzen zum Raten viel realistischer. Diese Beobachtungen enthalten evidente pädagogische Implikationen, und daher wären systematischere, spezifisch auf dieses Thema gerichtete Forschungen überaus lohnend. Als allererster Schritt sollte unsere Untersuchung an anderen Stichproben wiederholt werden.

Wie wir gesehen haben, hat ungesteuertes Raten eine mindernde Wirkung auf die intellektuelle Testleistung. Auf der anderen Seite wäre es mindestens ebenso unangepaßt, nur bei völliger Gewißheit Testantworten auszuwählen und keine Bereitschaft zum "Raten" zu zeigen. Außerhalb des Rahmens intellektueller Testleistung bei "Rate-nicht"-Instruktionen könnte ein mittleres Niveau - für das möglicherweise eine gemäßigte Risikobereitschaft bezeichnend wäre - als optimal angesehen werden.

Soviel über die Beziehung zwischen Dispositionen zum Eingehen von Risiken und intellektuellen Fähigkeiten. Lassen Sie mich schließen mit einigen wenigen Bemerkungen über Risikobereitschaft und Kreativität. Wenn man sich eine theoretische Konzeption der kreativen Fähigkeit zu eigen macht, die die Neigung einschließt, neue kognitive Kombinationen zu finden, dürfte diese Konzeption auch eine gewisse Risikobereitschaft implizieren; denn sich an etwas Neuem zu versuchen, heißt immer auch, die Gefahr einzugehen, daß es falsch, ungeeignet oder bizarr wird. Eine theoretische Konzeption der Kreativität als kognitive Risikobereitschaft ist vielleicht nicht mehr als eine bedeutsam klingende Metapher. Doch liegen bereits einige Ergebnisse vor, die mit dieser Metapher übereinstimmen [11]. Wie Sie inzwischen zweifellos bemerkt haben, bin ich der festen Überzeugung, daß empirische Forschungen über die Wirkungen von Entscheidungsstrategien auf die intellektuelle und kreative Leistung bedeutsame theoretische Einsichten in Probleme des Erfassens von Fähigkeiten vermitteln können.

---

[11] Merrifield, P.R.; Guilford, J.P., Christensen, P.R. and Frick, J.W.: Interrelationships between certain abilities and certain traits of motivation and temperament. In: Journal of Gneral Psychology, 1961, 65, S. 57-74.

4.4 Francoise Bacher:
Validitätsvergleich und Struktur von Schulnoten und Leistungstests[1])

Im Verlauf einer 1961/62 durchgeführten Untersuchung an allen Schülern des 2. Jahres der Oberschule (7. Schuljahr) eines französischen Départements, des Départements Loiret, [2]) wurde von 3124 Schülern eine große Zahl von Daten erhoben. Es handelte sich besonders um Schulnoten und Schulbeurteilungen sowie um Ergebnisse von Leistungstests in Französisch und Mathematik.

Bei 2500 dieser Schüler verfügte man außerdem noch über Informationen aus einem Beobachtungsheft, das zwei Jahre zuvor noch in der 5. Klasse der Grundschule eingerichtet worden war. Dieses Heft enthielt Noten und Beurteilungen des Grundschullehrers, Ergebnisse von Leistungstests in Französisch und Rechnen sowie Begabungstests.

Ziel der Untersuchung war das Studium der Anpassungsschwierigkeiten während der Beobachtungsklasse, also der ersten zwei Jahre der Oberschule.

Wir beschränken uns hier auf die Behandlung der verschiedenen Benotungen, die vorgenommen wurden im Verlauf der drei Jahre, auf die die Untersuchung sich erstreckte (5., 6. und 7. Schuljahr).

Die im 7. Schuljahr untersuchte Gruppe ist ausgelesen im Vergleich zur Gesamtheit der Schüler, die zwei Jahre vorher die 5. Klasse besuchten: Von diesen Schülern bilden nur 46 % die Gruppe im 7. Schuljahr. Die Selektion basiert vor allem auf den Schulleistungen, die Kriterien der Zulassungskommission zum 6. Schuljahr waren. Sie ist aber auch von geographischen und sozioökonomischen Faktoren abhängig.

---

1) Eine erste Arbeit zu diesem Thema ist veröffentlicht: Bacher, F.: L'évaluation des résultats scolaires au niveau de l'école moyenne. In: Le Travail humain, 28, 1965, n° 3 - 4, S. 219 - 230. Hier wird eine kurze Wiedergabe der Hauptergebnisse gegeben sowie eine Ergänzung zu deren faktorieller Struktur.

2) Bacher, F. und Reuchlin, M.: Le cycle d'observation. Enquête sur l'ensemble des élèves d'un département. BINOP 1965 21 n° 3, S. 149 - 236.

In dieser Untersuchung verfügt man über zwei Arten von schulischen Variablen: Noten sowie Einschätzungen von den Lehrern und Ergebnisse standardisierter Leistungstests. Einige wurden im 5., andere im 6. oder 7. Schuljahr erhoben; einige bezogen sich auf Französisch, andere auf Rechnen, einige schließlich auf ein allgemeines Schulniveau.

1. Beziehungen zwischen den verschiedenen Noten und Beurteilungen im 5. Schuljahr

Auf diesem Niveau verfügt man über:
a) Noten für Rechnen, Diktat, Fragen zum Diktat und eine Note für 2 Prüfungsarbeiten von Dezember und März.
b) Einschätzungen durch den Grundschullehrer für die Fähigkeiten des Schülers in Rechnen, Rechtschreibung, Aufsatz und Lesen (Noten in 10 Stufen).
c) Mittelwerte der jährlichen Noten in Rechnen und Diktat und einen allgemeinen Mittelwert.
d) Einteilung der Schüler durch den Grundschullehrer in 4 Gruppen für Rechnen und Französisch: in sehr gut, gut, mittel, mäßig.
e) Leistungstest-Ergebnisse in Französisch und Rechnen (Test CM 2 (3)).

Eine Untersuchung der Korrelationen zwischen diesen verschiedenen Noten hat gezeigt, daß die Korrelationen zwischen den Schulnoten im allgemeinen größer sind als die zwischen den Schulnoten und Schulleistungstests. So beträgt die mittlere Korrelation zwischen Schulnoten in Französisch $0,46$, die zwischen Schulnoten und Leistungstests nur $0,36$. In Rechnen ist die mittlere Korrelation zwischen Schulnoten $0,62$, die zwischen Schulnoten und Test $0,38$.

Die größere Kohärenz der Schulnoten scheint zum Teil darauf zurückzuführen zu sein, daß jedem Schüler alle Noten vom gleichen Lehrer gegeben wurden, und mehrere davon zum annähernd gleichen Zeitpunkt. Zum Teil aber geht sie zweifellos auch auf einen grundsätzlichen Unterschied zwischen Leistungstests und Schulnoten zurück: Die in Anwendung und Auswertung standardisierten Leistungstests liefern einen auf alle Schüler bezogenen Maßstab. Schulnoten dagegen werden innerhalb der Klasse gegeben. Sie geben durchaus nicht die Leistungsunterschiede zwischen Klassen wieder, für sie ist also eine der Ursachen für Variationen in den Testergebnissen ausgeschaltet.

Dieser relative Charakter von Schulnoten geht klar aus der Betrachtung der Abbildung 1 hervor. Sie zeigt die Verteilung der Ergebnisse in Leistungstests für Französisch und Rechnen (in 11 normalisierten Kategorien) in bezug auf drei der vier von den Grundschullehrern aufgestellten Gruppen von Schülern (sehr gute, gute, mittlere Schüler).

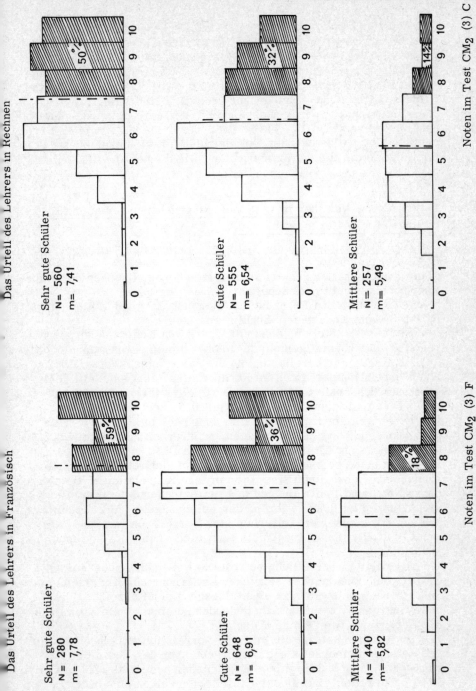

Wenn man auch in Französisch und Rechnen eine Abnahme des Mittelwertes der drei Gruppen um etwa eine Einheit von Mittelwert zu Mittelwert feststellen kann, so zeigt sich doch auch eine starke Überschneidung der drei Verteilungen.

In Rechnen z. B. wird die Note 8, die von 50 % der auf diesem Gebiet als "sehr gut" vom Lehrer bezeichneten Schüler erreicht oder überschritten wird, auch von 32 % der als "gut" bezeichneten Schüler und von 14 % der als "mittel" bezeichneten erreicht. Ein nicht zu vernachlässigender Teil der als "mittel" bezeichneten Schüler weist somit gleiche Leistungen auf wie die bessere Hälfte der als "sehr gut" beurteilten Schüler.

2. Voraussagewert der im 5. Schuljahr gegebenen Noten und Beurteilungen für späteren Schulerfolg

Mehrere Einschätzungen des späteren Schulerfolgs waren verfügbar. Es handelte sich um:
a) die Einteilung der Schüler in drei gleichgroße Gruppen durch die Lehrer im 5. und im 7. Schuljahr,
b) Testergebnisse in Französisch (Test ICF 5/4) und Mathematik (ICF 5/4) vom Ende des 7. Schuljahres.

Es ist festzustellen, daß beide Arten von Kriterien vorauszusagen sind, daß aber allgemein die Rechen-Noten etwas weniger stark mit den Kriterien korrelierten als die Französisch-Noten. Die mittlere Korrelation der Noten im Rechnen im 5. Schuljahr mit den Ergebnissen des Tests ICM 5/4 beträgt 0,27, während die Französisch-Noten mit dem Test ICF 5/4 mit 0,31 korrelierten.

Eine zweite bedeutende Feststellung bezieht sich auf den Vorhersagewert einerseits der Schulnoten, andererseits der Leistungstests. Es besteht nämlich eine bedeutende Differenz zugunsten der Leistungstests, selbst wenn das Kriterium nicht ein Leistungstest, sondern ein Lehrerurteil ist. Die mittlere Korrelation z. B. zwischen Noten und Beurteilungen in Französisch und der Einteilung in drei Gruppen ist 0,29, während der Leistungstest CM 2 (3) für Französisch mit demselben Kriterium eine Korrelation von 0,44 aufweist. Für Rechnen betragen die entsprechenden Korrelationen 0,25 und 0,39.

Eine dritte Feststellung betrifft die Entwicklung des Voraussagewerts bei zunehmender zeitlicher Entfernung der Kriterien. In fast allen Fällen stellt man einen Rückgang der Korrelationen fest beim Übergang von einem naheliegenden zu einem entfernter liegenden Kriterium. Hier einige Beispiele:

Im Rechnen beträgt die mittlere Korrelation zwischen Noten und Beurteilungen einerseits und den Ergebnissen des Tests CM 2 (3) vom selben Jahr 0,38; mit den Ergebnissen des Tests ICM 5/4 zwei Jahre später nur 0,27; dieselben Kriterien zeigen eine mittlere Korrelation von 0,29 mit der Gruppeneinteilung im 6. Schuljahr, von 0,25 mit der Gruppeneinteilung im 7. Schuljahr.

In Französisch ist die mittlere Korrelation zwischen Schulnoten und Testergebnissen im 5. Schuljahr 0,36; sie beträgt nur noch 0,31 mit den Testergebnissen des 7. Schuljahrs. In bezug auf die Gruppeneinteilung sinkt die mittlere Korrelation von Schulnoten in Französisch ebenfalls von dem 6. zum 7. Schuljahr von 0,32 auf 0,29. Anscheinend ist diese Validitätsverminderung etwas geringer bei der Verwendung von Tests: die Korrelation zwischen dem Rechen-Test aus dem 5. Schuljahr und der Einteilung im 6. Schuljahr ist 0,38, mit der Einteilung im 7. Schuljahr 0,39. Für Französisch sinkt diese Korrelation von 0,47 auf 0,44. Ein multipler Intelligenztest aus dem 5. Schuljahr korreliert in Höhe von 0,42 mit der Einteilung im 6. und in Höhe von 0,39 mit der Einteilung im 7. Schuljahr.

3. Faktorenanalyse von Schulnoten und Leistungstests

Eine Faktorenanalyse der Schulnoten und der im 5. und 7. Schuljahr angewendeten Leistungstests wurde durchgeführt. Für die im 7. Schuljahr angewendeten Tests verfügte man über Ergebnisse mehrerer Untertests (Schnellrechnen, Arithmetik, Geometrie, Problemlösungen im Mathematiktest, Grammatik, Text, Wortschatz im Französischtest). Diese analytischen Ergebnisse wurden als Variablen den Gesamtpunktwerten vorgezogen.

Die Liste der Variablen:

1. Test CM 2 (3) Rechnen
2. Rechnen (Prüfungsarbeit Dezember)
3. " (" März)
4. " (Jahresdurchschnitt)
5. Test ICM 5/4 (Schnellrechnen)
6. " " " (Arithmetik)
7. " " " (Geometrie)
8. Rechnen (Beurteilung)
9. Test CM 2 (3) Französisch
10. Diktat (Prüfungsarbeit im Dezember)
11. Fragen (" " ")
12. Diktat (" " März)
13. Fragen (" " ")
14. Aufsatz (Beurteilung)
15. Rechtschreibung (Beurteilung)
16. Diktat (Jahresdurchschnitt)
17. Test ICF 5/4 (Grammatik)
18. " " " (Text)
19. " " " (Vokabeln)
20. " ICM 5/4 (Problemlösungen)

a) Erste Analyse-Stufe

Eine Zentroid-Analyse der Korrelationen zwischen diesen 20 Variablen wurde durchgeführt [3]. Vier extrahierte Faktoren wurden rotiert, und folgende schiefwinklige Verteilung wurde aufgestellt:

		Faktoren			
		A	B	C	D
2.	Rechnen (Prüfung Dezember)	0,07	0,05	0,13	0,42
3.	" (" März)	0,05	0,02	0,07	<u>0,58</u>
4.	" (Jahresmittel)	-0,01	0,02	0,00	<u>0,87</u>
8.	" (Beurteilung)	0,01	-0,03	0,08	<u>0,76</u>
1.	Test CM 2 (3) Rechnen	0,02	0,25	<u>0,28</u>	0,34
5.	" ICM 5/4 (Schnellrechnen)	0,00	-0,01	<u>0,64</u>	0,05
6.	" " " (Arithmetik)	0,02	0,11	<u>0,64</u>	-0,01
7.	" " " (Geometrie)	0,04	0,12	<u>0,56</u>	0,04
20.	" " " (Aufgaben)	0,10	0,01	<u>0,57</u>	0,02
10.	Diktat (Prüfung Dezember)	<u>0,51</u>	0,12	0,12	-0,01
11.	Fragen (" ")	<u>0,35</u>	0,32	0,02	0,27
12.	Diktat (Prüfung März)	<u>0,55</u>	0,09	0,11	0,02
13.	Fragen (" ")	<u>0,33</u>	0,23	0,06	0,24
14.	Aufsatz (Beurteilung)	<u>0,46</u>	0,14	0,01	0,08
15.	Rechtschreibung (Beurteilung)	<u>0,77</u>	-0,02	0,12	0,03
16.	Diktat (Jahresmittel)	<u>0,80</u>	0,13	-0,01	0,17
9.	Test CM 2 (3) Französisch	0,21	<u>0,46</u>	0,17	0,22
17.	" ICF 5/4 (Grammatik)	0,13	<u>0,25</u>	0,42	0,06
18.	" " " (Text)	-0,01	<u>0,45</u>	0,01	0,11
19.	" " " (Vokabular)	0,04	<u>0,47</u>	0,11	0,00

Schulnoten in Französisch sind mit dem Faktor A gesättigt, besonders die, die sich auf Rechtschreibung beziehen und eine Zusammenfassung der Jahresleistung geben. Die einzige der übrigen Variablen, die eine etwas höhere Sättigung mit diesem Faktor aufweist, ist der Test CM 2 (3) Französisch.

Der Faktor B ist den Französisch-Tests gemeinsam, sowohl aus dem 5. Schuljahr (CM 2 (3) Französisch) als auch aus dem 7. Schuljahr (ICF 5/4). Bei den übrigen Variablen ist eine ziemlich starke Sättigung der Noten für "Fragen zum Diktat" (Prüfungen Dezember und März) und der Ergebnisse des Tests "CM 2 (3) Rechnen" mit diesem Faktor festzustellen.

Der Faktor C bezieht sich auf die mathematischen Tests. Während in Französisch der Test aus dem 5. Schuljahr eine etwa gleiche Sättigung mit dem Faktor B aufwies wie der aus dem 7. Schul-

---

[3] Im einzelnen im Anhang zu finden.

jahr, ist es im Rechnen anders: Die Sättigung ist beim Test CM 2 (3) hier deutlich geringer als bei den anderen Tests. Von den anderen Variablen ist eine ziemlich hohe Sättigung des Untertests "Grammatik" des ICF 5/4 mit dem Faktor C zu bemerken.

Der Faktor D betrifft die Rechennoten des 5. Schuljahres. Wie für Französisch ist die höchste Sättigung bei den Jahresgesamtnoten festzustellen. Unter den anderen Variablen mit ziemlich hohem Anteil an diesem Faktor kommen der Test "CM 2 (3) Rechnen" sowie die Noten für "Fragen zum Diktat" (Prüfungen Dezember und März) vor.

Die Ergebnisse dieser Analyse zeigen also, daß neben der Unterscheidung zwischen Französisch und Mathematik eine weitere Unterscheidung auf Grund der Herkunft der Noten (Test oder Schulbewertung) existiert.

Leider ist das Gleichgewicht in der Verteilung der Variablen nicht vollständig, da wir nicht über Fachnoten der Lehrer für das 7. Schuljahr verfügten. Zudem müssen besonders für das 5. Schuljahr einige zusätzliche Berechnungen gemacht werden. In dieser Klasse weisen die Noten für Rechtschreibung bedeutende Sättigung einzig mit dem Faktor A auf, und umgekehrt ist dieser Faktor hauptsächlich ein Faktor der Rechtschreibung, wenn auch etwas allgemein. Die anderen Faktoren sind dagegen wenig klar begrenzt. Dies scheint auf den allgemeineren Charakter der Französisch- und Rechentests zurückzuführen zu sein.

Der Französisch-Test enthält Fragen zur Rechtschreibung und nähert sich damit dem Faktor A. Er enthält aber auch Verständnisfragen und grammatische Fragen, die seine Annäherung an den Faktor D erklären ebenso wie die der "Fragen zum Diktat". Während von diesem Faktor D vor allem die Mathematik-Noten gesättigt sind, enthält er auch einen "Verständnis"-Anteil. Der Rechentest scheint einen Anteil von "verbalem Verständnis" zu enthalten, wie seine Sättigung mit dem Faktor B (Französisch-Tests) zeigt. Andererseits hat der geringe Zeitunterschied zwischen den Noten des 5. Schuljahres und den Ergebnissen des Tests CM 2 (3) sicherlich einen Einfluß, der die Differenz der beiden Arten von Ergebnissen vermindert.

Im 7. Schuljahr ist die einzige bedeutende isolierte Sättigung die des Grammatik-Untertests mit dem Faktor C (Mathematik-Tests). Diese Tatsache kann in Zusammenhang gebracht werden mit einem entsprechenden Ergebnis einer Untersuchung aus dem 9. Schuljahr. Dort ist ebenfalls festgestellt worden, daß ein Untertest "grammatikalische Analyse" mehr Verbindung zu einem Mathematik-Test aufwies als zu den anderen Untertests in Französisch.

b) Zweite Analyse-Stufe

Die vorhergehende Analyse erstellt Korrelationen zwischen Faktoren erster Ordnung. Wenn man das gemeinsame dieser Faktoren herausstellen will, kann man eine Analyse zweiter Ordnung der Korrelationen zwischen Primärfaktoren vornehmen. Auf diese Weise gelangt man zu einer rechtwinkligen Struktur der gemeinsamen und spezifischen Faktoren 2. Ordnung. Wenn man die Sättigung der Variablen mit diesen Faktoren 2. Ordnung berechnet, wird es möglich, sie in Zusammenhang mit orthogonalen Faktoren zu interpretieren, von denen die einen (die spezifischen Faktoren) etwa den schiefwinkligen Faktoren erster Ordnung entsprechen, die anderen (die gemeinsamen Faktoren) allgemeiner sind und die gemeinsamen Anteile der Faktoren erster Ordnung wiedergeben.

Verwendet wurde die Methode von Thurstone, die bis zur Berechnung der Sättigung der Variablen mit Faktoren 2. Ordnung weitergeführt wird. [4] Zwei gemeinsame Faktoren wurden extrahiert und Gegenstand einer orthogonalen Rotation.

Die Berechnung der Sättigungen mit diesen zwei gemeinsamen Faktoren und mit den spezifischen Faktoren führt zu folgender Struktur:

	G_1	G_2	G a	b	c	d	h^2
2 Rechnen (Prüfung Dezember)	.34	.07	.10	.03	.10	.39	.29
3 Rechnen (Prüfung März)	.39	.04	.11	-.03	.04	.53	.45
4 Rechnen (Jahresmittel)	.51	.00	.10	-.05	-.02	.79	.90
8 Rechnen (Beurteilung)	.50	-.01	.09	-.08	.04	.70	.76
1 Test CM 2 (3) Rechnen	.38	.14	.03	.24	.25	.30	.38
5 Test ICM 5/4 (Schnellrechnen)	.47	.04	-.05	.05	.53	.03	.51
6 Test ICM 5/4 (Arithmetik)	.43	.10	-.05	.17	.55	-.02	.53
7 Test ICM 5/4 (Geometrie)	.39	.11	-.02	.16	.47	.02	.41
20 Test ICM 5/4 (Aufgaben)	.40	.10	.04	.07	.47	.01	.40

---

[4] Zum Beispiel: Reuchlin, M.: Méthodes d'analyse factorielle à l'usage des psychologues: Paris: Presse Universitaire Française 1964, 418. S, (S. 292-310)

10 Diktat (Prüfung Dezember)	.12	.36	.43	.13	.08	.04	.35
11 Fragen (Prüfung Dezember)	.19	.35	.33	.29	.02	.27	.42
12 Diktat (Prüfung März)	.14	.37	.47	.11	.07	.07	.40
13 Fragen (Prüfung März)	.20	.30	.30	.21	.05	.24	.32
14 Aufsatz (Beurteilung)	.09	.34	.41	.14	-.01	.11	.32
15 Rechtschreibung (Beurteilung)	.18	.45	.67	.01	.06	.10	.70
16 Diktat (Jahresmittel)	.17	.52	.71	.12	-.04	.23	.87
9 Test CM 2 (3) Französisch	.24	.34	.18	.45	.17	.20	.48
17 Test ICF 5/4 (Grammatik)	.32	.22	.08	.27	.36	.05	.36
18 Test ICF 5/4 (Text)	.04	.20	-.02	.43	.06	.08	.24
19 Test ICF 5/4 (Vokabeln)	.05	.24	.01	.46	.14	-.02	.29
	1.98	1.39	1.81	.99	1.30	1.90	9.38

Wenn man die Sättigung der Variablen mit den spezifischen Faktoren a, b, c, d betrachtet, stellt man fest, daß die erhaltene allgemeine Struktur die gleiche ist wie die der schiefwinkligen Faktoren 1. Ordnung und daß sich genau die gleichen Lösungen ergeben.

Auf der Stufe der gemeinsamen Faktoren jedoch erbringt die Analyse 2. Ordnung zusätzliche Präzisierungen. Diese Faktoren entsprechen den zwei behandelten Gebieten: Faktor G_1 betrifft Schulnoten und Testergebnisse für Mathematik, Faktor G_2 Schulnoten und Testergebnisse für Französisch.

Es scheint also klar, daß die hauptsächliche Unterscheidung sich auf die Fachgebiete bezieht und die Unterscheidung zwischen Tests und Schulnoten nur zweitrangigen Einfluß hat.

Zusammenfassung und Schluß

In einer 1961/62 in einem französischen Département durchgeführten Untersuchung zur Anpassung in den Beobachtungsklassen (1. und 2. Oberschuljahr) wurden Testergebnisse und Schulbeurteilungen der Fächer Französisch und Rechnen gegenübergestellt. Die Ergebnisse wurden zum Teil aus dem 2. Jahr des Oberschulunterrichts gewonnen, zum anderen Teil 2 Jahre früher von den gleichen Schülern aus dem 5. Grundschuljahr.

Zuerst wurden die verschiedenen Noten verglichen, die der Lehrer des 5. Grundschuljahres gegeben hatte. Relativ hohe Korrelationen zeigten sich zwischen Noten und Beurteilungen desselben Faches zum gleichen Zeitpunkt; Korrelationen zwischen Schulnoten von verschiedenen Zeitpunkten oder zwischen Schulnoten und Leistungstests waren dagegen viel geringer.

Darauf wurde der Voraussagewert der Ergebnisse des 5. Grundschuljahres untersucht. Die Einteilung der Schüler in drei gleiche Gruppen (gute, mittlere, mäßige) durch die Lehrer des 1. und 2. Oberschuljahres liefert das eine der Kriterien. Man stellt fest, daß Leistungstests eine etwas bessere Voraussage als Schulnoten ermöglichen, daß die Voraussage des Erfolgs in der 1. Oberschulklasse besser ist als die des Erfolgs in der 2. Oberschulklasse und daß die Noten in Französisch einen etwas höheren Voraussagewert haben als die Noten im Rechnen. Bei Verwendung anderer Kriterien werden diese Ergebnisse bestätigt (Leistungstests im 2. Oberschuljahr, allgemeines Urteil über die Anpassung an die Beobachtungsklassen).

Eine Faktorenanalyse der Leistungstests und Schulnoten ergibt vier Faktoren, an denen Französisch-Noten, Französisch-Tests, Rechen-Noten und Rechentests den jeweils stärksten Anteil haben. Eine Analyse 2. Ordnung führt zu einer Aufteilung in zwei Stufen: auf der ersten zeigt sich eine Differenzierung der Fachgebiete (Mathematik und Französisch); auf der zweiten, schwächer ausgeprägten Stufe unterteilen sich die Ergebnisse jedes Fachgebietes in Testergebnisse und Schulleistungen.

Anhang

Korrelationen und Restwerte

	1	2	3	4	5	6	7	8	9	10	11	12	13	14	15	16	17	18	19	20
1		.39	.30	.42	.32	.30	.29	.38	.47	.25	.26	.23	.24	.08	.17	.26	.34	.11	.16	.28
2	-.09		.37	.47	.20	.15	.19	.38	.26	.17	.25	.28	.22	.05	.21	.21	.20	.05	.06	.21
3	-.03	.01		.65	.22	.16	.18	.57	.26	.13	.26	.17	.31	.12	.23	.26	.19	.08	.00	.24
4	-.01	-.03	-.01		.23	.21	.19	.92	.30	.13	.31	.15	.28	.21	.28	.37	.21	.10	-.04	.21
5	-.01	-.03	.00	-.03		.53	.45	.32	.18	.10	.12	.10	.22	.06	.08	.06	.35	.09	.12	.44
6	-.05	-.05	-.02	-.02	.03		.50	.24	.28	.14	.21	.07	.15	.13	.11	.12	.38	.12	.19	.44
7	-.01	-.02	-.01	-.02	.00	.04		.22	.26	.12	.20	.11	.20	.13	.13	.12	.34	.16	.15	.39
8	-.05	-.03	-.04	-.08	.03	.02	.00		.21	.12	.27	.12	.24	.25	.27	.32	.16	.08	.03	.26
9	-.03	-.09	-.04	.02	-.06	-.01	-.03	-.04		.33	.37	.38	.35	.24	.36	.46	.38	.25	.27	.25
10	.12	.03	.02	.02	.01	.01	-.02	.00	.02		.32	.40	.29	.23	.50	.52	.20	.12	.18	.12
11	.08	.04	.00	-.03	.00	.06	.03	-.03	-.04	-.01		.29	.43	.41	.35	.60	.29	.15	.24	.17
12	-.02	.01	-.01	-.01	-.01	-.06	-.02	-.03	.07	.03	-.06		.31	.26	.54	.54	.20	.12	.14	.21
13	.05	.12	.05	-.04	.09	.00	.03	-.06	-.01	.00	-.05	-.01		.30	.34	.48	.23	.17	.12	.14
14	-.02	.00	-.04	-.03	.02	.06	.05	.09	-.05	-.09	.08	-.09	.00		.46	.52	.19	.11	.21	.03
15	-.07	-.10	-.01	.03	-.03	.00	.00	.04	-.02	.03	-.08	-.03	-.06	.01		.76	.23	.13	.15	.19
16	-.03	.00	-.04	.03	-.03	.03	-.01	.05	-.03	-.01	.06	.03	-.06	.00	.00		-.02	.13	.16	.15
17	.01	-.05	.01	-.01	.00	-.02	.00	.05	.03	-.02	.01	.03	-.02	.03	.04	-.02		.20	.27	.30
18	-.07	.00	-.02	.03	-.01	.00	-.04	.04	-.03	-.01	-.06	-.01	.00	-.02	.01	-.02	-.10		.30	.11
19	-.01	-.02	-.03	-.04	.02	.00	-.03	.05	-.04	-.02	.01	-.01	-.05	-.07	.01	-.03	.03	.05		.17
20	-.03	.01	.04	.00	.00	.00	-.01	.03	.00	-.04	.01	.06	-.02	-.07	.01	-.01	-.04	.02	.04	

Korrelationen (über der Hauptdiagonalen) und Restwerte
nach Extraktion von 4 Faktoren (unter der Hauptdiagonalen)

Zentroid - Matrix F

	I	II	III	IV	h^2
1	.56	-.20	.07	-.12	.37
2	.46	-.20	-.20	-.07	.30
3	.51	-.27	-.35	-.12	.47
4	.64	-.40	-.55	-.25	.93
5	.46	-.42	.27	.21	.51
6	.48	-.33	.38	.17	.51
7	.47	-.28	.31	.13	.41
8	.60	-.41	-.48	-.16	.78
9	.62	.15	.18	-.17	.47
10	.46	.33	-.02	.16	.35
11	.58	.25	-.07	-.11	.42
12	.49	.34	-.07	.18	.39
13	.53	.18	-.08	-.05	.32
14	.43	.34	-.10	.07	.32
15	.60	.43	-.21	.32	.69
16	.70	.53	-.28	.17	.88
17	.52	-.08	.28	.04	.36
18	.28	.14	.24	-.27	.23
19	.31	.18	.35	-.20	.29
20	.46	-.28	.24	.22	.40

$\hat{\Lambda}$

	A	B	C	D
I	.426	.331	.400	.422
II	.624	.295	-.460	-.338
III	-.224	.470	.523	-.562
IV	.616	-.764	.597	-.626

$V = F\Lambda$

	A	B	C	D
1	.02	.25	.28	.34
2	.07	.05	.13	.42
3	.05	.02	.07	.58
4	-.01	.03	.00	.87
5	.00	-.01	.64	.05
6	.02	.11	.64	-.01
7	.04	.12	.56	.04
8	.01	-.03	.08	.76
9	.21	.46	.17	.22
10	.51	.12	.12	-.01
11	.35	.32	.02	.27
12	.55	.09	.11	.02
13	.33	.23	.06	.24
14	.46	.14	.01	.08
15	.77	-.02	.12	.03
16	.80	.13	-.01	.17
17	.13	.25	.42	.06
18	-.01	.45	.01	.11
19	.04	.47	.11	.00
20	.10	.01	.57	.02

C

	A	B	C	D
A	1.000	-.251	.134	-.291
B	-.251	1.001	-.214	.254
C	.134	-.214	1.002	-.343
D	-.291	.254	-.343	1.000

Analyse 2. Ordnung

$$R = D (\Lambda'\Lambda)^{-1} D$$

	A	B	C	D
A	1.000	.187	-.011	.228
B	.187	1.000	.134	-.145
C	-.011	.134	1.000	.295
D	.228	-.145	.295	1.000

Korrelation zwischen Primärfaktoren

	F		U					
	I	II	G_1	G_2	a	b	c	d
A	.445	.363	.104	.565	.819			
B	.205	.358	-.076	.406		.911		
C	.517	-.381	.641	.045			.766	
D	.387	-.338	.514	-.007				.858

Zentroid - Matrix 2. Ordnung

Anteil der Primärfaktoren an den allgemeinen und spezifischen Faktoren 2. Ordnung (G_1 und G_2 wurden nach orthogonaler Rotation von I und II erhalten)

$$\Psi = \Lambda D^{-1} U$$

	G_1	G_2	a	b	c	d
I	.538	.416	.372	.321	.329	.404
II	-.465	.484	.545	.286	-.378	-.323
III	-.025	.098	-.196	.456	.430	-.538
IV	.182	.075	.537	.740	.491	-.599

Unkorrigierte Transformations - Matrix

Ψ a

	G_1	G_2	a	b	c	d
I	.545	.421	.377	.325	.333	.409
II	-.457	.476	.536	.281	-.372	-.246
III	-.030	.117	-.328	.544	.513	-.566
IV	.150	.062	.442	-.609	.404	-.494

Korrigierte Matrix

$$G = F\ \Psi$$

	G_1	G_2	a	b	c	d	h^2
1	.38	.14	.03	.24	.25	.30	.38
2	.34	.07	.10	.03	.10	.39	.29
3	.39	.04	.11	-.03	.04	.53	.45
4	.51	.00	.10	-.05	-.02	.79	.90
5	.47	.04	-.05	.05	.53	.03	.51
6	.43	.10	-.05	.17	.55	-.02	.53
7	.39	.11	-.02	.16	.47	.02	.41
8	.50	-.01	.09	-.08	.04	.70	.76
9	.24	.34	.18	.45	.17	.20	.48
10	.12	.36	.43	.13	.08	.04	.35
11	.19	.35	.33	.29	.02	.27	.42
12	.14	.37	.47	.11	.07	.07	.40
13	.20	.30	.30	.21	.05	.24	.32
14	.09	.34	.41	.14	-.01	.11	.32
15	.18	.34	.67	.01	.06	.10	.70
16	.17	.52	.71	.12	-.04	.23	.87
17	.32	.22	.08	.27	.36	.05	.36
18	.04	.20	-.02	.43	.06	.08	.24
19	.05	.24	.01	.46	.14	-.02	.29
20	.40	.10	.04	.07	.47	.01	.40
$\sum a_j^2$	1.98	1.39	1.81	.99	1.30	1.90	9.38

4.5 E. Paul Torrance:
Einfluß und Wirkung der verschiedenen Testarten auf den nachfolgenden Lernprozeß

Die Beobachtung, daß Belohnungen einen richtunggebenden Einfluß auf das Lernen und die Entwicklung von Schülern haben, geht mindestens bis in die Zeit Platos zurück. Auch auf diesem Kongreß ist eine solche Ansicht mehrfach vertreten worden. In einem Buch über die Belohnung kreativen Verhaltens [1] habe ich eine Reihe von Experimenten beschrieben, aus denen hervorgeht, daß die Art der Leistungsbewertung verschiedene Arten des kreativen Geschehens beeinflußt. In einer anderen Arbeit [2] habe ich versucht, Daten zu erbringen, die meiner Ansicht nach zeigen, wie Änderungen in der Art der Leistungserfassung zu Änderungen in der Art der Vorhersagen führen und wie Änderungen in den Unterrichtsmethoden bei Verwendung der gleichen Kriterien die Vorhersage beeinflussen.

Da der Erfolg in Leistungstests allgemein die Grundlage für die Belohnung von Schülern darstellt, ist zu erwarten, daß ihr Lernen durch die Art des dargebotenen Tests beeinflußt wird. Eine bestimmte Testart spricht vorwiegend bestimmte Fähigkeiten und Fertigkeiten an. Damit ist die Gefahr gegeben, daß durch die ausschließliche Verwendung einer bestimmten Testart (z. B. der Wiedererkennungsform des Auswahlantworttests) nicht nur bestimmte Schüler benachteiligt, sondern daß allgemein bestimmte Leistungsarten vernachlässigt werden, die für den Erfolg außerhalb von Schulen und Colleges erforderlich sind.

---

1) Torrance, E. P.: Rewarding creative behavior. Englewood Cliffs, N. J.: Prentice-Hall, 1965.

2) Torrance, E. P.: Different predictors, criteria, and routes to criteria. In: Gowan, J. C., Demos, G. D. and Torrance, E. P. (Hrsg.): Creativity: Its educational implications. New York: Wiley, 1967, S. 289-294.

Es stimmt, daß sich einige Schüler an ihre eigenen Ziele, bevorzugte Vorgehensweisen des Lernens usw. halten. Da die Belohnungen, die mit Schul- und Collegezensuren verbunden sind, viele Arten der Erfolgsmöglichkeiten bestimmen, ist es nur natürlich, daß Schüler Fertigkeiten entwickeln, um herauszufinden, was im Zensurenbuch des Lehrers "zählt". Einen bedeutungsvollen Hinweis entnehmen die Schüler aus der Art der vom Lehrer verwendeten Tests. Danach wäre zu erwarten, daß die Art des Tests das Lernen des Schülers beeinflußt, indem bestimmte Arten des Lernens betont und andere vernachlässigt werden.

In diesem Vortrag werde ich eine Serie von vier Experimenten referieren, die in Kursen für Pädagogische Psychologie an graduierten und nicht-graduierten Studenten der Universitäten von Minnesota und Georgia durchgeführt wurden. Mit diesen Experimenten versuchte ich folgendes herauszufinden: (1) Gibt es bei verschiedenen Testarten unterschiedliche Beziehungen zwischen geistigen Fähigkeiten und dem Grad des Erfolges? (2) Beeinflußt eine bestimmte kognitive Einstellung bei der Prüfungsvorbereitung den Grad des Erfolges in verschiedenen Testarten? (3) Beeinflußt die Art des Tests, nach dem ein Schüler benotet werden wird, seine Leistung in anderen Testarten gleichen Inhalts? (4) Werden Schüler mit gründlicher Gewöhnung an Auswahlantworttests durch den Wechsel zu anderen Testarten beeinflußt?

1. Verschiedene Prädiktoren und verschiedene Kriterien

Betrachten wir zunächst einige recht einfache Statistiken über zwei Arten von Prädiktoren und mehrere Arten von Kriterien in einem Kurs in Pädagogischer Psychologie über Persönlichkeitsentwicklung und Psychohygiene. Prädiktoren waren:
1) Werte im Analogietest von Miller (der als Teil einer Batterie für die Zulassung zur Prüfung für den Magistergrad gegeben wurde).
2) Ein kombinierter Wert aus einer 40 Minuten dauernden Testbatterie zur Erfassung des kreativen Denkens.

Dieser kombinierte Wert war die Summe aus den Testwerten für Flüssigkeit, Flexibilität, Originalität und Sorgfalt aus folgenden Tests 'Frage und vermute' (Ask-and-Guess-Test), 'Produktverbessern' (Product Improvement Test), 'Ungebräuchliche Verwendung' (Unusual Uses Test) und dem 'Kreise-Test' (Circles Test). (Seither habe ich aufgehört, mit kombinierten Werten zu arbeiten, aber ich glaube immer noch, daß es in manchen Fällen gerechtfertigt ist, einen kombinierten Wert aus diesen Tests zu verwenden.)

In dem Kurs wurden vier Arten von Prüfverfahren angewendet: (1) Ein recht gebräuchlicher Antwortauswahltest, in dem eine richtige Antwort wiederzuerkennen ist, (2) ein Ergänzungs- und Kurzantworttest, der Reproduzieren erfordert, (3) ein Kreativitätstest, der divergent-produktives Denken erfordert und (4) ein Entscheidungstest, in dem Bewertungen und Beurteilungen vorzunehmen sind.

In einem Kurs von 110 Studenten erhielt Bentley [3] aus diesen Daten die folgenden Korrelationskoeffizienten:

Leistungstestverfahren	Tests zur Erfassung des kreativen Denkens von Torrance	Analogietest von Miller
Wiedererkennen	.03	.47
Gedächtnis	.11	.41
Produktives Denken	.53	.37
Bewertung und Beurteilung	.38	.27

Zusätzlich zur Kursprüfung mußten die Studenten noch einen originellen Einfall entwickeln. Dieser originelle Einfall wurde von Beurteilern nach zwei Kriteriengruppen bewertet. Erstens erfolgte die Beurteilung danach, wie gut der Einfall beschrieben wurde, welcher Prozeß zu seinem Entstehen führte, welches psychologische Prinzip zugrundelag und wie der Einfall geprüft werden könnte. Ferner wurde beurteilt, welche Konsequenzen sich daraus ergeben könnten, sollte er sich als realisierbar erweisen. All das wurde als Einschätzung der Konvergenz bezeichnet. Die zweite Bewertung erfolgte nach Kriterien, die weitgehend denen glichen, die vom Patentamt der Vereinigten Staaten benutzt werden: (1) Der Grad, in dem der Einfall einen Fortschritt bedeutet, (2) der potentielle Nutzen, (3) die kreative geistige Kraft, die erforderlich ist, um den Einfall hervorzubringen und auszuarbeiten, (4) der Überraschungswert und (5) der Grad der Neuheit. Das wurde als Einschätzung der Divergenz oder des Erfindungsgrades bezeichnet. Der Konvergenzschätzwert korrelierte höher mit den Werten des Analogietests von Miller als mit denen des kreativen Denkens (0,33 und 0,16), während es sich für den Divergenzschätzwert umgekehrt verhielt (0,19 und 0,25).

---

[3] Bentley, J.C.: Creativity and academic achievement. In: Journal of Educational Research, 1966, 59, S. 269-272.

2. Verschiedene Arbeitseinstellungen und die Leistungen in verschiedenen Tests

Ein anderes Experiment (Torrance und Harmon [4])) war dazu bestimmt, die Wirkungen verschiedener Einstellungen bei der Bearbeitung eines aufgegebenen Stoffes für graduierte Studenten eines Kurses über Persönlichkeit und Psychohygiene zu untersuchen. Die Arbeitseinstellungen waren: Behalten, Beurteilen und Kreativität. Die 115 Versuchspersonen wurden alphabetisch geordnet und in drei Gruppen eingeteilt. Jede Gruppe sollte dann nacheinander jede der drei Arbeitseinstellungen einnehmen und wurde instruiert, diese für eine Woche bei der Bearbeitung des aufgegebenen Stoffes beizubehalten. Am Ende jeder Woche wurde ein 20 Minuten dauernder Test durchgeführt, der Aufgaben enthielt, die Wiedererkennen, Gedächtnis, kreatives Denken und Beurteilen erforderten. Die Versuchspersonen hatten außerdem zu schätzen, inwieweit es ihnen gelungen war, die Einstellung beizubehalten, wie schwer ihnen die Beibehaltung der Einstellung fiel, wieviel Zeit sie am Freitag auf die Aufgabe verwendet hatten. Ferner mußten sie schließlich ihre semantischen Reaktionen nach neun polaren Eigenschaftspaaren einstufen.

Varianzanalysen ergaben, daß sich die drei Einstellungen in allen drei Wochen auf die meisten der Tests unterschiedlich auswirkten. Die Versuchspersonen, die mit der kreativen Einstellung arbeiteten, erzielten in jeder Woche den höchsten Mittelwert bei den kreativen Tests (siehe Anhang Tabelle 1).

Diejenigen mit der auf Beurteilung gerichteten Einstellung erzielten den höchsten Mittelwert in Beurteilungsaufgaben bzw. in (nur in der zweiten Woche gegebenen) Entscheidungsproblemen (siehe Anhang Tabelle 2).

Diejenigen mit der auf Behalten gerichteten Einstellung erzielten nur in der dritten Woche den höchsten Mittelwert in Gedächtnistests (Ergänzungsaufgaben); für die anderen beiden Wochen ergaben sich in diesen Aufgaben keine signifikanten Unterschiede (siehe Anhang Tabelle 3).

In den Wiedererkennungsaufgaben zeigten sich keine konsistenten differentiellen Wirkungen. In der zweiten Woche erzielten diejenigen mit der Behaltenseinstellung, in der dritten Woche diejenigen mit der Beurteilungseinstellung den höchsten Mittelwert (siehe Anhang Tabelle 4).

---

4) Torrance, E. P. and Harmon, J. A.: Effects of memory, evaluative and creative reading sets on test performance. In: Journal of Educational Psychology, 1961, 52, S. 207-214.

Die Versuchspersonen gaben an, daß es ihnen leichter gefallen sei, die Behaltenseinstellung zu übernehmen, und den Selbsteinschätzungen nach gelang es ihnen besser, diese Einstellung beizubehalten als die anderen beiden. Die Einstellung wirkte sich nicht unterschiedlich aus auf die Schätzung der zur Bearbeitung des aufgegebenen Stoffes verwendeten Zeit. Im sematischen Differential tendierten die Versuchspersonen mit der Behaltenseinstellung zu den Polen schnell, vorsichtig, alt und langweilig. Für diejenigen mit der Beurteilungseinstellung ergab sich eine Tendenz nach langsam, und die mit der kreativen Einstellung zeigten Tendenzen in Richtung auf rasch, neu und interessant.

In der zweiten Woche gelang es den Versuchspersonen ihren Angaben nach allgemein besser, die Einstellungen beizubehalten als in der ersten und dritten Woche. In den semantischen Einstufungen zeigte sich eine konsistente und signifikante Verschiebung nach schnell und langweilig. Die drei ursprünglichen Gruppen unterschieden sich nicht signifikant voneinander, so daß sich keine Hinweise auf differentielle Wirkungen der drei Einstellungen ergaben.

3. Durch Instruktion bewirkte Einstellungen bei vier bestimmten Arten von Testaufgaben

Ein drittes Experiment (Torrance und Harmon [5]) sollte die Wirkung psychologischer Einstellungen feststellen, die durch die Anweisung, sich auf eine bestimmte Testart vorzubereiten, geschaffen wurden. Die Versuchspersonen waren 134 graduierte Studenten, die an einem Kurs über Persönlichkeit und Psychohygiene teilnahmen. Zu Beginn des Kurses wurden vier Aufgabenarten beschrieben, die in einer Prüfung über die Pflichtlektüre enthalten sein sollten. Es handelte sich um folgende Aufgabenarten: Wiedererkennen (Antwortauswahl), Gedächtnis, kreative Anwendungen und kritische Beurteilung. Alle Versuchspersonen brachten diese vier Aufgabenarten in eine Rangreihe, und zwar danach, wie gern sie entsprechende Arbeitseinstellungen übernehmen würden und nach welcher Aufgabenart sie am liebsten benotet werden würden. Die Versuchspersonen wurden dann nach dem Zufallsprinzip in vier Gruppen aufgeteilt und erhielten die entsprechenden Instruktionen.

Die Prüfung wurde ungefähr zwei Wochen später durchgeführt. Sie enthielt alle vier Aufgabenarten. Die Zensur einer Versuchs-

---

[5] Torrance, E. P. and Harmon, J. A.: A study of instructional sets for four types of test items. Department of Educational Psychology, Univ. of Minnesota, 1962 (Unveröffentl. Manuskript).

person wurde nach dem Wert bestimmt, den sie in dem Untertest erzielte, der ihrer durch die Instruktion bewirkten Einstellung entsprach. Jede Versuchsperson hielt die Stundenzahl fest, die sie auf die Vorbereitung für die Prüfung verwendet hatte, und schätzte nach einer Fünf-Punkte-Skala, inwieweit es ihr gelungen war, die ihr zugewiesene Einstellung beizubehalten.

Für die vier Testaufgabenarten ergaben sich nach dem Grad der Bevorzugung die folgenden mittleren Rangplätze:

    Wiedererkennen   1,68
    Gedächtnis   3,12
    Kreative Anwendungen   2,76
    Kritische Beurteilung   2,55

Die Unterschiede sind auf dem 0,1%-Niveau signifikant. Die beliebteste Aufgabenart war Wiedererkennen in Antwortauswahlform und die am wenigsten beliebte die Aufgabenart des Behaltens.

Der Zusammenhang zwischen der bevorzugten Aufgabenart und der zugewiesenen war statistisch nicht signifikant, ein Anzeichen dafür, daß es durch die Randomisierung gelungen war, eine Verzerrung der Ergebnisse von dieser Seite her auszuschalten.

Die Beziehungen zwischen der für die Vorbereitung auf den Test aufgewendeten Zeit und der bevorzugten Testart sowie der zugewiesenen Testart wurden mit Hilfe der Varianzanalyse untersucht. In der Beziehung zwischen Vorbereitungszeit und zugewiesener Testart zeigte sich keine statistische Signifikanz. Die Beziehung zwischen Vorbereitungszeit und bevorzugter Testart war jedoch auf dem 1%-Niveau signifikant. Versuchspersonen, denen eine Testart zugewiesen worden war, die sie vorher auf den dritten oder vierten Rangplatz gesetzt hatten, verwendeten erheblich mehr Zeit auf die Vorbereitung (durchschnittlich ungefähr drei Stunden mehr) als diejenigen, die die Testart, die ihnen zugewiesen worden war, an die erste oder zweite Stelle plaziert hatten (siehe Tabelle 5).

Aus der Analyse ging auch hervor, daß es den Versuchspersonen, die die zugewiesene Testart vorher unteren Rangplätzen zuordneten, weniger gut gelang, eine Einstellung für diese Testart beizubehalten, als den Versuchspersonen, die der zugewiesenen Testart obere Rangplätze gegeben hatten. (Die Unterschiede waren signifikant auf dem 1% bis 5%-Niveau.) Unterschiede dieser Art, eine bestimmte Einstellung beizubehalten, ergaben sich auch in Abhängigkeit von der Testart, auf die sich die Versuchspersonen vorbereiteten (signifikant auf dem 1% bis 5%-Niveau). Dabei ergab sich für die vier Testarten folgende Rangreihe: (1) Kreative Anwendungen, (2) Wiedererkennen, (3) Beurteilung, (4) Gedächtnis.

Bei dem Antwort-Auswahl-Test (Wiedererkennen) waren die Beziehungen zwischen dem Erfolg im Test und den zugewiesenen und bevorzugten Einstellungen durchweg statistisch nicht signifikant.

Signifikante Ergebnisse (auf dem 1% bis 5%-Niveau) wurden jedoch erzielt, wenn die zugewiesene Testart der bevorzugten entsprach. Diejenigen, die die Testart des Wiedererkennens bevorzugten und denen diese Testart zugewiesen wurde, erzielten höhere Werte als jede andere Gruppe (siehe Anhang Tabelle 6).

Bei dem Gedächtnistest ergab die Varianzanalyse statistisch auf dem 1%-Niveau gesicherte Ergebnisse für die zugewiesene Testart, hinsichtlich des Grades der Bevorzugung dieser Testart Signifikanz auf dem 5%-Niveau. Diejenigen, denen der Gedächtnistest zugewiesen worden war, hatten wie erwartet den höchsten Mittelwert; diejenigen, die sich auf die Auswahlantwortform vorbereitet hatten, erhielten den niedrigsten Mittelwert.

Bei dem Kreativitätstest erbrachten die varianzanalytischen Ergebnisse im Hinblick auf die dem Schüler zugewiesene Testart sehr signifikante Unterschiede ($P < 0.001$). Diejenigen mit der "kreativen Einstellung" erzielten einen Mittelwert von 21,3; im Vergleich dazu waren die Mittelwerte für die Gruppen, die sich auf die Testarten 'Gedächtnis', 'Wiedererkennen' und 'Beurteilung' eingestellt hatten: 17,2; 15,4 und 11,3. Die Bevorzugung der kreativen Testart hatte keinen statistisch bedeutsamen Einfluß.

Bei dem Beurteilungstest erwies sich die Testleistung als abhängig sowohl von der Einstellung als auch von dem Grad der Bevorzugung dieser Aufgabenart (signifikant auf dem 1%-Niveau bzw. 5%-Niveau).

Die Abschlußprüfung des Kurses, die einen ganz anderen Inhalt hatte, enthielt ebenfalls die Aufgabenarten "Wiedererkennen", "Gedächtnis", "kreative Anwendung" und "Beurteilung". Um mögliche Wirkungen der früheren Arbeitseinstellungen auf die Leistung in der Abschlußprüfung festzustellen, wurden vier "Ein-Weg"-Varianzanalysen durchgeführt. Der F-Wert war in keinem Fall statistisch signifikant. Demnach hatte eine für ein bestimmtes Stoffpensum übernommene Arbeitseinstellung keinen Einfluß auf den entsprechenden Untertest eines anderen Stoffpensums. Ähnliche Analysen wurden hinsichtlich des Grades der Bevorzugung bestimmter Aufgabenarten durchgeführt. Nur für die auf Beurteilung gerichtete Einstellung war der F-Wert auf dem 5%-Niveau signifikant. Versuchspersonen, die die Aufgabenart der Beurteilung bevorzugten und ihr den ersten oder zweiten Rangplatz gaben, zeigten bessere Leistungen in dem entsprechenden Untertest als Versuchspersonen, die dieser Aufgabenart den dritten oder vierten Rangplatz gaben.

4. Wiederholung des geschilderten Experiments unter besseren Versuchsbedingungen

Ein gerade abgeschlossenes Experiment [6] sollte einige der offensichtlichen Einschränkungen der vorherigen Untersuchungen vermeiden. Das Experiment wurde in einem Einführungskurs in Pädagogischer Psychologie für nicht-graduierte Studenten an der Universität von Georgia durchgeführt. Der Einführungskurs war in acht gleiche Klassen geteilt. Der Autor hatte Bedenken, die Aufgabenart während eines Vierteljahres öfter zu wechseln und die Zensuren tatsächlich auf Grund der zugewiesenen Aufgabenart zu bestimmen. Da alle Dozenten dieser acht Klassen den Antwort-Auswahl-Test besonders bevorzugten, standen der Durchführung eines solchen Experimentes starke Widerstände entgegen. Es ließ sich jedoch einrichten, das Experiment drei Wochen lang bei einem Kurs für Lernpsychologie durchzuführen. Als Grundlage für die Tests wurden drei Kapitel des Lehrbuches von Garrison u. a. [7] gewählt. Zwei nach dem Zufall bestimmte Klassen des Kurses erhielten die Instruktion, sich für einen Test in Antwortauswahlform (Wiedererkennen) vorzubereiten, zwei Klassen für einen Test mit der Aufgabenart des Reproduzierens, zwei Klassen für die Aufgabenart der kreativen Anwendungen. Die anderen beiden Klassen erhielten die Instruktion, sich bei jedem der drei Kapitel für einen Test mit anderer Aufgabenart vorzubereiten. Alle Tests wurden von einem Assistenten und dem Autor konstruiert und ausgewertet; die Auswertung erfolgte nach vorher festgelegten Schlüsseln und Richtlinien.

Zu Beginn des Experiments wurden alle Versuchspersonen gebeten anzugeben, inwieweit sie bestimmte Aufgabenarten bevorzugten. Während des Experiments wurden sie aufgefordert, die Zeit, die sie zur Testvorbereitung für jedes der drei Kapitel verwendeten, festzuhalten. Die Tests wurden jeweils nach Beendigung eines Kapitels durchgeführt. Der Test, der den Stoff aller drei Kapitel umfaßte, enthielt alle drei Aufgabenarten. Er wurde unangekündigt zwei Tage nach Abschluß der Arbeitsperiode gegeben. Die ausgewerteten Zwischentests erhielten die Versuchspersonen vor dem endgültigen Test zurück. Vollständige Daten waren für 345 Versuchspersonen vorhanden.

---

[6] Torrance, E. P. and Torrance, J. P.: Influences on a student's learning of the Type of test to be administered in eight sections of undergraduate educational psychology. Department of Educational Psychology, Univ. of Georgia, 1967 (Unveröffentl. Manuskript).

[7] Garrison, K. C., Kingston, A. J. and McDonald, A. S.: Educational Psychology. New York: Appleton-Century-Crofts, 2. Aufl., 1964.

Für alle vier Ergebnisse des endgültigen Tests wurden "Ein-Weg"-Varianzanalysen durchgeführt. Obwohl durchgehend die Tendenz bestand, daß Versuchspersonen, denen eine bestimmte Aufgabenart zugewiesen worden war, in der entsprechenden Testart höhere Werte erzielten als in den beiden anderen Testarten, waren die Unterschiede nur für die Bedingung der kreativen Anwendungen statistisch signifikant (signifikant auf dem 1%-Niveau; siehe Anhang Tabelle 7).

Als nächstes wurde mit Hilfe des t-Tests für jede Testart der Mittelwert der Versuchspersonen, denen diese Testart zugewiesen worden war, mit dem für alle anderen Gruppen zusammengefaßten Mittelwert verglichen. Nur für den Gedächtnistest ergab sich ein signifikanter t-Wert. Dafür war hauptsächlich die hervorstechende Leistung einer der beiden Klassen verantwortlich, denen diese Testvorbereitungsart zugewiesen worden war. In der anderen Klasse verbanden sich Widerstände mit dem Gedanken, einen solchen Test durchzuführen und sich darauf vorzubereiten. Den studentischen Äußerungen nach scheinen viele das Gefühl zu haben, daß es beinahe etwas Unmoralisches sei, einen Gedächtnistest anzuwenden; dabei behandelten die Fragen nicht unbedeutendes Detailwissen, sondern durchaus wichtige Kenntnisse.

Eine Varianzanalyse wurde auch im Hinblick auf die zur Vorbereitung für die Zwischentests verwendete Zeit durchgeführt. Der erhaltene F-Wert (1, 3435) war auf dem 0, 1%-Niveau signifikant (siehe Anhang Tabelle 8). Die Studenten, denen die Antwort-Auswahl-Form zugewiesen war, verwendeten bei weitem die meiste Zeit auf die Testvorbereitung, ja sie wendeten etwa doppelt so viel Zeit auf wie die Studenten, denen die 'kreativen Anwendungen' zugewiesen worden waren. Offensichtlich waren diese Studenten sehr daran gewöhnt, mit Hilfe von Antwort-Auswahl-Tests geprüft zu werden. Sie hatten gelernt, sich auf diese Testart vorzubereiten, und wenn ihnen diese Testart zugewiesen wurde, widmeten sie der Vorbereitung mehr Zeit als Studenten, die an einem Test teilnehmen sollten, für den sie wenig oder keine Übung gehabt hatten. Es ist jedoch bemerkenswert, daß diese gründlichere Vorbereitung auf die Auswahlantwortform sich bei der Prüfung, die zwei Tage nach Beendigung der Arbeitsperiode unangekündigt durchgeführt wurde, keine höheren Werte bei dem entsprechenden Untertest erbrachte.

In dieser Untersuchung zeigten sich die deutlichsten Leistungsunterschiede zwischen Studenten, denen die Antwort-Auswahl-Form, und Studenten, denen die Aufgabenart der kreativen Anwendungen zugewiesen worden war. Im endgültigen Test lagen bei den Auswahlantwortaufgaben die Leistungen der Gruppe, die sich auf diesen Test vorbereitet hatte, etwas mehr als eine Standardabweichung über den Leistungen der Gruppe, der die kreativen Anwendungen zugewiesen worden waren ($t = 6,5476$; signifikant auf dem 0, 1%-Niveau). Analog erzielte die 'kreative Gruppe' in dem Untertest 'kreative Anwendungen' eine Durchschnittsleistung, die etwa um einen Standardwert höher lag als die Durchschnittsleistung der Gruppe, der die Antwort-Auswahl-Form zugewiesen worden war (t = 4,1748, signifikant auf dem 0,1%-Niveau). Die Gesamtwerte und die Werte in den Gedächtnisaufgaben waren für beide Gruppen nahezu gleich.

Abschließende Bemerkung

Obwohl die von den vier Experimenten erbrachten Ergebnisse, die in diesem Referat beschrieben wurden, ziemlich komplex und nicht immer stringent sind, zeigt sich doch ziemlich durchgehend, daß die dargebotene Testart einen Einfluß auf das Lernen der Studenten hat. Die Daten über die differentiellen Wirkungen des Antwort-Auswahl-Tests (Wiedererkennungsform) und der Aufgabenart der divergent-kreativen Anwendungen scheinen die stärkste Beweiskraft und die höchste Konsistenz zu besitzen.

Tabelle 1

Drei Arbeitseinstellungen und die Leistung in kreativen Anwendungsaufgaben in drei Wochen

Woche	Einstellung	Mittelwert	F-Wert	Signifikanzniveau
1	Gedächtnis	4,25		
	Beurteilung	5,43		
	Kreativ	6,18	12,496	<0,01
2	Gedächtnis	4,45		
	Beurteilung	4,94		
	Kreativ	7,96	16,149	<0,01
3	Gedächtnis	6,88		
	Beurteilung	8,37		
	Kreativ	8,60	13,763	<0,01

Tabelle 2

Drei Arbeitseinstellungen und die Leistung in Beurteilungsaufgaben (Entscheidungen treffen)

Einstellung	Mittelwert	F-Wert	Signifikanzniveau
Gedächtnis	5,88		
Beurteilung	7,34		
Kreativ	6,70	11,469	<0,01

Tabelle 3

Drei Arbeitseinstellungen und die Leistung in Gedächtnisaufgaben in drei Wochen

Woche	Einstellung	Mittelwert	F-Wert	Signifikanzniveau
1	Gedächtnis	6,04		
	Beurteilung	6,24		
	Kreativ	5,78	2,226	ns
2	Gedächtnis	7,32		
	Beurteilung	6,65		
	Kreativ	7,20	2,543	ns
3	Gedächtnis	8,30		
	Beurteilung	8,15		
	Kreativ	7,54	3,429	<0,05

Tabelle 4

Drei Arbeitseinstellungen und die Leistung in Antwort-Auswahl-Aufgaben in drei Wochen

Woche	Einstellung	Mittelwert	F-Wert	Signifikanzniveau
1	Gedächtnis	6,21		
	Beurteilung	6,52		
	Kreativ	6,33	0,893	ns
2	Gedächtnis	4,03		
	Beurteilung	3,32		
	Kreativ	3,43	5,537	<0,01
3	Gedächtnis	4,68		
	Beurteilung	5,06		
	Kreativ	4,42	3,797	<0,05

Tabelle 5

Bevorzugte Aufgabenart und die für die Testvorbereitung aufgewendete Zeit (in Stunden)

Zugewiesene Einstellung	Rangplatz der zugewiesenen Einstellung			
	Erster	Zweiter	Dritter und Vierter	Gesamt
Antwort-Auswahl	9,6	7,3	12,0	9,7
Gedächtnis	10,8	7,8	11,7	10,6
Kreative Anwendung	8,3	6,9	10,7	9,2
Beurteilung	10,3	9,4	12,3	10,7
Gesamt	9,7	8,1	11,6	10,1

F-Wert (Rangplatz der zugewiesenen Einstellung) = 5,84
Signifikant am 1%-Niveau.

Tabelle 6

Instruktionsbestimmte Einstellung und die Leistung in vier Aufgabenarten

Zugewiesene Einstellung	Aufgabenart			
	Auswahl-antwort	Gedächtnis	Kreativ	Beurteilung
Antwort-Auswahl	14,75	6,66	15,41	13,84
Gedächtnis	13,47	9,21	17,03	13,60
Kreative Anwendung	13,37	7,68	21,33	13,18
Beurteilung	13,69	7,69	11,69	19,69
F-Wert	0,78	5,24	11,32	14,82
Signifikanzniveau	ns	<0,01	<0,01	<0,01

Tabelle 7

Gegebene Aufgabenart und die Leistung in einem Test mit drei Aufgabenarten

Gegebene Aufgabenart	Aufgabenart im Test		
	Auswahlantwort	Gedächtnis	Kreativ
Antwort-Auswahl	54	50	43
Gedächtnis-Reproduzieren	53	51	50
Kreative Anwendung	43	47	54
Kombinierte Reihe	53	51	50
F-Wert	2,2819	1,7249	5,3783
Signifikanzniveau	<0,05	<0,05	<0,01

Tabelle 8

Gegebene Aufgabenart und mittlere Vorbereitungszeit für jedes Kapitel (in Minuten)

Gegebene Aufgabenart	Mittlere Anzahl von Minuten
Antwort-Auswahl	281,85
Gedächtnis-Reproduzieren	249,07
Kreative Anwendungen	178,35
Kombination	241,63
F-Wert = 7,3435; p <0,05	

4.6 Carol Tittle:
Auswirkungen eines Scholastic-Aptitude Tests (Schuleignungstest) auf das Ausbildungssystem

Überblick

In diesem Bericht wird gezeigt werden, welche Auswirkungen die Einführung eines Scholastic Aptitude Tests (Schuleignungstests) auf ein Ausbildungssystem hat. Dazu geben wir einen Überblick über ein solches Projekt, das gegenwärtig in Großbritannien durchgeführt wird. Eine Zusammenfassung der wesentlichen Gesichtspunkte dieses Projektes ist diesem Bericht des Committee on Higher Education in Great Britain entnommen. Es folgt ein kurzer Überblick über die englische Literatur, die sich mit dem Problem der Auslese für die Universitätszulassung befaßt, und eine Zusammenfassung der gegenwärtigen Projektplanungen. Nach dieser Einführung wird das Projekt des Scholastic Aptitude Tests als ein Modell für Änderungsprozesse in der Erziehung betrachtet. Beurteilt man einen pädagogischen Test innerhalb eines solchen Modells, so ist es nützlich, zwischen dem <u>Ergebnis,</u> der greifbaren Entwicklung eines Scholastic Aptitude Tests - Testheft, Anweisung, Antwortbogen usw. - und den <u>Grundgedanken,</u> <u>Praktiken</u> und <u>Forschungsmethoden</u> zu unterscheiden, die mit dem Gebrauch dieses Tests bei der ursprünglichen Anwendung in den Vereinigten Staaten in Zusammenhang stehen. Diese Unterscheidung erweist sich als nützlich bei den Überlegungen, ob ein solches Projekt der Übernahme und Verbreitung eines Schuleignungstests in England (oder irgendeinem anderen Land) erfolgreich sein wird. Einige Überlegungen sind vor allem bei der Phase der Übernahme des Projektes dienlich. Sie beziehen sich auf die Möglichkeiten, die das Projekt bietet, einen pädagogischen Test als Werkzeug für eine Veränderung einzusetzen. Bei der Unterscheidung zwischen Ergebnis sowie den dazugehörigen Grundgedanken und Praktiken zeigen sich die Grenzen eines pädagogischen Tests. Wenn man diese Unterscheidung nicht trifft, kann die Nützlichkeit eines pädagogischen Tests, sobald er in einem anderen Zusammenhang angewendet wird, begrenzt sein.

Zur Geschichte des Scholastic Aptitude Testprojektes

Der Robbins Report

1963 wurde der Bericht einer Kommission für Hochschulbildung veröffentlicht. Der Bericht war das Ergebnis einer dreijährigen Untersuchung, die sich mit der gegenwärtigen Situation der Hochschulbildung in Großbritannien befaßte und Empfehlungen bezüglich der zukünftigen Entwicklung gab. Prof. Lord Robbins war der Leiter des Komitees, und der Bericht ist deshalb unter den Namen 'The Robbins Report' bekanntgeworden. Dieser Bericht enthält einen Überblick über die gesamte Hochschulbildung in Großbritannien. Besonders betont wird, daß die Hochschulbildung zu Recht eine Angelegenheit von öffentlichem Interesse sei, da sie zum großen Teil von öffentlichen Geldern finanziert wird. Ferner wird darin die Forderung erhoben, daß eine Hochschulbildung "allen offenstehen sollte, die auf Grund ihrer Fähigkeiten und Leistungen in der Lage sind, dem Unterricht zu folgen, und die den Wunsch danach haben" (Robbins, 1963). Die angeführten Zahlen zeigen, daß 1962 über 8 % der Altersgruppe mit einer Hochschulbildung (Vollzeitstudium) begannen. (Die 'Altersgruppe' enthält überwiegend 19jährige.) Der Bericht bringt einen Vergleich des Britischen Systems mit den Systemen der Hochschulbildung auf dem Kontinent, in der Sowjet-Union und in Amerika (Robbins, 1963, Kapitel V). Die Abweichungen vom britischen System betreffen folgende Punkte:

1. Wesentliche Unterschiede vor Beginn der eigentlichen Hochschulbildung. Der Grad der Spezialisierung in der 6. Klasse des britischen Systems bildet eine Ausnahme unter den Sekundarschulsystemen, die die Schüler auf die Hochschulbildung vorbereiten.

2. Eine strenge Auslese unter den Bewerbern für eine Hochschulbildung. Am ehesten vergleichbar ist die Situation der hochgradig selektiven Zulassung in der Sowjet-Union, den Gegensatz dazu bilden die westeuropäischen Einrichtungen: Abitur, Baccalaureat oder gleichwertige Prüfungen, die zu einer Hochschulbildung berechtigen. Die USA nehmen eine mittlere Position ein: Einige Institutionen treffen eine strenge Auslese, viele staatliche Universitäten jedoch sind gezwungen, die Absolventen der High School (Sekundarschule) aufzunehmen.

3. Ein größerer Prozentsatz von Studenten, die ein Teilzeitstudium durchführen. In Großbritannien sind es annähernd 40 % der Studenten, in den USA ungefähr 15 %. Nur die Sowjet-Union zeigt einen höheren Prozentsatz (über 50 %).

4. In Großbritannien ist der Prozentsatz der Studenten höher, die eine finanzielle Unterstützung erhalten, und im Zusammenhang damit auch der Prozentsatz der Studenten, die auf dem Universitätsgelände wohnen.

5. Die Mindestzeit für ein Studium ist in anderen Ländern länger: 4 Jahre in den USA, 5 Jahre in der Sowjet-Union, 4 oder 5 Jahre in den meisten westeuropäischen Ländern, im Gegensatz dazu dauert es in Großbritannien nur 3 Jahre.
6. Der Prozentsatz der Altersgruppe, die zu Institutionen der Hochschulbildung zugelassen werden, ist in Großbritannien niedriger. Ein günstigeres Bild erhält man, wenn man den Prozentsatz derjenigen betrachtet, die ihre Hochschulbildung vollenden.

Bei den Überlegungen zur Schaffung von Studienmöglichkeiten verwarf das Komitee die Vorstellung eines feststehenden Begabungspotentials. Es stützte seine Ausführungen auf die Annahme eines steigenden Bedarfs an Studienplätzen, der auf Faktoren zurückzuführen ist, wie wachsender Wohlstand der Nation, eine Anhebung des allgemeinen Ausbildungsniveaus der Bevölkerung, eine bessere Primar- und Sekundarschulausbildung usw. Die Tatsache, daß man die Vorstellung eines feststehenden Begabungspotentials aufgab, könnte zu einer größeren Flexibilität pädagogischen Problemen gegenüber führen und zu einer Anerkennung des möglichen Einflusses, den soziale Veränderungen und Ausbildung auf die Entwicklung der Fähigkeiten der einzelnen Schüler ausüben können (Robbins,1963; Vernon, 1953).

Das Komitee ging auch auf das Problem der Hochschulauslese ein. Auf Grund der Feststellung, daß eine Auslese weiterhin praktiziert werden müsse und man den Wettbewerb um Studienplätze an den angeseheneren Institutionen nicht ausschalten könne, richtete man besondere Aufmerksamkeit auf die Art und Weise der Auslese und das Bedürfnis nach besserer Verständigung zwischen den Institutionen der Hochschulbildung und den Sekundarschulen. Es wurde auf die Notwendigkeit hingewiesen, über die bestehenden Möglichkeiten der Hochschulbildung zu informieren (vor allem über Universitäten, Lehrerausbildungsseminare und Technische Hochschulen). Für das Problem der Auslese war es notwendig, sich mit den Methoden der Begabungsuntersuchung zu befassen. Das Komitee empfahl, die Zusammenarbeit zwischen Schule und Hochschule zu fördern, und zwar durch die Bildung eines Schools Council [1] im Ministerium für Erziehung und Wissenschaft, in dem Vertreter aus allen pädagogischen Bereichen, einschließlich der Universitäten, vertreten sein sollten. Das Council sollte sich sowohl mit Lehrplänen als auch mit Prüfungen befassen.

Das Projekt, einen Universitätseignungstest in England zu entwickeln, wurde als Folge des Robbins Report und der Bildung des Schools Council in Angriff genommen. [2]

---

[1] Siehe Taylor (1966) als Hinweis auf die Ziele des Schools Council.

[2] Der Test trägt die offizielle Bezeichnung 'Test of Academic Aptitude'.

Das Projekt wurde vom Ministerium für Erziehung und Wissenschaft und dem Schools Council finanziert. Die Finanzen unterstanden dem Komitee der Vizekanzler und Rektoren der Universitäten. Diese ernannten einen Hauptausschuß für die Ausführung des Projektes mit dem offiziellen Titel: "Investigation into Supplementary Predictive Information for University Admission". Ein Direktorium ist dem Komitee verantwortlich. Es wurde 1966 zur Ausführung des Projektes gegründet und ist für den technischen Aspekt zuständig. Das Direktorium setzte für die beiden Forschungsgebiete Testentwicklung sowie Zusammenstellung und Verarbeitung der Daten zwei verschiedene Arbeitsgruppen ein.

Daten, die zur Universitätsauslese herangezogen werden

Für die Auslese der Studenten werden unterschiedliche Daten herangezogen. Verschiedene Untersuchungen (Drever, 1963; Kelsall, 1963; Himmelweit, 1963; Vernon, 1963; Furneaux, 1961; Iliffe, 1966) geben folgende Quellen für die Daten an:
a) Schulnoten und besonders Beurteilungen der Schulleiter, da die meisten Schulnoten nicht systematisch zusammengestellt und/oder zusammengefaßt sind.
b) Ordinary Level General Certificate of Education. [3] Externe Prüfungen, die von acht G.C.E. Kommissionen durchgeführt werden. Es sind fast ausschließlich Prüfungsaufsätze, die viele Fächer erfassen und im allgemeinen mit 15-16 Jahren geschrieben werden. Die Prüfung wird durchgeführt, um Schülern, die abgehen, ein Zeugnis auszustellen, oder aber als Vorbereitung / Auslese für die 6. Klasse.
c) 'Advanced Level General Certificate of Education'. Externe Prüfungen, die von acht G.C.E. Kommissionen durchgeführt werden. Es sind fast ausschließlich Prüfungsaufsätze. Sie umfassen einen ziemlich engen Fachbereich, der sich hauptsächlich auf die spezialisierte Vorbereitung für eine weitere Ausbildung bezieht. Diese Prüfung wird im allgemeinen mit 18-19 Jahren abgelegt, entweder um in eine Universität einzutreten oder um das Zeugnis für die Bewerbung um einen Arbeitsplatz zu verwenden.
d) An der Universität durchgeführte Befragungen.

In einigen Untersuchungen (besonders Himmelweit, 1963 und Furneaux, 1961) wurden zusätzlich psychologische oder pädagogische Tests als Prädiktoren angewandt.

---

[3] Inzwischen erweitert: 'The Certificate of Secondary Education' ist eine Prüfung, die eine zweite Prüfung auf dem gleichen Niveau einschließt. Sie wird von 14 regionalen C.S.E. Prüfungskommissionen durchgeführt.

Die Untersuchungen sind im allgemeinen entmutigend hinsichtlich des Wertes der Berichte und Befragungen der Schulleiter, es sei denn, man gibt sich Mühe, eine Inhaltsanalyse der Empfehlungen der Schulleiter durchzuführen, wie in Himmelsweits Untersuchungen. Die Empfehlungen der Schulleiter zeigen in der Form, in der man sie gewöhnlich erhält, einen sehr geringen oder aber gar keinen Zusammenhang mit dem Universitätserfolg. Befragungen, die häufig angewandt werden, zeigen ebenfalls nur einen geringen Zusammenhang mit dem Universitätserfolg. Kelsall (1963) folgert: "Langjährige Forschung in vielen Ländern erbrachte, daß Befragungen, die von Personen durchgeführt werden, die auf diesem Gebiet keine spezielle Ausbildung besitzen, höchst ungeeignet sind, Charakter- oder Temperamentseigenschaften eines Menschen zu erfassen".

Die Untersuchungen über den Vorhersagewert der Ordinary Level G.C.E. und/oder Advanced Level G.C.E. Prüfungen ergeben ähnliche Ergebnisse. Einige Untersuchungen zeigen eine geringe positive Korrelation mit der Art der Abschlußprüfung. In einer Untersuchung (Barnett und Lewis, 1963) wurde die kanonische Korrelation zwischen Ergebnissen im G.C.E. 'O' und 'A' Level und den in der Universität erhaltenen Graden analysiert. Die kanonischen Korrelationen, die noch andere Variablen außer den mittleren G.C.E.Werten berücksichtigten (wie Alter, Anzahl der Studienfächer), reichten von 0,36 bis 0,54. Diese Daten sind zweifelsohne auf die Fehlervarianz sowohl in den Universitätsgraden als auch in den Prüfungsergebnissen der G.C.E.Prüfungen, zurückzuführen. Es wurde keine Kreuz-Validierungs-Stichprobe benutzt, wie es bei multiplen Korrelationen üblich ist. Da die Untersuchung nicht wiederholt wurde, kann man nicht feststellen, ob dieselben Variablen in einer zweiten Untersuchung ebenso hohe Korrelationen erbringen würden.

Da sich die meisten für die Universitätsauslese herangezogenen Informationen als unsicher erwiesen, schlug man im Robbins Report (1963) vor, zwei Datenquellen näher zu untersuchen:
a) Den Schulnoten sollte mehr Beachtung geschenkt werden und vor allem der Leistungsbeurteilung über mehrere Jahre, ferner auch "einem klaren Anzeichen für die Eignung der Kandidaten zur Arbeit an der Institution, an der sie sich bewerben".
b) Die Methoden der Fähigkeitsmessung sollten im Hinblick auf zwei neue Aspekte untersucht werden:
1. "Würde man auf Grund der Prüfungsergebnisse keine Vorhersage mehr abgeben (Advanced Level G.C.E.), so stünden die Kandidaten nicht mehr so stark unter Druck, dafür pauken zu müssen."
2. "Die Auslese wäre erfolgreicher, wenn sie sich auf mehr als eine Testart stützen würde."

"Wir empfahlen Experiment und Forschung anstelle einer unüberlegten Abschaffung des gegenwärtigen Auslesesystems."

Gegenwärtige Pläne für ein SAT Projekt

In Anlehnung an die Empfehlungen des Robbins Report wurde die bereits beschriebene Organisation ins Leben gerufen, um die beiden Datenquellen zu untersuchen: Schulnoten und Universitätseignungstests. Der Bericht des Komitees sah vor, "daß die Untersuchung folgende Punkte enthalten sollte:
Eine Zusammenstellung der Information über gebräuchliche Methoden, die eine Vorhersage gestatten. Die Entwicklung von Tests, die im Zusammenhang mit Universitätsproblemen in England benutzt werden könnten, und ihre Erprobung an Stichproben von Universitätsbewerbern. Die allmähliche Ausdehnung der Testanwendung auf größere Gruppen und eine kontinuierliche Überprüfung der Ergebnisse.
Damit die Untersuchung möglichst effektiv ist, beschloß man, auch die anderen Verfahren des Ausleseprozesses zu erforschen: 'A' Level Prüfungen, Schulbeurteilungen und Universitätsbefragungen.[4]

Das Projekt wird in mehreren Phasen durchgeführt werden. Um mit der Erprobung eines Universitätseignungstests so schnell wie möglich zu beginnen, bot Professor Oliver von der Universität Manchester dem Komitee den Gebrauch eines Universitätseignungstests an, den er entwickelt hatte. Dieser Test ist in Anlehnung an den Scholastic Aptitude Test (SAT) des College Entrance Examination Board entstanden, und sieht getrennte Testwerte für verbale und mathematische Fähigkeiten vor. Professor Oliver hat seinen Test zur Untersuchung bestimmter Fähigkeiten für Schüler der 6. Klasse entwickelt. Sein Test wird im Oktober 1967 an einer Stichprobe von Studenten durchgeführt werden, die sich der Advanced Level G.C.E. Prüfung des Entrance and School Examinations Council der Universität von London und dem Joint Matriculation G.C.E. Board unterziehen, und zusätzlich an einer kleineren Stichprobe von vier verschiedenen anderen G.C.E. Boards. Zur selben Zeit wird eine Serie von neuen Aufgaben erprobt werden, aus denen eine zweite Form eines Universitätseignungstests entwickelt werden soll. Ähnlich dem SAT von Professor Oliver und dem des CEEB wird er zwei Testwerte ergeben, einen für verbale und einen für mathematische Fähigkeit.

---

[4] Brief vom 31.6.66 from the Vice Chancellors Committee to Permanent Secretary of the Department of Education and Science.

Die Schüler, die im Oktober 1967 getestet werden, werden nach ihrem Schulabgang im Juli 1968 weiter beobachtet werden. Für diejenigen, die in eine Universität eintreten, ist eine Längsschnittuntersuchung über eine ganze Studienzeit geplant; Zwischenergebnisse sollen im Herbst 1969 vorliegen. Die SAT-Testwerte werden den Universitäten nicht zugänglich sein, solange die Längsschnittuntersuchung nicht abgeschlossen ist. Von dieser Gruppe werden außerdem die Noten aus Ordinary und Advanced Level G.C.E.-Prüfungen und biographische Daten zur Verfügung stehen.

In einer anderen Phase des Projektes werden einige Universitäten den Test von Professor Oliver auf freiwilliger Basis durchführen, und zwar an allen Studenten, die im Oktober 1967 in bestimmte Fakultäten eintreten. Die Beobachtung dieser Studenten wird eine Beurteilung der Vorhersagevalidität eines Universitätseignungstests für Herbst 1968 gestatten. Auch hier werden die Ergebnisse aus den 'O' und 'A' Level G.C.E.-Prüfungen und biographische Daten für die Analyse zur Verfügung stehen. Die SAT-Daten werden den Universitäten solange nicht bekanntgegeben werden, bis sie mit den Ergebnissen des ersten Universitätsjahres verglichen werden können. Die individuellen Daten werden wahrscheinlich erst nach Abschluß des Studiums zur Einsicht offenstehen.

Im Oktober 1968 wird ein SAT an einer anderen Gruppe durchgeführt, auch hier ist eine Längsschnittuntersuchung geplant. Diese Gruppe stellt eine Stichprobe aus allen 6. Klassen dar, die das Advanced Level G.C.E.-Examen ablegen wollen, und dient der Errechnung von Vergleichsnormen. Wahrscheinlich werden auch hier wieder einzelne Institutionen aufgefordert, einen SAT an ihren Studienanfängern durchzuführen, um umfassende Erfahrung mit dem SAT zu ermöglichen. Diese Untersuchung soll die Berichte von Schulleitern und die Ergebnisse der Befragungen mit berücksichtigen, um eine vergleichbare Beurteilung des SAT mit den Daten, die gegenwärtig zur Auslese benutzt werden, zu ermöglichen.

Es sollte erwähnt werden, daß die Untersuchung, in der die Schulnoten in eine für die Leistungsbewertung gültige und zuverlässige Form gebracht werden sollen, um 1-2 Jahre verschoben wurde. Es ist auch sehr unwahrscheinlich, daß bereits im ersten Jahr der Testanwendung in den einzelnen Institutionen Daten zur Verfügung stehen, die einen Vergleich mit Befragungen und/oder Schulberichten in ihrer gegenwärtigen Form gestatten.

Auswirkungen des SAT auf das Ausbildungssystem

Nach diesem kurzen Überblick über das Projekt eines SAT möchte ich mich den möglichen Auswirkungen zuwenden, die dieser Test

als Teil des Veränderungsprozesses im Ausbildungssystem haben kann. Das Problem kann in folgendem Zusammenhang gesehen werden:
1. Die gegenwärtig zur Auslese herangezogenen Daten erweisen sich oft als unzuverlässig, wenn man sie genau untersucht.
2. Das wesentliche Problem in der Hochschulbildung liegt darin, die Forderung nach Ausbildung, die die Kandidaten mit geeigneten Fähigkeiten und Fertigkeiten stellen, zu erfüllen.
3. Die Punkte '1' und '2' rücken das Kriterium-Problem in den Vordergrund.

Punkt 3 bezieht sich auf das Universitätsexamen,"bestanden / durchgefallen"im ersten Jahr, oder andere Variablen, auf die die Vorhersage-Daten gerichtet sind. Es bedeutet, daß eine Universität in der Lage sein muß, zu beurteilen, wie gut sie ihrer Bildungsaufgabe gerecht wird. [5] Ferner muß sie beschreiben können, welche Fähigkeiten und Fertigkeiten notwendig sind, um die Ziele, die die jeweilige Institution sich selbst gesetzt hat, zu erreichen. Mit derartigen Analysen ist in den USA in einigen Fällen begonnen worden. [6] Um eine Auslese und eine Vorhersage zu ermöglichen, muß das Kriterium definiert sein. Ein SAT könnte zur Folge haben, daß rechtzeitiger Überlegungen im Hinblick auf das Kriterium (bestimmt durch die pädagogischen Ziele der Institution) angestellt wurden, als dies sonst der Fall wäre. Üblicherweise kommt der Anstoß zu einer Veränderung aus den Neuerungen, die in den Primar- und Sekundarschulen Englands durchgeführt werden. Als ein Zeichen der Zeit mag diesbezüglich die Forderung eines Redners auf einer Versammlung der Britischen Studentengewerkschaft (British National Union of Students Conference) anzusehen sein, der eine eingehende Untersuchung über die Beurteilung von Individuen forderte. Zu dem Problem, daß Studenten häufig in Prüfungen versagen, sagte ein Sprecher: 'Wie viele andere Gewerkschaften würden es zulassen, daß ihre Arbeiter hinausgeworfen werden auf Grund der Beurteilung einer Arbeit, die am Ende eines Jahres an einer Werkbank in drei Stunden verrichtet wird [7]?' "Gebrauchsfertige" Kriterien in der Form von Noten am Ende eines Kurses, wie sie in den amerikanischen Schulen und Universitäten üblich sind, werden im allgemeinen in englischen Institutionen nicht benutzt.

---

5) Es sollte darauf hingewiesen werden, daß die Society for Research into Higher Education mit der Arbeit über das Problem der Prüfungen in der Hochschulbildung begonnen hat (siehe Cox, 1965 und Universities Quarterly, 21, No. 3, Juni 1967: Examining in Universities).
6) The American College (1962) verweist auf eine Arbeit der Society for Psychological Study of Social Issues. Von besonderem Interesse sind das Einführungskapitel von Sanford (1962) und die Bemerkungen von Fishman (1962) über einen theoretischen Entwurf für Auslese-Studien.
7) aus 'Scrap 'Sudden death' Exams Say Students', London Daily Mirror, April 1, 1967, S. 10.

Ein Modell der Veränderungsprozesse

Das vor kurzem von Clark und Guba (1965) entwickelte Klassifikationsschema stellt ein gutes Modell dar, um die Prozesse abzuwägen, die eine Änderung herbeiführen. Ihr Schema enthält vier wesentliche Prozesse, die sich auf pädagogische Veränderungen beziehen und dafür notwendig sind: Forschung, Entwicklung, Verbreitung, Annahme.

Um das Projekt eines SAT mit diesen Änderungsprozessen in Beziehung zu setzen, ist es sinnvoll, das Projekt in zwei Aspekte zu untergliedern:
a) Die Entwicklung eines Projektes - eines standardisierten Gruppentests mit dem dazugehörigen Übungsteil, Testbeiheft, den Antwortbogen usw. - und
b) die Grundgedanken oder Praktiken, die zum Gebrauch des SAT in seiner ursprünglichen Form in den USA gehören.

Es ist wichtig, zwischen dem Ergebnis und der dazugehörigen Philosophie, den Grundgedanken und Forschungspraktiken oder dem Kontext, in dem der pädagogische Test wirksam wird, zu unterscheiden. Es besteht immer die Gefahr, daß eine Sache, die in einem System entwickelt und erfolgreich angewandt wurde, bei der Übertragung in ein anderes System nicht in der gleichen Weise wirksam wird. Es ist nicht anzunehmen, daß die Entwicklung eines pädagogischen Tests mit den dazugehörigen Anweisungen usw. in dem neuen System zu den gleichen Praktiken führt wie in dem System, aus dem der Test übernommen wurde. Wenn man die Unterscheidung im Auge behält, daß der SAT in seiner ursprünglichen Form sowohl ein pädagogisches Produkt als auch eine Reihe von Grundgedanken und Praktiken umfaßt, kann das SAT-Projekt in England in das Schema der Prozesse, die eine Änderung herbeiführen, eingeordnet werden.

1. Forschung

Die Forschungsphase ist, in ihrem eigentlichen Sinne, für den Test und für viele der Ideen, die im Zusammenhang mit einem SAT aufgestellt werden können, Vergangenheit. Wenn man die Erfahrungen in den USA über längere Zeit verfolgt (z. B. Lavin, 1965 und Fishman, 1962), ist es möglich, diese Erfahrungen zu beurteilen, und man kann folgern, daß die Forschung den Wert eines SAT oder eines ähnlichen Prädiktors in bestimmten Institutionen bewiesen hat. Was ist mit den dazugehörigen Konzepten der Studienberatung, Auslese und Kurszuweisung, was mit dem allgemeineren Konzept der Beurteilung? Auf diesem Gebiet sind viele Untersuchungen durchgeführt worden. Die Konzepte der Studienberatung, Auslese und

Kurszuweisung scheinen jedoch auch dann als angemessen akzeptiert zu werden, wenn sie nicht unbedingt auf Forschungsergebnissen beruhen. Der allgemeine Grundgedanke der Beurteilung scheint in den USA eine allgemeine Anerkennung zu finden.

Für das englische Projekt wird die Billigung der Erforschung des Produktes (des Tests) durch den Beginn des SAT-Projektes demonstriert. Es liegt jedoch nahe, daß der Test nur als technisches Mittel gebilligt wird und der theoretische Hintergrund oder die Forschungspraktiken selbst, die den Test in seiner ursprünglichen Form begleiten, ungenügend beachtet werden.

2. Entwicklung

Der Entwicklungsprozeß umfaßt zwei Stadien: Erfindung und Gestaltung. Das SAT-Projekt in seiner jetzigen Form befindet sich in der Phase des Veränderungsprozesses. Der SAT ist nach dem amerikanischen Modell aufgebaut, stellt jedoch in der englischen Form eine neue Lösung des Problems dar: Die Bereitstellung zusätzlicher Information, die den Universitätserfolg vorhersagen soll. Die Gestaltung des Tests folgt ziemlich eng dem amerikanischen SAT, es werden zwei Testwerte ermittelt für verbale und mathematische Fähigkeit.

Das Projekt wird entsprechend der Planung schon in der Entwicklungsphase mehrere der Kriterien erfüllen, die für eine Beurteilung der Angemessenheit des Tests erforderlich sind. Nach Clark und Guba wird diese Phase der Erprobung und Beurteilung üblicherweise als "field-testing" bezeichnet. Dabei wird vor allem die Durchführbarkeit des Testentwurfs festgestellt. Der Test wird in Schulen durchgeführt, es werden die Methoden überprüft, wie man Aufgaben für eine neue Form testen kann, ferner wird festgestellt, ob der Test den aufgestellten Zielen entspricht. In den ersten drei Jahren des Projektes wird man also lernen, wie man die rein mechanische Arbeit des Testprogramms ausführen kann. Das Problem, wie stark die Anwendung des Testprogramms zu verallgemeinern ist, wird in einigen wenigen Fällen über mehrere Jahre hin untersucht werden.

Diese Phase der Testerprobung wird für die englische Form die nächsten drei Jahre in Anspruch nehmen. Der Plan enthält im Augenblick noch keine Angaben über die Phasen der Verbreitung und Annahme. Das Projekt selbst scheint die Form einer 'klassischen' pädagogischen Forschungsstudie angenommen zu haben, und die Pläne sind die gleichen wie bei einer typischen Vorhersage-Studie.

Der Robbins Report empfahl die Erprobung eines SAT. Man beabsichtigte nicht "einen frontalen Angriff auf die Probleme der

Auslese", indem man die Institutionen direkt aufforderte, ihre
Ausleseverfahren zu beurteilen oder den Einfluß der Hochschulbildung selbst zu überprüfen. Es wird sich als schwierig erweisen,
die Stadien der Verbreitung und Annahme im Änderungsprozeß zu
unterstützen, ohne anzuerkennen, daß die Entwicklung und Erprobung eines pädagogischen Tests nicht notwendigerweise zu einer
weitverbreiteten Annahme der Grundgedanken und Praktiken führen,
die diesem Test in seiner Originalfassung zugeordnet sind. Die
gegenwärtige Praxis der Auslese, die dem Robbins Report zufolge
keinem frontalen Angriff ausgesetzt werden sollte, wird nicht einfach dadurch anerkannt oder abgeändert, daß man einen SAT zur
Verfügung stellt. Den Hauptanwendungsbereich des SAT in den USA
bilden die Untersuchungen des Ausleseprozesses und die Beratung
der einzelnen Schüler innerhalb der Sekundarschulen. Der SAT
stand viele Jahre als Modell zur Verfügung, trotzdem untersuchten
nur wenige englische Universitäten den Wert psychologischer Tests
für ihre Auslese. Selbst dort, wo die Ausleseverfahren untersucht
wurden (wie an der London School of Economics, Himmelweit, 1963),
wurden keine Konsequenzen gezogen und psychologische Tests an
ihrer Stelle verwandt, wie es die Ergebnisse der Untersuchung nahelegten. In bestimmten Colleges und Fakultäten jedoch werden psychologische Tests durchgeführt, wenn auch in geringem Ausmaß.

Die Grenzen des gegenwärtigen Testprojektes liegen in der
mangelnden Übersicht über das Gesamtsystem, innerhalb dessen
der Test in seiner ursprünglichen Form angewandt wurde - eine
Form, in der die Erprobung und Annahme von einzelnen Instituten
mit Hilfe von Verfahren und Praktiken vorgenommen wird, die in
den letzten 20 Jahren entwickelt wurden und in denen die Beurteilungen der Sekundarschulen systematisch gesammelt werden, um
den Gebrauch der Testergebnisse zu überprüfen.

3. Verbreitung und Annahme

Die Probleme der Verbreitung und Annahme des Tests sowie der
begleitenden Grundgedanken und Praktiken können zusammen betrachtet werden. Hier kann eine zweite Dimension zu dem Schema
von Clark und Guba für Prozesse, die für eine Änderung notwendig
sind, hinzugefügt werden: Die Teile des pädagogischen Systems,
die von der Änderung - der Einführung eines SAT - beeinflußt werden. Es werden bestimmte Schritte vorgeschlagen, die unternommen werden könnten, um den Änderungsprozeß auf jeder Stufe zu
unterstützen:

a) Die Schüler der Sekundarschule

Der Schüler erhält einen Übungsbogen, nimmt an einem Test teil und erhält dann entsprechend der Praxis in den USA seine Testergebnisse zurück. Die Ergebnisse werden dem Schüler zusammen mit einem Heft überreicht, das ihm in sehr allgemeiner Form eine Anweisung für die Interpretation der Testwerte geben soll. Er wird ferner aufgefordert, mit seinem Lehrer oder Studienberater über seine schulischen und beruflichen Pläne zu sprechen. Unter den günstigsten Umständen wird das Beratungspersonal von den Möglichkeiten der Hochschulbildung in vielen Gebieten unterrichtet sein. Den Studienberatern stehen auch die Zeugnisse aus allen Klassen der High-School zur Verfügung, ferner die Ergebnisse aus anderen speziellen Tests oder Interessen-Fragebogen, Beurteilungen von den einzelnen Lehrern usw. Das College Board gibt ein Handbuch heraus mit der Verteilung der Testwerte und den High-School-Rangplätzen für die "freshmen", die in die Institutionen eintreten, die dem Verband angehören. (Im American College Testing Programme wird eine Vorhersage der Noten für das erste Collegejahr berechnet, wenn für die Colleges, die die Studenten ausgewählt haben, Kriterium-Daten vorliegen.) Theoretisch stehen dem Berater und dem Studenten soviel Informationen zur Verfügung, wie für den Entscheidungsprozeß von Bedeutung sind. Es ist jedoch der <u>Entscheidungsprozeß des Studenten</u> und <u>nicht</u> der des Beraters.

Was wird in diesem Stadium im englischen Projekt geschehen? Wenige Schulen werden Personal haben, das eine Beraterfunktion ausüben kann. Der Robbins Report empfahl systematisch Informationen über die Möglichkeiten der Hochschulbildung zu verbreiten, was gegenwärtig noch unterbleibt. Es ist unwahrscheinlich, daß die SAT-Praktiken der Sekundarschulen in den USA sofort für die englische Form übernommen werden können. Aber es können Pläne entworfen werden, um diese Praktiken zu fördern. Ein Schritt, der als Möglichkeit in Betracht gezogen werden könnte, den Mangel an Beratungspersonal zu beheben, besteht in dem sorgfältigen Aufbau von Material zur Selbst-Unterweisung im Zusammenhang mit schulischer und beruflicher Beratung. Die Wirkungen, die die Kenntnis der Testergebnisse auf das Individuum haben, sind kaum systematisch erforscht. Ein SAT-Projekt hat die Aufgabe, die Annahme oder Ablehnung amerikanischer Praktiken bewußt zu planen, bei denen den Studenten Testergebnisse zur Verfügung gestellt werden und der Entscheidungsprozeß weitgehend in ihrer Hand liegt.

Im Hinblick auf die sich anbahnenden Veränderungen in der Ausbildung, vor allem in bezug auf die Entscheidung der Regierung, eine Ausbildung im Rahmen der "comprehensive school" anzustreben, scheint es von großer Bedeutung zu sein, eine bewußte Übernahme der Beratungspraktiken zu planen. Darüber hinaus sollten

Materialien für den Selbstunterricht entwickelt werden, um damit eine möglichst große Anzahl von Studenten zu erreichen. Es ist unwahrscheinlich, daß die Methode der 'Auslese durch Orientierung' oder Beratung - wie sie von Bowles [8] beschrieben wird - in England durchgeführt werden kann. Einige Schritte in dieser Richtung könnten jedoch die Nützlichkeit eines SAT erhöhen und die Bedeutung der Prüfungen bei der Entscheidung über die Zulassung zur Hochschulausbildung reduzieren.

b) Die Lehrer der Sekundarschule und/oder Beratungslehrer

Einige Lehrmittel, die in einem einfachen selbst-unterweisenden Stil entwickelt wurden, können für Schüler nützlich sein. Die Ergebnisse eines SAT werden jedoch in ihrer Beratungsfunktion ohne Unterstützung des Lehrers begrenzt sein. In einigen englischen Schulen gibt es Lehrer, die als 'Beratungslehrer' fungieren. Ihre Funktion ist noch nicht auf die Mehrzahl der Schulen ausgedehnt und außerdem beschränkt auf berufliche Information der Schulabgänger im Alter von 15 Jahren.

Da es Grenzen gibt in bezug auf das Material, das von den Studenten in Form eines Selbstunterrichts durchgearbeitet werden kann, ist es wichtig, die Lehrer mit einem SAT vertraut zu machen und sie zu informieren, wie man die Testwerte interpretiert (oder noch wichtiger, wie man sie nicht überinterpretiert). Es gibt hier viele Möglichkeiten. Kenntnis kann vermittelt werden durch bestehende Berufsorganisationen, wie die der Schulpsychologen. Es gibt jedoch wenige Schulpsychologen, und die meisten sind für eine so große Anzahl von Schülern zuständig, daß sie als Hilfe für diese Beraterfunktion nicht in Betracht kommen. Eine andere Alternative würde darin bestehen, in Zusammenarbeit mit Vertretern der Lehrer-Berufsverbände ein Spezialprogramm zu entwickeln. Das Programm sollte durch Arbeitstagungen oder lokale Zusammenkünfte so entwickelt werden, daß zwei oder drei Lehrer an einer Schule ausgebildet werden, die über einen SAT informiert sind und beraten

---

[8] Bowles (1963) führt drei Bedingungen für Auslese durch Orientierung auf: Ein vielseitiges Programm der Hochschulbildung, um eine Vielzahl an Auswahlmöglichkeiten zu bieten; ausgebildete Berater im Ausbildungssystem; ein Student, der in der Lage ist, in Übereinstimmung mit den Fakten, die ihm geboten werden, Entscheidungen zu treffen. Er empfiehlt eine Kontrolle der Zulassung durch Beratung. Beratung, die auf der Leistung der Studenten, den Fähigkeitsbeurteilungen und Neigungen der Studenten beruht. Dies ist in gewisser Hinsicht mehr den Empfehlungen für bestimmte Fachzuweisungen vergleichbar als den Auslese-Modellen bei der Zulassung - siehe Cronbach 1965, Finney, 1965.

können, beraten aber nur im Hinblick auf die weitere Berufsausbildung und die Möglichkeiten einer weiterführenden Bildung.

Es wäre von geringem Wert, den Studenten Testwerte zu übermitteln, selbst mit begleitendem Beratungsmaterial, wenn nicht gleichzeitig auch Vorsorge getroffen wird, die beratenden Lehrer grundlegend zu schulen. Mit der Entwicklung dieses Aspektes der SAT-Anwendungsmöglichkeiten könnte eine andere Arbeitsgruppe innerhalb des Projektes beauftragt werden.

Diese Arbeitsgruppe würde untersuchen, ob es zweckmäßig ist, den Studenten und Schulen Testwerte zu berichten, in welcher Weise dies geschehen könnte, mit welchem begleitenden Material usw. Sie könnte die Ausbildung der Lehrer auf dem Gebiet der Beratung planen und könnte auch die Praktiken der Sekundarschule und der Hochschulbildung, die für den Universitätseintritt von Bedeutung sind, zueinander in Beziehung setzen.

c) Zulassungspersonal der Universitäten

Wenn das SAT-Programm durchführbar ist, könnten die Testwerte dem Personal der University Entrance Requirements Departments auf dem Bewerbungsformular des Studenten bequem zugänglich sein. Es gibt eine bereits bestehende Organisation - The University Central Council for Admissions (U.C.C.A.) -, die für die zentrale Sammlung der Bewerbungsformulare sorgt und die Formulare an die von den Studenten gewählten Universitäten (bis zu sechs verschiedene) verteilt.

Die gegenwärtigen Universitäts-Zulassungsbedingungen bestehen im wesentlichen darin, den Bewerbern eine minimale Hürde zu setzen. Zum Beispiel verlangt die London University drei auf dem 'O' Level bestandene Prüfungen und zwei auf dem 'A' Level bestandene. Diese fünf Prüfungen müssen in fünf verschiedenen (bedeutsamen) Fächern abgelegt werden. Über dieses Minimum hinaus stellen die einzelnen Universitätsfakultäten ihre eigenen Anforderungen, und diese variieren für jeden Grad, den man an der Universität erlangen kann.

Die Ergebnisse der Ordinary Level G.C.E-Prüfungen sind verfügbar, wenn sich die Studenten an der Universität bewerben. Bei den meisten Bewerbern ist die 'A' Level G.C.E-Prüfung jedoch nicht vor Juni des Jahres, in dem sie in die Universität eintreten, abgeschlossen. Die Noten der 'A' Level G.C.E-Prüfungen stehen den Studenten oder Universitäten manchmal bis zum August nicht zur Verfügung.

Ein Bewerber bewirbt sich durch das U.C.C.A. an mehreren Colleges. Mit einer guten Empfehlung seines Schulleiters und guten 'O' Level-Ergebnissen wird ihm eine 'bedingte' Zulassung an der

Universität gewährt. Die endgültige Zulassung ist von der Erlangung bestimmter Noten in einer festgelegten Anzahl und/oder Art von Fächern in der 'A' Level G. C. E-Prüfung abhängig. Vor August liegen weder dem Kandidaten noch der Universität die Ergebnisse vor. Wurde ein Kandidat unter der Bedingung angenommen, auf dem 'A' Level zwei 'B' Noten zu erreichen, er erhält aber eine 'A' und eine 'C' Note, so entstehen gewisse Schwierigkeiten. Die Entscheidung über seine endgültige Zulassung wird solange hinausgezögert, bis die Universität weiß, wieviele Bewerber dieser Anforderung, zwei 'B' zu erreichen, genügten. Wenn noch Plätze übrig bleiben, werden diejenigen berücksichtigt, die die erforderlichen Noten in der 'A' Level-Prüfung nicht erlangten.

Die Reliabilität der G. C. E-Prüfungen ist nicht bekannt. Aber die Meßfehler in jeder Prüfung sind groß genug, daß ein Student, der ein 'A' und ein 'C' erhielt, ebenso auch zwei 'B' erhalten haben könnte, je nachdem, wie nahe seine Noten am kritischen Punktwert für die beiden Notenkategorien lagen (siehe Valentine, 1967). Der Zeitdruck, die unbekannte Größe des Standardmeßfehlers und der Wunsch nach einem zusätzlichen Maß zur Erfassung der Fähigkeiten der Studenten könnten zu einem unangemessenen Gebrauch eines SAT führen. Es besteht die Gefahr, daß SAT-Ergebnisse benutzt werden könnten, um vorläufige kritische Punktwerte festzulegen. Diese Vorgehensweise könnte unter zwei Gesichtspunkten nachteilig sein:

1) Es würde bedeuten, daß die SAT-Ergebnisse nicht mit systematischen Schulberichten oder Ergebnissen im 'A' Level G. C. E abgesichert würden (wenn eine Ablehnung auf Grund der Durchführung im Oktober/November, 9 Monate vor Universitätseintritt, erfolgt). Ein SAT ist, wie die anderen Daten, nur ein Hilfsmittel zur Auslese für die Universitätszulassung. Wie Thresher (1966) herausgestellt hat, wissen wir nicht viel darüber, welche Eigenschaften für den Universitätserfolg von Bedeutung sind. Ein rein vorhersagender Ansatz würde die "besten" Studenten nach dem Maßstab der verfügbaren Meßverfahren auslesen. Er würde nicht versuchen zu bestimmen, was am "besten" für die Institution oder für die Gesellschaft bedeutet. Universitäten wie die Harvard Universität könnten leicht nur die Studenten auslesen, die nach der Testwertverteilung zu den besten 1 % gehören. Es wurden jedoch umsichtige, gewissensafte Entscheidungen getroffen, damit sich in den Anfängerkursen Studenten mit unterschiedlichen Fähigkeiten befinden. Der SAT allein entscheidet nicht über die Zulassung zur Harvard Universität, und Kandidaten mit einem relativ niedrigen SAT-Ergebnis (für Harvard) werden berücksichtigt, wenn sie andere vielversprechende Fähigkeiten haben.

2) Der Gebrauch von allgemeinen Fähigkeitstests, die nur einen oder zwei Testwerte bieten, ist begrenzt. Cronbach (1965) stellt

das Problem anhand eines theoretischen Entscheidungs-Modells dar: Es geht nicht nur um den Erfolg der Universitätsbewerber, sondern um den Versuch, die sozialen Vergünstigungen maximal zu verteilen. Die Entscheidung geht dahin, jeder Person eine weiterführende Ausbildung zu ermöglichen. Es ist mehr ein Problem der Beratung als der Auslese. In bezug auf die Testanwendung bedeutet es die Untersuchung der Fragen: Was sagt verschiedenen Erfolg unter verschiedenen pädagogischen Methoden voraus, oder welchen Einfluß haben verschiedene Schultypen auf die Fähigkeiten der einzelnen Schüler?

Die Ausbildung, die der Hochschulbildung vorausgeht, ist in England spezialisierter als die Ausbildung auf diesem Niveau in den USA, für die der SAT entwickelt wurde. Sie ist auch spezialisierter nach dem Hochschuleintritt. Kann ein SAT bei der Fach- oder Kurszuweisung nützlich sein?

Diese Bemerkungen haben in erster Linie warnenden Charakter. Sie sollen darauf hinweisen, daß man sich vergewissern muß, daß das Universitätspersonal nicht willkürlich und starr kritische Testwerte im SAT festgelegt.

Bei der Beratungsfunktion der Sekundarschule liegt ein Problem in der wirkungsvollen Ausbildung oder in der Entwicklung einer 'Professionalisierung der Zulassungspraktiken'. Das Problem schließt ein: Ausbildung in den Techniken der Auslese und Untersuchungen über die Kurszuweisung, ferner Versuche, zu den Auslese-Problemen einen stärker theoretischen Ansatz zu finden, wodurch eine bessere Beurteilung der Kriterien für Vorhersage-Studien möglich würde. Fishman (1962) verweist auf die Wichtigkeit, über das Konzept der Personalauslese hinauszugehen, das ein unveränderliches Individuum und, für eine gültige Vorhersage, eine unveränderliche Umwelt und einen geringfügigen Einfluß des Ausbildungssystems annimmt. Er schlägt vor, sich auf die Untersuchungen zu konzentrieren, denen die Annahme zugrunde liegt, daß das Individuum auf Grund des pädagogischen Einflusses bewußt geformt wird. Wenn man Fishmans Modell einer Änderung des Individuums sowie die verschiedenen Umweltbedingungen der einzelnen Institutionen akzeptiert, gewinnt die Entwicklung geeigneter Kriterien und die Rolle der Beratung innerhalb der Universität an Bedeutung. Die Professionalisierung dieser Funktionen der Universitätsauslese, Kurszuweisung und Beratung kann durch die Entwicklung eines SAT gefördert werden.

Es müßte möglich sein, Vertreter der Universitäts-Zulassungsstellen (ausgewählt aus verschiedenen Typen von Institutionen) zusammenzubringen, um eine Diskussion über den SAT und seinen möglichen Nutzen für die Universitätszulassungs-Verfahren einzuleiten. Diese Diskussionen würden mehrere Ziele haben: 1. Die Kenntnisse über einen SAT zu verbessern und über die Ergebnisse der einzelnen Stadien des Projekts zu informieren; 2. Methoden zu entwickeln, die dazu benutzt werden könnten, die erhaltenen Ergebnisse zu verbreiten. Können spezielle Publikationen zusammengestellt werden, die dem Personal an anderen Universitäten bei der Beurteilung eines SAT behilflich sind? Oder wäre es besser, die Ergebnisse in Fachzeitschriften zu veröffentlichen? Würde eine Serie regionaler Zusammenkünfte das Zulassungspersonal dazu anregen, Überlegungen anzustellen, wie ein SAT in ihren Institutionen angewandt werden könnte? Ist eine Kombination dieser und anderer Methoden notwendig?

d) Zulassungspersonal der Fakultäten

Die eigentliche Zulassung zu einer Universität wird oft von den Fakultäten (die die Grade verleihen) vergeben. Das bedeutet, daß im Gegensatz zu der ursprünglichen Form des SAT (in der die Zulassung auf Grund einer allgemeinen Universitätsreife vergeben wird) die Ausbreitung und Annahme der Grundgedanken und Praktiken, die einen SAT begleiten, von Fakultät zu Fakultät verschieden sein können. Daraus ergibt sich wieder das Problem der Information über die SAT-Ergebnisse und die Notwendigkeit, diese Ergebnisse genau zu untersuchen.

Welche Schritte könnten unternommen werden, um die Verbreitung und Annahme der SAT-Ergebnisse an der Universität zu fördern? Geht man über die Pläne, die eine Informationsweitergabe an Universitätszulassungs-Personal vorsehen, hinaus, so könnten die Informationen dem Zulassungspersonal aller Fakultäten innerhalb der gleichen Institution zugänglich gemacht werden oder aber für die gleichen Fakultäten in verschiedenen Institutionen verbreitet werden (z. B. für die Zulassungsstellen vieler mathematischer Fakultäten). Das Personal der Fakultäten, das für die Auslese der Studenten zuständig ist, müßte zumindest Kenntnisse über die Eigenschaften der SAT-Testwerte besitzen und darüber, wie sie interpretiert werden.

Es kann sein, daß sich ein ähnliches Problem wie bei der 11+ Prüfung ergibt: ein schematischer Gebrauch der Testergebnisse auf Grund der Festsetzung von kritischen Werten oder eine Auslese, die sich darauf beschränkt, die Kandidaten mit den höchsten Testwerten aus den Bewerbern irgendeiner Fakultät herauszusuchen. Vernon verwarf das Konzept eines feststehenden Begabungspotentials zu Recht. Ein SAT ist nur ein begrenztes Verfahren zur Messung der allgemeinen Fähigkeit und liefert Meßergebnisse, die fehlerhaft sind. Die Methoden, die dazu benutzt werden, die Testergebnisse zu verbreiten und die Leute von der Nützlichkeit der SAT-Testwerte zu überzeugen, müssen diese Testwerte - vom Standpunkt der Messung und Validierung - in einen sinnvollen Zusammenhang bringen.

Zusammenfassung

Der Entschluß, einen SAT zu entwickeln, bringt viele Probleme mit sich, solange das Projekt nicht Pläne enthält, einige Grundgedanken und Praktiken, die den SAT in seiner ursprünglichen Form begleiten, einzuführen. Wenn diese Grundgedanken und Praktiken nicht übernommen werden, müssen sinnvolle Alternativen im Hinblick auf die neue Fassung eines SAT gefunden werden. Auf institutioneller und personeller Ebene sind die meisten der Konzepte über Auslese, Beratung und Kurszuweisung, die auf Ergebnissen angewandter Forschung beruhen, dem englischen Ausbildungswesen fremd. Es wird lange dauern, sie zu assimilieren, wenn nicht systematisch der Versuch unternommen wird, diese durch Arbeitstagungen, spezielle Kurse und die Lehrerausbildung in das englische Ausbildungssystem zu integrieren. Die Untersuchung eines SAT-Projektes im Zusammenhang mit Prozessen, die sich auf pädagogische Veränderungen beziehen, kann uns helfen, sowohl die Möglichkeiten als auch die Grenzen eines pädagogischen Tests zu erkennen.

Literaturverzeichnis

Barnett, V. D. and Lewis, T.: A Study of the Relation Between G. C. E. and Degree Results, J. Royal Stat. Soc., Series A., 1963, S. 187-216.

Bowles, Frank: Access to Higher Education, Volume I, UNESCO and the International Association of Universities, 1963, S. 212
Kapitel I, The Problems of Admissions
Kapitel II, The Admissions Process.

Clark, David L. and Guba, Egon G.: An examination of Potential Change Roles in Educations. Bloomington, In: The National Institute for the Study of Educational Change. (no date) 33 Seiten (about 1965).

Cox, Roy.: Examinations and Higher Education: A Survey of the Literature. In: Soc. Res. Higher Ed., 2 Woburn Square, London, W. C. 1, 1966.

Cronbach, Lee J. and Gleser, Goldine C.: Psychological Tests and Personnel Decisions, Urbana: University of Illinois Press, 1965, S. 347.

Drever, James: Prediction, Placement and Choice in University Selection, Godfrey Thomson Lecture, University of Edinburgh, 1963.

Finney, D. J.: The Statistical Evaluation of Educational Allocation and Selection. In: Cronbach, L. J. and Gleser, G. C.: Psychological Tests and Personnel Decisions. S. 182-229.

Fishman, Joshua, A.: Some Social-Psychological Theory for Selecting and Guiding College Students. In: Sanford, N. (Ed.) The American College, N. Y. John Wiley and Sons, Inc., 1962, S. 1034.

Furneaux, W. D.: The Chosen Few. Oxford University Press, 1961.

Guba, Egon G.: Methodological Strategies for Educational Change. Paper presented at the Conference on Strategies for Educational Change, Washington, D. C. November, 1965, S. 37.

Himmelweit, Hilde, T.: Student Selection, Implications Derived from Two Student Selection Inquiries. In: Sociological Review Monograph, No. 7, 1963, S. 79-98.

Iliffe, A. H.: The Foundation Year in the University of Keele, (undated, about 1966).

Kelsall, R. K.: University Student Selection in Relation to Subsequent Academic Performance: A Critical Appraisal of the British Evidence. In: Sociological Review Monograph, No. 7, 1963, S. 99-115.

Lavin, David E.: The Prediction of Academic Performance: A theoretical Analysis and Review of Research. New York: Russell Sage Foundation, 1965, S. 171, Kapitel 4, Intellective Predictors.

Miles, Matthew B. (ed.): Innovation in Education. New York: Teachers College, Columbia University, 1964, S. 689, Kapitel I: Educational Innovation: the nature of the problem.

Robbins, Professor Lord: Higher Education, Report of the Committee appointed by the Prime Minister and under the Chairmanship of Lord Robbins, 1961-1963, London, H.M.S.O. (reprinted 1965) Cmnd. 2154.

Robbins: Higher Education, Appendix I: The Demand for Places in Higher Education, London, H.M.S.O. 1963, Cmnd. 2154 - I.

Sanford, N. (Ed.): The American College, New York, John Wiley & Sons Inc., 1962, S. 1034.

Taylor, Phillip: "Curriculum Reform in England" In: Emerging Strategies and Structures for Educational Change. Toronto: The Ontario Institute for Studies in Education, 1966, S. 67-79.

Thresher, B. Alden: College Admissions and the Public Interest. New York: College Entrance Examination Board, 1966, S. 93.

Valentine, John: The Comedy and Tragedy of Errors in the G.C.E. An American View. In: New Education, February, 1967, Vol. 3, No. 2.

Vernon, P.E.: The Pool of Ability. In: Sociological Review Monograph, No. 7, 1963, S. 45-57.

Anhang 1

Testinstitute in verschiedenen Ländern

USA

American College Testing Program, P.O. Box 168, Iowa City, Iowa 52240.

The Psychological Corporation, 304 East 45th Street, New York, New York 10017.

Iowa Testing Programs, The State University of Iowa, N 101 East Hall, Iowa 52240.

Educational Testing Service, Princeton, New Jersey 08540.

FRANKREICH

Le Laboratoire de Psychobiologie de l' Enfant, 41, rue Gay-Lussac, Paris 5e.

L' Institut National d' Etude du Travail et d' Orientation professionnelle, 41, rue Gay-Lussac, Paris 5e.

Le Bureau Universitaire de Statistique, 5, Place St Michel, Paris 5e.

SCHWEDEN

National Board of Education, Test Section, Fack, Stockholm 22

Institute of Educational Research- School of Education- Fack, Stockholm 34

National School for Educational Research, Linköping

DEUTSCHLAND

Deutsches Institut für Internationale Pädagogische Forschung, 6 Frankfurt/Main, Schloßstr. 29-31

Pädagogisches Zentrum, 1 Berlin 31, Berliner Str. 40-41

Institut für Bildungsforschung i. d. Max-Planck-Gesellschaft,
1 Berlin 31, Blissestr. 2

BELGIEN

Laboratorium voor toegepaste psychologie, Rijkuniversiteit te Gent, Coupure 86.

Afdeling Psychodiagnostiek, Kath. Universiteit te Leuven Tiensestraat 100.

Centre de recherches psychodiagnostiques et de consultation psychologique, Université Cath. de Louvain, 17, blv. de Tirlemont.

Laboratoire de psychométrie, Universite Cath. de Louvain, 104, rue de Tirlemont.

Laboratoire de psychologie, départment de psychologie différentielle, Université libre de Bruxelles, 115, av. A. Buyl.

Séminaire de psychologie de l'enfant, Université libre de Bruxelles.

Service de psychologie scolaire, Univertité de l'Etat à Liège, blv. Piercot.

Service de pédagogie expérimentale, Université de l'Etat à Liège, Institut de psychologie et des sciences de l'éducation, 3, place Cockerill.

Service de pédagogie expérimentale, Centre universitaire de Mons.

C.S.B.O. Centrale voor studie-en beroepsoriëntering, Poincarélaan 78, Brussel 7.

F.C.P.L. Fédération des centres psycho-médico-sociaux et d'orientation professionelle libres, 78, blv. Poincaré, Bruxelles 7.

Centre national de recherches de psychotechnique scolaire, 3, rue Kraeken, Louvain.

Commission consultative universitaire de pedagogie, 3, rue Kraeken, Louvain.

SCHWEIZ

Centre de Recherches Psychopédagogiques Vaudois. Rue Cesar Roux 34, CH 1000 Lausanne.

Heilpädagogisches Institut der Universität Freiburg. Place du College 21, CH 1700 Fribourg.

Institut de Psychologie, Université de Neuchâtel. Rue Clos Brochet, CH 2000 Neuchâtel.

Institut des Sciences de l' Education, Université de Genève. Palais Wilson, Rue des Pâquis 52, CH 1200 Genève.

Institut für Arbeitspsychologie an der Eidgenössischen Technischen Hochschule. Pestalozzistr. 24, CH 8032 Zürich.

Psychologisches Institut der Universität Bern, Sennweg 2, CH 3000 Bern.

Psychologisches Seminar des Instituts für angewandte Psychologie, Abt. Testentwicklungen. Zeltweg 63, CH 8032 Zürich.

CHILE

Instituto Central de Psicología, Universidad de Chile. Ejercito 233.

Instituto de Investigaciones Estadísticas, Universidad de Chile. J. P. Alessandri 685.

Departamento Coordinador de Centros Universitarios, Sección Medición y Evaluación. Universidad de Chile.

Departamento de Investigaciones Pedagógicas. Superintendencia de Educación. Ministry of Education.

PAKISTAN

Institut of Education and Research, New University Campus, CPOL 484, Lahore, Pakistan.

IRAN

National Institute of Psychology, P.O. Box Nr. 741, Tehran, Iran.

Research Centre, Faculty of Administrative Sciences, University of Tehran, Tehran.

Personnel and Research Unit, Operating Oil Companies, Abadan and M.I.S., Iran.

Vocational Guidance Centre, Ministry of Education (presently part of the Department of Planning and Research), Tehran.

Institute for Educational Research and Studies, P.O. Box Nr. 3071, Tehran.

Psychological Research Institute, University of Tehran, Tehran.

Testing Division, State Organisation for Employment and Administrative Affairs, Tehran.

Testing Unit., Iranion Armed Forces.

ISRAEL

The Hadassah Vocational Guidance Institute, P.O.B. 1406, Jerusalem, Israel.

The H. Szold Institute for Research in the Behavioral Sciences, Kiryat Menahem, Jerusalem, Israel.

The Israel Institute of Applied Social Research, 19 Washington Street, Jerusalem, Israel.

The Education-Psychological Services, Tel Aviv Municipality/ Education Department, 21 Bialik Street, Tel-Aviv, Israel.

AUSTRALIEN

Australian Council for Educational Research, Frederick Street, Hawthorn E.2. Victoria, Australia.

Anhang 2

Inhaltsverzeichnis des Konferenzberichts

Die mit * bezeichneten Beiträge sind in diese Kurzfassung aufgenommen worden.

DIE ANWENDUNG VON SCHULTESTS IN VERSCHIEDENEN LÄNDERN

Vereinigte Staaten von Amerika

E. F. Gardner:
Anwendung standardisierter Tests in den Vereinigten Staaten

H. Chauncey:
Testprogramme für die Auslese und spezielle Aufgaben

E. F. Lindquist:
Neuere technische Entwicklungen in den Vereinigten Staaten

Europa

F. Bacher:
Testanwendung in französischen Schulen

O. Blaškovič:
Tests in der Erziehungs- und Berufsberatung der CSSR

S. Henrysson:
Pädagogische Testanwendung in Schweden*

K. Ingenkamp:
Die Anwendung von Schultests in Deutschland

D. Penfold und H. Macintosh:
Pädagogische Testanwendung in Großbritannien

J. Stinissen:
Testanwendung in Belgien

P. Trier:
Bericht über die Anwendung von Schultests in der Schweiz

Afrika

Ch. Modu:
Prüfungen in Nigeria, Ghana, Sierra Leone und Gambia mit besonderer Berücksichtigung der Funktion des Westafrikanischen Prüfungsrates

Süd- und Mittelamerika

E. Grassau:
Pädagogische Testanwendung in Chile

N. C. de Kohan:
Möglichkeiten und Grenzen für die Anwendung objektiver pädagogischer Tests in Argentinien

L. Reid:
Testanwendung auf den Westindischen Inseln

Asien

K. Nakayama:
Pädagogische Testanwendung in Japan

R. H. K. Wong:
Der Stand der pädagogischen Testanwendung in Malaysia und einigen benachbarten Ländern

A. Alvi:
Testanwendung in Pakistan

J. Ayman
Pädagogische Testanwendung im Iran

Z. Sardi:
Schultests und Berufseignungstests in Israel

Australien

R. Adam:
Pädagogische Testanwendung in Australien

DIE PÄDAGOGISCHEN ZIELE DER TESTANWENDUNG

R. Dave:
Eine Taxonomie pädagogischer Ziele und ihre
Beziehung zur Leistungsmessung*

S. Dunn:
Verschiedene Perspektiven zu den Zielen der
Testanwendung*

K. Ingenkamp:
Die pädagogischen Möglichkeiten und Gefahren der
Testanwendung

VERSCHIEDENE AUFGABENTYPEN ZUR UNTERSUCHUNG
DER SCHULLEISTUNG

B. Rosner:
Kurzmythen, Mimikry, Plagiate und andere Itemarten*

S.S. Kulkarni:
Die Konstruktion äquivalenter Leistungstests für
verschiedene Schülerpopulationen in Indien

R. Dave:
Lehrzielbezogene Testanwendung in den einzelnen
Unterrichtsfächern*

NEUERE AUFGABENTYPEN ZUR UNTERSUCHUNG VON
FÄHIGKEITEN

E.P. Torrance:
Neue Item-Arten zur Erfassung kreativer Denkfähigkeiten*

N. Kogan:
Kontextwirkungen bei der Erfassung kreativer Fähigkeit
bei Kindern

J.W. French:
Gestaltschließung im kognitiven Bereich

NEUERE TESTS ZUR BEURTEILUNG VON SOZIALEM
VERHALTEN, INTERESSEN UND EINSTELLUNGEN.
ERGEBNISSE UND BEDEUTUNG KULTURUNABHÄNGIGER
TESTS

S. Messick:
Die Erfassung kognitiver Stile und Persönlichkeitsmerkmale und ihr Wert für die pädagogische Praxis*

N. Kogan:
Entscheidungsstrategien: Folgerungen für die Erfassung
von Fähigkeiten*

E. Todt:
Probleme der Interessenmessung

S.H. Irvine:
Gibt es kulturunabhängige Tests? - Faktorielle
Untersuchungen des Progressiven Matrizentests von
Raven in mehreren afrikanischen Kulturen

METHODEN DER AUFGABENKONSTRUKTION UND
AUFGABENANALYSE. NEUE ENTWICKLUNGEN IN
DER MASCHINELLEN TESTAUSWERTUNG UND
DATENVERARBEITUNG

S. Henrysson:
Methoden der Konstruktion und Analyse von Testaufgaben*

W.B. Schrader:
Aufgaben- und Testanalyse als Methoden der Testkonstruktion

R.F. Naerssen:
Ein "Signal/noise ratio"-Index zur Aufgaben-Auslese
bei informellen Tests

F. Sixtl:
Kritik an der theoretischen Konzeption der Leistungstests: die faktische Inkonsistenz der Testtheorie

E.F. Lindquist:
Automatisierte Testauswertung und elektronische
Testdatenverarbeitung

TESTS IN VERSCHIEDENEN SCHULARTEN UND -STUFEN

Tests für die Grundschule

H. Seyfried:
Die Schulreife. Probleme, Lösungsversuche und Ergebnisse

R. Meis:
Deutsche Schulreifetests. Vergleiche und neue Forschungsergebnisse

S.B. Anderson:
Das Testen von Sechs- bis Achtjährigen

E. Malmquist:
Der Voraussagewert von Schulaufnahmetests und die Verwendung von Testergebnissen für Lesekliniken

L.H.E. Reid:
Vorschultests zur Prüfung der Begriffsentwicklung bei Kindern aus sozial benachteiligtem Milieu*

Tests für die Oberschule

F. Bacher:
Validitätsvergleich und Struktur von Schulnoten und Leistungstests*

H. Macintosh:
Die Verwendung von Tests bei der Sekundarschulausbildung sowie bei Auslesen für die Hochschulbildung

J. Stinissen:
Die Situation und die Probleme auf dem Gebiet schulischer und beruflicher Beratung in Belgien

G. Mellenbergh und A. de Groot:
Einige Erfahrungen mit einem Schultestprogramm am Ende des sechsten Schuljahres

Z. Sardi:
Validitätsuntersuchungen auf dem High School Niveau und die Interpretation der Inkonsistenz der Ergebnisse

S. H. Irvine:
Eine vierjährige Bewährungskontrolle der Ausleseverfahren für Sekundarschulen in Zentralafrika

Y. Kane:
Auslesetest für die Sekundarschulen von Mali

H. J. Kanina:
Auslesetests für Sekundarschulen in Kenia

A. Alvi:
Die Entwicklung von Schuleignungstests für Auslese- und Beratungszwecke in Sekundarschulen

J. D. Ayers:
Die Entwicklung von Lehrzielbeschreibungen und Testaufgaben*

Tests für die Universität

J. M. Duggan:
Kritische Betrachtung eines nationalen Prüfungsprogramms

C. Tittle:
Auswirkungen eines Scholastic Aptitude Tests (Schuleignungstest) auf das Ausbildungssystem*

K. Nakayama:
Auslesemethoden für höhere Ausbildungsstätten

V. R. D'Oyley:
Die Ontario-Tests für die College- und Universitätszulassung

E. Grassau:
Universitäts-Ausleseverfahren in Chile

R. Adam:
Prüfung ausländischer Studenten für die Zulassung zu Universitäten

J. Ayman:
Probleme bei der Universitätszulassung in den Entwicklungsländern (Auslese und Kurszuweisung)

Ch. Langmuir:
Testanwendung an der Grenze zwischen modernen und alten Kulturen. Sprachgebundene und sprachfreie Tests in Äthiopien

E. Hylla:
Ökonomische und objektive Durchführung der Zwischenprüfungen an den Hochschulen

EINFLUSS UND WIRKUNG DER VERSCHIEDENEN TESTARTEN AUF DEN NACHFOLGENDEN LERNPROZESS

J.W. French:
Die Motivation bei der Vorbereitung auf Aufsatz- und Antwort-Auswahl-Tests

E. P. Torrance:
Einfluß und Wirkung der verschiedenen Testarten auf den nachfolgenden Lernprozeß*

N.C. de Kohan:
Änderungen in der Einstellung zur Statistik nach der Anwendung objektiver Tests

LEHRER UND TESTVERFAHREN

E.F. Gardner:
Prüfungen in Aufsatzform oder objektive Tests

B. Rosner:
Die Auffassungen der Lehrer über ihre notwendige Qualifikation im Bereich des Testens und Messens*

S.B. Anderson:
Lehrer und Testverfahren

DARSTELLUNG DER TESTERGEBNISSE FÜR LEHRER UND IHRE INTERPRETATION DURCH LEHRER

S. Dunn:
Hilfen für den Lehrer zum besseren Gebrauch von Testergebnissen

M. J. Wantman:
Die Anwendung von Testergebnissen zur Verbesserung des Unterrichts *

D. M. Penfold:
Englische Erfahrungen bei der Darstellung und Interpretation der Testergebnisse für Lehrer, mit besonderer Berücksichtigung von Problemen der Einstufung und Notengebung

TESTANWENDUNG ZUR BEURTEILUNG UND VERBESSERUNG NEUER UNTERRICHTSMETHODEN, BESONDERS IM PROGRAMMIERTEN UNTERRICHT

C. Tittle:
Tests, Leistungsfeststellung und Unterrichtsforschung *

R. L. Ebel:
Die Anwendung von Tests zur Verbesserung des Unterrichts

S. S. Kulkarni:
Kriterium-Tests und Programmiertes Lernen *

PROBLEME BEI DER VALIDITÄTSBESTIMMUNG UND DER VERWENDUNG VON ERWARTUNGSTABELLEN. VOR- UND NACHTEILE VERSCHIEDENER NORMENARTEN

W. B. Schrader:
Validierungsuntersuchungen und Normen als Hilfsmittel bei der Interpretation von Testwerten

R. Groner:
Empirische Untersuchungen zum Problem der Homoskedastizität

DIE BEDEUTUNG VON TESTS FÜR DIE LEHRPLANFORSCHUNG UND DIE BEURTEILUNG VON LEHRZIELEN

S. S. Dunn:
Die Rolle des Testens für Lehrplanentwicklung und Lehrplanbewertung

R. L. Ebel:
Die Beziehung zwischen Tests und pädagogischen Zielen

R. H. K. Wong:
Pädagogische Testanwendung zur Bewertung und
Verbesserung des Unterrichts: Probleme einer Gesellschaft
im Übergang

VERZEICHNIS DER REFERENTEN

Die Referate Nr. 5, 7, 10, 23, 32, 37, 39, 40, 62 und 76 wurden in deutscher Sprache vorgelegt. Die Referate Nr. 4, 44 und 50 übersetzte Herr Reinhardt Scholz, die Referate Nr. 54-62, 69-71, 73 und 74 Frau Dipl.-Psych. Renate Schwarz, die Referate Nr. 39-53 und 72 Frl. Dipl.-Psych. Anne Kristin Hermann. Alle anderen Beiträge wurden von Herrn Dipl.-Psych. Erhard Mader übersetzt.

Testliteratur

Eggert
Zur Diagnose der Minderbegabung
Textbuch zur Testbatterie für geistig behinderte Kinder. Hrsg. von Prof. Dr. Dietrich Eggert. (Beltz Monographien Sozialpädagogik.) 1972. XIV, 397 Seiten. Broschiert DM 32,-   ISBN 3 407 19003 4

Horst
Messung und Vorhersage
Eine Einführung in die psychologische Testtheorie. Von Prof. Dr. Paul Horst, Universität Washington. Deutschsprachige Bearbeitung von Dr. Ulrich Raatz. 1971. XII, 539 Seiten. Broschiert DM 38,-
ISBN 3 407 28035 1

Ingenkamp (Hrsg.)
Tests in der Schulpraxis
Eine Einführung in Aufgabenstellung, Beurteilung und Anwendung von Tests. Hrsg. von Prof. Dr. Karlheinz Ingenkamp. (Beltz Bibliothek 16.) 1971. 201 Seiten. Broschiert DM 7,-   ISBN 3 407 28153 6

Lienert
Testaufbau und Testanalyse
Von Prof. Dr. Gustav A. Lienert, 3., durch einen Anhang über Faktorenanalyse ergänzte Auflage 1969. XXXVI, 599 Seiten mit zahlreichen Abbildungen und Tafeln. Leinen DM 38,-   ISBN 3 407 28051 3

Wendeler
Intelligenztests in Schulen
Eine Anleitung für ihre Anwendung in Schulen. Von Jürgen Wendeler. (Beltz Bibliothek 7.) 2. erweiterte Auflage 1971. 79 Seiten. Broschiert DM 5,-   ISBN 3 407 28126 9